रज़ा पुस्तक माला

घरानेदार गायकी

हिन्दुस्तानी संगीत के घरानों की सुललित सौन्दर्य-मीमांसा

रज़ा फ़ाउण्डेशन | THE RAZA FOUNDATION

घरानेदार गायकी

हिन्दुस्तानी संगीत के
घरानों की सुललित सौन्दर्य–मीमांसा

वामनराव हरि देशपाण्डे

मराठी से अनुवाद
राहुल बारपुते, डॉ. गोरख थोरात

राजकमल प्रकाशन

रज़ा पुस्तक माला : **संगीत** | **अनुवाद**
प्रधान सम्पादक : अशोक वाजपेयी | सम्पादक : पीयूष दईया
राजकमल प्रकाशन प्रा.लि. और रज़ा फ़ाउण्डेशन का सह-प्रकाशन

ISBN-978-93-93-89577-88-4

मूल्य : ₹995

पहला राजकमल संस्करण : 2020

प्रकाशक : राजकमल प्रकाशन प्रा. लि.
1-बी, नेताजी सुभाष मार्ग, दरियागंज
नई दिल्ली-110 002

शाखाएँ : अशोक राजपथ, साइंस कॉलेज के सामने, पटना-800 006
पहली मंज़िल, दरबारी बिल्डिंग, महात्मा गांधी मार्ग, इलाहाबाद-211 001
36 ए, शेक्सपियर सरणी, कोलकाता-700 017

वेबसाइट : www.rajkamalprakashan.com
ई-मेल : info@rajkamalprakashan.com

मुद्रक : यश प्रिंटोग्राफिक्स
नोएडा-201 301 (उत्तर प्रदेश)

GHARANEDAR GAYAKI
by Vamanrao Hari Deshpande
Translated by Rahul Barpute, Dr. Gorakh Thorat

अकादेमी पुरस्कार–विजेत्री
गुरुवर्य श्रीमती मोगू बाई कुर्डीकर को
सादर समर्पित

आमुख

कलाओं में भारतीय आधुनिकता के एक मूर्धन्य सैयद हैदर रज़ा एक अथक और अनोखे चित्रकार तो थे ही उनकी अन्य कलाओं में भी गहरी दिलचस्पी थी। विशेषतः कविता और विचार में। वे हिन्दी को अपनी मातृभाषा मानते थे और हालाँकि उनका फ्रेंच और अँग्रेज़ी का ज्ञान और उन पर अधिकार गहरा था, वे, फ्रांस में साठ वर्ष बिताने के बाद भी, हिन्दी में रमे रहे। यह आकस्मिक नहीं है कि अपने कला-जीवन के उत्तरार्द्ध में उनके सभी चित्रों के शीर्षक हिन्दी में होते थे। वे संसार के श्रेष्ठ चित्रकारों में, २०-२१वीं सदियों में, शायद अकेले हैं जिन्होंने अपने सौ से अधिक चित्रों में देवनागरी में संस्कृत, हिन्दी और उर्दू कविता में पंक्तियाँ अंकित कीं। बरसों तक मैं जब उनके साथ कुछ समय पेरिस में बिताने जाता था तो उनके इसरार पर अपने साथ नवप्रकाशित हिन्दी कविता की पुस्तकें ले जाता था : उनके पुस्तक-संग्रह में, जो अब दिल्ली स्थित रज़ा अभिलेखागार का एक हिस्सा है, हिन्दी कविता का एक बड़ा संग्रह शामिल था।

रज़ा की एक चिन्ता यह भी थी कि हिन्दी में कई विषयों में अच्छी पुस्तकों की कमी है। विशेषतः कलाओं और विचार आदि को लेकर। वे चाहते थे कि हमें कुछ पहल करनी चाहिये। २०१६ में साढ़े चौरानवे वर्ष की आयु में उनकी मृत्यु के बाद रज़ा फ़ाउण्डेशन ने उनकी इच्छा का सम्मान करते हुए हिन्दी में कुछ नयी क़िस्म की पुस्तकें प्रकाशित करने की पहल रज़ा पुस्तक माला के रूप में की है, जिनमें कुछ अप्राप्य पूर्व प्रकाशित पुस्तकों का पुनर्प्रकाशन भी शामिल है। उनमें गाँधी, संस्कृति-

चिन्तन, संवाद, भारतीय भाषाओं से विशेषत: कला-चिन्तन के हिन्दी अनुवाद, कविता आदि की पुस्तकें शामिल की जा रही हैं। सभी पुस्तकों पर रज़ा साहब और उनके समकालीन मित्र चित्रकारों आदि की प्रतिकृतियाँ आवरणों पर होंगी।

हिन्दुस्तानी शास्त्रीय संगीत पर सुविचारित आलोचनात्मक सामग्री का अभाव एक व्यापक दुर्घटना है। हिन्दी में, जिसके विशाल आँचल में इस संगीत के अधिकांश घरानों का जन्म और विकास हुआ, और जहाँ से वे अधिकांशत: ग़ायब हो चुके हैं या बहुत जर्जर बचे हैं, संगीत पर गम्भीर और ज़िम्मेदार विचार बहुत कम हुआ है। वामनराव हरि देशपाण्डे की यह पुस्तक अपने मूल मराठी में और हिन्दी अनुवाद में जानकार क्षेत्रों में बहुचर्चित रही है। इस नये हिन्दी संस्करण में वामनराव जी ने अगले मराठी संस्करण में जो सामग्री जोड़ी उसका हिन्दी अनुवाद भी शामिल कर लिया गया है। हमारे संगीत में घरानेदार गायकी की स्थिति, सार्थकता और महत्त्व को समझने में यह लगभग एक गौरवग्रन्थ है। हमें इसे प्रस्तुत करते हुए प्रसन्नता है।

अशोक वाजपेयी

दिसम्बर २०१९, नयी दिल्ली

क्रम

आमुख : अशोक वाजपेयी

मराठी से अनुवाद : राहुल बारपुते

कृतज्ञता-प्रकाश
वामनराव हरि देशपाण्डे १३

प्रस्तावना
बी. आर. देवधर ३९

दो शब्द
वामनराव हरि देशपाण्डे ४९

मराठी से अनुवाद : डॉ. गोरख थोरात

मराठी भाषा में दूसरे संस्करण की भूमिका
वामनराव हरि देशपाण्डे ५१

मराठी से अनुवाद : राहुल बारपुते

प्राक्कथन ७१

१.
विषय-प्रवेश ८१

२.
घराने और आवाज़ों के लगाव ९२

३.
घरानों की प्रतिज्ञा : 'शुद्धता' १०१

४.
बन्दिश और आन्तरिक कायदे ११२

५.
दो सिरों के दो घराने १२८

६.
सुवर्णमध्य के घराने १३५

७.
'पटियाला' और बड़े ग़ुलाम अली ख़ाँ १४५

८.
इन्दौर और अमीर ख़ाँ १६०

९.
सम्भवनीय आक्षेप १६६

१०.
घरानों की सीमाएँ १८३

११.
नये घरानों की सम्भावनाएँ १९४

१२.
घरानेदार गायकी का भविष्य १९९

परिशिष्ट-एक
हार्मनी तथा मेलडी २०५

टिप्पणी २२५

मराठी से अनुवाद : डॉ. गोरख थोरात

परिशिष्ट–दो

संगीत और शब्द २२८

हिन्दुस्तानी संगीत में नये प्रवाह—एक मूल्यांकन २५२

कार्ल सी शोअर, बानी और घराने २७१

बीते पचास वर्षों की संगीत यात्रा २८१

'घरानेदार गायकी' ग्रन्थ का संगीत अध्ययन व आलोचना क्षेत्र में महत्त्व ३०९

'घरानेदार गायकी' और संवाद फ़ाउण्डेशन ३१२

कृतज्ञता-प्रकाश

जब यह पुस्तक लिखी जा रही थी कई सवाल डराते रहे। इसलिए मित्र मण्डली के साथ चर्चा करना ज़रूरी था। प्रा. अरविन्द मंगरूलकर के कला सम्बन्धी प्रश्नों के अध्ययन तथा संगीत की उनकी जानकारी का मुझे विशेष उपयोग हुआ। यही बात श्री पु.ल. देशपाण्डे के विषय में। साहित्य एवं संगीत इन दोनों क्षेत्रों के अनुभवी कलाकार हैं वे। उनके साथ हुई चर्चाएँ मूल्यवान थीं। कोल्हापुर के श्री बाबूराव जोशी ने भी कई महत्त्वपूर्ण सुझाव दिये। उसी प्रकार जिनके सतत सहवास में ही ऐसे अनेक प्रश्न अपने आप मुखर हो उठते हैं उन मेरे अध्ययनशील गायक-मित्र श्री शंकरराव देशपाण्डे का उल्लेख अलग से ही करना होगा। अलावा इनके श्री कुमार गन्धर्व व श्री भीमसेन जोशी से जो सहायता मिली है वह कह कर अभिव्यक्त नहीं की जा सकती।

बुज़ुर्गों में श्री केशवराव भोले, प्रा. गणपतराव रानडे तथा प्रा. बी. बी. देशपाण्डे (भूतपूर्व प्राचार्य, रामनारायण रुईया कॉलेज) का उल्लेख अवश्य करना होगा। इसे अपना ही काम समझकर केशवरावजी ने आत्मीयतापूर्वक इसमें दिलचस्पी ली। गणपतरावजी का सूक्ष्म अध्ययन तथा चिन्तन और प्रा. देशपाण्डे की अनेक 'अनवट' बातों की जानकारी तथा स्वयं गायक न होते हुए भी संगीत समस्याओं के प्रति उनका अनपेक्षित दृष्टिकोण, सभी से मुझे मार्ग-दर्शन प्राप्त हुआ।

प्रा. बी. आर. देवधर से तीस वर्ष से अधिक का स्नेह-सम्बन्ध हम दोनों के द्वारा मिलजुल कर किये गये अनेक कार्यों, संगीत सम्बन्धी प्रश्नों के उनके अध्ययन तथा उनके विभिन्न आन्दोलनों से समृद्ध हो चुका है। तीस

वर्षों से आपका मुझे सहारा रहा है। अतएव इस पुस्तक को उनकी प्रतिष्ठा तथा उनके अधिकार का लाभ भूमिका के रूप में प्राप्त हो यह बात उनके आज तक के सौहार्द के अनुरूप ही थी।

एक और उल्लेखनीय बात है। १९६० के दिसबर में २२, २३ तथा २४ को श्री वा. रा. ढवले तथा प्रा. गंगाधर गाडगील आदि मित्रों ने मुम्बई मराठी साहित्यसंघ की ओर से इसी विषय पर स्वर्गीय वा. म. जोशी स्मारक व्याख्यानमाला का आयोजन किया। इतना बड़ा सम्मान मुझ जैसे अनभ्यस्त व अननुभवी व्यक्ति को मिले ऐसा कुछ भी मैंने नहीं किया था। विद्वत्ता तथा वक्तृत्व से मेरा दूर का सम्बन्ध भी कभी नहीं रहा, अतएव सम्भावना भी नहीं थी कि मैं वैसी कुछ अपेक्षा रखूँ! लेकिन मित्र जब ठान लेते हैं तो अनहोनी भी हो जाती है। यह उन्हीं की करामात मानी जायेगी कि उस महनीय व्यासपीठ पर मुझे खड़ा कर उक्त विषय तीन भाषणों के रूप में मुझसे कहलवा लिया।

अनेक के द्वारा उपकृत मुझे सबसे बड़ा प्रोत्साहन मिला माननीय मुख्य मन्त्री श्री चह्वान (अब केन्द्रीय वित्त मन्त्री) से, और वह भी तब, कि जब मुझे अपने बारे में जरा भी विश्वास नहीं था। अनायास ही मुलाकात होने पर मेरे एक लेख को, जो कहीं से उनके हाथ लग गया था, उलटते-पुलटते उन्होंने अचानक ही कहा, ''आप इस विषय पर पुस्तक लिखिए और पाण्डुलिपि मुझे दीजिये—मैं ही उसे प्रकाशित करूँगा।'' श्री चह्वान की संगीत रसज्ञता की बात मैं पहले से ही जानता था। किन्तु वे ऐसी कोई अनपेक्षित बात करेंगे इसका कोई अन्दाज़ नहीं था। उन्हीं के अनुग्रह से प्राप्त पुरस्कार के कारण मूल मराठी पुस्तक का मूल्य इतना कम रखा जा सका।

प्रा. अनन्त काणेकर, प्रा. गंगाधर गाडगील, प्रा. मंगेश पाडगाँवकर, प्रा. वसन्त बापट, श्री रामराव देशमुख, श्री चं.वि. बावडेकर आदि ख्यातनाम साहित्यिकों ने समय-समय पर प्रोत्साहन देकर ढाढ़स न बँधाया होता तो यह काम मैं कभी का छोड़ चुका होता। पुस्तक को आकार देने में मेरे सबसे छोटे भाई प्रा. स.ह. देशपाण्डे ने जो सहायता की है उसका भी उल्लेख आवश्यक है।

प्रा. श्री पु. भागवत तथा उनके 'मौज' प्रेस का उल्लेख किये बग़ैर रहा नहीं

जाता। वैसे भागवत जी का परिचय नया ही है। किन्तु पुस्तक के बहाने उनसे बार-बार मुलाकात होती रही सो उनके साथ हुई चर्चाओं से भी लाभान्वित हुआ, तथा मेरा विश्वास भी दृढ़ हुआ। फिर उनका तथा उनके बन्धु श्री विष्णुपन्त का नाम मानो पुस्तक की सुन्दरता की गारण्टी! जिस आत्मीयता एवं लगन से इन दोनों ने यह काम किया उसकी सचमुच ही कोई सीमा नहीं है।

पुस्तक में उपयोग के लिए फ़ोटो प्राप्त करने में कई संगीतज्ञों के संग्रहों का लाभ मिला। प्रा. बी. आर. देवधर का संग्रह विशाल है। उसी प्रकार भारत गायन समाज, पूना; देवल क्लब, कोल्हापुर के संग्रहों से भी सहायता ली गयी है। इसके अलावा श्री बालासाहब अत्रे पूना, श्री बाबूराव जोशी कोल्हापुर, श्रीमती हिराबाई बडोदेकर, श्रीमती मोगूबाई कुर्डीकर, श्रीमती ललिता धनवटे, मास्टर कृष्णराव, श्री भीमसेन जोशी, श्री यशवन्तराव पुरोहित, श्रीमती अंजनीबाई मालपेकर, मेरे चचेरे भाई पूना के डॉ. नानासाहेब देशपाण्डे, श्री. सीताराम फातर्पेकर, श्री हरिभाऊ खाण्डेकर, श्री दिनकरराव अमेंबल, श्री दत्तोपन्त देशपाण्डे, श्री मधुकर कानेटकर, श्री जानोरीकर, श्री मारूलकर, श्री बृजनारायणजी, श्रीमती मंजेश्वर मुजरेकर, सौ. भानुमती कुमार गन्धर्व आदि अनेक मित्रों ने बड़ी कोशिशें कर कुछ दुर्लभ फ़ोटो हासिल करवा दिये। मैं इन सब मित्रों का ऋणी हूँ। नासिक के श्री बाला साहब काले ने भी अपने संग्रह के कुछ सुन्दर फ़ोटो देकर उपकृत किया है।

जिन सब गायक-गायिकाओं ने, कलाकारों ने, साहित्यिकों ने, आलोचकों ने तथा अन्य मित्रों ने समय-समय पर मात्र आत्मीयता के नाते मुझे प्रोत्साहित किया, उन सबका ऋणी रहने में ही मेरा सुख निहित है, अतएव उन्हें औपचारिक रूप से धन्यवाद दिये बिना ही यह कथन समाप्त करना उचित होगा।

—वामनराव हरि देशपाण्डे
५७ बी, बालकेश्वर रोड
बम्बई ६

मोगूबाई कुर्डीकर—जन्म १९०४
जयपुर

अल्लादियाख़ाँ—
१८५५-१९४६,
जयपुर

केसरबाई केरकर—
जन्म १८९२,
जयपुर

गोविन्दराव टेम्बे—१८८१-१९५५,
जयपुर

मंजीख़ाँ—मृत्यु १९३७,
जयपुर

भूर्जीख़ाँ—मृत्यु १९५०,
जयपुर

हैदरख़ाँ—मृत्यु १९३६,
जयपुर

मल्लिकार्जुन मंसूर—
१९११-१९९२,
जयपुर

नथ्थनख़ाँ—मृत्यु १९४६,
जयपुर

मुश्ताक हुसैन

(१८८०-१९६३)

रहिमतख़ाँ—मृत्यु १९२२,
ग्वालियर

रामकृष्ण बुवा वझे—
१८७१-१९४५,
ग्वालियर

निसार हुसैनख़ाँ—
१८४४-१९१६,
ग्वालियर

ओंकारनाथ ठाकुर—
१८९७-१९६७,
ग्वालियर

बालकृष्ण बुवा
इचलकरंजीकर—
१८४९-१९२६,
ग्वालियर

शंकर पण्डित—
१८६३-१९१७

राजाभैया पूछवाले—
१८८२-१९५६

अब्दुल करीमख़ाँ—
१८७२-१९३७,
किराना

रामभाऊ कुन्दगोलकर
(संवाई गंधर्व)
१८८६-१९५२

भीमसेन जोशी
१९२२-२०११

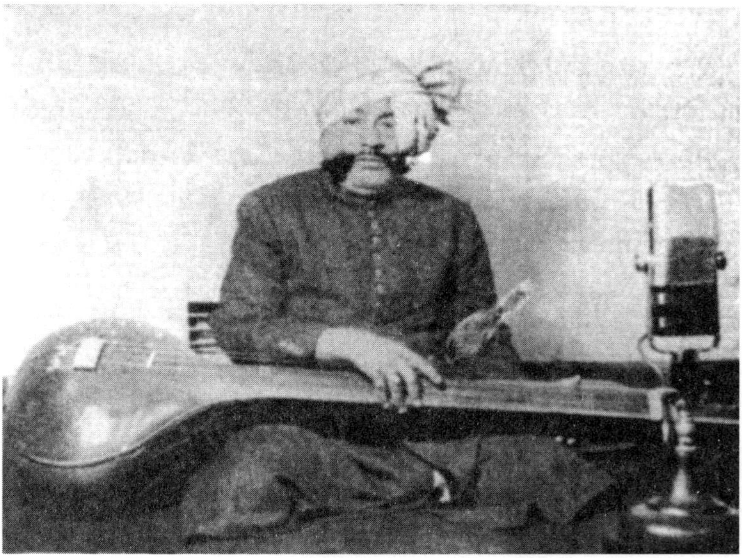

वहीदख़ाँ—मृत्यु १९४९,
किराना

हीराबाईबडोदेकर—
जन्म १९०५-
१९८९

सुरेश बाबू
माने—
१९०२-
१९५३

गणपतबुबा बेहेरे—
१८९०-१९६४५
किराना

विलायत हुसैनख़ाँ—
१८९६-१९६२

करामत अलीख़ाँ—१८९०
से लगभग १९४०
जयपुर निवासी

जगन्नाथबुवा पुरोहित
१९०५-१९६८

नत्थनख़ाँ—१८४०-१९००
आगरा

फ़ैयाज़ख़ाँ—१८८०-१९५०
आगरा, रंगीले

अब्दुल्लाख़ाँ—
१८७३-१९२२
आगरा

पं. वि. ना. भातखण्डे—
१८६०-१९३६
आगरा

नज़ीरख़ाँ—मृत्यु १९१९
भेंडीबाज़ार

अमान अली खान
१८८४-१९५३

अंजनीबाई मालपेकर—
जन्म १८८३-१९७४
भेंडीबाज़ार

भास्करबुवा बखले—
१८६९-१९२२
ग्वालियर, आगरा, जयपुर

मास्टर कृष्णराव—
१८९७-१९७४

नारायणराव राजहंस
(बालगन्धर्व)—
१८८८-१९६७

पं. विष्णु दिगम्बर पलुस्कर—
१८७२-१९३१
ग्वालियर

बड़े ग़ुलाम अलीख़ाँ—
१९०३-१९६८
पटियाला

अमीरख़ाँ—१९१२-१९७४
इन्दौर

कुमार गन्धर्व—१९२५-१९९२

प्रस्तावना
बी. आर. देवधर

प्रस्तावना

संगीतकला के प्रति आस्था एवं प्रेम कई व्यक्तियो में पैदाइशी होता है। और ऐसे व्यक्तियों को जीवन के प्रवाह में संगीत के अलावा अन्य व्यवसाय करने पड़ें तो भी उनकी आत्मा संगीतमय ही बनी रहती है। ऐसे कुछ उदाहरण मैंने अपने जीवन में देखे हैं। उन्हीं में से एक हैं मेरे मित्र श्री वामनराव देशपाण्डे। वे स्वयं ही लिख चुके हैं कि उनकी वास्तविक महत्त्वाकांक्षा थी व्यावसायिक गायक बनने की। आज वे एक ख्यातनाम आयव्यय निरीक्षक हैं, फिर भी अपने व्यवसाय के अलावा उन्हें जितना भी समय मिलता है वह सब वे संगीत के मनन-चिन्तन, अभ्यास अथवा कलाकारों के साथ सम्पर्क में व्यतीत करते हैं। यह मैं वर्षों के अनुभव से जानता हूँ। मन की स्वाभाविक रुझान के अनुसार वे व्यावसायिक गायक हो नहीं पाये। लेकिन अनेक होनहार गायकों को समय-समय पर सूचना, मार्गदर्शन, प्रोत्साहन देने की उन्हें धुन सी है। इसका भी मुझे काफ़ी अनुभव है। 'संगीत-कला-विहार' मासिक पत्रिका का सम्पादन सन् १९४८ में मेरे जिम्मे आ पड़ा तो अनिवार्य हो गया कि मैं उसमें लिखूँ। उसके पहले मैंने कुछ भी लिखा नहीं था। स्वर्गीय पं. भातखण्डे के बारे में मैंने बड़े परिश्रम से अपना पहला लेख लिखा। पर वह कैसा बन पड़ा है यह स्वयं मुझे ही समझ में नहीं आ रहा था! अन्त में उन पर अपना हक जानकर मैंने लेख श्री वामनराव को दिखाया। उसे उन्होंने ग़ौर से पढ़ा और मुझे शाबाशी दी तथा और भी लिखने में उत्साहित किया। इसी के परिणामस्वरूप मैं लेखक बना। संगीत क्षेत्र में मेरे सभी कार्यकलापों में श्री वामनराव एक बड़ा सहारा रहे हैं। अपना अमूल्य समय देकर वे मेरी सहायता करते रहे हैं।

संगीत-कला-विहार के लिये १९५१ बड़ी कठिनाई का वर्ष था। उसे सरकारी सहायता नहीं थी। अत्यधिक लाचारी के कारण यह संगीत विषयक मासिक पत्रिका बन्द करनी पड़ेगी इस विचार से मन उदास था। ऐसी स्थिति में अचानक ही श्री वामनराव मेरे घर आये। सारी परिस्थिति उन्हें बताकर मैंने कहा, अब सिवाय इसे बन्द करने के अन्य कोई चारा नहीं है। मेरा यह कहना ही था कि वे बोले, "इस मासिक को आप बच्चे की तरह चाहते हैं। यदि आपका बच्चा बीमार हो तो क्या आप उसे छोड़ देंगे? तो आपका यह मासिक रूपी बच्चा बीमार है। आप को पैसे की कुछ हानि उठानी पड़े तो उसे बर्दाश्त कीजिये। आवश्यकता हो तो मैं भी उसका कुछ बोझ उठाऊँगा। फिर सारी सहायता अपने आप चली आयेगी।" उनकी बात मुझे जँच गयी और मैंने नये जोश के साथ पत्रिका का कामकाज जारी रखा। इसीलिए पिछले बारह वर्षों से यह मासिक पत्रिका बनी हुई है।

संगीत क्षेत्र में अपनी भूमिका स्वयं श्री वामनराव ने अपने पूर्वकथन में स्पष्ट कर दी है। उन्होंने संगीत का गहन अध्ययन किया है और किसी व्यावसायिक गायक की भाँति वर्षों तक मेहनत भी की है। महफ़िल में ये भली-भाँति गा सकते हैं ऐसी गवाही देने वाले अनेक लोग मिलेंगे। श्री वामनराव की एक और महत्त्वपूर्ण विशेषता यह है कि संगीत-विषयक उनके विचारों की सैद्धान्तिक बुनियाद दृढ़ है। कलावेत्ता तथा सैद्धान्तिक चिन्तन इन दोनों दुर्लभ बातों का संगम उनमें है इसलिए वे इस प्रकार के ग्रन्थ की रचना के हर प्रकार से अधिकारी हैं।

जैसा कि श्री वामनराव ने लिखा है इस विषय की सैद्धान्तिक चर्चा करने वाला वाङ्मय आज तक नहीं के बराबर लिखा गया है। संगीत के प्रति रुचि बड़ी तेज़ी से फैल रही है। स्थान-स्थान पर संगीत सम्मेलन होते हैं। बम्बई नगर में एक सप्ताह ऐसा नहीं बीतता कि जिसमें किसी ख्यातनाम गायक का कार्यक्रम न हो। संगीत का प्रसार ख़ूब होने के कारण तथा भारी संख्या में श्रोता उपस्थित होते हैं इसलिए जनता में इस विषय पर चर्चा भी होने लगी है। इस विषय पर लिखने वाले संगीत-आलोचक तथा समीक्षक भी काफ़ी हो गये हैं। किन्तु आलोचना कैसे की जाय, क्या लिखा जाय इस बारे में कोई सुसम्बद्धता दिखायी नहीं देती। समाचार-पत्रों अथवा नियतकालिकों में लिखने वाले कई आलोचकों या समीक्षकों की आलोचनाओं से प्रकट नहीं होता कि इन लोगों को विभिन्न घरानों की

पद्धतियाँ, प्रणाली, गायकी तथा उसकी भूमिका की जानकारी है। यह कमी इस पुस्तक से पूरी होगी ही, पर मुझे विश्वास है कि संगीत के समीक्षा-शास्त्र का भी प्रारम्भ इस पुस्तक से होगा!

घरानों के इतिहास के अलावा घरानों की उत्पत्ति, घराने बनाने के तत्त्व, उनकी अलग-अलग प्रणालियाँ ये सारी बातें इस पुस्तक में बहुत अध्ययनपूर्वक प्रस्तुत की गयी हैं तथा एक और महत्त्वपूर्ण बात यह है कि इस पुस्तक के द्वारा पाठकों के समक्ष संगीत के सौन्दर्यशास्त्र के तत्त्व एवं उनका यथार्थ दर्शन रखा गया है। और विशेष महत्त्व की बात यह है कि संगीत-रचना-शास्त्र (Laws of Composition) का मार्मिक विवेचन वामनरावजी ने किया है जो संगीतकारों तथा विद्यार्थियों को उपयुक्त हो ऐसा ही बन पड़ा है।

पहले अध्याय में उन्होंने कई महत्त्वपूर्ण तत्त्वों का विवेचन किया है। स्वर का रूप रेखात्मक होता है और उसके चारों ओर तेजोवलय होता है तथा इसी कारण से—विशेषतया उसमें पाये जाने वाले कणों के हेतुपूर्व उपयोग से—वह स्वर विशेष तेजस्वी तथा प्रभावशाली बनता है, इस बात का विवरण बहुत अच्छे ढंग से किया गया है। इसमें एक और बात जोड़ी जा सकती है, जिसे आवाज़-साधना-शास्त्र में Vibrato कहते हैं। इस कृति से आवाज़ में एक अत्यन्त सूक्ष्म किन्तु आह्लाददायी कम्पन होता है। कम्पन के दो प्रकार हैं। एक कहलाता है Tremolo और दूसरा Vibrato। Tremolo अर्थात् वह कम्पन जो कभी-कभी मूल स्वर से आधा स्वर ऊपर-नीचे हो सकता है। पश्चिमी संगीत में Tremolo का उपयोग मुख्यतया किया जाता है। लेकिन Vibrato में कम्पन बहुत ही सूक्ष्म तथा अत्यन्त आह्लाददायी ही होता है। जब गायक खुले दिल से, स्वच्छन्दतापूर्वक एवं भावनाशील होकर गाता है उसी समय यह Vibrato अनायास ही उसके गायन में पैदा हो जाता है।

वामनरावजी के कुछ वाक्य बहुत महत्त्व के हैं। ''परम्परा और अपनी पृथक् सत्ता के सम्मिश्रण से ही घराने जड़ पकड़ते हैं और पनपते हैं।'' पुस्तक में ऐसे सूत्रमय वाक्य जहाँ-तहाँ दिखायी देंगे।

दूसरे अध्याय में उन्होंने विभिन्न घरानों की आवाज़ लगाने की पद्धतियों का वर्णन किया है। उनमें किराना—चुराकर और नाक से; आगरा—नाक

से और रगड़कर; और अल्लादिया—सहज, अकृत्रिम तथा खुलकर; ये विवरण सहज ही जँचने लायक हैं। इसी प्रकार गायकी का वर्णन करते समय उसे दी गयी उपमाएँ भी सार्थक लगती हैं : "किराना घराने की गायकी रंगोली का स्वस्तिक या कसीदे की बुनाई; आगरा घराने की गायकी वास्तुकलाकृति जैसी, तथा अल्लादिया घराने की गायकी शिल्पकृति के समान।" घराने की ख़ास गायकी के अभ्यास के प्रति आजकल उदासीनता बरती जाती है और विद्यार्थी किसी प्रसिद्ध गायक की तरह अपनी आवाज़ बनाने तथा उसके हावभाव की नक़ल करने में ही सार्थकता मानने लगे हैं, यह बात लेखक ने अत्यन्त उचित शब्दों में इस प्रकार कही है : "इसीलिए घराना याने आवाज़ के दोष और विकृतियों पर आधारित गायकी, ऐसी ग़लतफहमी हो जाती है, घराना कहलाने वाली संस्था का आधार आवाज़ की कृत्रिमता मानने के बजाय यदि आवाज़ की स्वाभाविक जाति, अर्थात् आवाज़ की ऊँचाई, गुणात्मकता एवं बुलन्दी (pitch, timber and volume) को माना जाय तो क्या वह अधिक तर्कसंगत न होगा?"

हर घराने का विशिष्ट अनुशासन होता है, तरीक़ा होता है। आवाज़ लगाने से लेकर छोटा ख्याल गाने तक इस अनुशासन का पालन बड़ी मेहनत से किया जाता है। किसी ख्यातनाम गायक का लड़का सूरत से, बदन की बनावट से, रंग से बिलकुल अपने बाप जैसा ही हो तो भी यदि घराने की गायकी के हिसाब से उसकी गायकी बाप की गायकी से भिन्न होती, तो वह उस घराने का वारिस नहीं माना जायेगा। इसका एक उदाहरण स्वर्गीय सिंदेख़ाँ ने मुझे सुनाया था, जो इस प्रकार है : १९१७ में स्वर्गीय पण्डित विष्णु दिगम्बरजी ने गान्धर्व महाविद्यालय की पहली परिषद आयोजित की थी। उस समय स्वर्गीय पण्डित बालकृष्ण बुवा बम्बई आये थे। स्वर्गीय सिंदेख़ाँ के पिता अमीरख़ाँ तथा स्वर्गीय बालकृष्ण बुवा के सम्बन्ध आत्मीयतापूर्ण थे। इसलिए ख़ाँ साहब, सिंदेख़ाँ बालकृष्ण बुवा से मिलने गये। बालकृष्ण बुवा की आँखें दुख रही थीं इसलिए वे आँखें बन्द किये आराम कर रहे थे। सिंदेख़ाँ ने जाकर उन्हें प्रणाम किया, "मैं अमीर ख़ाँ का बेटा हूँ" कहा और पास ही बैठ गये। बालकृष्ण बुवा ने आँखें खोले बग़ैर ही कहा, "शकल दिखाओ!" सिंदेख़ाँ ने कहा, "आप एक बार आँखें खोलकर देखिये तो सही कि मेरा चेहरा उनसे मिलता है या नहीं?" तब बालकृष्ण बुवा ने लेटे-लेटे ही जवाब दिया, "मुझे चेहरे मोहरे की

पहचान नहीं चाहिये—गायकी की पहचान दो।'' सिंदेख़ाँ तुरन्त चीज़ें गाकर सुनाने लगे। एक-दो बन्दिशें सुनाते ही बालकृष्ण बुवा झट से उठे और आँखें खोलकर ख़ाँ साहब सिंदेख़ाँ को निहारते हुए बोले, ''आपकी गायकी से मुझे जँच गया था कि आप अमीर ख़ाँ के पुत्र हैं और अब जो देखता हूँ तो आपकी शकल भी हूबहू आपके पिता जैसी दिखायी देती है।'' घराने की गायकी के अनुशासन को गायक लोग कितना अधिक महत्त्व देते थे यह इस कथा से सिद्ध हो सकता है।

ग्रन्थकार ने इस अध्याय में दो महत्त्वपूर्ण तथ्य प्रस्तुत किये हैं। घराना बनने के लिए तीन पीढ़ियों का सिलसिला आवश्यक है यह पहला तथ्य, और दूसरा—हर पीढ़ी के गायक अपने घराने की गायकी तो सीखते ही हैं लेकिन उसमें अपने अंग स्वभाव के अनुरूप कुछ नयी बातें भी जोड़ देते हैं। इसके समर्थन में उन्होंने स्वर्गीय अब्दुल करीम ख़ाँ, उनके शिष्य सवाई गन्धर्व और सवाई गन्धर्व के शिष्य पं. भीमसेन जोशी का उदाहरण दिया है। इनमें से हर पीढ़ी ने अपने घराने का चिह्न बनाये रखा है, फिर भी उसमें अपना भी कुछ जोड़ दिया है। इस तत्त्व से वे जिस महत्त्वपूर्ण निष्कर्ष पर पहुँचे हैं वह यह है कि इस प्रकार का संवर्धन जिस घराने के दो-तीन पीढ़ी के गायक नहीं करते वे घराने आगे जाकर निर्माल्यवत् हो जाते हैं। यह एक महत्त्वपूर्ण तथ्य है, जिसे ग्रन्थकार ने जँचा दिया है।

अध्याय तीन और चार बहुत महत्त्वपूर्ण हैं। तीसरे अध्याय में संगीत के लिए अपेक्षित समय तथा शुद्धता का विचार है और उसमें सब घरानों द्वारा बरते गये संकेतों का अर्थ विशुद्ध तर्कसंगत रूप में प्रस्तुत किया गया है। उसी प्रकार अध्याय चार में घरानेदार गायकी की आकृतिमयता या बन्दिश का विवेचन विशेष महत्त्व का समझा जाना चाहिये। संगीत में आकृति का स्वरूप क्या होता है, उसकी उत्कण्ठन-विसर्जन की बुनावट कैसी होती है, उसमें परिवर्तन व पुनरावृत्ति का कायदा और उसी के स्पष्टीकरण के रूप में 'साधर्म्य वैधर्म्य तथा तौल' यह गायकी का तत्त्व, उसी प्रकार 'सरल रेखांकित कला' व 'दोलांकित रेखावाली कला' आदि बातों का तात्त्विक विवेचन करने वाला यह पहला ही ग्रन्थ है, अतएव घरानेदार गायकी के सैद्धान्तिक आधार क्या हैं इसका भी स्पष्टीकरण आसानी से हो जायेगा।

इसके बाद वाले तीन-चार अध्यायों में जो प्रचलित घराने हैं उन सभी की

गायकी का सूक्ष्म निरीक्षण है। महत्त्व की अनेक बातें उनमें कही गयी हैं। प्रत्येक घराना एक विद्यापीठ ही था। स्वयं गुरु चौबीसों घण्टे विद्यार्थियों पर निगरानी रखें और ख़ुद की निगरानी में ही तालीम देकर मेहनत करायें यह बात बहुत महत्त्व की थी। इसीलिए घरानों के इन विद्यापीठों से अनेक नामवन्त शागिर्द निकले और उन्होंने बड़ा नाम किया। हर घराने की गायकी का अपना विशिष्ट अनुशासन था और सीमा थी। बन्दिश पेश करने के प्रारम्भ से ही हर गायकी की पद्धति अलग-अलग होती थी। अपने घराने का अनुशासन उनमें इतना समाया हुआ होता था कि दूसरे घराने की बन्दिश या राग वे सीख भी लें तो उसका आविष्कार वे अपने घराने के अनुसार करते थे। आगरा घराने के वर्तमान आचार्य ख़ाँ साहब विलायत ख़ाँ ने ख़ाँ साहब अल्लादिया ख़ाँ साहब से उनके घराने की बहुतेरी बन्दिशें तथा कई राग सीख लिए थे, लेकिन इन बन्दिशों को जब ख़ाँ साहब विलायत ख़ाँ महफ़िल में गाते थे तब सुनने वाले समझ जाते थे कि इन पर उन्होंने अपने घराने का अनुशासन लाद दिया है।

ग्रन्थकार पहले ही स्पष्ट कर चुके हैं कि यह विवरण व्यक्तिगत नहीं है, घरानों में मोटे तौर से दिखायी देने वाले गुण-दोष उनकी दृष्टि में जैसे नज़र आये वैसे ही प्रस्तुत किये गये हैं। यह प्रश्न ही बड़ा नाज़ुक है। गायक स्वभाव से ही भावुक और जरा सी बात से नाराज़ हो जाने वाले होते हैं। अपने घराने के दोष दिखाये जायँ यह उनसे बर्दाश्त नहीं होता। इस बारे में कई बार अक्षरशः मारपीट की नौबत आ जाती है। पर इस बात की परवाह किये बग़ैर ग्रन्थकार ने अपनी प्रामाणिक राय स्पष्टतापूर्वक व्यक्त की है। इन अध्यायों के बारे में स्वाभाविक ही मतभेद होंगे।

ग्रन्थकार ने एक आधा वर्तुल बनाया है और बायीं ओर के निचले सिरे पर लयप्रधान गायकी को स्थान दिया है तथा दाहिने सिरे पर स्वरप्रधान गायकी को अधिष्ठित किया है। स्थूल मान से ग्वालियर गायकी को मध्यबिन्दु पर प्रस्थापित कर सूक्ष्म मान से मध्यबिन्दु पर जँचने वाली गायकी अल्लादिया ख़ाँ की गायकी को रखा है। ख़ाँ साहब ग़ुलाम अली ख़ाँ की पटियाला गायकी को अल्लादिया के निकट, पर स्वर-प्रधान गायकी की ओर स्थान दिया है और उसके भी आगे तथा स्वरप्रधान गायकी के निकट रखा है इन्दौर-गायकी को। घरानों का आकृतिमय वर्णन करने की यह कल्पना अनूठी एवं अपनाने योग्य है। लेकिन इस बारे में

प्रामाणिक मतभेद की गुंजाइश है।

वामनरावजी को प्रारम्भिक शिक्षा ग्वालियर गायकी गाने वाले श्री यादवराव जोशी से प्राप्त हुई। उसके बाद दस साल तक वे किराना घराने की तालीम ख़ुद सुरेश बाबू से लेते रहे। इसके पश्चात् वे स्वर्गीय नत्थन ख़ाँ साहब से छह वर्ष तक अल्लादिया ख़ाँ घराने की तालीम लेते रहे और पिछले बारह वर्षों से वे श्रीमती मोगूबाई कुर्डीकर से सीख रहे हैं। याने ख़ाँ साहब अल्लादिया ख़ाँ की गायकी से उनका सम्बन्ध अठारह वर्षों का है। इस गायकी से उन्हें विशेष प्रेम है। यह सम्भव है कि उन पर आरोप लगाया जाय कि यह पुस्तक लिखने की जहमत उन्होंने इसीलिए उठायी कि अल्लादिया ख़ाँ की गायकी को सर्वश्रेष्ठ सिद्ध किया जा सके। विभिन्न घरानों के दोष दिखाये गये हैं इसलिए सम्भव है कि उन घरानों के गायक वामनरावजी से नाराज़ हो जायें। पिछले तीस वर्षों से वामनरावजी के और मेरे अत्यन्त निकट के तथा स्नेहपूर्ण सम्बन्ध रहे हैं। इसलिए मैं निश्चित रूप से कह सकता हूँ कि उन्होंने जो कुछ लिखा है वह इसीलिए कि वह उन्हें सैद्धान्तिक रूप से जँचता है। वे स्वयं अत्यन्त प्रामाणिक, खुले दिल के, तथा यदि कोई उनकी भूल दिखा दे और वह सही साबित हो जाय, तो उसे स्वीकार करने का साहस रखने वाले सज्जन हैं। यह भूमिका लिखने का निवेदन करते समय उन्होंने मुझे साफ़-साफ़ कहा था कि ''आप के कुछ मतभेद हों तो उन्हें आप इस भूमिका में स्पष्ट रूप में रखिएगा!'' इसीलिए मैं मतभेदों का उल्लेख कर रहा हूँ।

ख़ाँ साहब अल्लादिया ख़ाँ की गायकी एक ऊँचे दर्जे की गायकी है यह मानने वालों में से मैं एक हूँ। लेकिन वह सर्वोच्च गायकी है, उसमें कोई दोष है ही नहीं, यह मुझे स्वीकार नहीं है। अल्लादिया के सुपुत्र ख़ाँ साहब मंजी ख़ाँ साफ़ शब्दों में कहा करते थे, ''ग्वालियर घराने के स्वर्गीय रहिमत ख़ाँ की गायकी का मुझ पर बड़ा असर हुआ और मेरी गायकी बदल गयी इसलिए मेरे पिता ख़ाँ साहब अल्लादिया ख़ाँ मुझसे नाराज़ हैं।'' वामनरावजी ही लिखते हैं कि ''ख़ाँ साहब मंजी ख़ाँ की गायकी पर अन्य घरानों के संस्कार थे और आज भी ऐसे लोग जीवित होंगे कि जिन्होंने उनका गाना सुना था और वे इसी आशय की गवाही भी देंगे।'' अल्लादिया ख़ाँ के बाद उनकी गायकी का उच्च स्थान बनाये रखने वाली बाई केसरबाई पर भी अन्य घरानों के संस्कार हो चुके हैं यह भी ग्रन्थकार

का कथन है। बाई केसरबाई तथा उनके घराने के और दो-तीन गायक-गायिकाओं को छोड़कर अन्य गायक इस घराने के कुछ एक 'अन्दाज़' लेकर ही उन्हीं से सन्तुष्ट नज़र आते हैं। जैसा कि वामनराव जी ने ही कहा है, आगे के गायक कुछ संवर्धन न करें तो घराने की गायकी निर्माल्यवत् हो जाती है, वैसी ही स्थिति कहीं इस घराने की तो नहीं होगी, ऐसी आशंका होने लगती है।

ख़ाँ साहब अल्लादिया ख़ाँ की गायकी के बारे में कुछ लोगों के आरोप इस प्रकार हैं : इस गायकी के तान तथा लयकारी के वही प्रकार बारबार आते हैं अतः पुनरावृत्ति प्रतीत होती है। एक राग गा चुकने के पश्चात् दूसरे राग में लय के वही प्रकार, तानों के अन्दाज़ भी वही और एक ही तरह की बढ़त के कारण कहीं पहला राग ही तो जारी नहीं है ऐसा लगता है।

ख़ाँ साहब ग़ुलाम अली ख़ाँ की गायकी का वर्णन बहुत ही सुन्दर किया है ग्रन्थकार ने! लेकिन अन्त में जो निष्कर्ष निकाला गया है उसके बारे में काफ़ी मतभेद की सम्भावनाएँ हैं। अपनी गायकी में नवीनता उत्पन्न करने की कोशिश ख़ाँ साहब ने की है, अथवा अनेक कलाकारों में वैसा मोह उत्पन्न हो रहा है, इसे मैं संगीत सृष्टि की एक परिस्थिति विशेष का लक्षण मानता हूँ। विद्यमान कला से जब श्रोता अति परिचित हो जाते हैं अथवा उसकी रंजकता में कमी आने लगती है, उस समय उस कला का आकर्षण बढ़ाने के लिए उसमें नवीनता उत्पन्न करने की इच्छा बुद्धिमान गायकों को होने लगती है। इस सिलसिले में पहले के इतिहास की ओर देखें। ध्रुपद-धमार की गायकी प्रचलित होकर लोकप्रियता के शिखर पर पहुँचने के पहले किस गायकी का चलन था, इसका कोई ठोस प्रमाण नहीं मिलता। पर पन्द्रहवीं शताब्दी से ध्रुपद गायकी प्रचलित हुई, लोकप्रिय बनी तथा सत्रहवीं शताब्दी के अन्त में बासी भी होने लगी। और इसीलिए अठारहवीं सदी के प्रारम्भ के बुद्धिमान एवं प्रगतिशील गायकों को ध्रुपद गायकी में नवीनता उत्पन्न करने की सूझने लगी। नवीनता उत्पन्न करने की उस प्रवृत्ति का ही परिणत स्वरूप था कि अठारहवीं सदी में ख्याल गायकी का जन्म हुआ। जैसे आज ख्याल गायकी के घराने हैं उसी प्रकार ध्रुपद काल में चार घराने—'बानियां'—प्रचलित थे।

आज के गायक अपने घराने की शुद्धता बनाये रखने के प्रति सचेत हैं, उसी प्रकार उस समय भी ध्रुपद-धमार गानेवाले अपनी बानियों की शुद्धता

बनाये रखने की ओर ध्यान देते रहे होंगे। लेकिन आज उनका कोई चिह्न तक शेष नहीं है। इन बानियों में—अर्थात् ध्रुपदों के चार घरानों में कौन सी विशेषताएँ थीं, इसे कोई भी स्पष्ट नहीं कर सकता। सिर्फ़ नाम ही शेष है। सम्भव है, अठारहवीं सदी में ख्याल गायकी पैदा हुई, उन्नीसवीं शताब्दी में वह प्रगल्भ बनी, और अब बीसवी सदी में वह वृद्ध हो चली हो। और इसी का संकेत है कि ख़ाँ साहब ग़ुलाम अली ख़ाँ, पं. रविशंकर आदि गायक-वादक नवीनता उत्पन्न करने की आवश्यकता अनुभव कर रहे हैं।

एक अन्य बात में भी मतभेद की सम्भावना है। प्रकृति की लीलाएँ देखकर ख़ाँ साहब ग़ुलाम अली अपनी गायकी में उनका अनुकरण कर उस गायकी को समृद्ध बनाने की कोशिश करते हैं। एक बात तय है कि गाते समय वे श्रोताओं के समक्ष अपनी भावनाओं तथा कतिपय निश्चित कल्पनाओं का आविष्कार करने के प्रयत्न करते रहते हैं। यह बात अनुकरणीय है या अनुचित ? अनेक गायक-वादकों से मेरा सम्पर्क रहा है। कोई गायक कितनी गहरायी तक गया है यह टटोलने की गरज से मैं कइयों से पूछता हूँ—आप कौन-सा राग गा रहे हैं और क्या कहने की कोशिश कर रहे हैं ? अनेक गायक उत्तर देते हैं—हम भीम-पलासी गा रहे हैं, जिसमें इतने स्वर वर्जित हैं, आरोह-अवरोह इस प्रकार है, आदि ! अर्थात् ऐसे गायक राग का व्याकरण गाते हैं। कायदे के हिसाब से एक स्वर के बाद एक स्वर लगाकर राग की बढ़त करते हैं। उनके मस्तिष्क में कोई भावना नहीं होती। लेकिन गायकी के तन्त्र का पूरा-पूरा पालन करते हैं वे। और ऐसे गायकों के गाने में मुझे मज़ा नहीं आता। इस दृष्टि से ख़ाँ साहब ग़ुलाम अली जो करते हैं वह क्या अनुकरणीय नहीं है ?

इसी से एक प्रश्न निर्माण होता है और वह है 'आवाज़-साधना-शास्त्र' का। ख़ाँ साहब ग़ुलाम अली ख़ाँ की आवाज़ आधुनिक आवाज़-शास्त्र के अन्वेषण की दृष्टि से भी मुझे निर्दोष नज़र आयी है, यह श्री देशपाण्डे भी लिख चुके हैं। आवाज़ के विभिन्न दोषों के कारण या स्वाभाविक सीमाओं के कारण कई कठिन जगह, तानों के कई प्रकार या मनचाही उड़ानें भरना गायकों के लिए असम्भव होता है। मनुष्य स्वभाव ही कुछ ऐसा है कि जो बस में होता है उतना ही वह करता है। मतलब, गायकी के जो प्रकार उसकी पहुँच में होते हैं उन्हें ही मेहनत और रियाज के द्वारा चमकीला बनाकर विशेष आकर्षक बनाने का प्रयत्न हर घराने के संस्थापक करते हैं।

कालान्तर में वही उस घराने की पहचान बन जाती है। उनके अनुयायी इसी को संगीत की सारी दुनिया मानकर उनका अनुकरण करने लगते हैं। किन्तु किसी भी गायक को यदि व्यक्तिगत तौर पर पूछा जाय कि ख़ाँ साहब बड़े ग़ुलाम अली की तरह मनचाही उड़ानें भरना क्या आपको अच्छा लगेगा? तो वह निश्चित यही उत्तर देगा: "हाँ, मुझे अवश्य ही बहुत अच्छा लगेगा। लेकिन मेरे गले में वह कुवत नहीं है, मैं भी क्या करूँ?" इसलिए ख़ाँ साहब ग़ुलाम अली की तरह आवाज़ बनाना, याने 'आवाज़-साधना-शास्त्र' का अध्ययन आवश्यक हो जाता है।

ग्रन्थ के अन्त में भविष्य में नये घराने बन पायेंगे या नहीं, और यदि बनने वाले हों तो उनका निश्चित स्वरूप क्या होगा इस बारे में लेखक ने अनेक विचार प्रस्तुत किये हैं। ख्याल गायकी अठारहवीं सदी में पैदा हुई, वह चिरजीवी रहेगी यह मान्यता समझदारी की नहीं है। और सौ वर्षों में इस गायकी के स्वरूप में आमूलाग्र परिवर्तन नहीं होगा ऐसा कौन कह सकता है? स्वरूप बदलने पर आज के घराने कैसे कायम रह पायेंगे? काल के प्रवाह में क्या होगा, कोई कह नहीं सकता। लेकिन आज संगीत की स्थिति क्या है, कौन-कौन से घराने हैं, उनकी ख़ास पहचान क्या है, इसकी शास्त्रीय मीमांसा कर लिखा गया यह ग्रन्थ संगीत के साहित्य में एक बहुमूल्य योगदान है इसमें कोई सन्देह नहीं। नयी गायकी तथा घरानों के और भी अन्य विकल्प तैयार हो जायें, फिर भी एक बात तय है कि घरानेदार गायकी, अर्थात् अभिजात संगीत के जिन सिद्धान्तों का वामनराव जी ने अध्याय तीन तथा चार में विवेचन किया है, वे अक्षुण्ण ही रहेंगे। मुझे विश्वास है कि विचारशील लोगों को इस ग्रन्थ का मनन तथा अभ्यास लाभदायी सिद्ध होगा।

—बी. आर. देवधर

मोदी चेम्बर्स, बम्बई ४
१५ जनवरी, १९६१

दो शब्द

मेरी मराठी पुस्तक 'घरदांज गायकी' का हिन्दी भाषान्तर है यह। इस हिन्दी संस्करण के लिए कई मराठी तथा अमराठी मित्रों का आग्रह था। कई अमराठी मित्रों की यह दिक़्क़त थी कि इस विषय को समझने के लिए उन्हें मराठी मित्रों की सहायता पर निर्भर रहना पड़ता था। इस विषय पर 'घरदांज गायकी' एकमात्र पुस्तक थी। मुझे प्रसन्नता है कि इन मित्रों की इच्छा को व्यक्त रूप दिया जा सका। अँग्रेज़ी संस्करण हाल ही में प्रकाशित हुआ है और उसके तत्काल पश्चात् यह हिन्दी संस्करण भी प्रकाशित हो रहा है—यह मैं एक सुयोग मानता हूँ।

घरदांज गायकी का प्रकाशन हुए १२ वर्ष बीत चुके हैं। इस बीच कई एक कलाकार भगवान् को प्यारे हो गये हैं। अत: उनके बारे में तथा विवेचन के दौरान जिन कलाकारों का उल्लेख हुआ है उनके बारे में कतिपय सन्दर्भगत छोटे-मोटे परिवर्तन आवश्यक थे, वह इस संस्करण में कर दिये गये हैं। अनुवाद करते समय इस बात का ध्यान रखना अनिवार्य था कि भावों का स्पष्टीकरण ठीक-ठीक हो, इसलिए स्वाभाविक ही शब्दानुवाद पर ज़्यादा जोर नहीं दिया गया है।

मेरे मित्र डॉ. कुमार गन्धर्व का उत्साह तथा उनके और मेरे मित्र श्री राहुल जी बारपुते, (प्रधान सम्पादक, 'नयी दुनिया' इन्दौर) का साभिक्रम परिश्रम ही इस संस्करण में मुख्यतः

कारणीभूत हुआ है। अनुवाद का काम राहुल जी ने तत्परता से स्वीकार किया और अपने अख़बार तथा दूसरे अन्य कार्यों को सँभालते हुए उसे शीघ्र पूरा भी किया। इसके लिये उनके प्रति जितनी भी कृतज्ञता व्यक्त की जाय, थोड़ी ही है।

इसी तरह ओरिएण्ट लॉन्गमैन लिमिटेड के श्री पमासाहेब तथा श्री बालासाहेब पटवर्धन बन्धुद्वय का कृतज्ञतापूर्वक उल्लेख करना आवश्यक है। कहना कठिन है कि दो बातों में से किस बात ने इन दोनों को ज़्यादा प्रभावित किया—लेखक विषयक उनकी आत्मीयता ने अथवा संगीत के प्रति उनकी रसिकता और आस्था ने। मुद्रण आदि का विशाल कार्य उन्होंने अपने ऊपर लिया और उसे सम्पन्न किया। मेरे मित्र श्री अरविन्द मंगरूलकर ने पाण्डुलिपि तैयार करने से लेकर प्रूफ़-संशोधन तक हर समय सारा दुरूह कार्य अपना ही काम समझकर किया। इनके अतिरिक्त एक अन्य मित्र श्री कृ.म. अर्जुनवाडकर की सक्रिय सहानुभूति का बहुत बड़ा आधार मुझे इस कार्य में था। इन सब सन्मित्रों ने मुझे चिरऋणी बना रखा है।

—वामनराव हरि देशपाण्डे

३१ मई, १९७३
५७ बी वालकेश्वर रोड
बम्बई-६

दूसरे संस्करण की प्रस्तावना

'घरानेदार गायकी' ग्रन्थ का यह दूसरा संस्करण पाठकों को सौंपते हुए मुझे अतीव प्रसन्नता हो रही है।

सबसे पहले एक बात साफ़ कर दूँ कि चौबीस साल पहले लिखे गये ग्रन्थ का यह पुनर्मुद्रण है। अतः इसमें पहले संस्करण के दौर के कई उल्लेख आये हैं। कुछ कलाकार उस समय जीवित थे, जो आज नहीं हैं; मगर उनकी स्मृतियाँ उस समय ताज़ा थीं। पाठकों से अनुरोध है कि इस बात का संज्ञान लेकर ही यह पुनर्मुद्रण पढ़ें।

ग्रन्थ का प्रथम संस्करण सन् १९६१ के मई में प्रकाशित हुआ था। मगर अब कई वर्षों से वह अप्राप्य है। बीते लगभग बारह वर्षों से वह मराठी पाठकों के लिए उपलब्ध नहीं था। सन् १९७३ में उसका अँग्रेज़ी अनुवाद पॉप्युलर प्रकाशन ने और हिन्दी अनुवाद भी तुरन्त बाद ओरिएण्ट लाँगमैन ने प्रकाशित किया। अँग्रेज़ी संस्करण भी अब समाप्त होने को है। मगर प्रबन्धन में परिवर्तन के कारण हिन्दी अनुवाद की बहुत खींचातानी हुई। इसके बावजूद यह स्थिति सचमुच ठीक नहीं थी कि इतने वर्षों तक संगीत के मराठी अध्येताओं को यह ग्रन्थ अँग्रेज़ी या हिन्दी में पढ़ना पड़े। इस तरह की कई शिकायतें मेरे पास भी लगातार पहुँच रही थीं। मगर इस मामले में मैं भी विवश था। साहित्य संस्कृति मण्डल के अनुग्रह से अब इस समस्या का निवारण हो गया है। इसके लिए उनका जितना धन्यवाद किया जाये, कम है।

'घरानेदार गायकी' का शानदार स्वागत और उससे मुझे ख्याति, सचमुच मेरी उम्मीद से परे थी। पाण्डुलिपि बनाते समय मुझे अपने आप पर ही यक़ीन नहीं था। असल में मैं तनिक घबराया हुआ था। क्योंकि संगीत

घरानों की सैद्धान्तिक विवेचना का यह पहला ही ग्रन्थ था। इससे पहले किसी ने ऐसा प्रयास नहीं किया था। ऐसी स्थिति में इस ग्रन्थ में किया गया सांगीतिक परिस्थिति का अवलोकन, विश्लेषण, समग्र संगीत आविष्कार की वास्तविक स्थिति का वर्णन, संगीत से सम्बद्ध अनेक आदरणीय कलाकारों के कथन, प्रस्तुत किये गये सैद्धान्तिक प्रमेय और नियमों का विवेचन और ये सब अपनी अल्पमति और सीमित अनुभव के बल पर। ऊपर से इन तथ्यों की प्रामाणिकता के प्रति सन्देह, अविश्वास और डर भी मन में बसा हुआ। अनेक मान्यवर मित्रों ने मेरा हौसला बढ़ाया, फिर भी भीतर डर बरक़रार था। मगर इसके बावजूद इस ग्रन्थ को जी खोलकर प्रशंसा मिली। अख़बारों और पत्रिकाओं ने बड़ी मात्रा में इसका संज्ञान लिया, महाराष्ट्र में जगह-जगह बड़े पैमाने पर इस ग्रन्थ पर मंथन हुआ, संगोष्ठियाँ और परिसंवाद आयोजित किये गये, और अभी भी हो रहे हैं। इस प्रशंसा से मैं अभिभूत हो गया। सन् '६२ में इसे महाराष्ट्र सरकार का १००० रुपये का प्रथम पुरस्कार प्राप्त हुआ। सन् '७० में नौ वर्षों की अवधि में संगीत विषय पर प्रकाशित सर्वश्रेष्ठ मराठी पुस्तक के रूप में संगीत नाटक अकादेमी की ओर से १५०० रुपयों का धनादेश प्राप्त हुआ। इन सारी घटनाओं से मैं कितना चकित था, इसकी कल्पना भी नहीं की जा सकती।

प्रसन्नता की बात यह है कि इस ग्रन्थ में संगीत क्षेत्र के अनेक विख्यात कलाकारों का जो विश्लेषण, अनुशीलन, कथन तथा संगीत जगत् की वास्तविक स्थिति का वर्णन किया गया है, उसके बारे में किसी ने कोई शिकायत नहीं की। गायकों की ओर से और कभी-कभी लिखित रूप में कुछ आपत्तियाँ कानों पर आती थीं, परन्तु वे अधिकांशतः ग़लतफ़हमियों पर ही आधारित थीं। मेरे मित्र और 'दैनिक लोकसत्ता' के तत्कालीन सम्पादक स्मृतिशेष एच. आर. महाजनी ने इन आपत्तियों को पहली बार लिखित रूप में वाणी दी।

कलाकारों की इन आपत्तियों का मुख्य स्वर यह था कि ख़ाँ साहब अल्लादिया ख़ाँ और उनके जयपुर घराने का श्रेष्ठत्व स्थापित करने के लिए ही वामनराव ने यह ग्रन्थ लिखा है। इस आपत्ति का निराकरण मेरे मित्र प्रो. बी. आर. देवधर ने अपनी पहली प्रस्तावना में परोक्ष रूप में ही कर दिया था और देवधरजी जयपुर घराने के हैं भी नहीं। यह बात कष्टप्रद

परन्तु सत्य है कि संगीत की सैद्धान्तिक मीमांसा अथवा वैचारिकता अधिकांशतः हमारे कलाकारों के स्वभाव में ही नहीं होती। इसलिए इस आपत्ति को अधिक अहमियत देने की आवश्यकता नहीं थी। माना कि आपत्ति सही नहीं है, मगर है तो उनके मन की प्रामाणिक बात! इसलिए उन सभी से बड़ी विनम्रता से यह कहना चाहता हूँ कि यद्यपि जयपुर घराने से मैंने तालीम ली है, मगर उससे पहले ग्वालियर और किराना घरानों से भी मुझे पर्याप्त तालीम हासिल हुई है। इस सन्दर्भ में विस्तृत विवेचन मेरे हाल ही में प्रकाशित ग्रन्थ 'आलापिनी' में समाविष्ट स्मृतिशेष गुरुवर्य सुरेश बाबू माने पर लिखे लेख में किया है। साथ ही, अल्लादिया ख़ाँ या उनके जयपुर घराने का वक़ालतनामा न तो किसी ने मुझे सौंपा था और न ही मैंने वह लिया था। दरअसल, हर गायक को अपना ही घराना श्रेष्ठ प्रतीत होता है और यह कोई अस्वाभाविक बात नहीं है। परन्तु, घरानों की प्रणालियों की गहराई में जाकर उनकी सैद्धान्तिक मीमांसा करते-करते जो दार्शनिक सिद्धान्त के सूत्र मेरे हाथ लगे हैं, उन्हीं के आधार पर मैंने यह विवेचन किया है। दरअसल, ग्रन्थ लिखते-लिखते ही ये सारे दार्शनिक सिद्धान्त मुझे सूझते गये हैं। कोई पूर्वग्रह मन में पालकर मैंने ग्रन्थ लिखना शुरू नहीं किया था। स्मृतिशेष महाजनी की वह राय पढ़ने के बाद मैंने उन्हें पत्र भी लिखा था। मगर उन्होंने उसे प्रकाशित नहीं किया। अल्लादिया ख़ाँ अथवा जयपुर घराना सर्वश्रेष्ठ है या नहीं, यह हमारा प्रतिपाद्य है ही नहीं। उसका विवेचन तो मात्र उदाहरण के लिए किया गया था। प्रतिपाद्य है उस उदाहरण की पृष्ठभूमि की सैद्धान्तिक मीमांसा, उसमें प्रस्तुत हुई वैचारिक भूमिका अथवा संगीत जगत् में पहली बार प्रस्तुत किये गये विशिष्ट सिद्धान्त। उन सिद्धान्तों का आज तक न तो किसी ने प्रतिवाद किया और न ही कोई वैकल्पिक सिद्धान्त-प्रणाली प्रस्तुत की गयी।

एक सूत्र में कहा जाये तो स्वर और लय में से किसी एक इकाई को अतिरिक्त प्रधानता देने के बजाय दोनों का सन्तुलित मिलाप या प्रीतिसंगम जिस गायकी अथवा घराने में किया जाता है, वही घराना श्रेणीबद्धता में श्रेष्ठ माना जाये। संक्षेप में, इसमें स्वर—स्वर में लय का यानी मात्रान्तर के चतुर्थांश, अष्टमांश अथवा षोडशांश हिस्से का भी सन्दर्भ आवश्यक होता है। यही तो है स्वर को लय का 'प्रत्यय' लगाना और इसी को मैंने प्रीतिसंगम कहा है। इस सन्दर्भ में लेखक की भूमिका प्रथम संस्करण में

पृ. ९६ तथा ९७ पर दी गयी है। उसी को यहाँ पुनः उद्धृत करता हूँ :

''साथ ही श्रेणीबद्धता निश्चित करने का निकष इस तरह नये रूप में प्रस्तुत किये जाने के कारण उसकी अधिक पड़ताल होना ज़रूरी है।

> जैसे कि अभी-अभी बताया गया है कि इस सिद्धान्त की रचना एक विशिष्ट भूमिका से की गयी है। उसमें कुछ भँवर भी हैं। उदाहरणार्थ, यह निश्चित करने के लिए कि स्वर और लय का प्रीतिसंगम किसे कहा जाये, कुछ भी वस्तुनिष्ठ (Objective) बाह्य साधन उपलब्ध नहीं हैं। अतः विशिष्ट वर्ग को विशिष्ट अनुपात का संगम अधिक पसन्द आ सकता है और उसी को वे प्रीतिसंगम कहेंगे। अर्थात्, यह निर्णय सम्भवतः व्यक्तिगत पसन्द-नापसन्द पर निर्भर होगा। परन्तु, इस सन्दर्भ में कुछ वैज्ञानिक तथा मनोवैज्ञानिक अनुसन्धान होना ज़रूरी है। परन्तु, ऐसे अनुसन्धान के अभाव में, तर्कनिष्ठ अनुमान के आधार पर ही यह श्रेणीबद्धता का निकष निश्चित किया गया है। मगर इसमें भी एक ख़तरा है कि यदि इस संरचना को बदल दिया जाये तो निकष ही बदल जायेंगे और ऐसा मानकर चलना पड़ेगा कि उसी अनुपात में घरानों की सिद्धान्त-प्रणाली की श्रेष्ठ-कनिष्ठ श्रेणीबद्धता भी बदल जायेगी।

इसके अलावा पृ. ९६ पर और भी कुछ स्पष्टीकरण हैं। पाठकों को वे ज़रूर देखने चाहिए।

चौबीस वर्षों के बाद आज भी मेरी यही भूमिका यथावत् है।

किसी भी सैद्धान्तिक मीमांसा के लिए श्रेणीबद्धता का निकष अपने आप हाथ आ जाये, यही असल मुद्दा है। इसे सुझान लैंगर, मर्ढेकर, प्रभाकर पाध्ये और अन्य सौन्दर्यशास्त्रियों ने भी स्वीकार किया है और ऐसा लगता है, अभी तक तो किसी ने इसका विरोध नहीं किया है। अपनी मीमांसा में मैंने अनेकों में से इसी को एक निकष के रूप में प्रस्तुत किया है और इसी सैद्धान्तिक भूमिका से अपने घरानों की श्रेणीबद्धता निश्चित की है। परन्तु, एक अफ़सोस ज़रूर रहेगा कि सैद्धान्तिक भूमिका से इसकी पड़ताल या अपेक्षित अनुसन्धान अभी नहीं हुआ और न ही कोई अन्य वैकल्पिक सैद्धान्तिक प्रणाली सामने आ पायी है।

इसका एक अहम अपवाद यानी सन् १९७१ में प्रकाशित प्रो. अशोक रानडे का 'संगीत का सौन्दर्यशास्त्र' ग्रन्थ। यह ग्रन्थ श्री रानडे ने विशुद्ध

सौन्दर्यशास्त्रीय दृष्टि से लिखा है और अत्यन्त सम्मान के साथ इसका उल्लेख होना चाहिए। यद्यपि यह ग्रन्थ जटिल भाषा में लिखा गया है, तथापि इसमें सन्देह नहीं कि संगीत के व्यासंगी अध्येताओं को इसका अध्ययन करना ही चाहिए। इस ग्रन्थ के ज़रिये रानडे जी ने मेरे घरानेदार गायकी के विवेचन में महत्त्वपूर्ण योगदान दिया है। यह योगदान दो तरह से है—

मैंने संगीत की दो ही मुख्य इकाइयाँ मानी थीं—'स्वर' और 'लय'। डॉ. रानड़े ने इसमें एक और इकाई 'बन्दिश' भी जोड़ दी है। मैं इसका स्वागत करता हूँ। दरअसल, इस इकाई की अहमियत मुझे पहले से स्वीकार थी और इसके लिए 'बन्दिश और अन्दरूनी क़ायदे' शीर्षक एक स्वतन्त्र अध्याय मैंने अपनी पुस्तक में दिया था। परन्तु अच्छा हुआ कि डॉ. रानड़े ने स्वतन्त्र इकाई के रूप में उसकी स्थापना की। अतः इस तीसरी इकाई को मेरे विवेचन के लिए पूरक समझने में मुझे कोई आपत्ति नहीं है। परन्तु यह समझना भी ज़रूरी है कि बन्दिश का जन्म स्वर और लय आदि दो इकाइयों से होता है। इसीलिए मैंने उसका तीसरी इकाई के रूप में स्वतन्त्र उल्लेख नहीं किया। 'बन्दिश' को स्वतन्त्र तीसरी इकाई मानने से एक लाभ यह होता है कि 'व्याजसंगीत' अपने आप ही हट जाता है। परन्तु इस ग्रन्थ के कुल विवेचन में 'व्याजसंगीत' को मैं पहले ही हटा चुका हूँ।

डॉ. रानड़े की दूसरी देन यानी ताल के प्रत्येक आघात बिन्दु के लिए उनके द्वारा दी गयी 'सर्जक केन्द्र' संज्ञा। जी हाँ, यह संज्ञा भी रानडे जी की एक देन ही समझनी होगी। मेरे मन में भी यही अर्थ था और अपने विवेचन में मैं इसे मानकर ही चल रहा था। परन्तु उसे इतनी स्पष्टता के साथ विवेचित नहीं किया था। रानडे जी ने इस एक ही संज्ञा से यह कार्य सम्पन्न किया है।

परन्तु 'श्रेणीबद्धता' के सन्दर्भ में डॉ. रानडे ने पूरी तरह से मौन धारण किया है। वस्तुतः किसी भी सौन्दर्यशास्त्रीय मीमांसा में श्रेणीबद्धता का निकष स्वयमेव आना चाहिए। यह भूमिका रानडे जी ने अपने ग्रन्थ में साफ़-साफ़ स्वीकार की है। (पृ. ४२) फिर भी घरानों की गायकी की श्रेणीबद्धता की दृष्टि से वे पूरी तरह से वे पीछे हट गये हैं। पता नहीं, ऐसा क्यों हुआ। अन्य कलाकारों के सन्दर्भ में गायक वर्ग की हृदयगत कोमलता और भावनिकता को बिना ठेस पहुँचाये बोलने की प्रवृत्ति को हम समझ

सकते हैं। क्योंकि उन्हें हमेशा इसी वर्ग के बीच रहना होता है। इसलिए उन्हें ठेस नहीं पहुँचा सकते। परन्तु रानडे जी स्वभाव से ही ऐसे दबंग हैं कि किसी का भी लिहाज़ नहीं करते। फिर वे यहाँ क्यों पीछे हट जाते हैं, इसका तर्कसंगत उत्तर नहीं मिलता। उन्होंने आगरा, किराना, ग्वालियर, जयपुर आदि सभी घरानों के सन्दर्भ में उनकी परस्पर आन्तरिक सुसंगति को दर्शाया है। मुझे भी यह स्वीकार था। वस्तुतः अगर यह आन्तरिक सुसंगति न होती, तो न कोई घराना स्थापित हो पाता और न ही टिक पाता। इस आन्तरिक सुसंगति को मैं मानकर ही चल रहा था। परन्तु रानडे जी के इस आन्तरिक सुसंगति विवेचन में भी श्रेणीबद्धता नहीं आती और उनका ऐसा प्रयास या उद्देश्य भी नज़र नहीं आता। फिर यह सन्देह होने लगता है कि कहीं वे यह तो नहीं बताना चाहते कि सारे घरानों की योग्यता एक समान है? अगर ऐसा है तो यह साफ़-साफ़ कहना चाहिए। मगर ऐसे में यह सवाल उपस्थित हो जाता है कि पहले से स्वीकार श्रेणीबद्धता के निकष का क्या करेंगे?

'सत्यकथा' के सितम्बर १९७२ के अंक में डॉ. रानड़े को मैं उत्तर दे चुका हूँ। यहाँ उसी को दोहरा रहा हूँ। घरानों के सन्दर्भ में रानडे जी की दो आपत्तियाँ हैं। उनका कहना है कि स्वर और लय के रूप में दो ध्रुवों की कल्पना कर उन्हें जोड़नेवाले अर्धवृत्ताकार स्वर अथवा लय की तरफ़ झुकाव के अनुसार श्री देशपाण्डे ने घरानों के स्थान बनाये हैं। इसमें उनकी पहली आपत्ति इस प्रकार है :

> स्वर और लय—दोनों बुनियादी अवधारणायें हैं। किसी भी घराने में इन दोनों का मिलाप अनिवार्य होता है। इसका अर्थ यह हुआ कि इन दो अवधारणाओं को दो ध्रुव मानना और इनमें से किसी एक ध्रुव की तरफ़ झुके हुए घराने को सांगीतिक दृष्टि से उचित मानना—दोनों बातें सिद्धान्ततः असम्भव हैं...लय और स्वर आदि बुनियादी अवधारणाओं का सम्बन्ध दो ध्रुवों के सम्बन्धों जैसा कदापि नहीं हो सकता। अमुक एक घराना लय प्रधान अथवा स्वर प्रधान है, यह समझकर लय अथवा स्वर के छोर पर उसकी स्थापना करना विसंगत है।

इस पर मैं यह कहना चाहता हूँ कि 'ध्रुव' शब्द का प्रयोग मैंने किया ही नहीं है। यही नहीं, बल्कि इसकी पुष्टि के लिए ग्रन्थ के प्रथम संस्करण में पृष्ठ ५८ पर अग्रलिखित स्पष्टीकरण भी जोड़ा गया है :

> स्वर प्रधान गायकी एक छोर की ओर चाहे जितनी झुक जाये, फिर भी उसमें लयकारी बिल्कुल नहीं होती या शून्यवत् होती है, ऐसा नहीं है। अथवा तालप्रधान गायकी में वह चाहे जितनी दूसरे छोर पर चली जाये, फिर भी ऐसा नहीं होता कि उसमें स्वरों का पूरी तरह से अभाव हो। रंजकता की सीमा में रहकर काम करते समय एक अंग को चरमोत्कर्ष पर ले जाना और दूसरे अंग को बिल्कुल उपेक्षित रखना, ऐसा नहीं कर सकते... स्वर और लय—संगीत के दोनों अंग परस्पर ऐसे संलग्न, परस्पर गूँथे और मिले हुए हैं कि उनमें से एक को पूरी तरह से छोड़कर दूसरे से अलग करना असम्भव है। अर्थात् स्वर और लय अभिन्न हैं। स्वर कोई भी हो, उसमें उसकी अपनी अंगभूत लय होती ही है। इसी तरह किसी भी ताल का आघात लीजिये, उसमें उसका अपना अंगभूत 'स्वर' अथवा 'नाद' होता ही है। विधाता ने 'स्वर' और 'लय' इन अंगों को मिलाकर ही यह रसायन 'बनाया' है। मनुष्य को बस इसके अनुपात में न्यूनाधिक वृद्धि करने की अनुमति है।

इस स्पष्टीकरण से रानडे जी की आपत्ति का निराकरण हो जाना चाहिए। मगर फिर भी 'ऐकान्तिक स्वर' और 'ऐकान्तिक लय' आदि शब्द-प्रयोगों के कारण ऐसी ग़लतफ़हमी बनती होगी। प्रो. मिलिंद मालशे को यही ग़लतफ़हमी हो गयी है, जिसे उन्हें अपने दिल से निकाल देना चाहिए।

प्रो. रानडे अपनी दूसरी आपत्ति में कहते हैं :

> किस इकाई पर कौन-सा घराना बल देता है और उसका क्या असर होता है—बस इसी कथन पर श्री देशपाण्डे की उपपत्ति रुक जाती है। वस्तुतः यह स्वर अथवा लयप्रधानता यानी अधिक बुनियादी सांगीतिक प्रवृत्तियों का असर है। इन प्रवृत्तियों का विवेचन करने पर सारी विचारक्रिया मात्र 'सतही' साबित होगी। श्री देशपाण्डे के वर्गीकरण में इस प्रवृत्ति की अनदेखी की जाती है। परिणामतः जयपुर और ग्वालियर जैसे भिन्नमार्गी परन्तु एक ही लक्ष्य से प्रेरित गायन पद्धतियों को 'सूक्ष्म' और 'सन्दिग्ध' (मेरे द्वारा प्रयुक्त शब्द 'सन्दिग्ध' नहीं बल्कि 'स्थूल' है।) आदि विशेषण प्रदान करने से आगे उनकी उपपत्ति पहुँच नहीं सकती।

वग़ैरह-वग़ैरह...। और ये प्रवृत्तियाँ कौन-सी हैं : 'तीव्रीकरण' और 'विस्तार'। रानडेजी का मानना है कि सारे घरानों का झुकाव तीव्रीकरण

अथवा विस्तार की ओर ही पाया जाता है।

अर्थात् मेरे 'स्वरप्रधानता' और 'ऐकान्तिक स्वर' आदि शब्दों के स्थान पर 'स्वरांग का तीव्रीकरण' और 'लयप्रधानता' अथवा 'ऐकान्तिक लय' के स्थान पर 'लयांग का तीव्रीकरण' संज्ञायें आयी हैं। प्रश्न करने की इच्छा होती है कि मात्र शब्द बदल देने से क्या लाभ हुआ? क्या प्रधानता से तात्पर्य तीव्रीकरण नहीं हो सकता? साथ ही मैं यह भी कहना चाहूँगा कि विस्तार अपने आप में एक बुनियादी प्रवृत्ति है, जो मेरे सारे विवेचन में अन्तर्भूत है। यही नहीं, बल्कि 'बन्दिश और अन्तर्गत क़ायदे' अध्याय पूरी तरह से इसी को समर्पित है। पूरा संगीत संसार एक बीजांकुर का ही तो विस्तार होता है। इसलिए विस्तार को प्रवृत्ति घोषित कर कौन-सी नयी इकाई की खोज की? इसके अलावा 'लयांग का तीव्रीकरण' में लयांग का ही प्रधानता से विस्तार और 'स्वरांग का तीव्रीकरण' सम्बोधन में स्वरांग का ही प्रधानता से विस्तार—क्या यही अर्थ नहीं निकलता? अतः रानडे जी के ही शब्दों में 'स्वरांग विस्तार' और 'लयांग विस्तार' नहीं कहा जा सकता?

मगर रानडेजी की 'विस्तार' की अवधारणा 'तीव्रीकरण' से भिन्न है। उनका कहना है कि 'तीव्रीकरण' और 'विस्तार' दोनों स्वतन्त्र प्रवृत्तियाँ हैं। अतः तीव्रीकरण प्रवृत्ति को घटाकर बची हुई प्रवृत्ति विस्तार है। परन्तु विस्तार किस बात का? रानडे जी के अनुसार—'रूप अथवा बीज रूप का।' मतलब, पुनः सारा मामला सन्दिग्ध। ऐसे में संगीत में सभी तरफ़ अनुस्यूत विस्तार की प्रवृत्ति को प्रयोग में लाकर 'लयांग विस्तार', 'स्वरांग विस्तार' और 'समन्वय विस्तार' कहने में क्या हर्ज़ है? बल्कि यही अधिक उचित लगता है। मतलब, दुबारा स्वर और लय का सानुपातिक मिलाप ही हुआ न!

यह 'सानुपातिक मिलाप' अथवा जिसे मैंने 'प्रीतिसंगम' संज्ञा दी है, उसके बारे में यानी कुल श्रेणीबद्धता के निकष के बारे में घोषित रूप में न सही, मगर एक निजी पत्र में प्रो. अरविन्द मंगरूलकर ने अपनी आपत्ति दर्ज की है। उनके अनुसार असल में श्रेणीबद्धता का सिद्धान्त ही घरानों की गायकी के सन्दर्भ में लागू नहीं होता। एक ही कलाकार की दो अथवा अधिक महफ़िलों में ही श्रेणीबद्धता का सिद्धान्त काम कर सकता है, अन्य जगहों पर नहीं। साथ ही उन्होंने यह सन्देह भी जताया कि क्या उसे एक

सौन्दर्यशास्त्रीय सिद्धान्त के रूप में स्थान दिया जा सकता है? इसके उत्तर में यही कहा जा सकता है कि अगर उसे अब तक स्थान नहीं दिया गया है तो कम से कम अब तो देना चाहिए। दरअसल, 'संगीत का सौन्दर्यशास्त्र' विषय अभी बाल्यावस्था में ही है। उस पर बहुत ज़्यादा चर्चा, वाद-विवाद, संगोष्ठियाँ और लेखन की आवश्यकता है।

एक निजी पत्र में उन्होंने एक और सन्देह जताया है। चलते-चलते उसका भी जायज़ा ले लेते हैं। वे पूछते हैं कि दक्षिणात्य संगीत में घराना पद्धति कहाँ हैं? इसका उत्तर यह है कि उनमें घरानों की भाषा किंचित् ही सही, मगर कभी-कभी सुनायी देती है। विशेष अध्ययन के अभाव में उनके बारे में राय देना यद्यपि साहस भरा होगा, फिर भी यह कह सकते हैं कि उनकी गायकी हमारे हिन्दुस्तानी संगीत की तरह अधिकांशतः विलम्बित लय की नहीं है। वह मुख्यतः मध्य और द्रुत लय में होती है और घराना यानी प्रत्येक गायकी की स्वतन्त्र अदाकारी की विशेषता सामान्यतया आलापकारी के धीमे अथवा विलम्बित लय में ही सम्भव होती है और उसी में अनुभव होती है।

एक और आपत्ति पर ग़ौर करना होगा। यह आपत्ति प्रो. एस. वी. चिरमुले ने उठायी है। (सत्यकथा, जुलाई १९६२, पृ. ९६-९७) यह आपत्ति इस प्रकार है : "वर्तमान में प्रचलित घरानों की भिन्न-भिन्न विशेषताओं को एकत्र कर नये घराने बन सकते हैं"—यह मेरा विचार उन्हें स्वीकार नहीं है। मैं समझता हूँ यहाँ कुछ ग़लतफ़हमी हो रही है। आवाज़ की पिच, टिम्बर और वॉल्यूम यानी क्रमशः आवाज़ की ऊँचाई, जाति और गाज। यहाँ मेरी टीका का अर्थ यह है कि आवाज़ किरानावालों की तरह बारीक़ या आगरावालों की तरह रेंककर नहीं लगानी चाहिए। यानी उसे किसी भी तरह से 'कृत्रिम' नहीं बनाना चाहिए। आवाज़ स्वभावतः जैसी होगी, उसे यथावत् ही प्रयुक्त करना चाहिए। मेरा मानना है कि ऊँचाई, जाति अथवा गाज जो होगी, उसे उसी रूप में प्रयुक्त किया जाये तो घराने की विशिष्ट सौन्दर्य प्रणाली को बाधा नहीं पहुँचेगी। इस बात पर मेरा, प्रो. रानड़े का और आवाज़ की साधना के विशेषज्ञ प्रो. देवधर का मतैक्य है। परन्तु गुरु की आदत शिष्य में आ जाती है। इसी कारण यह कृत्रिमता आ सकती है और 'परम्परा' से इसका अभिन्न सम्बन्ध होने का आभास उत्पन्न करती है। उनका यह कहना ठीक नहीं लगता कि पण्डित भीमसेन जोशी ने

अपनी पहले की कृत्रिम आवाज़ लगाने की पद्धति को त्यागकर स्वाभाविक आवाज़ लगाने की आदत अपना ली और इसी कारण उनकी गायकी की सौन्दर्य प्रणाली बदल गयी। केशरबाई की गायकी के संस्कार हुए, इसीलिए उन्होंने अपनी आवाज़ को स्वाभाविकता से लगाने की पद्धति अपनायी। मैं नहीं समझता कि आवाज़ बदलने से गायकी भी बदल जाती है। बल्कि मैं तो यह मानता हूँ कि गायकी बदल जाने से उन्हें आवाज़ बदलनी पड़ी है। साथ ही यह भी कहना होगा कि दो या इससे ज़्यादा घरानों के संस्कार हुए इसलिए वे तीसरी सौन्दर्य प्रणाली (बुनियादी किराना घराने के संस्कार बरक़रार रखकर) निर्मित कर पायीं। अर्थात् इससे मेरे इस मूल कथन की पुष्टि ही होती है कि दो या अधिक घरानों के संस्कार अपनाये जाने पर नयी प्रणाली निर्मित हो सकती है। मगर फिर भी कुमार गन्धर्व जैसे कलाकार का कहना है :

> केशरबाई जैसी आवाज़ बनायी जाये तो इससे उन्हीं की जकड़बन्द गायकी उत्पन्न होगी। और अब्दुल करीम ख़ाँ जैसी आवाज़ लगायें तो इससे केवल कारुण्य ही उत्पन्न होगा। (आलापिनी, पृ. ११७)

अनेक कलाकारों के ऐसे विचार हो सकते हैं, जिनका संज्ञान लेना होगा।

अन्त में मेरे दीर्घकालीन मित्र प्रो. बी.आर. देवधर की आपत्ति। उसे पूर्वोक्त प्रस्तावना में ही उन्होंने प्रस्तुत किया है। यह आपत्ति इस प्रकार है—

> ख़ाँ साहब अल्लादिया ख़ाँ की गायकी के सन्दर्भ में कुछ लोग अभियोग लगाते हैं कि इस गायकी के तानों और लयकारी में बार-बार वही-वही बातें आने से पुनरावृत्ति होती-सी लगती है। एक राग का गायन पूरा होने पर दूसरे राग में भी वही लय के प्रकार, तानों का वही अन्दाज़ और एक जैसी ही बढ़त होने के कारण ऐसा लगता है कि कहीं पहला ही राग तो नहीं चल रहा है!

इस आपत्ति का उत्तर मैंने अपने पूर्वोल्लिखित 'आलापिनी' ग्रन्थ में एक अलग सन्दर्भ में विस्तार से दिया है। यहाँ उसी का संक्षेप में उल्लेख करता हूँ :

> यह सही है कि घरानों में आबद्ध गायकी की सीमायें थीं और इस तथ्य को स्वीकार करना चाहिए। एक सीमा यह थी कि राग कोई भी हो, वह सम्बद्ध घराने के कड़े अनुशासन में ही गाया जायेगा...परिणामतः राग

> अलग-अलग, यानी रंग अलग-अलग मगर चित्र एक। घरानेदार गायकी का यही क़ायदा है। अन्तर यही है कि ग्वालियरवाले इस राग को अपने ढंग से गायेंगे, आगरावाले अपने ढंग से गायेंगे और जयपुरवाले अपने ढंग से। क्योंकि प्रत्येक का हेतु अपना-अपना स्वरचित्र सुन्दर, अनुपातबद्ध, गठीला और सुडौल बनाना ही होता है। वहाँ रसनिष्पत्ति हो रही थी, मगर उनमें अलग-अलग रागों का अलग-अलग भावदर्शन का प्रयोजन बहुधा नहीं था। कम से कम उस अनुपात में नहीं था। (पृ. ११८)

तात्पर्य, यह 'पाप' मात्र जयपुरवालों ने नहीं किया है, बल्कि यह सभी घरानों की अंगीकृत की गयी 'पद्धति' है। राग कोई भी हो, उसमें शुरू में बन्दिश, उसके बाद आलापी, उसके बाद बोलआलापी, उसके बाद बोलतान और आख़िर में तान—यह स्थूल क्रम निश्चित होता है। ढाँचा अहम; राग का भाव तुलना में गौण। आसावरी, विलासखानी, भूप, दरबारी, मालकौंस आदि आलापीप्रधान रागों को भी इसी चक्र से गुज़ारना पड़ेगा। इसमें बोलतान की ज़रूरत है या नहीं, प्रत्येक राग में तानों-फ़िकरों की बरसात करनी चाहिए या नहीं, वग़ैरह की सोच नहीं थी।

मगर सवाल यह उठता है कि क्या यह सचमुच कोई 'पाप' है? श्रीमती किशोरी आमोणकर ने यही सवाल उठाया था। इसका भी उल्लेख 'आलापिनी' में उनसे सम्बन्धित लेख में किया गया है। उनकी भी यही शिकायत थी। तब मैंने उनसे सवाल किया था : "क्या तुम अपनी हर महफ़िल में इन बातों पर बिना भूले अमल करती हो?" इस सवाल पर उन्होंने सच्चाई से जवाब दिया कि "ऐसा भी नहीं कि यह सब हर बार सम्भव होता है। कई बार समझौते करने पड़ते हैं और मैं करती भी हूँ। क्योंकि अपनी गृहस्थी चलाने के लिए दुनियादारी तो करनी ही पड़ती है।" इस पर मेरी प्रतिक्रिया यह थी :

> किशोरी को इस तरह लाचार होने की कोई ज़रूरत नहीं है। मैं समझता हूँ, महफ़िल अथवा किसी राग के आविष्कार में कोई निश्चित क्रम होना और वह उन्नत श्रेणी में होना, श्रोताओं की उत्सुकता लगातार बढ़ाते-बढ़ाते उसके चरमोत्कर्ष तक पहुँचना—कलात्मकता की एक आवश्यकता है। प्रत्येक बन्दिश का अपना स्वतन्त्र अस्तित्त्व होता है, भाव होता है और उसमें क्रमशः वृद्धि करते-करते चरम को प्राप्त करना और आख़िर में विसर्जित होना वहाँ भी अत्यावश्यक होता है। वरना उस आविष्कार

के छोर भोथरे ही रह जायेंगे। (आलापिनी, पृ. १३७)

तात्पर्य, प्रत्येक घराने का अपनी-अपनी सौन्दर्य प्रणाली, गायकी और आविष्कार का क्रम तयशुदा होता है। उससे रसनिष्पत्ति अथवा राग भाव निर्मिति निश्चित रूप से होती रहती है। क्योंकि वह 'वस्तु, दृश्य अथवा घटना' के परे पहुँची होती है।

अब तक हमने आपत्तियों पर विचार किया है। आज चौबीस सालों बाद पीछे मुड़कर देखता हूँ तो लगता है कि ग्रन्थ में समाविष्ट कुछ बातों पर स्पष्टीकरण देना चाहिए।

पहली बात, संगीत की बुनियाद में स्थित गायक की भावस्थिति अथवा भाववृत्ति। इस भावस्थिति का उल्लेख ग्रन्थ में जगह-जगह पर आया है। परन्तु अब उसका स्वतन्त्र उल्लेख करने की आवश्यकता प्रतीत हो रही है। कलाकार जिस वृत्ति अथवा भावस्थिति से अथवा मूड से गाता है, किसी भी ढाँचे की प्रकृति उसी पर निर्भर होती है। प्रत्येक स्वर अथवा लय का भाव से सम्बन्ध होता है। बल्कि एक ही स्वर जिस भावस्थिति से गाया जाता है, उसी से उसका भाव न्यूनाधिक निखर जाता है। यह बात सही है कि प्रत्येक गायक की स्वर लगाने अथवा लय पकड़ने की अपनी ख़ास पद्धति होती है। परन्तु उसकी उस विशिष्ट समय की भावस्थिति के कारण हर बार उसमें थोड़ा-बहुत अन्तर आ ही जाता है। यही नहीं, बल्कि किसी स्वर का उच्चारण नितान्त प्रगाढ़ भावस्थिति में हो जाये तो कलाकार और श्रोताओं की आँखों में आँसू उभर आते हैं। इसी प्रकार किसी कलाकार की वृत्ति यदि भावुक या कारुण्य से भरी हो तो उसकी सम्पूर्ण गायकी पर वह वृत्ति छा जाती है। कई बार यह भावार्द्रता अतिरिक्त भी हो सकती है। मगर इस ख़तरे को टालना होगा। मगर क्या अतिरिक्त भावार्द्रता महफ़िल की सफलता की एकमात्र निशानी मानी जायेगी? यहाँ यह प्रश्न भी उपस्थित होता है कि भाव-विह्वलता को कितनी मात्रा में आभिजात्यता स्वीकार होगी। यहाँ संयम होना ही चाहिए। वरना वह गायन बिल्कुल फूट-फूटकर रोने जैसा दिखायी देगा। चाहे जो हो, मगर संयमित भावस्थिति अथवा भावार्द्रता को गायक की कलात्मकता की शर्त ही समझनी होगी। वरना पूरा गाना रूखा, शुष्क और नीरस हो जायेगा और उसकी रंजकता भी उसी अनुपात में कम हो जायेगी। विशेषतः स्वर की उस हिसाब से उपेक्षा कर लय की अतिरिक्त प्रबलता बढ़ेगी तो यह शुष्कता अधिक

महसूस होगी। यह भावात्मकता केवल सुर लगाने में ही प्रतीत नहीं होती है। लय पकड़ने में भी उसका विलोभनीय दर्शन हो सकता है। कई बार अगर अपने आप से यह सवाल किया जाये कि 'क्या गाना सुर में है?' तो उत्तर आता है 'हाँ'। 'गाना लय में है?' फिर उत्तर आता है 'हाँ'। 'गाना बन्दिश के अनुसार है?' उत्तर आता है, 'बिल्कुल'। परन्तु इसके बावजूद 'गाना' कैसा रहा? सवाल पर दृढ़ता से कहने की इच्छा होती है—'कुछ ख़ास नहीं'। इसका अर्थ यह हुआ कि कम से कम भावार्द्रता के बिना वह 'गाना' गाने के रूप में सिद्ध ही नहीं होता। यह भावार्द्रता निश्चित ही स्वर-लय पर प्रभुत्व के बिना नहीं लायी जा सकती। साथ ही, भावार्द्रता एक व्यक्तिगत गुण है, जिसे गुरु के द्वारा भी नहीं सीखा जा सकता और सीखा भी जाये तो वह उधार ही नज़र आयेगा। गुरु उसकी अपनी विशिष्ट भावस्थिति सिखलायेगा। परन्तु शिष्य की आवाज़ अलग, मनोधारणा अलग, पूर्वानुभव अलग, स्वर-लय का अनुभव प्राप्त करने की क्षमता अलग होती है। इससे गाने पर व्यक्तित्त्व की जो मुहर लगती है अथवा लगनी चाहिए वह शिष्य की बिलकुल अपनी व्यक्तिगत भावस्थिति की होगी। और वह शिष्य की उस समय की भावस्थिति पर निर्भर होगी। साथ ही, गुरु की सम्पूर्ण भावस्थिति शिष्य में उतर नहीं सकेगी। उसके अंगविक्षेप ज़रूर उठा लिये जायेंगे और फिर उसमें उधार का आवेश या अनुकरण नज़र आयेगा। वह असल कलाकृति नहीं होगी, बस नक़ल होगी। कुल मिलाकर, भावस्थिति तो होनी ही चाहिए और वह भी गायक के व्यक्तित्त्व के चिह्न के रूप में। यह स्पष्टीकरण पहले नहीं दिया गया था। अतः इस स्पष्टीकरण को ग्रन्थ के समग्र विवेचन के लिए पूरक समझा जाये। कुल मिलाकर, गायक की भावस्थिति स्वर और लय आदि दोनों अंगों के सानुपातिक मिलाप से आविष्कृत होना आवश्यक है। यह सफल घरानेदार गायकी की शर्त 'प्रीरिक्वीजिट' के रूप में समझी जानी चाहिए। कल तक तो वह अधिकांशतः ऐसी ही समझी जाती थी। परन्तु आज की स्थिति तनिक अलग दिख रही है।

आजकल गायक वर्गों में दो सम्प्रदाय साफ़-साफ़ देखे जा सकते हैं। एक को मैं आभिजात्यवादी या क्लासिसिस्ट कहता हूँ और दूसरे को भाववादी अथवा रोमैंटिसिस्ट कहता हूँ। क्लासिसिज़्म और रोमैंटिसिज़्म—दोनों अवधारणायें मैंने पाश्चात्य संगीत से ली हैं। पाश्चात्य संगीत में सत्रहवीं

और अठारहवीं शती सामान्यत: 'क्लासिसिज़्म' की और उन्नीसवीं शती 'रोमैंटिसिज़्म' की मानी जाती है। (वर्तमान बीसवीं शती में उसमें और 'एण्टीक्लासिसिज़्म', 'नियोक्लासिसिज़्म', 'नियोरोमैंटिसिज़्म' जैसी असंख्य शाखायें फूट पड़ी हैं। फ़िलहाल हमारा वह विवेच्य विषय नहीं है।) 'क्लासिसिज़्म' के लिए 'आभिजात्यवाद' शब्द ठीक लगता है परन्तु 'रोमैंटिसिज़्म' के लिए साहित्य में प्रयुक्त किया जा रहा 'स्वच्छन्दतावाद' शब्द मुझे पर्याप्त सार्थक नहीं लगता। फिर भी दूसरा सार्थक शब्द मिलने तक भावदर्शन को प्रमुखता देनेवाला शब्द 'भाववाद' से काम चला सकते हैं। परन्तु 'क्लासिसिज़्म' और 'रोमैंटिसिज़्म' आदि शब्दों के अर्थों को ठीक से समझना ज़रूरी है। दरअसल, पाश्चात्य संगीत में ये दोनों शब्द यद्यपि अलग-अलग प्रयुक्त किये जाते हैं, फिर भी दोनों प्रकार के संगीत को 'क्लासिकल' ही माना जाता है। दोनों में 'रस' होता ही है। बस रोमैंटिक संगीत में उसका अनुपात अधिक और चौथे अध्याय में वर्णित आकृति तत्त्व में तुलना में कम होता है। इसके विपरीत, क्लासिकल संगीत में ढाँचे की ओर यानी गायकी की रचना की ओर, गठन यानी कुल मिलाकर स्वरचित्र की सुन्दरता की ओर ध्यान अधिक और भावपरिपोष की तरफ़ तुलना में कम। दरअसल, वह संगीत का कालस्तरीय वास्तुशिल्प ही होता है। वस्तुत: आभिजात्यवाद और भाववाद—ये अवधारणायें इन नामों से सम्बोधित नहीं की गयी थीं, फिर भी उनका अस्तित्त्व घोषित ही था। उन्नीसवीं शती के इतिहास की गहराई में जाने की आवश्यकता नहीं है। मगर स्थूल रूप से यह दिखायी देता है कि वह पूरा दौर आभिजात्यवाद का ही था। परन्तु वर्तमान शती में कल तक बालकृष्णबुवा इचलकरंजीकर, शंकर पण्डित, अनन्त मनोहर, मिराशी बुवा, गजाननबुवा जोशी से लेकर आरोलकर और यशवंतबुवा जोशी (ग्वालियर घराना), विलायत हुसेन ख़ाँ, लतीफ़ ख़ाँ और खादाम हुसैन ख़ाँ तक (आगरा घराना), अल्लादिया ख़ाँ, केशरबाई, मोगूबाई, मल्लिकार्जुन मन्सूर से निवृत्तिबुवा तक (जयपुर घराना), गणपतबुवा बेहरे, हीराबाई, भीमसेन जोशी तक (किराना घराना) सारे नाम आभिजात्यवाद में आते हैं। इसी प्रकार अब्दुल करीम ख़ाँ, ओंकारनाथ ठाकुर, अमीरख़ाँ से लेकर आजकल के कुमार गन्धर्व, किशोरी आमोणकर, जसराज, प्रभा अत्रे वग़ैरह नाम भाववाद में समाविष्ट होते हैं।

मुख्य मुद्दा यह है कि प्रत्येक राग का उसका अपना एक अलग भाव होता

है और आभिजात्यवाद में उसके परिपोष की ओर तुलना में कम ध्यान दिया जाता है। और आज यह कहा जाता है कि कुमार गन्धर्व अथवा किशोरी आमोणकर जैसे सफल कलाकार 'आभिजात्य या घरानेदार गायकी के व्याकरण में फँसकर रह गये हैं।' इसका अर्थ यह है कि घरानेदार गायकों ने भाववाद की अत्यधिक उपेक्षा कर इस अभिजात्य गायकी को बिल्कुल नीरस, शुष्क और रूखा बना दिया है। ऊपर से कुछ कलाकारों का ध्यान दोनों प्रकारों के समन्वय की ओर था। उनके नाम बताना हो तो भास्करबुवा, फ़ैयाज़ ख़ाँ, सवाई गन्धर्व, बड़े ग़ुलाम अली, मंजी ख़ाँ आदि। मगर मैं भी यह स्वीकार करता हूँ कि मेरा भी झुकाव दोनों प्रवृत्तियों में समन्वय की ओर है।

इन दोनों प्रवृत्तियों का विस्तृत विवेचन सन् १९७९ में प्रकाशित मेरे 'आलापिनी' ग्रन्थ में कुमार गन्धर्व और किशोरी आमोणकर पर लिखे लेख में किया है। अधिक विवेचन के लिए पाठक उसे अवश्य देखें। यहाँ उसका मात्र स्थूल दिशा-निर्देश किया गया है। तथापि यह ध्यान रखना ज़रूरी है कि मेरा पूरा विवेचन ख़याल संगीत के सन्दर्भ में है।

स्पष्टीकरण देने लायक़ दूसरी बात यानी बन्दिश। यह किसी राग के अन्तर्गत ही आती है। एक ही राग में अनेक बन्दिशें अथवा चीज़ें होती हैं। राग उसी का विस्तृत रूप होता है। राग के अनेक विशिष्ट रूपों में से एक संक्षिप्त रूप या रक्तबीज यानी बन्दिश है। उसका विलास, विस्तार अथवा उत्कर्ष उसी के अनुषंग से होनेवाले अनेकविध और वैचित्र्यपूर्ण उपजों से होता है। बन्दिश राग का स्थिर केन्द्र है और ऐसे अलग-अलग उपजों से होनेवाला विलास उसका चलतत्त्व है। बन्दिश स्थायीभाव है और उपज चलभाव है। बन्दिश को मैंने स्थिर अथवा Constant और उपज अंग को Variable अथवा लगातार बदलता इसलिए चलभाव से सम्बोधित किया है। एक संक्षिप्त बन्दिश का कुल विस्तृत आविष्कार स्थिरकेन्द्र और चलतत्त्व से बनता है। साथ ही ताल को मैंने Standard rhythm सम्बोधित किया है। यह उसका स्थिर केन्द्र है और उसकी अन्तर्गत स्वरमयी लयकारी उसी चलतत्त्व का आविष्कार है। इसे मैंने Functional rhythm नाम दिया है। बन्दिश उस स्वर, ताल और कार्यान्वित लय आदि सभी बातों से युक्त होती है। ख़याल गाते समय चल रही बन्दिश में जो मूलानुभव होता है, उसी के द्वारा आविष्कृत होनेवाली सारी उपज बँधी होती हैं। रक्तबीज

यानी बन्दिश के मूलभाव अथवा अनुभव की अभिव्यक्ति के लिए ही कलाकार अपनी कलाकृति का निर्माण करता है। उसी मूलानुभव से कलाकृति के सारे अंग संस्कारित होते हैं, होने चाहिए। कलाकृति का स्थिर भाव अत्यन्त सूक्ष्म, व्यामिश्र और मुख्यत: चैतन्यपूर्ण होता है। उसी के आधार पर बन्दिश के उपज अंग का विवरण खिलता जाता है। इसी अंग यानी उपज अंग की वैविध्यपूर्ण रचना से बन्दिश के सम्पूर्ण आविष्कार की विशेषता सिद्ध होती है।

तात्पर्य, बन्दिश का अपना एक भाव होता है। यही उसका स्थिर केन्द्र है। और कलाकार की अपनी भावदशा, जो स्वर के अनुरूप लगातार बदलती रहती है, उसका चलभाव है। यह बदलता भाव और बन्दिश के अपने भाव—दोनों में गठजोड़ या मेल होना ज़रूरी होता है। ये सब परस्पर एक दूसरे के सहारे होने के कारण बन्दिश की सारी उपजाओं समेत के कुल आविष्कार को एकात्म, अखण्ड, Organic अथवा सेन्द्रिय रूप प्राप्त होता रहता है। बन्दिश एक कथन अथवा Statement होता है और प्रत्येक उपज उसका उपकथन, पुनर्कथन अथवा Restatment होता है। बन्दिश मुख्य कथन अथवा Commanding form होता है और प्रत्येक स्वतन्त्र उपज उसका हर बार का उपकथन अथवा पुनर्कथन होता है। इन सारी उपजाओं के कारण अथवा पुनर्कथनों के कारण मूल कथन को बल अथवा पुष्टि प्राप्त होती है। प्रत्येक स्वतन्त्र उपज एक स्वयंपूर्ण उपकथन होता है। साथ ही, वह बन्दिश के अन्तर्गत होने के कारण उसी के लिए पूरक और पोषक होता है और दोनों मिलकर ही एक पूर्ण कलाकृति बनती है। उदाहरणार्थ, पेड़ का एक पत्ता और फूल लीजिये। उसका आकार, उसका रंग, उसका कुल रूप स्वयंपूर्ण ही होता है। मगर फिर भी वह उस पेड़ का एक अभिन्न अंग होता है। पत्ता अथवा फूल भी स्वयंपूर्ण होता है और पेड़ का जो विस्तृत और खिला हुआ रूप है, वह भी स्वयंपूर्ण होता है। 'पूर्णात् पूर्णम् जायते'—ऐसा ही वह अनुभव होता है। प्रत्येक पत्ता अथवा फूल का अपना-अपना सौन्दर्य होता है और इसी से पेड़ को स्वयंपूर्णता प्राप्त होती है। पत्ते-फूल से खिली अनेक टहनियों से ही उसका कुल एकात्म, अखण्ड, सेन्द्रिय (Organic) रूप सिद्ध होता है। मैं यह कहना चाहता हूँ कि कुल स्थिर केन्द्र और चलतत्त्व के बीच आन्तरिक संघर्ष और मिलाप Constancy और Change ही आद्यतत्त्व

है। और इसी का मनोवैज्ञानिक परिणाम यानी Tension और Resolution अथवा तनाव या उत्कण्ठा और विसर्जन है।

कुल राग और बन्दिश, बन्दिश और उपज, ताल और उसके अन्तर्गत स्वरमय लयकारी, हर एक उपज का अंगभूत सौन्दर्य और कुल बन्दिश का सौन्दर्यशाली सम्पूर्ण आविष्कार—सबके पीछे अपना-अपना भाव होता है और उसी का क्षोभन और शमन होता रहता है। उपज के कारण क्षोभन और बन्दिश के कारण शमन, ऐसा मामला है। इसके अलावा यह वस्तुगत भाव और कलाकार के भाव में भी गठजोड़ होना आवश्यक होता है। इन सबके आन्तरिक द्वन्द्व की समाप्ति बन्दिशरूपी स्थिर केन्द्र में और उसमें भी उसकी सम पर आने से होती है। तभी वह निर्द्वन्द्व होती है। यहीं 'टूटे वाद-संवाद हितकारी' की अनुभूति होती है। विशेषज्ञ जन यह सोचें कि प्रभाकर पाध्ये जिसे 'लयतत्त्व' कहते हैं, कहीं वो ये तो नहीं?

इस आवृत्ति के बहाने 'घरानेदार गायकी' के कुछ शब्दों में उलटफेर किया गया है। शुरू में ही उल्लेख आया है कि इसमें नया अंश भी जोड़ा गया है। यह नया अंश यानी इस दूसरे संस्करण की प्रस्तावना और पहले ही अलग-अलग समय पर किसी कारण लिखे गये और अन्यत्र प्रकाशित महत्त्वपूर्ण चार लेख। यह प्रस्तावना लिखते समय मेरे परम मित्र स्मृतिशेष प्रभाकर पाध्ये की अत्यन्त अहम सहायता प्राप्त हुई। उन्होंने 'घरानेदार गायकी', डॉ. अशोक रानडे का 'संगीत का सौन्दर्यशास्त्र' और उस पर छपे टीकात्मक लेख आदि का अध्ययन कर मुझे अत्यन्त अहम मार्गदर्शन किया। घण्टों मेरे साथ चर्चा की। यही नहीं, इस प्रस्तावना का सिंहावलोकन भी किया।

अब नये अंश के सन्दर्भ में। पहले अन्यत्र प्रकाशित 'संगीत और शब्द' लेख में कुछ शाब्दिक परिवर्तनों के साथ उसमें नया यानी गुरुदेव रवीन्द्रनाथ ठाकुर के कुछ उद्धरण डाले हैं, जिसे 'जर्नल ऑफ़ दी इण्डियन म्यूज़िकोलॉजिकल सोसायटी' के जून १९८१ के अंक में प्रकाशित सीतांशु रॉय के लेख से लिया गया है। इस लेख को संशोधित करते समय डॉ. श्रीराम संगोराम ने भी कुछ नये मुद्दे सुझाये और स्वयं ही अंश तैयार किया।

'कार्ल सी शोअर, बानी और घराने' लेख में मेरे विद्वान् मित्र डॉ. जी. एच.

तारलेकर की सहायता से संशोधन किये गये हैं। आप संगीत के पुराने शास्त्रीय ग्रन्थों के एक अधिकारी व्यक्ति हैं। इस सन्दर्भ ने उन्होंने स्वयं एक परिच्छेद बनाकर दिया है।

मुझे यह उल्लेख ज़रूर करना चाहिए कि 'हिन्दुस्तानी संगीत में नये प्रवाह—एक मूल्यांकन' लेख मूलतः अँग्रेज़ी था। उसका मराठी अनुवाद मेरे भांजे श्री रमेश पानसे, ने किया है। मूल लेख श्री प्रभाकर पाध्ये के कहने पर उनके दिल्ली के सेमिनार Quality of life in India today के लिए लिखा गया था।

जनवरी १९८२ में यहाँ के 'सकाळ' समाचार-पत्र की पचासवीं वर्षगाँठ थी। इस उपलक्ष्य में प्रकाशित 'परिवर्तन के प्रवाह' ग्रन्थ के लिए 'बीते पचास वर्षों की संगीत की यात्रा' शीर्षक लेख लिखा था। उसे इस संस्करण में जोड़ने के लिए सम्पादक श्री मुणगेकर और कॉन्टिनेन्टल प्रकाशन के श्री अनन्तराव कुलकर्णी ने अनुमति दी।

व्यक्तियों के नामों की सूची बनाने के जटिल काम का दायित्व अमरावती के मेरे युवा मित्र प्रो. विवेक गोखले ने स्वयं अपने कन्धे पर लिया और उसे पूरा भी किया। इस काम में उन्हें अपार परिश्रम करने पड़े हैं। वस्तुतः उनसे मेरी पहली पहचान स्नेहभरी हुई थी और हाल के दो-तीन वर्षों में तो वह और भी वृद्धिगत होती गयी। उनका उत्साह और अध्ययनशील वृत्ति सचमुच प्रशंसनीय है। दरअसल, ऐसे अल्प परिचय से व्यक्तियों के नामों की सूची बनाने जैसे जटिल कार्य का दायित्व बड़े चाव से उठाना उनके व्यक्तित्त्व के अनुकूल ही है। उनके प्रति आभार प्रकट करना शायद उन्हें भी अच्छा न लगे।

मेरे एक और सन्मित्र यानी डॉ. शरतचन्द्र गोखले। इस नये संस्करण को लेकर मुझसे ज़्यादा वे ही उत्साहित थे। उन्हें इसमें विशेषतः 'बन्दिश और अन्तर्गत क़ायदे' अध्याय में कुछ महत्त्वपूर्ण बातें जोड़नी थीं, जिसे वे स्वयं उसे लिखनेवाले थे। परन्तु अस्वस्थ्यता के कारण वे इसे अंजाम नहीं दे पाये। इसके लिए उन्हें और मुझे भी खेद है।

पुस्तक की सुन्दर छपाई का कार्य हमेशा की तरह श्री पी. पी. भागवत और उनके 'मौज' प्रेस ने किया। मेरे अनुभवहीन लेखन पर संस्कार-संशोधन की सारी औपचारिकतायें हमेशा श्री भागवतजी ही पूरी करते आये हैं।

प्रस्तुत संस्करण का प्रकाशन भी आप ही ने किया है।

साथ ही मुद्रित-शोधन के लिए पुणे विश्वविद्यालय के हिन्दी विभाग के प्रवक्ता डॉ. श्रीरंग संगोराम का अत्यन्त अमूल्य सहयोग प्राप्त हुआ है। इस बारे में मैंने उन्हें असीम तकलीफ़ें दी हैं और उन्होंने भी असीम तकलीफें सही हैं। परन्तु उनके प्रति आभार प्रकट करना उन्हें भी अच्छा नहीं लगेगा।

अन्त में साहित्य-संस्कृति मण्डल के प्रति आभार। साहित्य-संस्कृति मण्डल के द्वारा अनुदान प्राप्त हुआ, इसीलिए यह संस्करण छप पाया। मण्डल के अध्यक्ष डॉ. सुरेन्द्र बारलिंगे ने इस मामले में व्यक्तिगत रूप से ध्यान दिया था।

इन सभी मित्रों के प्रति कृतज्ञता में ही मेरा सौख्य समाहित है।

पाठकों के ध्यान में आ ही जायेगा कि कुछ लेखों के बारे में द्विरुक्ति अथवा पुनरावृत्ति हुई है। परन्तु आपसे यह कहने की अनुमति चाहता हूँ कि प्रत्येक लेख को अपने आप में परिपूर्ण करने की दृष्टि से यह पुनरावृत्ति अनिवार्य थी।

—वामन हरि देशपाण्डे

‘छन्दोवती’
४८४/६८ मित्रमण्डल कॉलोनी
पुणे

प्राक्कथन

व्यापार-उद्योग क्षेत्र में एक आय-व्यय निरीक्षक के पेशे में क़रीब-क़रीब बीस वर्ष मैं बिता चुका हूँ, तथा व्यावसायिक एवं बिलकुल तकनीकी लेखा-विवरण (ऑडिट रिपोर्ट्स)—और वह भी अँग्रेज़ी में—लिखने के अलावा मैं और भी कुछ लिख पाऊँगा यह मैंने स्वप्न में भी कभी नहीं सोचा था। फिर पठन, लेखन तथा अध्यापन मेरे अभ्यास के विषय हो ही कैसे सकते थे?

लेकिन बचपन से ही मुझे संगीत से इतना लगाव था कि जवानी में मैं अब्दुल करीम ख़ाँ, भास्कर बुवा, वझे बुवा की टक्कर का गायक बनना चाहता था। मैंने वही मार्ग अपना लिया था। महत्त्वाकांक्षा के उस काल में मैंने कुछ वर्ष तक ख़ूब जम के मेहनत भी की। परन्तु, मेरा दिमाग़ व्यापार के लिए अनुकूल था। अगर ऐसा न होता और दूसरे क्षेत्र में मेरा ध्यान अगर न बँटता तो वही क्रम जारी रखकर मैं शायद एक मानिन्द गायक बन भी जाता। पर व्यवसाय तथा संगीत इन दोनों ही क्षेत्रों में उच्चतम स्थान प्राप्त करने की लालच में मैंने अपनी हालत ''इतो नष्टस्ततो भ्रष्टः'' वाली बना ली। यदि कभी मैं किसी समय आत्मकथा लिखूँ तो उसका शीर्षक भी "Between Two Stools" रखूँगा, इस आशय का विनोदपूर्ण विचार कभी-कभी मन में झाँक जाता है। मानो इसी के परिणामस्वरूप जो होना नहीं चाहिये था वह हो गया है और वह है प्रस्तुत प्रबन्ध!

फिर भी संगीत की दुनिया का जो अनुभव मुझे प्राप्त हुआ और उससे जो विचार सूझे वे समीक्षा के लिए लोगों के सामने रखे जायँ—ऐसी तीव्र लगन भी मन में थी। यह सब करने का अधिकार मुझे किस हद तक है वह तो पुस्तक पढ़ कर पाठक ही तय करें। पर उनके निर्णय में सहायक

सिद्ध हो सके, इसके लिए कुछ व्यक्तिगत पार्श्वभूमि का उल्लेख यदि मैं यहाँ करूँ, अप्रासंगिक नहीं होगा ऐसी आशा हैं। संगीत के प्रति मेरे लगाव का स्वरूप स्वान्त:सुखाय और आजकल तो उसे बनाये रखने के लिये रेडियो पर गाने तक ही सीमित है। फिर भी महान गायक–गायिकाओं से जो कुछ मैंने सीखा तथा जो सम्पर्क उनके साथ मेरा रहा है, उसका कृतज्ञतापूर्वक उल्लेख करना आवश्यक है।

प्रारम्भ में मुझे मेरे पिताजी ने ही दो–चार ध्रुपद सिखाये थे। बाद में स्कूल में दाख़िल होने पर केशव बुवा मटंगे, रामभाऊ लिमये अथवा प्रसिद्ध ध्रुपदिये शंकर बुवा अष्टेकर जैसे कई गुरु मिले। लेकिन गाने की वास्तविक शिक्षा मैट्रिक के बाद बम्बई आने पर ही शुरू हो सकी। पहले दो–तीन वर्ष स्वर्गीय शंकर राव कुलकर्णी (ग्वालियर गायकी के प्रसिद्ध बाला गुरुजी के शिष्य) तथा विशेषतया श्री यादवराव जोशी (ग्वालियर गायकी, अनन्त मनोहर शाखा) के साथ अभ्यास करने में बीते। यादवराव जी ने मुझे उस समय इतना तैयार कर दिया था कि प्रसिद्ध रागों के तिलवाडे और झूमरे गा सकूँ। फिर सन् अट्ठाईस में पूना में नौकरी कर ली तब स्वर्गीय प्रो. सुरेश बाबू माने से मुलाकात हुई। सुरेश बाबू का मैं प्रथम शिष्य था इसलिए वे कई वर्षों तक मुझे अपने सामने बैठाकर मुझसे मेहनत करवाते रहे, यह उनका विशेष अनुग्रह था। उनके कारण ही उनकी बहन श्रीमती हीराबाई बडोदेकर की तालीम का भी मुझ पर बहुत असर हुआ। सन् चालीस के अन्त तक, कोई बारह वर्ष मैं किराना घराने के मंगल वातावरण में पलता रहा, तथा उसी घराने का एक अदना–सा अनुयायी बन गया। लेकिन सन् चौंतीस–पैंतीस से ही मेरे जीवन में स्वर्गीय गोविन्दराव टेम्बे ने पदार्पण किया और आगे चलकर तो उन्होंने मेरे संगीत के जीवन में अनन्यसाधारण स्थान ही बना लिया। संगीत के प्रति मेरी दृष्टि को उन्होंने विशाल बनाया तथा कई चीज़ें भी ख़ुद सिखायीं। संगीत की सर्वसंग्राहक दृष्टि भी उन्होंने ही प्रदान की मुझे। यही नहीं, मेरा अगला संगीत–जीवन उन्हीं के मार्गदर्शन में बीता। उनके कहने से ही मैंने स्वर्गीय नत्थन ख़ाँ (स्वर्गीय अल्लादिया ख़ाँ के भतीजे, स्वर्गीय हैदर ख़ाँ साहब के सुपुत्र) से उनकी मृत्यु तक कोई छह साल तालीम हासिल कर ली। उनके स्वर्गवास के पश्चात् श्रीमती मोगूबाई कुर्डीकर से तालीम लेना शुरू किया, वह भी गोविन्दराव के कहने से ही। श्रीमती मोगूबाई की तालीम क़रीब–क़रीब

बारह वर्षों से आज तक जारी है। और अल्लादिया ख़ाँ साहब व हैदर ख़ाँ साहब की ख़ास तालीम से समृद्ध उनकी गायकी से मैं पावन हुआ हूँ और हो रहा हूँ।

स्वर्गीय गोविन्दराव जी के सम्पर्क से मेरा कलात्मक जीवन आलोकित तो हो ही उठा, पर साथ ही उनकी सौन्दर्यान्वेषी दृष्टि तथा विवेचनात्मक प्रवृत्ति का भी गहरा असर मुझ पर हुआ इसमें अचरज किस बात का? उनके जैसे महान् प्रज्ञाशाली पुरुष के सम्पर्क में वर्षों तक समय-समय पर परिचर्चाएँ, विचार-विमर्श, संगीत के बारे में की गयी चर्चाएँ तथा उनसे सुनी हुई अतीत के महान् गायकी की गाथाएँ सभी कुछ लिपिबद्ध कर रखने योग्य था और यदि मुझे इतने सारे काम न होते तो मैं लिपिबद्ध कर ही डालता—और तब संगीत की खोज में निकल पड़े किसी भी पथिक का मार्ग उन दीपकों से कुछ तो आलोकित हो ही जाता।

इन सभी अधिकारी व्यक्तियों का ऋण स्वीकार करने को धन्य समझते हुए भी ख़ुद के गुनाहों का एहसास मन को मसोसता रहता है। गायक के रूप में ही यदि कुछ कारगुजारी कर दिखाता तभी इन सब महानुभावों को हार्दिक प्रसन्नता होती और उनका ऋण चुकाने का वही एक उपाय था। मैं गाने से इतना मुँह मोड़ लूँ कि प्रस्तुत प्रबन्ध लिख सकूँ इस बात को गोविन्दराव जी कभी माफ़ नहीं करते।

सच पूछा जाय तो इस तरह का प्रबन्ध लिखना उन्हीं का काम था। हिन्दुस्तानी संगीत के सुवर्णकालीन वैभव के वे एक साझीदार ही थे और इसलिए ऐसे कार्य के हेतु आवश्यक अनुभव तथा लिखने का कौशल उनमें था। लेकिन ख़ुद एक घराना स्थापित करने का अधिकार जिन्हें प्राप्त था, वे ऐसी झंझट में क्यों कर उलझने लगे? फिर वह कार्य हम जैसे अर्धशिक्षितों को ही करना पड़ता है।

प्रस्तुत विषय का प्रारम्भ कैसे हुआ यह बताना अप्रासंगिक न होगा। अक्तूबर १९५५ में मेरे मित्र विख्यात नाटककार श्री पु. ल. देशपाण्डे से चर्चा करते समय एक दिन यह विषय चल पड़ा। हम दोनों उस दिन इसके बारे में बड़ी देर तक चर्चा करते रहे और तब से इस विषय ने मेरे मन में घर कर लिया। अतएव इस विषय के बीजारोपण का श्रेय उन्हें है। फिर १९५८ के दिसम्बर में कल्याण गायन समाज के कार्यकर्ता श्री पारसनीस

ने मुझ पर बड़ा जोर डाला कि उनके समाज में इसी विषय पर मैं एक भाषण दूँ। और ज़िन्दगी में पहली बार उम्र के बावनवें साल में मैं उस दिन भाषण दे आया! बाद में जून १९४९ में पूना के मेरे मित्र श्री वसन्तराव देशपाण्डे ने अपने 'गायन समाज' में इसी विषय पर बोलने के लिए मुझे निमन्त्रित किया। उस अवसर पर पूना के लगभग सभी गायक-गायिकाओं की उपस्थिति से मुझे एहसास हुआ कि मैं जिस विषय पर बोल रहा हूँ उसके प्रति उन्हें मात्र जिज्ञासा ही नहीं, आत्मीयता भी है। सच कहा जाय तो यह विषय गायकों के लिए रोज़मर्रा का है। विभिन्न घरानों की चर्चा के बग़ैर उनका एक भी दिन नहीं बीतता। और उनके मतभेदों तथा कभी-कभी झगड़ों की जड़ भी उन-उन घरानों के लिए उनमें रहने वाला अभिमान ही होता है। लिहाज़ा हर घराने की अपनी विशेषता ध्यान में रखते हुए उनके बारे में सुव्यवस्थित ढंग से सैद्धान्तिक विवेचन गायक-गायिकाओं के लिए भी दिलचस्पी की बात होगी यह जानकर मैं उत्तेजित हो उठा। परिणामस्वरूप वसन्तराव जी के समाज में दिया गया भाषण एक लेख के रूप में लिख डालने की बात मन में जागी। एक घण्टे के भाषण को लेख के रूप में लिख डालने में आख़िर समय ही कितना लगेगा यह सोचकर लिखना शुरू किया। लेकिन विषय का क्षेत्र इस तरह बढ़ता चला गया, उसमें इतने सैद्धान्तिक प्रश्न निर्माण हो गये—और पठन-मनन के लिये समय भी इतना कम मिल पाता—कि यह लेखन-कार्य पिछले डेढ़ साल से भी अधिक समय ले चुका है!

इस लेखन-कार्य के दौरान मुझे अपनी जिन निजी तथा अन्य परिस्थितिजन्य खामियों का भान हुआ, उनका उल्लेख यहाँ करना आवश्यक है। वास्तव में प्रस्तुत लेखन-कार्य जैसे तथा इस तरह के अन्य कार्य के लिए ख़ुद की महफ़िलों के अनुभव तो आवश्यक हैं ही, साथ ही साथ संगीत के लिए उपयोगी विज्ञान, मनोविज्ञान, दर्शन आदि विषयों के अभ्यास की भी आवश्यकता थी। लिहाज़ा ऐसी नकारात्मक परिस्थिति में मैं प्रस्तुत साहस करने को प्रवृत्त हुआ हूँ!

स्वयं की व्यक्तिगत खामियों के उल्लेख के पश्चात् एक अन्य कठिनाई का उल्लेख करना होगा। और वह है इस विषय पर साहित्य का अभाव। दरअसल, घराने या घरानेदार गायकी हिन्दुस्तानी संगीत की बिलकुल अपनी और प्रमुख विशेषता है। ऐसी स्थिति में उसकी चर्चा करने वाले

सैद्धान्तिक साहित्य की विपुलता होनी चाहिये थी। यह घरानों की व्यवस्था आज लगभग दो ढाई सौ वर्षों से चली आ रही है। इससे भी पहले 'बानियों' का अस्तित्व अनेक वर्षों से रहा है। यही नहीं, जो भी अभिजात, उच्च माना गया या जिसके कारण हिन्दुस्तानी संगीत उन्नति कर सका, विकसित हो सका, समृद्ध बना, वह इन सब घरानों की छत्रछाया में ही रहा और आज भी है। 'घरानेदार गायकी' तथा 'अभिजात संगीत' ये शब्द ही पर्यायवाची हो गये हैं। अन्य किसी भी संगीत को अभिजातीयपन की प्रतिष्ठा प्राप्त नहीं हो सकी, जानकार रसिकों ने प्रदान नहीं की। इतना होते हुए भी उसके बारे में सैद्धान्तिक अथवा विश्लेषणात्मक साहित्य का उतना अभाव हो यह बात हृदय में चुभती है। इसीलिए ऐसे विषय में पहली बार ही प्रयास करने वाले को बहुत सारी मुश्किलों का सामना करना पड़ता है। चिन्तन-मनन स्वयं ही करो, फिर वह ठीक रास्ते पर है इसकी जाँच करने का कोई उपाय नहीं ऐसी स्थिति हो जाती है, और इसीलिए उसका उत्तरदायित्व भी बड़ा प्रतीत होने लगता है।

जो स्थिति संगीतविषयक कलात्मक तथा सैद्धान्तिक साहित्य की, वही घरानों की ऐतिहासिक जानकारी की। वह भी न तो किसी ने सिलसिलेदार एवं प्रामाणिक रूप में लिख रखी है, न वैसा करने की किसी को सूझी है।

'कलात्मक' समृद्धि की दृष्टि से संगीत में इस बात का विशेष महत्त्व नहीं है, यह विचार एकांगी है। सैद्धान्तिक चर्चा का परिणाम इस हाथ दे और उस हाथ ले इस भाँति तत्काल एवं ठोस नहीं होता। लेकिन दीर्घ अवधि के पश्चात् ही क्यों न हो, पर परिणाम होता निश्चित ही है। लिहाज़ा संगीत के इस 'ज्ञानात्मक' पहलू की उपेक्षा गायक व रसिकों के द्वारा हो यह स्थिति संगीत के सर्वांगीण विकास की दृष्टि से निःसन्देह अवांछनीय है।

साहित्य में समालोचना साहित्य अत्यधिक सम्पन्न हो चुका है और उसमें अनेक देशी-विदेशी सामर्थ्यवान व्यक्ति अपनी प्रज्ञा लगा चुके हैं। संगीत के क्षेत्र में इस अभाव को देखकर साहित्य के अभ्यासकों को अचरज होगा। लेकिन संगीत के बारे में ऐसी ही स्थिति है यह सही है। यदा-कदा अन्य किसी प्रश्न के साथ इक्का-दुक्का विचार नज़र आ जाता है, बस।

फिर भी प्रो. बी. आर. देवधर ने प्रस्तुत विवेचन की दृष्टि से बहुत महनीय कार्य किया है, ऐसा कहना होगा। पिछले बारह वर्षों से वे मासिक पत्रिका

'संगीत-कला-विहार' चला रहे हैं। और उसमें औरों के द्वारा—तथा स्वयं भी—लिखी गयी घरानों की, जैसी भी मिल पायी, ऐतिहासिक जानकारी, विभिन्न गायकों के जीवन-चरित्र, उनकी विशिष्ट गायकी का विवरण आदि उनके द्वारा प्रकाशित साहित्य विपुल है। लेखक को वह सब कितना उपयोगी सिद्ध हुआ यह बात स्थान-स्थान पर दिये गये उसके सन्दर्भ, उद्धरण तथा अन्य जानकारी से कुछ तो अवश्य ही स्पष्ट हो जायेगी। उनका सारा साहित्य एक सिरे से पढ़ डालने वाले ही उसकी विपुलता तथा उसके ठोसपन की कुछ कल्पना कर सकते हैं। और फिर भी उनके साहित्य के बारे में एक दिक़्क़त यह है कि वह पुस्तक के रूप में प्रकाशित नहीं हुआ है। एक सन्दर्भ देखना हो तो 'संगीत-कला-विहार' के बारह वर्षों के अंक उलट-पुलटकर देखने पड़ते हैं।

और एक महत्त्व की बात का उल्लेख करना आवश्यक है और वह यह है : संगीत कला में ही निहित खामी अन्य कलाओं की भाँति किसी पहलू का उदाहरण देकर स्पष्ट करने की सम्भावना संगीत की चर्चा में बहुधा नहीं होती। और यदि वैसी कोशिश की भी जाय, तो पाठक की समझ में आने के लिये वह अधिक उपयोगी सिद्ध नहीं होती। साहित्य, चित्र अथवा शिल्प का विवेचन करते समय चुनकर ठीक-ठीक उदाहरण दिये जा सकते हैं तथा स्वयं पाठक भी उनकी प्रामाणिकता की जाँच कर सकता है। क्योंकि वे सब कलाकृतियाँ अस्तित्ववान होती हैं। पर संगीत कला तो बस हवा की गठरी है, उसे कौन और कैसे बाँधे? उसमें ठोस कुछ हाथ नहीं लग सकता। दृष्टि से दिखायी नहीं देता। हवा में कम्पन निर्माण होता है और वातावरण में तत्काल विलीन हो जाता है, केवल सुनने वाले को उसकी याद भर रह जाती है। और मात्र वह स्मृति विश्लेषण, विच्छेदन और आलोचना करने की दृष्टि से भला कहाँ तक पर्याप्त मानी जा सकती है? नोटेशन में संगीतत्व जाता रहता है और भारतीय संगीत में तो निश्चित ही! इसके अलावा 'वाहवाह' अर्जित करने वाली कोई एक जगह रेकॉर्ड कर उसका विश्लेषण करें तो भी जब तक उसका सन्दर्भ ध्यान में नहीं रखा जाता तब तक उसका संगीतत्व प्रतीत नहीं होता। अतएव, संगीत जितनी शुद्ध कला है उतनी ही और उसी कारण से शब्दरूप में समझाने की दृष्टि से कठिन भी है। अतएव, संगीत विषय में ही निहित सीमाएँ तथा कठिनाइयाँ पाठक ध्यान में रखें, यह सुझाना आवश्यक है।

इस प्रकार इस प्रबन्ध का स्वरूप कई प्रकार से तथा अनेक दृष्टियों से सीमित है। अन्यत्र भले ही न हो पर संगीत के क्षेत्र में विचारों की दिशा नयी है। लेखक ख़ूब जानता है कि इसमें काफ़ी ख़तरे हैं। उसी प्रकार हो सकता है, कइयों के रोष को भी निमन्त्रण हो। राह अनजानी है इसलिए जैसे बने आगे बढ़ें यही एक कोशिश है। यदि यह सफल हो तो संगीत के क्षेत्र में विचारों को एक शास्त्रीय दिशा प्राप्त हो यही एक आशा सँजोये हूँ।

पार्श्वभूमि के इस निवेदन के पश्चात् कुल रचना के स्वरूप का संक्षिप्त विवरण देकर कतिपय प्रासंगिक बातों का स्पष्टीकरण करना उचित होगा।

इस पुस्तक में किसी भी घराने की सम्पूर्ण जानकारी देने का उद्देश्य नहीं है और न सब घरानों का इतिहास अंकित करने का प्रयत्न है। अनेक ऐसे घराने छूट गये हैं कि जिनके नाम का ज़िक्र तक इस पुस्तक में नहीं है। फिर कई घरानों के सिर्फ़ नाम ही बचे हैं। उदाहरणार्थ, गोखले या मियां घराना, तानरस ख़ाँ का घराना, तिलवंडी घराना या सिकंदराबाद के घराने आदि। एक तो आगरा घराने के अलावा अन्य घरानों के इतिहास सुसम्बद्ध या प्रामाणिक रूप में उपलब्ध नहीं हैं। दूसरे, जिस सैद्धान्तिक चर्चा की दृष्टि से प्रस्तुत कार्य उठाया गया है उसके सम्बन्ध में ऐसी जानकारी अधिक उपयोगी भी नहीं है। पुस्तक में जिन छह घरानों की कुछ जानकारी या उनके पूर्व का इतिवृत्त चर्चा के आनुषंगिक रूप में आ गया है वे सभी आज विद्यमान हैं। उद्देश्य यह है कि जिस तथ्य को लेकर विवेचन चल रहा हो उसकी प्रामाणिकता का निश्चय आसानी से हो सके। अलावा इसके, उल्लिखित सब घरानों के सारे गुणावगुणों की चर्चा करना उद्देश्य नहीं है, यह भी यहाँ स्पष्ट कर देना आवश्यक है। किये जा रहे विवेचन के सिलसिले में जो गुण या जो दोष बताना अपरिहार्य जान पड़ा केवल उसका ही ऊहापोह किया गया है। इस घराने को इतना स्थान और उस घराने को इतना कम या अधिक क्यों इसका स्पष्टीकरण इसी में निहित है। मिसाल के लिये, खाँ साहब बड़े ग़ुलाम अली ख़ाँ के पटियाला घराने के लिए एक इतना बड़ा प्रकरण है, क्योंकि उसमें सैद्धान्तिक दृष्टि से बताने लायक गुणों की विपुलता है और आलोचना के योग्य बातें भी अनेक हैं। उस दृष्टि से अमीर ख़ाँ के इन्दौर घराने के बारे में सैद्धान्तिक चर्चा करने की गुंजाइश कम ही है। विभिन्न घरानों द्वारा इस पुस्तक में व्याप्त स्थान इसी एक बात पर निर्भर है। इसी प्रकार विशिष्ट कलाकारों

का उल्लेख किया जाय, या टाल दिया जाय यह सब हेतुपूर्वक तय नहीं किया गया, बल्कि विवेचन के सन्दर्भ में अपरिहार्य स्थानों पर उदाहरण के रूप में ही ऐसे उल्लेख हैं, यह बात पाठक अवश्य ध्यान में रखें।

संगीतशास्त्र सम्बन्धी अधिकांश पुस्तकों में पाये जाने वाले विषय इस पुस्तक में छोड़ दिये गये हैं। जैसे, संगीत का इतिहास, रागों के स्वरूप, वादी-संवादी, श्रुति सम्बन्धी अध्याय, ताल आदि की जानकारी इसमें नहीं है।

पुस्तक में क्या नहीं है यह कह चुकने पर उसमें क्या है यह बताना क्रम-प्राप्त ही हो जाता है। इस दृष्टि से विषय के सामान्यतया तीन भाग होते हैं।

पहले भाग में पहले दो प्रकरण आते हैं। उनमें से पहले प्रास्ताविक प्रकरण में कुछ प्राथमिक बातों का विवेचन है। 'घराना' कहलाने के लिए कौन-सी बातें आवश्यक हैं तथा हिन्दुस्तानी शास्त्रीय संगीत में ही घरानों का उद्‌भव क्यों यह इस प्रकरण में बताया गया है। दूसरे प्रकरण में अलग-अलग घरानों की आवाज़ लगाने की पद्धति की चर्चा है और इन पद्धतियों तथा उन घरानों की गायकी की विशिष्ट प्रणालियों का क्या कोई अविभाज्य सम्बन्ध है, इस प्रश्न का विचार किया गया है।

तीसरे से लेकर नौवें प्रकरण तक का समावेश दूसरे भाग में होता है। तीसरे प्रकरण में अभिजात संगीत के 'शुद्धत्व' से क्या तात्पर्य है इसकी चर्चा की गयी है। स्वर व लय मात्र यही दो संगीत की इकाइयाँ हैं और उन्हीं का लीला-विलास जिस गायकी में होता है वही अभिजात (शास्त्रीय) संगीत है। जहाँ संगीतबाह्य बातों का प्रभाव संगीत पर होता है वहाँ संगीत अपने 'शुद्धत्व' से डिग जाता है ऐसा इसमें कहा गया है। चौथे प्रकरण में ख्याल गायकी की आन्तरिक रचना—मोटे तौर पर ही सही—दर्शायी गयी है और उसके हिसाब से संगीत के कुछ सामान्य कायदे बताने का प्रयत्न है। पाँचवें प्रकरण में स्वर व लय इन दोनों इकाइयों का कमो-बेश मिश्रण करने वाली दो सिरों की दो प्रकार की गायकी अर्थात् किराना (एकान्तिक स्वर) तथा आगरा (एकान्तिक लय) इन दो घरानों का विचार किया गया है। छठे प्रकरण में स्वर एवं लय का सन्तुलित सामंजस्य स्थापित करना मूल तत्त्व है, इसका विवेचन कर जयपुर व ग्वालियर घराने की चर्चा की गयी है। सात व आठ इन दो प्रकरणों में क्रमश: पटियाला घराना (विशेषतया

बड़े ग़ुलाम अली ख़ाँ की गायकी) तथा इन्दौर घराने (ख़ासकर अमीर ख़ाँ की गायकी) के बारे में विचार किया गया है। इन सभी प्रकरणों में घरानों की चर्चा मुख्यतया दो बातों को ध्यान में रखकर की गयी है : एक, प्रत्येक घराने द्वारा स्वर एवं लय का अपने ढंग से स्थापित सामंजस्य; और दो, उन घरानों की गायकी की आन्तरिक रचना।

दसवें से आगे के प्रकरण तीसरे भाग में आते हैं। इन प्रकरणों में नये घरानों की सम्भावनाएँ, घरानों की सीमा, घरानेदार संगीत का भविष्य, अभिजात संगीत की प्रगति के लिए आवश्यक अन्य बातों का विवेचन है।

चौथे प्रकरण में गायकी की सामान्य आन्तरिक रचना के बारे में जो विवेचन है, उसी की ओर यहाँ कुछ अधिक ध्यान दिया जाय, ऐसा मैं चाहता हूँ। स्वर्गीय श्री बा. सी. मर्ढेकर के 'सौन्दर्य आणि साहित्य' नामक ग्रन्थ में पृष्ठ ८६ पर यह वाक्य है : ''यदि किसी कला-मीमांसा को या किसी सौन्दर्यशास्त्र-सिद्धान्त को मान्य करना हो तो उससे कलाकृतियों का, कम से कम मोटे तौर पर, महत्त्वानुक्रम निर्धारित करने की कसौटी स्वयमेव ही निर्धारित होनी चाहिये। जहाँ कला-मीमांसा में ही कला-निकष निहित न हो वहाँ उस मीमांसा के बारे में आशंकित रहना ही अच्छा है।'' यही विचार मिसेज लैंगर ने अपने "Philosophy in a New Key" नामक ग्रन्थ में पृष्ठ १६८ पर एक विशिष्ट मीमांसा की आलोचना करते हुए व्यक्त किया है। वे कहती हैं, "No matter how far it be carried, it never offers even the rudest criterion of artistic excellence...it makes no distinction between good and bad art...An analysis to which artistic merit is irrelevent, can hardly be regarded as a promising technique of art criticism." इन प्रश्नों का समाधान कर सके ऐसी समीक्षा प्रणाली कौन-सी है इस बारे में साहित्य का अभ्यास करने वालों में पिछले कई वर्षों से जमकर विवाद चल रहा है और फिर भी अभी तक मेरी समझ से उसका कोई निर्णय नहीं हो पाया है।

जैसा कि मर्ढेकर कहते हैं, संगीत एक शुद्ध कला है अतएव ऐसी कोई कसौटी या प्रणाली इस कला के बारे में उपलब्ध कर लेना वास्तव में बहुत सरल होना चाहिये। ऐसी कसौटियाँ हाथ आने के लिए अभिजात संगीत की आन्तरिक रचना कैसी होती है, उसकी आकृतिमयता किस में है आदि बातों का विचार करना आवश्यक है। इस दृष्टि से चौथे प्रकरण को देखें।

इस प्रकरण में ऐसी कोई अन्तिम कसौटियाँ प्रस्थापित की गयी हैं ऐसा मेरा कोई दावा नहीं हैं। लेकिन इस विषय पर विचार-विमर्श को बढ़ावा मिल सके इतना प्रयास किया गया है, ऐसा मुझे लगता है। यह चर्चा मात्र संगीतज्ञों की ही नहीं बल्कि कलाविषयक समस्याओं का विचार करने वाले जिज्ञासुओं को भी उपयोगी प्रतीत होगी ऐसी आशा है।

कई प्रकार से तथा कई दृष्टियों से सीमित इस अल्प प्रयत्न को पाठक मान्यता दे दें, इस प्रार्थना के साथ यह दीर्घ प्राक्कथन यहीं समाप्त करना उचित होगा।

विषय-प्रवेश

संगीत के घरानों का विषय सभी गायकों के लिये इतनी अधिक आत्मीयता का होते हुए भी उसके बारे में खुलकर चर्चा सामान्यतया नहीं होती। और न कोई उसके बारे में कुछ अधिक लिखता ही है। एक दृष्टि से इस विषय में हाथ डालना कुछ कठिन भी है। कई प्रकार के महत्त्वपूर्ण एवं उलझन भरे प्रश्न इससे उपस्थित होते हैं। घराने चीज़ क्या है? उनकी विशेषता क्या है, गुणदोष कौन से हैं? उनकी सीमाएँ क्या हैं? वे कैसे और क्यों उत्पन्न होते हैं? क्या उनके कुछ आन्तरिक कायदे भी होते हैं? और यदि होते हैं तो उनमें से कुछ का उल्लेख हम कर सकते हैं? आदि अनेक प्रश्नों की चर्चा उसमें करना आवश्यक है। इसी उद्देश्य से प्रस्तुत विषय पर विचार किया जा रहा है और लक्ष्य यही है कि सब गायकों का ध्यान इस ओर आकर्षित हो जाय।

इस विषय का समग्र विचार करने के पूर्व प्रारम्भ में एक अलग प्रश्न लेकर पहले उसका विचार करना आवश्यक है। क्योंकि इसी में कतिपय अन्य प्रश्नों के उत्तर प्राप्त करना आसान होगा।

संगीत से अपरिचित रसिकों के सामने यह एक समस्या खड़ी होती है कि आख़िर ये घराने हैं क्या बला! साहित्य में घराने नहीं हैं। चित्र, शिल्प आदि कलाओं में 'schools' होते हैं, विशिष्ट परम्परा का प्रभाव दर्शाने वाले कलाकारों के सम्प्रदाय होते हैं। लेकिन भारतीय संगीत में पाये जाने वाले घराने और ये स्कूल एक नहीं कहे जा सकते। इन स्कूल्स की तुलना में संगीत के घराने अधिक जीवट वाले, अधिक साम्प्रदायिक और कुल मिलाकर रक्त सम्बन्ध वाले घरानों (biological descent) के अधिक निकट के हैं। फिर, जो अन्यत्र कहीं भी नहीं है ऐसी यह प्रथा संगीत में क्योंकर

उत्पन्न हुई ?

अलावा इसके संगीत के अन्य क्षेत्रों में ही घरानों का हस्तक्षेप कहाँ है? ये घराने भावगीत गायन में नहीं हैं, लावनी गायन में नहीं हैं, नाट्य संगीत में नहीं हैं। और तो और, ठुमरी गाने वालों में भी ये दिखायी नहीं देते। (ठुमरी के लखनवी, पूरब या बनारसी आदि 'बाजों' की तुलना ख्याल गायकी के घरानों से नहीं की जा सकती।) घरानों की चर्चा मात्र उच्च अथवा अभिजात संगीत में ही की जाती है। यह ऐसा क्यों होता है?

प्रश्न स्वाभाविक है और उसका उत्तर भी उतनी ही सरलता से दिया जा सकता है। और वह यह है कि आज तक तो 'एक गुरु और एक शिष्य' इस परम्परा के अनुसार ही संगीत सिखाया जाता रहा है। उस सम्प्रदाय में ही उसे प्रभावशाली गुरु तथा कृती शिष्य मिले, उसी में उसे 'वेशसातत्य' प्राप्त हुआ और इसीलिए उच्च संगीत का उत्कर्ष भी हुआ।

पर इससे भी बात ठीक-ठीक स्पष्ट नहीं होती। एक समय एक गुरु और एक शिष्य यह प्रथा स्थापित क्यों हुई, यह प्रश्न शेष रह ही जाता है। उसका जवाब है यह कि संगीत का साधन मानवी 'आवाज़' है। और उसका माध्यम उसमें पाया जाने वाला 'स्वर' है। यहाँ 'आवाज़' और 'स्वर' का फ़र्क़ समझ लेना ज़रूरी है। 'स्वर' मानवी आवाज़ का एक अत्यन्त आन्तरिक एवं गूढ़ धर्म है। उसका संगोपन-संवर्धन कर, उस पर अलग-अलग अलंकार चढ़ाकर समृद्ध किया गया अपना 'गला' गुरु अपने सद्‌शिष्य के गले में उतारने का प्रयास वर्षों तक करता रहता है। संगीत की भाषा में इसे 'तालीम' कहा जाता है। इस प्रक्रिया के द्वारा ही संगीत कला का 'लेन-देन' हो सकता है। इसी कारण स्वर लगाने का तरीक़ा व गायकी के अलग-अलग 'कायदे' शिष्य के गले में सालंकार उतारे जाते हैं। इस पद्धति में ही इन कायदों में एक न टूटने वाला सिलसिला बन जाता है और यहीं घरानों का उद्‌गम होता है।

आवाज़ एक शरीर धर्म है तथा जिस प्रकार मानव का रूप हर एक का अलग-अलग होता है उसी प्रकार हर एक की आवाज़ भी भिन्न होती है। 'रूपों' की संख्या कितनी है यह प्रश्न पूछे जाने पर दुनिया की जितनी जनसंख्या है उतने रूप हैं यही उत्तर देना होगा। वही बात आवाज़ की भी है। एक आवाज़ के समान हूबहू दूसरी आवाज़ मिलना अत्यन्त कठिन है।

हर आवाज़ का 'अन्दाज़' अलग, उसपर चढ़ने और फबने योग्य अलंकार भी भिन्न और उनका असर भी अलग।

इस प्रकार से भिन्न प्रकृतियों, भिन्न स्वभावों तथा भिन्न व्यक्तित्वों वाली आवाज़ों में गुरु अपनी कला संक्रमित करे यह काम कितना अधिक परिश्रमसाध्य है, इसकी कल्पना ही की जा सकती है। इस कार्य में अनेक वर्ष लग जाते हैं। और तब कहीं गुरु की आवाज़ के कुछ गुण व धर्म संक्रमित होने की सम्भावना होती है। संगीत में ही गुरु और शिष्य के सम्बन्ध इतने निकट के हो सकते हैं। अन्य किसी भी कला अथवा शास्त्र में इतने निकट के सम्बन्धों की आवश्यकता नहीं होती। शिष्य की आवाज़ में अपनी प्रवृत्ति की तथा अपनी आवाज़ के गुण-धर्म की स्थापना की क्रिया को वर्षों तक करते रहना पड़ता है।

सभी घरानों में आवाज़ 'बनाने' के लिए संस्कार, रियाज या मेहनत करने तथा करवाने पर विशेष बल दिया गया है। प्रत्येक घराने के लिए संस्कारित आवाज़ ही स्वीकार्य हो सकती है, असंस्कारित आवाज़ उपयोग में लाने वाला घराना है ही नहीं। इसका मुख्य कारण यह है कि संस्कार के द्वारा ही आवाज़ सुरीली बनायी जाती है। यही नहीं बल्कि वह रियाज से ही सुरीली तथा स्थिर (steady) बनती है और इसी कारण से इच्छानुरूप लगायी जा सकती है। कुछ अभ्यासकों की राय में 'स्वर' का रूप रेखात्मक होता है और उसके चारों ओर एक प्रकार का halo या प्रकाशवलय होता है—जैसे अँधेरे में फेंके गये प्रकाश-किरणों को एक प्रकार का तेजोवलय होता है वैसा ही। मतलब यह कि इस प्रकाश वलय के ठीक बीचोबीच आरपार जाने वाली एक 'काल्पनिक रेखा' यही स्वर का स्वरूप है और उस हैलो में (या विलासभूमि में) ऊपर या नीचे जो कण लगाये जाते हैं उनके कारण इस स्वर को एक प्रकार का लचीलापन प्राप्त होता है। ये जो ऊपर-नीचे के कण लगते हैं वे पड़ोस के ऊपर वाले या नीचे वाले स्वरों के नहीं होते, वे सिर्फ़ उसके मध्यवर्ती स्वर की प्रकाश-भूमि के ही होते हैं और इनके कारण स्वर को एक और प्रकार का सौन्दर्य प्राप्त होता है। माने थोड़ी देर के लिए 'ग' इस मध्यवर्ती स्वर को लें तो जो कण लगते हैं वे उसके पड़ोसी 'रे' या 'म' के प्रकाशवलय के नहीं होते। वे सब 'ग' के ही प्रकाशवलय के होते हैं तथा उसी कारण उस 'ग' को अधिक मिठास प्राप्त होती है। यहाँ जिन कणों का उल्लेख किया गया है वे स्वर्गीय

पण्डित भातखण्डे के 'रागवाचक' कणम नहीं हैं यह स्पष्ट करना होगा। उसी प्रकार उनका समीकरण संगीत की बाईस श्रुतियों से भी नहीं करना है। यहाँ जिनसे प्रयोजन है वे कण श्रुतियों से भी सूक्ष्म लेकिन किसी भी श्रुति की परिधि या दायरे में विचरने वाले होते हैं यह समझ लें। दरअसल, इस पर तो पदार्थ-विज्ञान शास्त्रियों को सशोधन करना चाहिये। बहरहाल, मुख्य बात यही है कि ये जो ऊपर-नीचे के कण लगते हैं उनके कारण उन विशिष्ट स्वरों को एक अलग ही मिठास प्राप्त होती है यह बात सही है। इस कारण मेहनत अथवा रियाज करने के बारे में ख़ास ध्यान दिया जाता है उसका दुहरा उद्देश्य होता है। एक तो स्वर ख़ूब अधिकारपूर्वक लगाकर उसे 'स्थिर' रखा जा सके और दूसरे, ये जो कण लगते हैं वे अनिच्छया न लगें बल्कि जानबूझकर तथा सही लगाये जा सकें।

आवाज़ पर संस्कार या मेहनत करते-करते एक और बात भी सध जाती है जिसे बहुत महत्त्व का मानना होगा। वह है आवाज़ में 'घनता' या 'वजन' का निर्माण। इस 'घनता' या 'वजन' के कारण ही गायन प्रभावकारक होता है, अन्यथा नहीं। अधिकांश स्त्रियों की आवाज़ मीठी होती है, उनमें भी उन्हीं स्त्रियों का गायन प्रभावशाली होता है जिनकी आवाज़ में मेहनत के फलस्वरूप वजन होता है।

कुल मिलाकर, आवाज़ शर्तिया सुर में लगाना, उसे उसी जगह स्थिर रखना, उसके ऊपर-नीचे के कण स्वेच्छया तथा सही लगाना एवं सामान्यतया आवाज़ में वजन या घनता निर्माण करना आदि बातें आवाज़ को लेकर की गयी मेहनत के द्वारा ही हासिल होती हैं, अन्यथा नहीं। और महत्त्व की बात यह है कि यह सारी क्रिया गुरु के मार्गदर्शन में ही होती है और होनी भी चाहिये।

अभिजात संगीत में ही 'घराना' इस संस्था की प्रबलता क्यों इसका विचार करने के बाद 'घरानेपन' की महत्त्वपूर्ण विशेषता का कुछ स्पष्टीकरण आवश्यक हो जाता है। ये विशेषताएँ इस प्रकार हैं :

(१) घराना 'घराने' की प्रतिष्ठा प्राप्त तभी कर सकता है कि जब कई पीढ़ियों का सिलसिला लगातार चलता रहता हो।

(२) घराने की अपनी 'रीत' या 'अनुशासन' होता है। संगीत की भाषा में कहा जाय तो घराने के कुछ 'कायदे' होते हैं।

(३) प्रत्येक घराना किसी एक प्रभावशाली गुरु की आवाज़ की प्रकृति पर आधारित होता है।

इन सूत्रों की चर्चा हम अधिक विशद रूप से करें।

जिसे घराना कहें उसमें कुछ आनुवंशिकता होनी चाहिये। जिसकी कम से कम तीन पीढ़ियाँ भी न गुज़री हों उसे सामान्यतया घराना नहीं कहा जाता। अब तीन पीढ़ियाँ माने कम से कम हर पीढ़ी का एक इस प्रकार तीन कृतीत्व सम्पन्न गायक तो होने ही चाहिये। याने पहला घराने का संस्थापक, उसके बाद एक प्रभावशाली शिष्य और ऐसे शिष्य का कम से कम एक कृतीत्व सम्पन्न शागिर्द। उदाहरण के लिए, स्वर्गीय भास्कर बुवा बखले की गायन प्रणाली स्वतन्त्र कही जाय तो उन्हें उस प्रणाली का संस्थापक मानना होगा। उनके बाद मास्टर कृष्णराव एक कृतीत्व सम्पन्न शिष्य हुए। किन्तु मास्टर जी की यह प्रणाली आगे भी बनाये रखने वाला कोई निष्ठावान् शिष्य नहीं रहा। इसीलिए 'भास्कर बुवा का घराना' नहीं कहलाता। वही बात स्वर्गीय वझे बुवा की। बुवा स्वयं को ग्वालियर घराने का मानते थे। फिर भी उनकी गायकी स्वयं की ही थी और उसे 'वझे गायकी' यह नाम ही अधिक शोभा देता। लेकिन उनके बाद एक ही पीढ़ी हुई, अर्थात् उनके कृतीत्व सम्पन्न पुत्र श्री शिवराम बुवा वझे एवं कुछ शिष्य। किन्तु इन शिष्यों को प्रशिष्य नहीं मिले। लिहाज़ा तीसरी पीढ़ी नहीं हो पायी तथा इसीलिए 'वझे बुवा का घराना' नहीं कहलाता। इसके विपरीत स्वर्गीय अब्दुल करीम ख़ाँ साहब को यदि उस नाम के घराने का संस्थापक माना जाय तो स्वर्गीय सुरेश बाबू माने, स्वर्गीय रामभाऊ 'सवाई गन्धर्व', श्रीमती हीराबाई बड़ोदेकर की दूसरी पीढ़ी होती है। इसके बाद श्रीमती गंगूबाई हंगल, श्री भीमसेन जोशी, श्री फिरोज दस्तुर ये सब तीसरी पीढ़ी के लोग हैं। माने, इस गायकी को तीन पीढ़ियों में कृतीत्व सम्पन्न गायक मिले इसलिए उसे 'घराने' का दर्जा मिला। यह मुद्दा इतना स्पष्ट है कि उसे लेकर अधिक चर्चा करना अनावश्यक है। मतलब यही कि कम से कम तीन पीढ़ियों का अटूट सिलसिला रहे बग़ैर 'घराना' शब्द का उपयोग सामान्यतया नहीं किया जाता।

घराना शब्द का उच्चारण करते ही मन में सबसे पहले यदि कोई कल्पना आती है तो यही कि उसमें कुछ 'कुलीनता' है, उसका कोई 'खानदान' है। उसी में यह भी बोध होगा कि उसके लोगों के व्यवहार में कोई तौर–

तरीक़ा है, कुछ अनुशासन है, कुछ परम्पराएँ हैं। कुल मिलाकर, आचरण में कुछ मर्यादाएँ हैं और सामान्यतया कुछ 'संयम' है। स्पष्ट ही ये बातें मात्र नामवर घरानों के सम्बन्ध में हैं। इस कल्पना के विपरीत यदि कुछ है, अर्थात् उसके लोगों में उच्छृंखलता, आवारागर्दी, किसी प्रकार के अनुशासन का अभाव, या एक शब्द में कहें तो 'स्वैराचार' हो तो उसे घराने का दर्जा प्राप्त नहीं होगा। हम सिर्फ़ गायकों के घरानों के सम्बन्ध में विचार करने वाले हैं। अतएव इस दृष्टि से, हर घराने की गायकी का कोई तौर-तरीक़ा है, अनुशासन है, आन्तरिक कायदे हैं यही शोध होगा और वही यहाँ अभीष्ट है।

यहीं हमें एक तथ्य को ध्यान में रखना होगा। और वह यह है कि सुन्दरता चीज़ ही ऐसी है कि उसकी कल्पना हर एक की रुचि के अनुसार भिन्न-भिन्न होती है। एक गायक को जो स्वर-वल्लरी सुन्दर लगे वह दूसरे को बेकार प्रतीत हो सकती है। ऐसी व्यक्तिगत भिन्न-भिन्न सौन्दर्य कल्पनाओं से अब कतिपय सर्वमान्य तथा वस्तुनिष्ठ कायदे बन चुके हैं। जानकार श्रोताओं के मन पर किन स्वर-वल्लरियों का, किन सन्दर्भों में तथा किस लय में क्या परिणाम होता है इसके सूक्ष्म निरीक्षण में से ही ये कायदे जन्मे हैं और उन्हें सदियों के प्रत्यक्ष तथा क्रियाशील अनुभवों का आधार है। इसलिए ये कायदे अब किसी एक गायक की व्यक्तिगत सनक या आदत पर अवलम्बित नहीं हैं और न ही उनका प्रयोजन उसकी स्वयं की विशिष्ट आवाज़ से या व्यक्तिगत सौन्दर्य-कल्पना से रह गया है। ये कायदे अब सर्वथा आवाज़ निरपेक्ष भले ही न हो चुके हों, फिर भी आवाज़ की मिठास के प्रति निश्चय ही निरपेक्ष हो गये हैं और उन्हें अब सर्वमान्य तथा वस्तुनिष्ठ कायदों का स्वरूप प्राप्त हो गया है। इनमें से कुछ कायदे तो ऐसे हैं कि कमोबेश रूप में सभी घराने उनका पालन करते ही हैं। इन सभी का विवरण अत्यन्त सूक्ष्म रीति से न भी किया जा सके पर मोटे तौर पर ज़रूर ही रखा जा सकता है। इस दृष्टि से इस विषय का विचार अधिक विस्तार से चौथे अध्याय में किया गया है।

जब कोई महान् गायक पैदा होता है, तब वह अपनी गायकी की रीति, उसकी सौन्दर्य-प्रणाली, उसके आन्तरिक कायदे स्वयं की आवाज़ की प्रकृति पर आधारित करता है। गायन में कुछ बातें ऐसी होती हैं कि जो विशिष्ट आवाज़ में ही जँचती हैं। स्वयं की आवाज़ की प्रकृति की पूरी

परख तथा जानकारी होने पर उसमें खिलने वाले प्रकार गायक अपने गायन में अधिक उपयोग में लाता है। उसी तरह स्वयं की आवाज़ जिन्हें बर्दाशत नहीं कर सकती है ऐसे प्रकार वह टाल जाता है। मतलब, किसी की आवाज़ इतनी बड़ी और मोटी होगी कि उसमें धीमी तथा गमकदार तान ही शोभा देगी और प्रभावशाली होगी (उदाहरणार्थ, स्वर्गीय वझे बुवा)। इसके विपरीत किसी की आवाज़ इतनी लचीली तथा चपल होगी कि उसे गमक की तान शोभा नहीं देगी और उसका सारा करतब शायद साधारण तेज़ लय की तान में ही होगा (उदाहरणार्थ, अमीर ख़ाँ साहब)। किसी की आवाज़ ऐसी नुकीली होगी कि जो सूक्ष्म स्वर स्थानों को शर्तिया टीप ले और जिसमें आलाप भी बड़े सम्मोहक हों (जैसे स्वर्गीय अब्दुल करीम ख़ाँ साहब)। उसी प्रकार किसी की आवाज़ इतनी चौड़ी, भरी हुई तथा जवारीदार होगी कि उसका सारा ठाठ, रंग तथा रौब धीमी लय में ही उभरे, और भले ही वह तेज़ लय की बन्दिशें गाये फिर भी उसकी आवाज़ का सारा करतब धीमी लय की और गमक की तान में ही रहे (मसलन, स्वर्गीय फ़ैयाज़ ख़ाँ साहब)। किसी की आवाज़ ऐसी होगी कि चौड़ी, भरी हुई और जवारीदार होते हुए भी इतनी लचीली तथा चपल होगी कि उसके लिये किसी भी आवाज़ के चमत्कार सुसाध्य ही हों (जैसे बड़े ग़ुलाम अली ख़ाँ साहब)। बतौर नमूने के जिन अलग-अलग प्रकार की आवाज़ों वाले महान् गायकों का यहाँ उल्लेख किया गया है, उन सब ने स्वयं की आवाज़ जिस प्रकारों को सह सके और जो जँचे ऐसे प्रकारों को ही प्रधानता दी और उन्हीं गुणों को वे उत्कर्ष पर ले गये ऐसा प्रतीत होता है।

जितने व्यक्ति उतनी आवाज़ें, प्रत्येक आवाज़ की प्रकृति अलग, उसकी मिठास निराली, उसमें समा सकने वाले और उसे जँचने वाले अलंकार भिन्न तथा उनके असर भी अलग-अलग होते हैं यह अभी देख चुके हैं। इसमें अब एक और बात जोड़ देना आवश्यक है और वह यह है कि एक की आवाज़ के सारे गुण और सारे धर्म अन्य किसी व्यक्ति की आवाज़ में ज्यों के त्यों उतारे नहीं जा सकते और कभी ऐसा प्रतीत भी हो कि उतर आये हैं, तो भी उनकी मिठास या उनका असर कुछ कम या कुछ ज़्यादा या कम से कम अलग होना तो अनिवार्य ही है।

फिर भी, एक-दूसरे से इतनी भिन्न आवाज़ों की मोटे तौर पर कुछ श्रेणियाँ होती हैं। उदाहरणार्थ, गायकों की व्यावहारिक भाषा में कहें तो पुरुषों की

चौड़ी, ढाली या जवारीदार आवाज़ सामान्यतया हार्मोनियम की सफ़ेद एक से काली दो की श्रेणी में होती है (जैसे, फ़ैयाज़ ख़ाँ, अल्लादिया ख़ाँ आदि), तो अन्य कुछ चढ़ी, नुकीली, पतली, चपल आवाज़ें काली दो से सफ़ेद चार तक की श्रेणी में आती हैं। उसी प्रकार स्त्रियों की चौड़ी तथा ढाली आवाज़ें काली तीन से पाँच तक की (उदाहरणार्थ, केसर बाई) तथा उससे ऊँची, चढ़ी एवं चपल आवाज़ें काली पाँच से ऊपर वाली सफ़ेद एक तक की श्रेणी में पायी जाती हैं (मसलन, हीराबाई, मोगूबाई आदि)। इनमें भी कुछ अपवादस्वरूप पुरुष सफ़ेद पाँच से काली चार में गाने वाले यदा-कदा मिल जाते है। उसी प्रकार स्त्रियाँ भी (लता मंगेशकर के समान) सफ़ेद सात से ऊपर वाली काली एक जैसे ऊँचे स्वर में गाती हैं। पाश्चात्य संगीत में भी मानवी आवाज़ के चार विभाग माने गये हैं, जिन्हें 'बेस', 'टेनॉर', 'अल्टो', 'सुप्रानो' कहा जाता है। इसका अर्थ यह है कि मोटे तौर पर क्यों न हो, लेकिन गायकी की दृष्टि से अलग-अलग गुणधर्म इन श्रेणियों के सहारे होते हैं।

गायकों के घरानों का इस दृष्टि से निरीक्षण किया जाय, तो नज़र आयेगा कि किसी भी घराने के अधिकांश गायक इनमें से किसी एक श्रेणी में आते हैं। माने, स्वयं की आवाज़ की विशिष्ट श्रेणी में जो घराना प्रभावशाली हो उसी घराने की गायकी का विशेष आकर्षण युवा गायक को होता है। उसका यह स्वाभाविक झुकाव उसकी स्वयं की आवाज़ की प्रकृति पर ही आधारित होता है यह कहना होगा। उसी विशिष्ट घराने की गायकी उसे अन्य घरानों की गायकी से कई गुना अधिक अच्छी लगती है। इसका कारण यह है कि उस घराने के अधिकांश गायकों की रीति और प्रकारों को उसकी स्वयं की आवाज़ के लिये आत्मसात् करना सहज और आसान होता है। इसलिए ही यह विशिष्ट गायक उस विशिष्ट घराने के किसी नामवर गायक से तालीम हासिल करता है, यदि विशेष योग्य हो तो ख्याति अर्जित करता है, तथा घराने की परम्परा आगे बढ़ाता है।

इस सबके बावजूद हर गायक की आवाज़ की अपनी निजी प्रकृति भी आख़िर होती ही है। जिसमें गुरु की गायकी की सारी की सारी बातों का, पूरी बारीकी के साथ संक्रमण नहीं हो सकता। गुरु के गुणों में से कुछ गुण तथा कुछ रीति वह निश्चय ही अपना लेता है और शेष अपनी आवाज़ की सामर्थ्य के बाहर जानकर, या जँचती नहीं इसलिए छोड़ भी देता है। इसके

अलावा स्वयं की आवाज़ में समा सकने योग्य गुण जहाँ-तहाँ उसे सुनायी तथा दिखायी देते ही हैं। उनमें से भी वह अच्छे-बुरे का चुनाव करता चलता है। उससे वह प्रेरणा भी प्राप्त करता है। प्रेरणा कहाँ से मिलेगी इसका कोई ठिकाना नहीं होता। किसी कव्वाल, या भावगीत गायक से मिल सकती है या किसी ठुमरी गाने वाले के गुण भी वह सुनकर आत्मसात् कर लेगा। कहना न होगा कि अन्य घरानों की गायकी से वह कई गुण, रीति एवं सौन्दर्य की कल्पनाएँ ग्रहण करेगा ही।

इस सारे विवेचन की महत्त्वपूर्ण बात यही है कि प्रत्येक नामवर गायक अपने गुरु की हूबहू प्रतिकृति या फ़ोटोग्राफ़ नहीं होता। परम्परा से आये हुए गुणों में वह इतस्तत: देखे एवं सुने हुए गुण शामिल कर अपना एक स्वतन्त्र साँचा बना लेता है तथा उसका व्यक्तित्व जितना प्रभावशाली होता है उस हिसाब से ख्याति अर्जित करता है। और इस प्रकार परम्परा बनाये रखने के कार्य में सहायक सिद्ध होता है।

यहाँ एक महत्त्वपूर्ण बात हमारी समझ में आती है और वह यह है कि पुराने रीति-रिवाज, परम्परा और कायदों के बन्धनों में से भी हर गायक के साथ नयी-नयी बातें घराने में लगातार मिलती ही जाती हैं और ऐसा होते हुए भी उस घराने की जो सौन्दर्य-प्रणाली होती है उसकी निशानी या पहचान बनी ही रहती है। जैसे ख़ाँ साहब अब्दुल करीम ख़ाँ, सवाई गन्धर्व एवं श्री भीमसेन जोशी। इन तीनों का गायन सुनने का अवसर जिन्हें मिला होगा, उन्हें मालूम होगा कि हर गायक के साथ घराने में नयी-नयी बातें किस प्रकार शामिल होती जाती हैं और फिर भी घराने की निशानी या पहचान किस प्रकार बनी रहती है। ख़ाँ साहब अब्दुल करीम ख़ाँ, श्रीमती हीराबाई बडोदेकर तथा उनकी अनेक शिष्याओं में भी हर गायिका के साथ होने वाला फ़र्क़ भी महसूस हुए बग़ैर नहीं रहता।

अत: घराना माने निशानी या पहचान के हिसाब से गायकी की विशिष्ट रीति बनाये रखने वाली लेकिन उसमें हर गायक के साथ नयी-नयी बातें समा लेने वाली और इस प्रकार सिलसिला बनाये रखने वाली एक परम्परा है, यह कहना होगा। यानी परम्परा तथा पृथगात्मता के सम्मिश्रण से घराने जड़ पकड़ते और बढ़ते जाते हैं यह भी कहा जा सकता है। जिन घरानों में ऐसी प्रक्रिया नहीं होती उनमें गतिरोध (stagnation) हो जाता है—वे बँधे पानी की तरह गन्दे हो जाते हैं, उनमें काई-सेवार फैल जाता है और कुल

मिलाकर जीवन्त तथा बहते पानी की ताज़गी उनमें नहीं रहती। उनमें व्यक्तियों का अपना कृतीत्व नहीं रहता, रहता है पुराने निर्जीव कायदों का नीरस अनुकरण। उनकी गायकी की ख़ुशबू कभी की उड़ चुकी होती है और बचे रहते हैं उसके निर्माल्यवत् बने कायदे और रीतिरिवाज। इनका सूक्ष्म निरीक्षण कर, महज़ उनकी बनावट तथा आकार देखकर ही, उनका रंग पहले क्या रहा होगा यह कल्पना से जानकर उसे आत्मसात् करने वाला एकाध चतुर गायक भी मिलता है, लेकिन बिरला ही।

घराने की यह आन्तरिक प्रक्रिया ध्यान में रखने पर जो यह कहते हैं कि "हमारा घराना सौ-दो सौ या चार सौ वर्ष पूर्व के फलाँ-फलाँ संगीत सम्राट का है और आज भी हम वही गायकी हूबहू गाते हैं" उनके भोलेपन की जितनी भी तारीफ़ की जाय, कम ही होगी।

ख़ैर! अब तक आवाज़ की प्रकृति का जो विवेचन किया गया उससे यही निष्कर्ष निकाला जा सकता है कि घराने की विशिष्ट परम्परा एवं रीति निबाह कर भी जो गायक स्वयं की स्वतन्त्र बुद्धि से काम लेगा, अपनी विशिष्ट आवाज़ के अनुसार गुरु में न पायी जाने वाली नयी-नयी बातों का समावेश अपने गायन में करेगा, जो बातें उसकी आवाज़ के सामर्थ्य के बाहर की हैं उन्हें छोड़ देगा माने कुल मिलाकर गायकी की हर बात का अपनी स्वतन्त्र बुद्धि से नव संस्कार करेगा तथा स्वयं की संगीत प्रज्ञा एवं प्रतिभा का विलास दर्शाएगा, वही गायक प्रतिष्ठा प्राप्त करेगा, ऐसी सम्भावनाएँ अधिक हैं। और जिसकी स्वतन्त्र प्रज्ञा एवं प्रतिभा जितनी अधिक होगी, उसी हिसाब से महत्पद प्राप्त करने की सम्भावना भी अधिक होगी।

उदयोन्मुख एवं महत्त्वाकांक्षी गायक इससे यही सीख लें कि अपनी आवाज़ किस जाति की है, उसका सामर्थ्य क्या है और क्या नहीं, उससे क्या जँचेगा और क्या नहीं, और श्रोताओं को भी क्या रुचेगा, इन सारी बातों का अच्छी तरह विचार करें। और अपनी आवाज़ की प्रकृति के निकट का जो नामवर गायक हो उससे तालीम हासिल करें। अनेक गायक स्वयं की आवाज़ की प्रकृति के विपरीत गायकी सीखने के प्रयास के कारण अपनी आवाज़ तथा वृत्ति पर बलात्कार करते हैं। फिर, प्रयास करने पर भी वह गायकी सध नहीं पायी इसलिए एक पराजित गायक के नाते जीने की, और कभी-कभी संगीत क्षेत्र में एक समस्या निर्माण कर बैठने की नौबत

ख़ुद ही पैदा कर लेते हैं। क़रीब सभी घरानों में ऐसे राह भटके हुए एक या अनेक गायक होते ही हैं। घराने के प्रति उनका अभिमान बड़ा प्रज्वलित होता है, लेकिन कृतीत्व नहीं के बराबर।

घराने और आवाज़ों के लगाव

घरानों के सन्दर्भ में यहाँ कुछ एक विवादग्रस्त प्रश्नों का विचार करना है। प्रमुख घरानों की आवाज़ लगाने की पद्धतियों में कुछ फ़र्क़ नज़र आते हैं, साथ ही उनकी गायकी के स्वरूप भी एक-दूसरे से अलग-अलग नज़र आते हैं। आवाज़ लगाने के तरीक़े और गायकी के सामान्य स्वरूप या सौन्दर्य-प्रणाली में अविभाज्य सम्बन्ध है ऐसी मान्यता उन घरानों के प्रति अभिमान रखने वालों की तो है ही, लेकिन पाया यह जाता है कि सामान्य श्रोता भी ऐसा ही समझते हैं। लिहाज़ा, इस प्रश्न का कुछ अधिक विचार करना उचित होगा।

किराना या अब्दुल करीम ख़ाँ, आगरा या फ़ैयाज़ ख़ाँ और विलायत ख़ाँ, तथा जयपुर या अल्लादिया ख़ाँ इन तीन घरानों का निरीक्षण करें तो पता चलेगा कि किराना घराने की आवाज़ लगाने की पद्धति गला सिकोड़कर आवाज़ लगाने की, आवाज़ चुराने वाली एवं 'नक्की' याने नाक से गाने की है; तो आगरा घराने की पद्धति वैसी ही 'नक्की' तो है, लेकिन स्वर रेंक कर, ठेलकर अथवा खुरचकर लगाने वाली है। इस प्रकार एक घराना एक ढंग से आवाज़ में कृत्रिमता ले आया है तो दूसरा घराना दूसरे ढंग से। इसके विपरीत अल्लादिया ख़ाँ घराने की स्वर लगाने की पद्धति सहज, अकृत्रिम तथा खुली है। इस विवरण में आलोचकों की व्यक्ति सम्बन्धी पसन्दगी-नापसन्दी का निर्देश होता हो तो भी उसे एक ओर हटाकर उनका कार्य उनकी सौन्दर्य-प्रणाली की दृष्टि से ही समझ लिया जाना चाहिये और इस माने में यह मानकर चलना होगा कि वे विशिष्ट गायकी की पद्धतियाँ हैं।

किराना घराने का स्वर बेहद नाज़ुक, कोमल प्रवृत्ति का, रेशम-सा मुलायम

है और उसे सुई के समान नोक है इसलिए यह दावा किया जा सका कि इस घराने के गायक सूक्ष्म स्वर-स्थानों को सही-सही पा गये हैं। और उनके स्वरों के विलोभनीय माधुर्य के कारण जानकारों ने भी इस दावे को क़रीब-क़रीब मान लिया। इस सूक्ष्म व्यापार के कारण वे कला के आकार की भव्यता खो बैठे, लेकिन स्वरों की सूक्ष्मता उन्हें अनायास ही हासिल हो गयी। उनकी कला में कल्पना का विलास न भी हो, पर अपने स्वरों की मस्ती में यह अभाव महसूस न होने देने की तरकीब भी उन्हें सहज ही मिल गयी। उन्होंने अपने साधन, स्वर को ही रगड़-पोंछ कर इतना बारीक, लचीला और चमकदार बना लिया कि साधन के उनके शुद्धीकरण पर ही श्रोता विमुग्ध हो गये। उसमें प्रतिभा न हो, पर एक प्रकार की शुचिता आ गयी और महत्ता न हो पर मंगलता मिल गयी। कुल मिलाकर उनकी कला का स्वरूप ऐसा हो गया, मानो साफ़-सुथरे आँगन में किसी गृहिणी ने रंगवल्ली से स्वस्तिक अंकित कर दिया हो या क़ीमती कपड़े पर कसीदा काढ़ रखा हो। यह भी कह सकते हैं कि यह कसीदा उन्होंने रेशमी धागे से काढ़ा है या धागे की बारीकी और चमक की ओर ध्यान दें तो कहा जा सकता है कि सोने की तार से काढ़ा है।

अब आगरा घराने की ओर देखें तो आवाज़ लगाने की उनकी पद्धति अनुनासिक और इसके अलावा रेंक कर या खुरच-खुरच कर लगाने की हो, पर निश्चय ही वे उसमें एक क़िस्म का 'गाज' (आयतन) ले आने में सफल हुए। किराना घराने ने रगड़-रगड़ कर आवाज़ एकदम चिकनी बना डाली तो इन्होंने उसे खुरच कर लगाने की अपनी विशिष्ट पद्धति के अनुसार खुरदुरा बना डाला। इस घराने के द्वारा जिस कला का निर्माण किया गया वह थी किसी भव्य वास्तु कलाकृति के समान। क़िलों के बुर्ज बनाने हों तो उसके लिये चिकने पत्थरों की क्या ज़रूरत है? या पर्वत की चट्टानों में गुफा या कैलास का मन्दिर खोदना हो तो उसकी खुदाई पर चमचमाता पालिश हो ही यह क्यों आवश्यक है? बल्कि यदि इसे इस प्रकार चिकना बना दिया जाय तो क्या वह अनुचित नहीं होगा? और समूची कलाकृति की मूल भावना के विपरीत नहीं हो जायेगा? कुल मिला कर माना जा सकता है कि आगरा घराने की गायकी वास्तुकृति के समान (architectural) है। पन्द्रह-पन्द्रह हाथ चौड़ी मजबूत दीवारें, ऊबड़खाबड़ बुर्ज और हाथी के धक्कों की भी पर्वाह न करने वाले

'दिल्ली दरवाज़े' इन्हीं से उनकी कला का कुछ वर्णन हो सकता है। और कोई सन्देह नहीं कि यह गायकी जैसी कि प्रा. मंगरूलकर ने कहा है, क़िले के बुर्ज के प्रतीक को सार्थ करने योग्य ही युयुत्सु, विजिगीषु एवं आक्रामक है। तानों का उनका सिलसिला शुरू होते ही ऐसे लगता है जैसे सेना की टुकड़ियों ने चारों ओर से धावा बोलकर घमासान मचा दी हो। या जब उनकी बोलतानों की गोलाबारी शुरू होती है तो तोपों के होने वाले धमाके पर धमाकों की याद आ जाती है। इस गायकी में योद्धा की मस्ती भरपूर है तो उसमें स्वरों के 'छिपे पैंतरे' तथा लय के 'दाँवों' का तन्त्र भी है। उसकी बन्दिश और रचना श्रोताओं के मन में पैठकर स्वरों की नज़ाकत तथा लय के नाज-नखरों से उन्हें आशिक बनाने वाली नहीं, उन पर शत्रु के जोश से हमला बोलकर मन का 'अपहरण' कर ले जाने वाली है। श्रोताओं से मिलने वाली 'दाद' पर भी गोया 'महसूल' की तरह उनका हक है। और श्रोता भी मानो 'हारे हुए' होने के कारण उसे अदा करते हैं।

ठेल कर, रेंक कर या खुरचकर आवाज़ लगाने की आगरा घराने की विशिष्ट पद्धति और उनकी गायकी का यह स्वरूप, उसी प्रकार किराना घराने का हाल ही में वर्णित स्वरूप और आवाज़ लगाने की उनकी पद्धति इनमें क्या कोई कार्यकारण सम्बन्ध है?

इसके विपरीत अल्लादिया ख़ाँ की गायकी सुनकर किसी शिल्पकृति (sculpture) की कल्पना जागृत होती है यह प्रा. मंगरूलकर की उपमा ग्राह्य प्रतीत होती है। उसमें जैसे कोई तराशी हुई मूर्ति निरन्तर आकार ग्रहण करती प्रतीत होती है; उसके प्रत्येक अंग की सुघड़ता, चेहरे की प्रसन्नता, अंग-प्रत्यंगों की आनुपातिकता और मधुरिमा सतत प्रतीत होती है। आगरा घराने के द्वारा पहाड़ी चट्टान की शिला को साधन बनाया गया तो अल्लादिया ख़ाँ ने संगमर्मर की शिला लेकर, उसे रगड़-पोंछ कर चिकना बनाया और उसी से अपनी शिल्प-मूर्ति का निर्माण किया। उसकी अभिव्यक्ति का संयम, लय के आन्दोलन, स्वरों के लय साधित आकृतिबन्ध और उनकी सूक्ष्म बन्दिश, इन सबके कारण उसमें जो मनोहारिता आयी उसी से इस गायकी ने अपने स्वयं के सौन्दर्य हेतु का प्रकटन किया। इस कृति का हर एक धागा इतनी सूक्ष्म रीति से गुँथा जाता है कि उसकी कोई भी जगह अपने स्थान पर मानो अपरिहार्य है ऐसा प्रतीत होता है। इतनी अपरिहार्य कि उसे यदि अपने स्थान से हिला दिया जाय, तो वह समूची कलाकृति

के लिए ही विघातक सिद्ध होगा। उसकी सुघड़ता और चुस्त बनावट तथा प्रत्येक अंग-उपांग की नतोन्नतता की अनुभूति के लिये हर बार आवश्यक पूर्वयोजित पार्श्वभूमि सभी अल्लादिया ख़ाँ साहब की गायकी में प्रतीत होती है। उसमें रचना की भव्यता, कल्पना का विलास, संगीत की लय की आन्तरिक अनवरतता और इन सबका एक ही उदात्त सौन्दर्य तत्त्व से मिल जाने के हेतु से खिंचाव, इन सबके कारण इस गायकी को जो महत्ता मिली है, उसकी जड़ क्या उनकी सहज, अकृत्रिम, खुली और फिर भी मुलायम आवाज़ लगाने की पद्धति में है?

रंगोली का स्वस्तिक या कसीदा कढ़ाई (किराना), वास्तुकृति (आगरा) और शिल्पकृति (जयपुर) इन तीन प्रकारों से इन तीन घरानों का वर्णन हो चुका है। और चूँकि संगीत मूलत: स्वरों के आकृति बन्धों से ही बनता जाने वाला चित्र है इसलिए कमोबेश इसी तरह के प्रतीकों का स्मरण किसी को भी होगा।

यहाँ एक बात को लेकर मतभेद हो सकता है कि प्रस्तुत जैसे लेखन में प्रतीकों का उपयोग किया जाय अथवा नहीं, या जिन प्रतीकों का उपयोग किया गया है वे योग्य नहीं हैं या वे पूरी तरह से लागू नहीं होते, ऐसा भी किसी को प्रतीत हो सकता है। लेकिन ऐसे प्रतीक पूरी तरह लागू होते हैं या नहीं यह बात अधिक महत्त्व की नहीं है, उद्देश्य सिर्फ़ यह है कि गायकी की ये तीनों प्रणालियाँ एक-दूसरे से अलग हैं यह स्पष्ट हो रहा है या नहीं! उक्त विवेचन संगीत जगत् की विचित्रता दर्शाने में सहायक सिद्ध हो सकता है।

तो प्रश्न उत्पन्न होता है कि यदि आगरा और किराना ये दोनों घराने आवाज़ लगाने के इन कुछ कृत्रिम तथा अजीब तरीक़ों को छोड़कर स्वाभाविक अकृत्रिम, खुली और मुलायम आवाज़ लगाते तो क्या उनका विशिष्ट सौन्दर्यहेतु अधिक प्रकाश में नहीं आता?

सरसरी तौर पर देखें तो लगता है कि किसी भी घराने की विशिष्ट सौन्दर्य-प्रणाली तथा आवाज़ लगाने की उनकी विशिष्ट पद्धति का परस्पर एकदम अविभाज्य, अन्योन्याश्रित सम्बन्ध होना ही चाहिये। यह सही है कि शुरू में ऐसा लगता है कि आवाज़ हूबहू उसी पद्धति से, श्वासनलिका संकुचित कर, बारीक और वह भी नाक से लगाये बग़ैर किराना घराने की

विशिष्ट गायकी आ ही नहीं सकती। उसी प्रकार आगरा घराने की युयुत्सु और आक्रामक गायकी जब तक आवाज़ उसी तरह रेंक कर, ठेलकर, और खुरदुरेपन से लगायी न जाय तब तक आ ही नहीं सकती ऐसा यदि उस सम्प्रदाय के लोग सोचें तो इसमें आश्चर्य की कोई बात नहीं।

लेकिन जरा और ग़ौर किया जाय तो प्रकट हो जायेगा कि यहाँ साधन और साध्य में ही गफलत हो गयी है। किराना कलाकारों से प्रश्न पूछा जा सकता है कि आपकी सौन्दर्य–प्रणाली आलापप्रधान गायकी है या आवाज़ को सिकोड़कर की गयी गायकी? गायकी आलापप्रधान हो या न हो यह बात अन्तिम कलावस्तु की दृष्टि से विवादास्पद हो सकती है, फिर भी उसका अपना एक स्वतन्त्र स्थान है इससे कोई इनकार नहीं करेगा। लेकिन आवाज़ कैसी भी क्यों न हो पर वह नाक से ही और गला भींच कर ही लगायी जानी चाहिये ऐसा आग्रह आप क्यों करते हैं? आवाज़ सीधी सहज एवं अकृत्रिम लगायी जाय तो क्या आपकी पद्धति के आलाप किये नहीं जा सकते? आपके ही घराने के ख्यातनाम गायक स्वर्गीय वहीद ख़ाँ (श्रीमती हीराबाई बड़ोदेकर के गुरु) क्या इसी प्रकार गला भींचकर ही गाते थे? और यदि वे उस प्रकार नहीं गाते थे तो उस कारण उनके किरानेपन में क्या कोई कमी आयी थी? वैसे ही, आप ही के घराने के फ़ैज़ अहमद और नियाज़ अहमद की वर्तमान ख्यातनाम जोड़ी आवाज़ क्या इसी प्रकार संकुचित कर तथा नाक से लगाती है? और यदि नहीं, तो क्या आप मान बैठेंगे कि सिर्फ़ इसीलिए उन्होंने अपना किरानापन खो दिया है? दरअसल, लय और स्वर इन दोनों का जो एक ख़ास रिश्ता आपने कायम कर लिया है, क्या वही आपकी गायकी की विशिष्टता नहीं है? क्या उसी में आपकी आलापप्रधान गायकी की मनोधारणा सम्पूर्णतया व्यक्त नहीं होती?

और इसी दृष्टि से आगरा घराने का विचार करें तो पाया जायेगा कि उनकी आवाज़ लगाने की पद्धति और गायकी की उनकी विशिष्ट प्रणाली का कोई अविभाज्य सम्बन्ध नहीं है। उनकी ख़ास विशिष्टता–आक्रामकता–स्वर एवं लय के उनके विशिष्ट सामंजस्य में ही निहित है। रेंक कर या ठेल कर आवाज़ लगाने की उनकी पद्धति से उसका कोई वास्ता नहीं। इस सन्दर्भ में आजकल के एक ख्यातनाम गायक श्री जगन्नाथ बुवा पुरोहित का उदाहरण दिया जा सकता है। पुरोहितजी आगरा घराने के अत्यधिक

अभिमानी हैं, पर उनके गायन में उस घराने की रेंककर, ठेलकर आवाज़ लगाने की प्रवृत्ति नहीं है और इसीलिए उनके शागिर्दों में भी नहीं आ पायी है। इस वजह से ऐसा नहीं लगता कि आगरा गायकी की आक्रामकता में कोई दोष आ गया है, बल्कि एक अनावश्यक दोष मिट जाने से उस गायकी की प्रसन्नता में वृद्धि हुई जान पड़ती है। अलावा इसके, रेंककर, ठेलकर आवाज़ लगाने की पद्धति इस घराने में पहले से ही चली आ रही है या नहीं इसकी अधिक जानकारी लेखक को नहीं है। फिर भी स्वर्गीय भास्कर बुवा बखले को इसी घराने की बहुत काफ़ी तालीम हासिल हुई थी और उनके गायन में रेंककर, ठेलकर आवाज़ लगाने का दोष था इस आशय का उल्लेख—लिखित और ज़बानी—कहीं नहीं मिलता। मतलब, यह प्रकार उनके इस घराने के गुरु याने आगरा घराने के प्रमुख तथा विलायत ख़ाँ साहब के पिता स्वर्गीय नत्थन ख़ाँ साहब में रहा होगा इसकी सम्भावना नहीं है (बेशक यह मात्र अनुमान है)।

आवाज़ के स्वाभाविक दोष या जान-बूझकर अर्जित अन्य किसी विकृति का घराने की सौन्दर्य-प्रणाली से कोई सम्बन्ध नहीं है यह बात सच है, लेकिन व्यवहार में वह घराने की ख़ास निशानी के रूप में पहचानने में उपयोगी सिद्ध होती है इसमें कोई सन्देह नहीं। पहला 'सा' लगते ही "अरे, यह तो किरानेवाला है" या "यह तो आगरेवाला नज़र आता है" यह बात विश्वासपूर्वक कही जा सकती है, यह तो सभी का अनुभव है। इस प्रकार किसी की कुल-परम्परा प्रारम्भ में ही समझ में आ जाने पर आगे वह क्या और किस पद्धति से गायेगा इसका अनुमान जानकार श्रोता मन ही मन कर सकता है। लिहाज़ा, उसके घराने में जो बातें नहीं हैं उनकी आशा श्रोता नहीं करता। इस कारण गायक एवं श्रोता-समुदाय में एक प्रकार का समझौता हो जाता है और महफ़िल की सफलता की दृष्टि से यह बहुत उपयोगी होता है इसमें सन्देह नहीं।

और इसी एक बात के कारण मान लिया जाता है कि घराने की विशिष्ट गायकी और उसकी आवाज़ लगाने की विशिष्ट पद्धति, इनका अन्योन्य सम्बन्ध है और इसी कारण यह ग़लतफहमी फैलती है कि घराना माने आवाज़ के दोष एवं विकृतियों पर आधारित गायकी। आगरा और किराना घरानों के साथ यही हुआ है। तो इस तरह की अवांछित ग़लतफहमियाँ आख़िर क्यों फैलती हैं? या तालीम देने की क्रिया में ही इन ग़लतफहमियों

के बीज हैं? इसकी टोह लेना ज़रूरी है।

सब घराने अपने-अपने संस्थापकों की आवाज़ की प्रकृति पर आधारित होते हैं इस तथ्य का विवेचन पहले ही हो चुका है। इसका मतलब यही है कि शिष्य के द्वारा आवाज़ पर की मेहनत करवाने में ही गुरु अपनी आवाज़ की विशिष्टताएँ शिष्य के गले में जाने-अनजाने उतारता जाता है। वर्षों तक यह काम चला करता है और इस अर्से में आवाज़ लगाने की गुरु की क़रीब सभी विशिष्टताएँ शिष्य में उतर आयें यह स्वाभाविक ही माना जायेगा। लेकिन इसमें सुन्दर विशिष्टताओं के साथ असुन्दर विशिष्टताओं का भी संक्रमण होता चलता है और यही असली ख़तरे की जगह होती है। गुरु अपनी आवाज़ विशिष्ट तरह से क्यों लगाता है इसका कारण व्यक्तिगत या शारीरिक भी हो सकता है। यदि वह नकिया कर बोलने वाला है तो नाक से गायेगा। यदि उसमें दमे की शिकायत हो तो साँस की कमी के कारण उसे अपना स्वर टूटा-टूटा लगाना पड़ेगा। आवाज़ में नोक हो तो अपनी आवाज़ बारीक और नुकीली लगायेगा। किसी वंशानुगत विशिष्टता के कारण उसकी आवाज़ की जाति ही मोटी या खुरदुरी हो तो, या किसी शारीरिक विकार के कारण, वह आवाज़ रेंककर भी लगाता होगा। पर साल दर साल तालीम देते-देते अच्छी बातों के साथ यह दोष भी शिष्य में उतर आते हैं या उतारे जाते हैं। कभी ऐसा भी होता है कि शिष्य अच्छी बातें छोड़कर ख़राबियाँ ही अपना लेता है और उन्हें ही घराने की निशानी या पहचान समझा जाने लगता है। किसी विशिष्ट घराने के कृतीत्व सम्पन्न गायकों के उठ जाने से जो टुटपुंजे गायक बच जाते हैं उनमें ये असुन्दर विशिष्टताएँ कुछ ज़्यादा ही घर कर लेती हैं। क्योंकि उन्हें धर दबाने के लिये आवश्यक गायकी का जीवन्त आविष्कार उनमें नहीं होता।

तो प्रश्न उत्पन्न होता है कि किसी भी व्यक्तिगत, शारीरिक या अन्य कारणवश गुरु की आवाज़ दोषयुक्त हो तो कम से कम शिष्य को वह दोष टालने के प्रयास क्या नहीं करने चाहिये? इसका उत्तर है कि लगातार वर्षों तक तालीम पाते समय इन दोषों से बचना कठिन है, असम्भव नहीं। ख़ुद गुरु को चाहिये कि अपनी आवाज़ के दोष को समझे और आवाज़ लगाने की दोषयुक्त पद्धति में ही घराने का घरानापन निहित है इस धारणा को छोड़ दे। और शिष्य को भी सोचना चाहिये कि आवाज़ लगाने की असुन्दर पद्धति से भी यदि गुरु अपनी गायकी इतनी प्रभावशाली बना सके

तो आवाज़ लगाने की स्वाभाविक एवं निर्दोष पद्धति से उनकी गायकी जितनी है, क्या उससे अधिक निर्दोष और प्रसन्न नहीं होती? शुद्धीकरण की आड़ में झूठी और कृत्रिम आवाज़ (falsetto) बनाने की क्या ज़रूरत है, और 'गाज' साधने की आड़ में खुरचकर, रेंककर आवाज़ को असुन्दर ही बनाने की क्या आवश्यकता है? जानकारों ने उनकी गायकी की यह या ऐसी ही असुन्दर बातों को बर्दाश्त किया या जान-बूझकर उनकी उपेक्षा की। उन लोगों ने यदि उनकी गायकी को माना तो वह इसलिए नहीं कि उसमें ये सारे दोष थे, बल्कि इसलिए कि इन सारे दोषों पर हावी हो जायें ऐसे कुछ गुण उनकी गायकी में उन्हें मिले। यही मानकर चलना होगा कि किराना घराने के सुरीलेपन या स्वरों के नशे में वे डूब जाते थे, और आगरा घराने की आक्रामकता या पराक्रम उन्हें मोह लेता था और इसीलिए वे इन दोषों की ओर से आँखें मूँद लेते थे।

कुल मिलाकर इस चर्चा का सारांश यह है कि घराने की आवाज़ लगाने की विशिष्ट पद्धति व उसकी विशिष्ट गायकी इनमें कोई अविभाज्य सम्बन्ध नहीं है। बल्कि यह कहने को भी जी करता है कि घरानों का आधार आवाज़ की कृत्रिमता न होकर आवाज़ की स्वाभाविक 'जाति' हो तो क्या वह अधिक तर्कसंगत न होगा? यानी आवाज़ चढ़ी या ढली (pitch), छोटी या बड़ी होना (intensity या volume), या उसमें ज़्यादा-कम मिठास—इनके आधार पर ही घरानों का निर्माण हो तो अधिक स्वाभाविक तो होगा ही। इस गुणत्रयी में ही कुछ ऐसे विशेष गुण होते हैं कि आवाज़ चढ़ी हो तो आलापबाजी सहजसाध्य हो जाती है, आवाज़ कुछ बैठी या ढली हो तो गमक की तान ही ख़ूब जँचती है आदि। यदि ऐसा हो तो आवाज़ लगाने की विकृत पद्धतियों पर घरानों को आधारित करने की बजाय मानवी आवाज़ की कतिपय स्वाभाविक प्रवृत्तियों पर तो वह आधारित होंगे।

पर चाहे कुछ भी हो, अन्ततः घरानों की विशिष्टता उनकी अपनी-अपनी भिन्न-भिन्न 'आकृतिमयता' पर ही अवलम्बित रहेगी। चौथे अध्याय में घरानेदार गायकी की आकृतिमयता का स्वतन्त्र रूप से विचार किया ही जायेगा। अतः यहाँ यही कहना आवश्यक है कि 'आकृतिमयता' का गुण यद्यपि सभी घरानों के लिए समान है फिर भी हर घराने की गायकी की आकृति अलग-अलग होती है और कई बार तो उसकी बुनावट भी एक-

दूसरे से भिन्न होती है। उनकी यह भिन्नता संगीत की दो इकाइयों—स्वर तथा लय के मिश्रण के उनके ख़ास अनुपात पर ही निर्भर करती है। साथ ही जो आकृति निर्माण करनी है वह बहुत कुछ उसकी बुनावट सरल सीधे धागों की (straight line conception) रखी जाय या टेढ़ी-मेढ़ी घुमावदार रेखांकी (curvature conception)—इस पर निर्भर करता है। बहरहाल, एक बात निश्चित रूप से कही जा सकती है कि यदि सब घराने सहज, अकृत्रिम तथा खुली आवाज़ लगाने की पद्धति अपनाते तो उनकी विभिन्न, स्वतन्त्र प्रणालियों की भिन्नता, वैधर्म्य संक्षेप में उनमें से प्रत्येक के स्वत्व को कोई ख़तरा तो ख़ैर पैदा होता ही नहीं, बल्कि एक भारी दोष से बच जाने के कारण वह गायकी अधिक ख़ुशनुमा ही होती।

३. घरानों की प्रतिज्ञा : 'शुद्धता'

घरानों की प्रतिज्ञा : 'शुद्धता'

सारे प्रचलित घरानों पर विचार करें तो एक बात सभी में समान रूप से हमारे ध्यान में आती है। वह यह कि सारे घराने संयम की एक विशिष्ट मर्यादा का पालन करते हैं। किसी घराने का यह संयम नहीं छूटा इसलिए सभी घरानों की कमोबेश प्रतिष्ठा आज भी कायम है।

प्रत्येक घराने के द्वारा इस संयम का पालन किया गया है यह बात समझने के लिये वर्तमान ज़माने के गायन के विभिन्न प्रकारों पर विचार करना ज़रूरी है। मिसाल के लिये, आजकल सिनेमा-संगीत के प्रचार की कोई सीमा नहीं रह गयी है। उसकी द्रुतलय और स्वर की मिठास ने जानकार-ग़ैरजानकर सभी श्रोताओं का ध्यान खींच लिया है। उसका लास्य जानकारों तथा महफ़िल में आने वाले श्रोताओं को भी अमान्य नहीं। यही नहीं, उसके कुछ गुण, अर्थात् सुरीलापन और स्वरों के नाज़ुक मोड़ (graces) सभी श्रोताओं के मन पर बिलकुल हावी हो जाते हैं। स्वरों में शब्द बाँधने की उसकी पद्धति और उनका स्वच्छ एवं दुलार भरा उच्चारण इनके बारे में किसी की कोई शिकायत नहीं है। लता मंगेशकर की ध्वनिमुद्रिका सुनने पर उसकी नज़ाकत मन को अभिभूत कर डालती है। और उसका एकाध स्वर अन्त:करण में कुछ इस प्रकार भिंद जाता है कि ऐसा लगता है कि जिस महिला ने यह पा लिया उसके लिए संगीत का मर्म समझना क्या शेष है? ये सभी गुण ऐसे हैं कि जिनसे नामवर गायक सीख ग्रहण कर सकते हैं। लेकिन जो शिकायत है वह इन गुणों से नहीं, बल्कि उनके संयम की मर्यादा से है। उसकी आह, कराह से है। उसकी बारीक और किरकिराती आवाज़ से है और उसकी क्षुद्र तथा एक ही एक द्रुत लय से है। दोनों संगीत प्रकारों के हेतु और प्रयोजन ही भिन्न हैं। अभिजात संगीत

या घरानेदार गायक सिनेमा-संगीत के स्तर तक नीचे कभी नहीं जायेगा। इसलिए नहीं कि उसके गुण अमान्य हैं, बल्कि इसलिए कि उसकी अलिखित प्रतिज्ञा है कि बर्ताव या संगीत के आविष्कार में जो संयम है उसे नहीं छोड़ेगा।

शृंगारपरक गीतों से श्रोताओं को एकदम बहका देना, या करुण संगीत से उनका कलेजा पानी-पानी कर डालना, या संगीत को फूट-फूटकर या गला फाड़कर रुलाने वाला बनाना यह हेतु घरानेदार गायक को निश्चित ही अमान्य है। और ठीक भी है : इस तरह का गायन क्षणजीवी ही होता है। उसका विस्तार हिन्दुस्तान की सीमा लाँघकर अन्य देशों में भी हो जाय या सारे देश की समूची जनता एक राय से उसे सिर-माथे चढ़ा ले फिर भी उसकी आयु उतनी ही होती है। पीढ़ी-दर-पीढ़ी और सदियों तक जिसकी मन्द सुगन्ध छायी रहे और जो चिरकाल बना रहे ऐसे कलागुण बसने के लिए उसमें गुंजाइश ही नहीं है। वह रंग से भड़कीला, उसके परिणाम उत्तान तथा कालानुपात से क्षणजीवी और इसलिए संगीत के विशिष्ट संयम से हटा हुआ है।

लावणी गायन भी थोड़े-बहुत फ़र्क़ से यही प्रकार है। भावगीत गायन उसकी अपेक्षा कहीं ऊँचे स्तर का है। लेकिन उसकी ऊर्जित अवस्था का समय कभी का बीत चुका है। अब उसका जीवित-साफल्य रेडियो पर कच्ची उम्र की बालिकाओं द्वारा गाये जाने में या औरों के लिए किसी महफ़िल में 'शास्त्रीय' संगीत की खुराक बहुत अधिक होने पर जायका बदलने की गरज से गाये जाने में ही है। 'शब्दाश्रित' होने के कारण उसमें गायकी के 'मजमून' या कला विलास के लिए समय ही नहीं है। फिर उसका भड़कीलापन सिनेमा-संगीत या लावणी-संगीत से कितना ही कम क्यों न हो, उसमें खानदानी 'मर्यादा' का पालन तो नहीं हो पाता। यह बात मान्य करनी होगी।

ठुमरी प्रकार का स्थान इससे कुछ भिन्न है। ठुमरी शब्दाश्रित होती है, पर उसकी कविता छोटी, भावना सामान्य या अल्प या क्षुद्र होने के कारण उसमें संगीत या गायकी बहुत अधिक अनुपात में हो सकती है। और फिर वह ख्याल गायकी से बहुत अधिक उत्तान या भड़कीली है इसमें कोई सन्देह नहीं। अभिजात गायकी में ठुमरी का स्थान काफ़ी ऊँचे दर्जे का है पर वह ख़ास उच्च ख्याल गायकी की तुलना में निचली मानी जाती है।

इस कारण, जैसा अभी बताया गया है, उसमें ख्याल गायकी की अपेक्षा भड़कीलापन अधिक है।

इस दृष्टि से सारे घरानों का निरीक्षण करें तो पता चलेगा कि किसी भी घराने में ठुमरी गाने की प्रथा नहीं है और न उसकी तालीम ली या दी जाती है।

इस नियम का अपवाद सिर्फ़ एक किराना घराना ही है। यह एकमात्र ऐसा घराना है कि जिसमें चीज़ के रूप में घराने की ठुमरी को गाने की प्रथा है और उसकी तालीम भी ली तथा दी जाती है। किन्तु इस ठुमरी के बारे में जानकारों की एक सही शिकायत है। और वह यह कि असली ठुमरी तो 'पूरब बाज' की ही होती है तथा उसका रसीलापन या ढंग इस किराना ठुमरी में नहीं। किराना घराने का कविता के शब्दों का उच्चारण बहुत ही साधारण या तोतला है और उसमें भावना की अभिव्यक्ति जैसी होती है उसकी तुलना पूरब की ठुमरी से नहीं की जा सकती। फिर इनकी ठुमरी देर तक गायी जाने वाली याने बड़ी लम्बी और सुस्त है। और ऐसा लगता है कि वह ठुमरी न होकर ठुमरी की तरह गाया जाने वाला ख्याल ही है।

किराना ठुमरी की यह प्रथा अच्छी है या बुरी यह प्रश्न यहाँ नहीं है। इस प्रथा में ही कुछ तत्त्व है या नहीं यही हमें देखना है। इस दृष्टि से यहाँ फिर से संयम के तत्त्व पर ही विचार करना है। ठुमरी की रसवत्ता के प्रकर्ष का एक उच्च बिन्दु सर्वमान्य हो चुका है। उस हिसाब से जानकारों के कथनानुसार ठुमरी की यह जाति कुछ अलोनी ही है, इस बात को मान लें तो भी इस आलोचना का एक और अर्थ होता है। और वह यह कि उसकी भावना का भड़कीलापन किराना घराने के द्वारा अपनी ठुमरी से निकाल दिया गया है। उसे शुद्ध कर खानदानी संयम की मर्यादा में लाया गया है। इसीलिए किराना घराने की ठुमरी पूरबी अंग जैसी भड़कीली नहीं है। उसकी गायकी को सौम्य बनाकर वे उसे ख्याल के नज़दीक ले आये हैं। ठुमरी का उनका शब्दोच्चारण भी उतना अर्थानुकूल नहीं है। इसका अर्थ यही लगाना होगा कि शब्दगत भावना को वे कम महत्त्वपूर्ण मानते हैं तथा उसमें स्वर विलास एवं गायकी के आविष्कार पर ही अधिक बल देते हैं। वह ठुमरी ऐसी है कि जिसका प्रचार, अपवादस्वरूप, मात्र एक घराने में है। उसका 'ठुमरीपन' जाता रहा है और वह ख्याल के आँगन में आ गयी इसलिए उसका समावेश संयम की मर्यादा में ही करना होगा।

सब घरानों ने अपने संगीत के संयम को ही प्रधानता दी यही इस विवेचन का अर्थ हो सकता है और इस दृष्टि से हर घराने ने यह परम्परा ही स्थापित कर ली—यह मानना होगा। इस संयम को बनाये रखने के लिए उन्हें जहाँ भी संगीत के अपने कर्तव्य से फिसलने की सम्भावनाएँ दिखायी दीं, वे सारे साधन उन्होंने निषिद्ध निर्धारित कर दिये और उनकी ओर ले जाने वाली रस्सियाँ काट कर वे रास्ते ही बन्द कर दिये, यही इस समालोचना का निष्कर्ष है।

अब यह देखें कि इस 'संयम' या शुद्धता का निश्चित अर्थ क्या है।

अभी जिन संगीत प्रकारों का सरसरी तौर पर परीक्षण किया उन सब में शब्दाश्रित भावना को ही कमोबेश महत्त्व है यह दिखायी देता है। इस कथन का यह अर्थ नहीं है कि सभी शब्दाश्रित भावनाएँ अशुद्ध या हीन होती हैं। क्योंकि उसमें भी उच्च कोटि का काव्य या भक्तिरसपूर्ण गीत हो सकते हैं। उच्च कोटि का काव्य या भक्तिगीत निश्चय ही मानव की हीन भावनाओं को जागृत नहीं करते और फिर भी उन्हें घरानेदार गायकी में समाविष्ट नहीं किया जाता। इसका मतलब यही लगाया जा सकता है कि घरानेदार गायकी 'स्वरप्रामाण्य' मानती है, 'शब्दप्रामाण्य' नहीं मानती। 'स्वरप्रामाण्य' ही उसकी सांगीतिक प्रतिज्ञा है, 'शब्दप्रामाण्य' नहीं। उसका क्षेत्र 'स्वर-विलास' ही है, 'वाग्विलास' नहीं। वह मानती है कि उसका जीवन-साफल्य स्वराश्रित भावनाओं का आविष्कार ही है और उसी के अनुसार उसने अपनी कर्मभूमि अंकित तथा निर्धारित कर ली है और शब्दसाधित भावना के आविष्कार का उत्तरदायित्व साहित्य क्षेत्र के 'वाग्भटों' के हवाले कर दिया है। कोई भी कला अथवा शास्त्र प्रगल्भावस्था प्राप्त करने पर स्वयं की सीमारेखाएँ इसी प्रकार खींच लेता है, तथा अपने क्षेत्र की सीमा पर किस-किस दिशा में किन-किन कलाओं या शास्त्रों का राज्य प्रारम्भ होता है इसका एहसास रखता है। उसी प्रकार स्वयं के साधन निश्चित कर अपने आन्तरिक व्यवहार के लिए अपने स्वयं के 'क़ानून' भी वह बनाता है। याने वह एक ऐसा स्वशासित (autonomous) राज्य ही बन जाता है कि जो स्वयं के द्वारा निर्धारित सीमा में सम्पूर्ण स्वतन्त्रता का उपभोग करता है। भारतीय संगीत-कला इसी प्रकार परिपक्व हो गयी है और उसका उक्त प्रकार का स्वतन्त्र राज्य पीढ़ियों से बल्कि सदियों से चला आ रहा है और उसका विकास अपनी पद्धति से करने के लिए वह

हर प्रकार से सक्षम हो गयी है। अन्य कलाएँ अथवा शास्त्र अब उस पर आक्रमण नहीं कर सकते।

लेकिन फिर यह प्रश्न पैदा होगा कि यदि संगीत इतनी परिपक्व, स्वशासित एवं स्वतन्त्र कला है, तो 'साहित्य'—जो एक परराज्य है—की जो एकमात्र इकाई है 'शब्द', उसको उसने स्वयं के राज्य में क्यों बुला रखा है? उसके बिना उसका राज्य क्यों नहीं चलता?

इस प्रश्न का उत्तर यह है कि जिस शब्द का उपयोग घरानेदार गायकी में होता है वह स्वयं का साहित्यिक कार्य या उत्तरदायित्व उतनी देर के लिये छोड़ देता है तथा संगीत-साम्राज्य के सारे नियम, क़ानून एवं उसकी सारी जिम्मेदारियों को स्वीकार कर अपने साहित्यिक स्वत्व का पूरी तरह परित्याग कर देता है। शब्द का जीवन मात्र भाषिक कार्य ही है ऐसा समझना ग़लत होगा। जरा सूक्ष्मतापूर्वक देखें तो प्रतीत होगा कि जिससे 'स्वर' उत्पन्न हुआ है उस स्वररूप 'नाद' की ही सन्तान शब्द है। 'पहले स्वर या पहले शब्द?' इस प्रश्न का उत्तर शुद्ध रूप से उस नादमय स्वर के पक्ष में ही देना होगा। यह स्वर अथवा ध्वनि जब जम जाता है तभी उसे शब्दत्व प्राप्त होता है। अर्थात् स्वर की द्रवता निकालकर, उसे सुखाकर शुष्क बनाने पर ही उसे शब्दरूप प्राप्त होता है। लेकिन इसमें महत्त्व की बात यही है कि यह जमा हुआ स्वररूपी शब्द फिर से द्रवत्व ग्रहण कर संगीत में या स्वर में पूर्णतया विलीन हो सकता है। स्वर में घुल जाने की यह शक्ति या विलयक्षमता, संगीत की दृष्टि से शब्द का महत्त्वपूर्ण गुण माना जाता है। और घरानेदार गायकी शब्द की इस विलयक्षमता का ही उपयोग कर लेती है—भाषिक अर्थक्षमता का नहीं। मतलब यही कि संगीत में शब्द 'संगीतानुवर्ती होता है, साहित्यानुवर्ती' नहीं। यही नहीं बल्कि, संगीतानुवर्ती बनने के लिए उच्चारण की शुद्धता की भी परवाह न कर, स्वयं का भाषिक स्वरूप बदलकर वह संगीतक्षम बन जाता है। स्वयं की अपनी गृहस्थी फली-फूली होने पर भी कोई स्त्री पीहर आने पर जिस प्रकार अस्थायी रूप से ससुराल के नियम, प्रथा तथा कुलाचार छोड़कर पीहर के जीवन की विशिष्ट रीति, रंगढंग तथा माँ-बाप, भाई-बहन आदि सगे-सम्बन्धियों में पूरी तरह डूब जाती है, लगभग वैसी ही बात है यह।

इस प्रकार शब्द एक दो पल्लूवाली चीज़ है। उसका एक छोर साहित्य से उलझा है तो दूसरा संगीत से संलग्न है। और महत्त्व की बात यह है कि

भाषा में उसका कार्य 'अर्थवाहकता' है तो संगीत में उसका दायित्व स्वर की 'परार्थ-वाहकता' में सहायक होना है। भाषा में उसका काम meaning माने 'शब्दार्थ' या 'वाच्यार्थ' कहा जायेगा, तो स्वर के जिस कार्य के लिए वह स्वयं का भाषिक स्वत्व समर्पित कर देता है उसे अँग्रेज़ी में significance या हिन्दी में 'गूढ़ार्थ', 'प्रतीकार्थ' या 'अर्थपूर्णता' कहा जायेगा। शब्द के भाषिक कार्य और सांगीतिक कार्य में इस प्रकार का भेद है। उसका भाषिक कार्य 'शब्दार्थबोध' या 'वास्तविक अर्थबोध'—denotation—होगा, तो उसका सांगीतिक कार्य स्वर का जो मुख्य कार्य 'connotation' ध्वन्यर्थ कहलाता है, उसमें विलीन हो जाता है। 'ध्वन्यर्थ' शब्द में 'ध्वनि' शब्द प्रमुख है यह ध्यान में रखना होगा। 'ध्वनि' इस शब्द में 'सूचकता' का निर्देश मिलता है। तो शब्द के वास्तविक अर्थबोध में 'वस्तुनिर्देश' निश्चय ही होता है। माने शब्द निश्चितार्थ दर्शाता है तो स्वर से स्थूलार्थ अथवा ध्वन्यर्थ का बोध होता है। शब्द के द्वारा निश्चित तथा सुस्पष्ट अर्थ का बोध होता है, जबकि स्वर प्रतीकात्मक (symbolic) होता है। स्वर की प्रकृति 'सन्दिग्धता' है तो शब्द का गुण है 'असन्दिग्धता' या 'निश्चितता'। यह ध्वन्यर्थ, परार्थ, गूढ़ार्थ तथा उसकी सन्दिग्धता यही संगीत की शक्ति है। और उस स्थूलता में और सन्दिग्धता में ही उसका सारा सामर्थ्य एकत्रित नज़र आयेगा। शब्द में भी गूढ़ार्थ, परार्थ या प्रतीकार्थ हो सकता है लेकिन यह होगा शब्द के निश्चितार्थ की सीमा में ही। यानी इसमें निश्चित सीमा पर निर्भर रहना पड़ता है। लेकिन स्वर की गूढ़ार्थ क्षमता साक्षात् माने direct है। उसमें बीच की सीढ़ी या मोड़ को पूरी तरह छोड़ दिया जाता है तथा एकदम गूढ़ार्थ में ही प्रवेश हो जाता है। अर्थात् शब्द को mediate कहें तो स्वर को immediate कहना पड़ेगा! लेकिन यह विषय अत्यन्त जटिल है और विचारकों अथवा साहित्य के समीक्षकों में इसके बारे में अभी भी मतभेद बने हुए हैं। इस सन्दर्भ में प्रस्तुत विषय के लिये जितना विचार अपेक्षित है, वह हम कर चुके हैं। मतलब यही कि साहित्य में गूढ़ार्थ की ओर प्रवेश भाषिक शब्दार्थ से होकर सम्भव है, तो स्वर में यह बीच की सीढ़ी होती ही नहीं।

इस प्रकार शब्दार्थ पीछे छूट जाने पर संगीत में वस्तु (object), दृश्य (scene) या घटना (fact) आदि चीज़ों के लिए कोई स्थान ही नहीं होता। अर्थात् उसे मानवीय कार्य-व्यवहार से कोई सरोकार नहीं होता। इसलिए

शब्दातीत आसमन्त संगीत के लिए उपलब्ध हो जाता है। स्वर हमें उस नये विश्व में एकाएक जा रखते हैं। इसे 'गूढ़ार्थ', 'परार्थ', 'अर्थपूर्णता'—जो चाहे कह सकते हैं। पर एक बात पक्की है कि इसी में पडगांवकर की कविता में वर्णित "बिना शब्दों के ही समझ गया, सब जो है शब्दों के परे" जैसी हालत हो जाती है और यही संगीत के जीवन की सफलता है।

उक्त विवेचन से प्रकट होगा कि इस संयम या सांगीतिक शुद्धता का पालन प्रत्येक घराने के द्वारा कमोबेश किया गया है। 'स्वरप्रामाण्य' अथवा सांगीतिक शुद्धता की अपनी आन का परित्याग किसी भी घराने के द्वारा अब तक नहीं किया गया है।

यहाँ एक और प्रश्न उत्पन्न होता है कि इस संयम या शुद्धता के पीछे पड़े रह कर इस घरानेदार गायकी ने संगीत की 'उत्कटता' को ही क्या छोड़ नहीं दिया है? इसका जवाब यही हो सकता है कि प्रत्येक घराने में उत्कटता को ही सर्वस्व माना गया है और इस उत्कटता की सिद्धि भड़कीलेपन, उत्तानता या हीनता को छोड़कर तथा शब्दार्थों की दासता को अमान्य कर मात्र स्वर तथा लय इन दो साधनों के द्वारा ही की जायेगी यह भी तय किया गया है। असल महत्त्व की बात यही है कि इन घरानों ने कला की उत्कटता की परिभाषा उत्तानता या भड़कीलापन मानने से इनकार कर दिया है।

संगीत की शुद्धता का विचार इससे कुछ अधिक व्यापक सन्दर्भ में भी किया जा सकता है। ऊपर कहा जा चुका है कि घरानेदार गायकी पर शब्दार्थ का प्रभाव नहीं है। यही नहीं, कोई भी संगीतबाह्य बात उस पर हावी नहीं हो सकती। लावणी, नाट्य-संगीत आदि पूर्वोक्त प्रकारों पर फिर एक बार विस्तारपूर्वक विचार इस दृष्टि से कर शुद्धता का यह विवेचन समाप्त करें।

संगीत की दो इकाइयों—स्वर एवं लय के विलास को अधिक से अधिक अवसर जिस गायकी में दिया जाता है उसी में संगीत के मूलभूत सामर्थ्य का निर्माण होने की सम्भावना होती है। जिस गायकी में इस स्वतन्त्रता पर किसी प्रकार का बन्धन होता हैं—फिर चाहे वह शब्दार्थ का हो, नाट्य का हो, या किसी विशिष्ट शब्दाश्रित भावना का हो—उसकी सृजनशीलता उस अनुपात में सीमित हो जाती है। इस दृष्टि से किसी घराने ने स्वर या लय

के अलावा अन्य कोई बन्धन मंज़ूर नहीं किया यही महत्त्व की बात है।

संगीत-विश्व में जिस प्रकार प्रति गायक कई ढंग हैं, उसी तरह स्थान की दृष्टि से गायन के अलग-अलग प्रकार भी हैं। स्त्रीगीतों से लेकर लावणी, भावगीत, सिनेमा-संगीत, नाट्य-संगीत आदि सब प्रकारों का स्वागत समाज के द्वारा स्थान के हिसाब से किया गया है और इस सिलसिले में किसी भी प्रकार को ज़्यादा या कम मानना ग़लत होगा। हर संगीत प्रकार अपनी जगह पर ठीक ही होता है तथा श्रोताओं की जो विशिष्ट श्रेणियाँ होती हैं उनका पर्याप्त रंजन ही करता है। लावणी के अखाड़े में भावगीत की गायकी नहीं चलेगी, और उच्च संगीत के अभिमान के कारण कोई यदि सिनेमा में अभिजात ख्याल गायकी को स्थान देकर उसके स्वर-विलास को खुली छूट देगा, तो उसे अपना रोज़गार बन्द कर देना पड़ेगा। मतलब यह कि श्रोताओं की अलग-अलग श्रेणियाँ होती हैं और संगीत सुनने की उनकी औसत योग्यता उनकी श्रेणी के हिसाब से कमोबेश होती है। इस हिसाब से उच्च संगीत सुनकर उसका आनन्द ले सकने की योग्यता रखने वालों की संख्या सीमित होगी यह स्पष्ट ही है और वह इस प्रकार सीमित है इसलिए दुखी होने का कोई कारण भी नहीं है। क्योंकि वैसी योग्यता प्राप्त करने के लिए विशिष्ट प्रकार के संस्कार होना और करवाया जाना आवश्यक होता है।

संगीत के इन सब प्रकारों की छानबीन करने पर नज़र आयेगा कि इनमें से किसी प्रकार में 'घराने' स्थापित होने का कोई प्रमाण नहीं है। विशिष्ट काल में विशिष्ट समाज की विशिष्ट श्रेणी के रंजन के लिए लावणी संगीत का निर्माण हुआ और आज तक वह जैसे-तैसे बना हुआ है। कम से कम डेढ़-दो सौ वर्षों का इतिहास जिसका है, ऐसे गायकी के इस प्रकार में घराने नहीं बने। देश, जाति अथवा गीत के अर्थ के कारण लावणी में कुछ प्रभेद हुए होंगे। उसकी रचना में रागदारी काफ़ी हुई होगी। संगीत के विभिन्न ताल, ठेठ दीपचंदी और पंजाबी समेत इसमें आ गये होंगे। गणिकाओं की कन्याएँ भी ख्याल, टप्पा छोड़कर लावणी गाने लगी होंगी या उन्होंने डफ, ढोल या इकतारे छोड़कर उनके स्थान पर तानपूरा, सारंगी और तबले का—जो उच्च संगीत के साज हैं—उपयोग किया होगा। लेकिन इस सब के बावजूद संगीत के अर्थ में तथा गायकी की विशिष्टता दर्शाने वाले घराने लावणी प्रकार में नहीं हुए। इसका मतलब यह है कि लावणी का

संगीत उसके शब्दार्थ के पास धरोहर पड़ा था। उस पर शब्दार्थ का कब्ज़ा था। यह स्वाभाविक ही था कि लावणी गायक उसे अपने काम में लगाते और संगीत भी ऐसा लचीला है कि जिस तरह जिस ओर झुकाया जाय, झुक जाता है। जिस अर्थ का जो रंग और ढंग होता है वह रंग और ढंग संगीत सही-सही ले लेता है। और अपने स्वामी को उत्कर्ष हासिल कराकर स्वयं उसमें विलीन भी हो जाता है। फिर चाहे वह लावणी का शृंगारिक अर्थ हो या सन्त प्रवरों का परमार्थ हो। मतलब यही कि लावणी में संगीत ने शब्दार्थ की दासता स्वीकार कर ली है, और वहाँ यह ठीक भी है।

यही हाल नाट्य-संगीत का है। उसमें भी गायकी की किसी एक ख़ास विशिष्टता के कारण अलग-अलग घराने नहीं बन पाये। दरअसल, घराने बनने के लिए जितनी अनुकूल परिस्थिति नाट्य-संगीत में थी, उतनी अन्य किसी भी संगीत प्रकार में नहीं थी। उस पर बालकोबा नाटेकर, बालकृष्ण बुवा, इचलकरंजीकर, पाडोबा यवतेश्वरकर, गोविंदराव टेंबे, भास्कर बुवा बखले, रामकृष्ण बुवा वझे, सवाई गन्धर्व, श्रीमती हीराबाई बड़ोदेकर आदि संगीतकारों का वरदहस्त था। उन्हीं के सौन्दर्य-स्पर्श से वह पल्लवित हुआ तथा उन्हीं से प्रभावित होकर नाट्याचार्यों ने नाटक को भ्रष्ट किया, अभिनेताओं ने अभिनय को दुय्यम लेखा, निर्देशक सठिया गये, दर्शक भरमा गये और आलोचक मूक हो बैठे। नाट्य-संगीत रूपी यह स्वरूप सुन्दरी साक्षात् मोहमयी ही थी। और यह सब होते हुए भी उसमें घराने निर्माण नहीं हुए। इसका कारण यही था कि नाट्य-संगीत का अपना महत्त्व तथा अपनी विशिष्टता होते हुए भी घरानों के निर्माण के लिए गायकी का जो मूलभूत सामर्थ्य आवश्यक है वह नाट्य के बन्धनों के कारण उसे प्राप्त नहीं हो सका। और उच्च कोटि के भी संगीतकार इस दिशा में कुछ भी नहीं कर सके। पहला बन्धन नाट्य का, अभिनय का, अवसर का तथा शब्दाश्रित भावना का; खड़े-खड़े गाना यह दूसरा बन्धन, और समय का तीसरा। इस त्रिदोष से घराने का निर्माण असम्भव-सा ही था। इन बन्धनों की वजह से जो हुआ वह यह कि 'नाट्य-संगीत' नामक एक नया 'संगीत प्रकार' पैदा हुआ और उससे संगीत की समृद्धि वृद्धिगत हुई, लेकिन घराने कायम न हो सके। लेकिन फिर वही, कि यहाँ संगीत पर कब्ज़ा था नाटक का यानी उसके शब्दार्थ का तथा नाटक के अन्य

अंगोपांगों का। क्योंकि आलोचक कुछ भी और कितना ही क्यों न कहें, यहाँ असली साहूकार नाटक ही था। संगीत ने उसी की दुनिया समृद्ध की, स्वयं की नहीं। अतएव, स्वयं के कला-विकास के लिए संगीत को यहाँ गुंजाइश थी ही कहाँ?

वास्तव में पूर्वोल्लिखित लगभग सभी संगीतकार अपनी-अपनी स्वतन्त्र प्रणाली के जनक, प्रस्थापक या उद्गाता थे और इस अर्थ में घरानेदारों के भी निर्माता थे। इन सब महान गायकों ने रंगमंच पर स्वयं जो गाया, नाटकों को जो दिया, या अभिनेताओं को जो तालीम दी, इन कारणों से नाट्य-संगीत में भी घराने बन जाने चाहिये थे। पर वैसा हुआ नहीं। यही नहीं, इन सब गायकों ने अपने नाट्यकाल में, नाट्यपूर्व काल में या उसके बाद भी महफ़िल की घरानेदार गायकी का परित्याग नहीं किया। नाट्य-संगीत में अवश्य ही उसे छोड़ दिया था। इसका मतलब यही कि उन्होंने शब्दार्थ के बन्धन का पालन किया और नाट्य की ही उन्नति की। कई लोगों का यह भी कहना है कि आगे चलकर इस नाट्य-संगीत में 'गायन' की अति हो गयी। पर सही बात यह है कि नाट्याचार्यों ने, निर्देशकों ने, सभी ने संयम छोड़ दिया तथा अभिनेताओं ने आवश्यक कम से कम अभ्यास किये बिना, सुर-बेसुर की परवाह न कर केवल तानबाजी का ही शोर मचा दिया। उसमें जैसे नाट्य बह गया उसी प्रकार संगीत भी शेष नहीं रहा। ख़ैर, प्रस्तुत चर्चा की दृष्टि से यहाँ मुख्य तथ्य यही है कि नाट्य संगीत में इतनी अनुकूलता होते हुए भी संगीत पर 'काबू' या 'कब्ज़ा' नाट्य का ही था और संगीत अपना स्वत्व भुलाकर उसमें विलीन हो गया था। उसमें सम्पूर्ण कलाविष्कार या गायकी के स्वर एवं लय इन दो के मनचाहे विलास को जगह ही नहीं थी और इसीलिए घराने निर्माण नहीं हुए, यह स्वीकार करना होगा।

ख्याल के बाद संगीत का उच्च्व प्रकार है ठुमरी! ख्याल को सम्राट् कहें तो ठुमरी को सम्राज्ञी कहना ही होगा! लेकिन शब्दाश्रित भावना का जो बन्धन ठुमरी पर है उसकी चर्चा पहले ही हो चुकी है, लिहाज़ा उसे यहाँ दुहराना अनावश्यक है। प्रस्तुत चर्चा की दृष्टि से यहाँ महत्त्व की बात यही है कि ठुमरी के संगीत का भी एक 'प्रकार' बन गया तथा इस एक और अर्थ में संगीत समृद्ध हुआ। पर उसमें घराने निर्माण नहीं हुए। पूरब अंग की ठुमरी ने ख्याति अर्जित की क्योंकि उसमें शब्दाश्रित (प्रेम-भावना) का उभार

अधिकतम हो इस ओर ध्यान दिया जाता है। उसके स्वरों में शब्द गूँथने की पद्धति ही कुछ ऐसी है कि शब्दों में जो सामर्थ्य न हो वह भी स्वर-योजना के कारण दसगुना तीव्र हो जाय और संगीत भी इतना सीमित होता है कि उसकी भावना का आशय ही श्रोताओं के मन को छू ले। लेकिन इसलिए संगीत आख़िर शब्दार्थ की दासता में ही रहा। अतएव, गायकी के अप्रतिहत कला-विलास पर प्रतिबन्ध लग गया और घरानों के निर्माण के लिए अपेक्षित आधार यहाँ नहीं मिला। और यही बात ओवी, स्त्री-गीत, भावगीत अथवा सिनेमा-संगीत या अन्य संगीत-प्रकारों के विषय में भी कम-अधिक मात्रा में पायी जाती है।

कुल मिलाकर इस सारी चर्चा का सारांश यही लिया जा सकता है कि जहाँ भी संगीत पर संगीत बाह्य चीज़ों का कब्ज़ा, या अधिकार होता है, वहाँ संगीत के स्वच्छन्द विहार-विलास को अवसर नहीं मिलता और इसीलिए वहाँ घराने भी नहीं कायम होते। इस दृष्टि से ख्याल संगीत पर कोई संगीत बाह्य बन्धन नहीं होता और इसी कारण से उसमें अनेक घराने हुए, फैले और जड़ पकड़ गये। इसी वजह से ख्याल गायकी सुफला सिद्ध हुई। उसका कारण भी संगीत और कार्य भी संगीत ही है। उसकी प्रेरणा संगीत की ही और उसका साफल्य भी संगीत ही। कार्य व कारण, साध्य और साधन, प्रेरणा तथा साफल्य इनकी इस ख्याल संगीत में अभिन्नता ही स्थापित हो जाती है। इसीलिए पहले जिसे 'गूढ़ार्थ' या 'परमार्थ' (significance) कहा है उसकी अनुभूति ख्याल संगीत में होती है।

इसका कारण यह मालूम पड़ता है कि संगीत का भावक्षेत्र किसी निश्चित शब्दार्थ की खींची हुई सीमारेखा में समाने वाला नहीं होता और समूचे भाव-विश्व का ही एहसास रखता है और उसकी अनन्त तथा अत्यन्त सूक्ष्म छटाओं को दर्शा देता है—ऐसी छटाओं को कि जिनका अस्तित्व उनके अखण्ड एवं सतत बदलने वाले स्त्रोतों पर ही अवलम्बित होता है। बल्कि कहा जा सकता है कि तरलता, परिवर्तन एवं भंगुरता ही उनका सातत्य है।

४. बन्दिश और आन्तरिक कायदे

बन्दिश और आन्तरिक कायदे

सब घरानों को समान रूप से लागू होने वाले कुछ कायदे होते हैं, यह उल्लेख पहले अध्याय में किया जा चुका है। इस विषय का अब अधिक विस्तारपूर्वक विचार करना आवश्यक है। ये कायदे क्या हैं यह समझने के लिए संगीत का आन्तरिक स्वरूप आख़िर क्या है यह देखना होगा।

गायक ख़ूब जमकर कोई चीज़ पेश कर रहा है इस दृश्य की कल्पना करें तो नज़र आयेगा कि वह गायक असंख्य स्वर अपने चारों ओर बिखेर रहा है और श्रोतागण बीच-बीच में 'वाह वाह', 'बहोत अच्छे' की बौछार कर रहे हैं। शुरू में गायक किसी राग की विलम्बित लय की स्थायी प्रारम्भ करता है और उसे पूरा कर सम पर आता है। इस रीति से चीज़ प्रस्तुत करते समय राग में कौन से स्वर ग्राह्य हैं और कौन से वर्ज्य हैं, सीधे लगने वाले स्वर कौन से हैं और वक्र कौन से, कौन से अल्प हैं, किस पर ज़्यादा ठहरना है, किसे सर्वाधिक महत्त्व प्राप्त है और फिर उसके बाद दोयम कौनसा स्वर है आदि छोटी-मोटी बातों को वह सूत्र रूप में व्यवस्थित ढंग से सामने रखता है। अर्थात् उस चीज़ का अथवा उस राग का रागत्व किस में समाया है इसी का निर्देश वह करता है और उसकी मानो चतुःसीमाएँ खींच लेता है। इस कारण से संगीत की कलाकृति का स्वरूप प्रारम्भ में ही प्रस्थापित होता है। और वह प्रस्थापित होते ही गायक को पहली दाद मिलती है।

उसकी यह कृति मानो उसकी अन्तिम कला-वस्तु या कला-स्वरूप की रूपरेखा है। इसी को उस राग की 'प्रतिज्ञा' या statement कहें तथा उसे ही उस कलावस्तु की, 'प्रमाणभूत कलाकृति', commanding form मानें। जब गायक उसी पर अपना सारा ध्यान केन्द्रित करता है, उसे ही अपना

सर्वस्व समर्पित करता है और इस प्रकार उस मूलाकृति से एकरूप हो जाता है तभी नयी-नयी उद्भावनाएँ उठती हैं, खिलती हैं और हम कहते हैं कि गाने में बहुत रंग आया। उसके इस प्रस्तुतीकरण में कुछ अनुशासन, कोई रीति, कुछ सौष्ठव होता ही है और उससे जो स्वरबन्ध निर्माण होते चलते हैं उनके सूक्ष्म तार एक-दूसरे में कुछ इस प्रकार गुँथे रहते हैं कि उन सब की मिलकर एक भव्य, विशुद्ध आकृति बने। छोटी-छोटी अनेक आकृतियाँ, वे सब मिलकर आवर्तमय खण्डों, उन खण्डों के स्वरविराम और ऐसे आवर्तमय खण्डों से बनी एक परिपूर्ण भव्य आकृति—यही मोटे तौर पर उसका स्वरूप होता है। माने एक चीज़ पेश करने की समग्र अभिव्यक्ति या पूर्णाकृति देखें तो वह असंख्य तारों से बुनी हुई प्रतीत होगी। फ़र्क़ सिर्फ़ यही है कि 'बुनावट' आड़े और खड़े दोनों प्रकार के तारों से होती है, तो संगीत की कलाकृति एकसूत्री! लेकिन जिन अनेक स्वरूपी तारों से यह एक सूत्र समय-समय पर बदलता चलता है वे सारे तार तेजोमय होते हैं और उसके प्रत्येक स्वर का तेज़ जान-बूझकर कम या ज़्यादा रखा जाता है। और फिर उसमें भी इतने सूक्ष्म, अनगिनत भेद किये गये होते हैं, जिनका कोई हिसाब नहीं। आगे चलकर गायक राग का विस्तार या प्रदर्शन (exposition) करते-करते उसके सौन्दर्य स्थलों का आनन्द स्वयं लेता है और श्रोताओं को भी उस आनन्द की प्रतीति करवाता है।

इस सारी प्रक्रिया में वह स्वयं की मनोदशा अत्यन्त शान्त, स्थिर, लेकिन उल्लासपूर्ण बनाये रखता है और उसे वैसी रखने पर ही उसका ध्यान उस राग के सौन्दर्य स्थलों पर केन्द्रित हो पाता है। अस्थिर, चंचल मनोदशा में कलात्मकता का भान ही नहीं होगा। उसकी यह मन्थर, स्थिर एवं उल्लासपूर्ण मनोदशा पूरी महफ़िल तक बनी रहे यह आवश्यक है। तभी उसकी कलाकृति में आवश्यक सन्तुलन (poise) और गम्भीरता निर्माण होगी। यह सन्तुलन या poise गायकी की कलात्मकता का एक महत्त्वपूर्ण अंग माना गया है, और सामान्यतया काफ़ी परिश्रम तथा पर्याप्त अनुभव के बिना यह हासिल नहीं होता।

इस प्रकार जब राग का विस्तार हो रहा होता है तब तबले पर तबलची की तालक्रिया भी जारी रहती है और उसकी दस, बारह, चौदह या सोलह आदि मात्राओं का आवृत्तिचक्र भी चलता रहता है। तबलची की इस क्रिया

को ही (standard rhythm) या 'समान मात्रान्तरों की तालक्रिया' कह सकते हैं। संगीत की भाषा में इसे ही ठेका कहा जाता है। इस प्रत्येक आवर्तन में गायक को अपनी कलाकारी अच्छी तरह जमानी पड़ती है। स्पष्ट ही उसे उस प्रकार जमाते समय यह ज़रूरी नहीं है कि उसमें जो स्वराघात हैं वे मात्राघात पर ही हों। जाहिर है कि कहीं ऐसा होगा और कहीं न होगा। जहाँ नहीं होगा वहाँ स्वराघात दो मात्राघातों के बीच की जगह में पूर्वनियोजित स्थान पर होंगे। कलाकृति की भावना का उत्कर्ष-अपकर्ष जिस प्रकार होगा उसी प्रकार यह स्थान बदलेंगे और इसीलिए आवश्यक नहीं है कि स्वराघात मात्राघातों ही हों। माने गायक की 'लय' (ठेका नहीं) अनियत या irregular होगी। उसे ही कार्यकारी या कार्यान्वित लय (functional rhythm) कहा जा सकता है।

तबलची के ठेके में ही गायक की कलाकारी का हर स्वर एक के बाद एक कुछ ऐसे अन्दाज़ के साथ रखना होता है कि उसके पहले वाले हर स्वर की शोभा तो नज़र आ ही जाय, साथ ही अगले की सुन्दरता भी बढ़े, और यहीं पर गायक के मन में कौन-सा स्वर अल्पत्व से लगाया जाय और कौन-सा बहुलता के साथ, किसे जरा मोड़कर लें, उसके ऊपर-नीचे के कणों का उपयोग किया जाय या नहीं, और यदि किया जाय तो कितना, या उसमें लय का झुकाव कितना हो आदि बातों की योजना का नक़्शा लगातार बनता चलता है। संक्षेप में, राग की मूलाकृति प्रस्थापित करना, उसका विस्तार करना और असंख्य स्वर-तन्तुओं से उसे बुनते चलना यही सामान्य प्रक्रिया संगीत की भाषा में 'बनावट' होती है।

ऐसी 'बनावट' में ठेके के प्रत्येक आवर्तन में एक (या अधिक) सौन्दर्यबिन्दु मानकर उसे इस प्रकार ज़माना होता है कि उस सौन्दर्यबिन्दु तक जाते समय श्रोताओं की उत्कण्ठा बढ़ते-बढ़ते उस पूर्व नियोजित बिन्दु तक पहुँचे। उत्कण्ठा का यह उत्कर्ष बिन्दु सामान्यतया बन्दिश की शुरुआत में ही पहले होता है। श्रोताओं में उत्कण्ठा निर्माण करना, उसे अपेक्षित अवस्था तक बढ़ाना और जब वह वैसी बढ़ जाय तो उस उत्कण्ठा का विसर्जन करना, यह संगीतकला की एक सिद्धि है और जिसने इसे प्राप्त कर लिया है उसे ही गायक या गवैया कहते हैं। इस कृति के फलस्वरूप श्रोताओं के अन्तःकरण की तार इतनी खिंच जाती है कि उनका चित्त आलोड़ित हो जाता है। श्रोताओं में उत्कण्ठा जगाकर और तत्काल उसकी

सुखद पूर्ति एवं अन्ततः विसर्जन कर उन्हें 'सम' स्थिति में ले आना यही संगीत का सौन्दर्य है और यहीं स्वयंस्फूर्त 'वाह वाह' प्राप्त होती है। अँग्रेज़ी में इसे principle of tension and resolution कहते हैं। tension को उत्कण्ठन, तथा resolution को निरास या विसर्जन कह लें। इस प्रकार विसर्जन होने पर ही समावस्था प्राप्त होती है।

जैसे-जैसे गायक बन्दिश का या राग का अधिकाधिक विस्तार करता है वैसे-वैसे उसमें आलाप करना, लय के अंग से बोल बनाना (शब्दार्थ के अंग से नहीं), उपज अंग से राग का सुलझाव करना, तानें या फिरत करना, तथा हर आवर्तन के अन्त में बताये गये तरीक़े से ख़ूबसूरत ढंग से बन्दिश का मुखड़ा लेकर सम पर आना आदि बातें उत्तरोत्तर होती चलती हैं। लेकिन हर बार सम पर आने के पूर्व पहले से ही नियोजित बिन्दु तक श्रोताओं की उत्कण्ठा बढ़ाकर उसकी पूर्तता तथा अन्त में विसर्जन कर उन्हें समस्थिति में लाने की प्रक्रिया अनवरत रूप से और हर आवर्तन में जारी रहती है। इस आवर्तन के संगीत के तात्पर्य का विश्लेषण करने पर प्रतीत होगा कि प्रत्येक का प्रारम्भ किस स्वर से किया जाय, राग की बढ़त किस प्रकार हो, कौन से स्वर या स्वर-गुच्छ कहाँ उपयोग में लाये जायें, उत्कण्ठा का उच्चतम बिन्दु कहाँ लगाना और बन्दिश का मुखड़ा प्रसन्न रखते हुए फिर से श्रोताओं को समस्थिति में कैसे लाया जाय, इन सारी बातों का एक तरीक़ा होता है। प्रत्येक अंगभूत स्वर या स्वर-समुदाय को उचित स्थान पर चुस्ती के साथ जमाकर उसकी करामात दिखलाते समय ही उसकी छाँट-तराश इस प्रकार की जाती है कि उसकी अगली शोभा और बढ़े। इसमें एक प्रकार की सुघड़ता, सौष्ठव तथा सुथरापन जान-बूझकर लाना पड़ता है। इस सारे बनाव को संगीत की परिभाषा में 'बन्दिश' कहा जाता है। (संगीत में 'बन्दिश' शब्द अक्सर चीज़ के अर्थ में इस्तेमाल किया जाता है। पर उस समय वह चीज़ की रचना या 'बनावट' को ही लक्ष्य कर उपयोग में लाया जाता है। इसी अर्थ को थोड़ा अधिक व्यापक करें तो अँग्रेज़ी के शब्द form का एकदम सही पर्यायवाची होगा। इसी अर्थ में उसे यहाँ लिया गया है।)

चीज़ की रचना में यही बन्दिश आवश्यक होती है। आलाप के प्रत्येक आवर्तन में इसी की प्रतीति होनी चाहिये। और गमक, बोलतान, फिरत या तानों के छोटे-मोटे अंगोपांगों में इसी का प्रकट होना ज़रूरी है। इसके

अलावा महत्त्व की बात यह भी है कि उक्त रीति से एक आवर्तन हो जाने पर भी यह आवश्यक है कि स्वयं की सुन्दरता दर्शाते-दर्शाते वह अगले आवर्तन की उचित पार्श्वभूमि के रूप में उपयोगी हो। स्पष्ट है कि अगला आवर्तन भी इसी प्रकार रचा जाना चाहिये कि पहले के आवर्तन की ख़ूबसूरती के भार के सहित ही इस नये आवर्तन की ख़ूबसूरती खिल उठे। यों हर नया आवर्तन पहले वाले की अपेक्षा श्रेष्ठ ही होगा। यह बढ़ता क्रम चीज़ के एकदम अन्तिम आवर्तन तक कायम रखते हुए कुल उत्कण्ठा की चरम सीमा तक पहुँचाकर तथा उसके पश्चात् उसकी परिपूर्ति करने के बाद अन्त में विसर्जन कर वहीं गायन समाप्त करना स्थूलरूप में यही योजनाबद्ध बन्दिश होती है। तात्पर्य यह कि ख्याल गायकी में प्रत्येक आवर्तन अलग-अलग ही नहीं, बल्कि समूचा गायन ही बन्दिशमय होना चाहिये। उसके हर आवर्तन में आन्तरिक बन्दिश तो होनी ही चाहिये, लेकिन उसका हर आवर्तन चीज़ के सम्पूर्ण एवं विस्तृत गायन का एक अविभाज्य अंग प्रतीत होना चाहिये।

उपर्युक्त विवेचन से सहज ही समझ में आ जायेगा कि संगीत का समूचा आन्तरिक स्वरूप पूर्णतया आकृतिमय (formal) है और घरानेदार गायकी की भाषा में बन्दिशमय है। इस आकृति धर्म की एक और विशेषता यह है कि उसके ठेके के प्रत्येक आवर्तन में दो प्रकार के स्वरबन्ध होते हैं। एक 'ध्रुवपद' या जिसे चीज़ का मुँह या मुखड़ा कहते हैं और दूसरा है विभिन्न स्वरबन्धनों से सदा बदलने वाला, जिसे संगीत की भाषा में 'उपज अंग' कहा जाता है। दूसरे शब्दों में कहें तो पहले को constant या 'स्थिर' मानें और दूसरे प्रकार को 'चल' या variable कह लें। प्रत्येक आवर्तन बहुश: इन दोनों स्वरबन्धों से मिलकर ही बनता है। उसके चल भाग में हर बार अलग-अलग स्वरबन्ध योजित कर चीज़ के 'स्थिर' मुखड़े को ही लेकर सम पर आते हैं। इस प्रक्रिया में संगीत की सौन्दर्य-प्रणाली की दृष्टि से एक बड़ा तत्त्व निहित है। और वह है repetition या पुनरावृत्ति का तत्त्व। कोई भी सम्पूर्णतापूर्वक गायी गयी चीज़ लें, या उसका कोई हिस्सा लें, जैसे आलाप, बोल अंग, बोलतान या तानें, तो प्रत्येक को standard rhythm याने ठेके का बन्धन तो होता ही है। और वह प्रत्येक आवर्तन 'स्थिर' तथा 'चल' इन दोनों स्वरबन्धों से मिलकर बना होता है। उसमें जो स्थिर भाग है, वह ताल के हर आवर्तन में

पुनरावृत्त होता रहता है। स्थिर भाग का अर्थात् चीज़ के मुखड़े के स्वरबन्ध का इस प्रकार बार-बार दुहराया जाना यह एक अत्यन्त आवश्यक और महत्त्व का कार्य माना जाता है। इतना महत्त्वपूर्ण, कि उसके बग़ैर ताल के प्रत्येक आवर्तन की आन्तरिक बन्दिश साबित नहीं हो सकती और आन्तरिक बन्दिश के अभाव में सारा गाना ही ढुलमुल हो जायेगा। वह स्वच्छन्द, बेहिसाब और बेलगाम हो जायेगा तथा रंजकता की दृष्टि से भी बेमतलब होगा। यहाँ ध्यान में रखने लायक बात यही है कि जो स्थिर भाग है वह हर बार चल स्वरबन्धों से, यानी उपज अंग से लगकर आये तभी उसकी पुनरावृत्ति मोहक लगती है, अन्यथा नहीं। जाहिर है कि पुनरावृत्ति यदि हर बार भिन्न सदर्भ में हो तभी सुहावनी लगेगी। अर्थात् उनका स्वरूप सदा स्थिर अथवा सदा चल होने से बात नहीं बनेगी। बल्कि, बारी-बारी से एक बार स्थिर और एक बार चल होना आवश्यक है। और गायक की वास्तविक कुशलता तभी प्रतीत होती है, जब उसके चल भाग में सतत परिवर्तन करते हुए यानी उसी में विभिन्न रचनाओं, योजनाओं तथा नक़्शी की लड़ें गूँथते हुए भी चीज़ का मुखड़ा यानी स्थिर भाग प्रसन्न बनाये रखने में वह सफल हो।

एक अन्य दृष्टि से इस प्रक्रिया का महत्त्व समझ लेना ज़रूरी है। और वह यह कि उसका चल भाग माने ही उत्कण्ठन और स्थिर भाग माने विसर्जन का प्रारम्भ। (सम्पूर्ण विसर्जन स्पष्ट ही समावस्था प्रस्थापित होने पर ही होता है। वह समावस्था गायन की सम पर आने से होती है और ऐसी सम पर हर बार आते भी हैं।) मतलब-यही कि उत्कण्ठन एवं विसर्जन का जो तत्त्व अभी थोड़ी देर पहले ही बताया जा चुका है, उसकी अनुभूति गायन के हर आवर्तन में होती है, होनी चाहिये। अलग भाषा में कहें तो संगीत की कुल आन्तरिक बुनावट ही उत्कण्ठन-विसर्जन की है। यह बुनावट कपड़े की बुनावट की भाँति आड़े-खड़े तारों की न भी हो, तो भी एक प्रकार के तार में ही वह बारी-बारी से एक बार उत्कण्ठन और एक बार विसर्जन इस प्रकार होती रहती है और इसीलिए श्रोताओं का ध्यान आकृष्ट किये रख सकती है।

कुल मिलाकर कह सकते हैं कि जिसकी वजह से उत्कण्ठन तथा विसर्जन होता है वह परिवर्तन तथा पुनरावर्तन का कायदा ही सारे संगीत का मूल तत्त्व है। इसके कारण ही गायन को बन्दिश प्राप्त होती हैं और इसी

कारण उसकी आकृति सिद्ध होती है। किसी भी गायन में यह परिवर्तन तथा पुनरावर्तन का तत्त्व प्रस्थापित होना आवश्यक है। क्योंकि उसकी वजह से ही गायन का आकर्षण एवं मोहकता बढ़ती है और वह उबा देने वाला नहीं होता।

बदलाव और पुनरावर्तन के इस तत्त्व को और अधिक गहरायी में जाकर समझना होगा। जाँचना पड़ेगा कि पुनरावृत्ति जो होती है वह किसकी होती है! वह होती है चीज़ के मुखड़े की, और वह स्थिर होता है यह हम अभी देख चुके हैं। पर चीज़ के मुखड़े का अथवा ध्रुवपद का विश्लेषण करें तो प्रतीत होगा कि आन्तरिक तत्त्व फिर से 'बदलाव' ही है : किसी भी चीज़ के चार, तीन या ढाई मात्रा के मुखड़े के स्वर-समुदाय के अवयवों को देखें तो हम पायेंगे कि उसमें लगने वाला प्रत्येक स्वर 'अलग-अलग' होता है या एक ही स्वर अधिक बार आता हो तो अलग-अलग तरकीब से आता है। उसमें से प्रत्येक का मात्रा-काल अलग-अलग होगा या फिर अगला या पिछला स्वर भिन्न होगा। उसका एकाध स्वर मींड से लगेगा तो दूसरा 'कण' लेकर, तो तीसरा आघात से आयेगा, तो चौथे में खटका होगा और पाँचवाँ किसी और प्रकार से लगाया जायेगा। इन सब भिन्न जातियों के स्वरों में अलग-अलग आकार के, लय के कम्पन या आन्दोलन मिलाये जाते हैं। और भी कई मसाले उसमें डाले जाते हैं। उदाहरणार्थ, चीज़ के शब्द उनमें गुँथे होने के कारण उन सब अक्षरों के 'अ', 'आ', 'इ', 'उ' आदि भिन्न-भिन्न 'उच्चारण स्वर' उन सांगीतिक सुरों को फिर अलग-अलग आकार प्रदान करते हैं। और उनमें भी व्यंजन आ जाते हैं तो उन स्वरों को अन्य भिन्न-भिन्न आकृतियाँ प्राप्त होती हैं। उसमें भी कठोर एवं मृदु व्यंजनों का भेद होता ही है। ख़ैर! इतने प्रकार के विभिन्न स्वर के आकारों से मिलकर जो एक रसायन बनता है वह है चीज़ का मुखड़ा और यही लय-स्वर-रूपी रसायन हर बार सम के पहले जोड़ लिया जाता है। पुनरावृत्ति जो होती है वह अदल-बदल कर इसी ऊपर बताये गये रसायन की। इन अनेक बदलावों, विविधताओं तथा विचित्रताओं से सजी जो एक आकृति बनती है, उसे ही हम चीज़ का मुखड़ा कहते हैं और उसी की बार-बार पुनरुक्ति होती है।

यह हुआ उसके 'स्थिर' भाग के बारे में। और 'चल' भाग के सम्बन्ध

में यानी उपज अंग के बारे में कुछ कहने की तो गुंजाइश ही नहीं है। उसका आदिम और मुख्य तत्त्व 'बदल' है। लिहाज़ा, उसमें हर बार भिन्न-भिन्न स्वर, विभिन्न अलंकार, अलग-अलग हरकतें और उन सबके स्वतन्त्र आन्दोलन सभी 'स्थिर' भाग में जैसे आते हैं उसी प्रकार आयेंगे ही। लेकिन इन सभी को एक सूत्र में पिरोकर उनकी फिर से एक बेजोड़ आकृति बनानी पड़ती है। चीज़ की बन्दिश सामान्यतया परम्परागत होती है और जिस किसी 'वाग्गेयकार' (चीज़ के शब्द तथा स्वर दोनों की रचना करने वाले) के द्वारा यह बाँधी गयी होती है, वह उसमें एक-दूसरे की अपेक्षा परस्पर शोभा बढ़ाने वाले अंग चुस्ती के साथ जमाता ही है। और ख़ासकर बन्दिश का मुखड़ा उसका दर्शनीय हिस्सा होने के कारण उसे ज़्यादा से ज़्यादा ख़ूबसूरत कैसे बनाया जा सकता है इसकी सावधानी वाग्गेयकार पहले ही बरत चुका होता है। गायक की कुशलता इसी में सीमित होती है कि वह उस भाग को स्वयं की आवाज़ से सजीव रूप में साकार कर दे। यदि वह प्रवीण तथा अनुभवी होगा तो इस हिस्से को बहुत ही आकर्षक बना सकेगा। लेकिन इस चल भाग की बात वैसी नहीं होती। अतएव उसकी समृद्धि गायक की व्यक्तिगत तैयारी पर, उसकी कल्पनाशक्ति पर या प्रतिभा पर ही अवलम्बित होती है। और चूँकि यहाँ हर किसी से व्यक्तिगत कौशल्य को ही विशेष अवसर होता है इसलिए गायन की श्रेष्ठता की परख उसके इसी एक गुण की सम्पन्नता पर निर्भर करती है। गायक के सारे कौशल्य को, उसकी सौन्दर्य-कल्पना को और उसकी सांगीतिक आकृति-प्रधानता को यहीं भरपूर गुंजाइश होती है। कई बार जब हम यह कहते हैं कि गाना नीरस रहा तब ये 'चल' आकृतिबन्ध ठीक से, सावधानीपूर्वक नहीं बनाये गये होते और न कल्पना-सौन्दर्य से खिले हुए होते हैं। स्वाभाविक ही उन्हें अखण्ड, एकात्म (integrated) आकार प्राप्त नहीं होता। और तब गुरुजी के द्वारा सिखाये गये, रटवा लिये गये अलंकार, पलटें या बोलतानों को बार-बार दुहराने की नौबत आ जाती है। एक बार, दो बार, तीन बार जब उनका उपयोग हो चुकता है तो श्रोता ऊब जाता है तथा गाना निष्प्राण तथा बेमज़ा हो जाता है। मतलब यह कि चल भाग की एकात्म आकृति सिद्ध हो भी जाय, तो भी प्रत्येक आवर्तन में फिर से नयी ही हो यह ज़रूरी है। मतलब हर बार वह अलग ठाठ की, भिन्न-भिन्न अलंकारों की या विभिन्न वजन की होनी चाहिये। अर्थात् प्रत्येक आवर्तन के चलभागों

की आकृति–विशेषता अभिनव आकृति–बन्धों से और उनके एकात्म गुँथाव से ही प्रस्थापित होनी चाहिये। चल भाग में हर अलग–अलग आकृति–बन्धों का उपयोग, जाहिर है, गुरुजी के सिखाने से नहीं आता। गुरुजी ने यदि एक पलटा कण्ठस्थ करवा लिया हो तो वैसे ही दस प्रकार सूझने योग्य प्रतिभा स्वयं की ही होनी चाहिये। ख़ैर!

हर बार चल भाग की रचना में नवीनता लाने के लिए गायक हमेशा कुछ तरकीबें किया करता है। इनमें से एक है कि जो बुनावट हो उसकी डिज़ाइन बदली जाय। एक समय एक ही धागे का करतब होता है यह, तो उसमें हर बार नवीनता लानी हो तो कोई ठोस फ़र्क़ करना ही पड़ता है। और बुनावट के बदलने से यह परिवर्तन शर्तिया हो ही जाता है। तथा उससे आकृति भिन्नता भी स्पष्ट हो जाती है। उदाहरणार्थ सा, रे, ग, म, प इन पाँच सुरों का पलटा लें। उसका दुहरा धागा होगा *सासा, रेरे, गग, मम, पप*—और इसी प्रकार तिहरा या चौहरा धागा भी हो सकता है और हर बार उसका आकार भी अलग होगा। फिर, इसमें यदि ३, ३, २ का अनुपात रखें तो और कई प्रकार होते हैं, माने *सासासा, रेरेरे, गग; गगग, ममम, पप,* आदि! ये पोत बदलने के सामान्य तरीक़े हैं। इनमें और फ़र्क़ किया जाय, तो इन धागों में मरोड़ भी डाली जा सकती है और उनका स्वरूप जंजीर जैसा बनाया जा सकता है। माने *सारे, रेग, गम, मप*। इन्हीं को दो–दो मरोड़ वाले कर सकते हैं। जैसे *सारेसारे, रेगरेग, गमगम, मपमप*। आलाप में चीज़ के अक्षरों को मिलाकर उनका आकार बदला जा सकता है। उसी प्रकार तान में भी चीज़ के अक्षरों का उपयोग कर उसका भी आकार और अधिक सुन्दर बनाया जा सकता है। यही हाल बोलतान का है। ऐसी पद्धतियाँ अनन्त हैं और उन सभी को शब्दांकित करना अथवा नोटेशन कर दिखाना उकताने वाला काम होगा। लेकिन बुनावट बदलने की क्रिया के स्वरूप की मोटे तौर पर जानकारी उक्त विवेचन से हो सकती है।

इस बुनावट बदलने के सन्दर्भ में और एक महत्त्वपूर्ण बात का विचार आवश्यक है। और वह है गायन के चार प्रमुख अंगों का आन्तरिक क्रम। पहला है स्थाई–अन्तरा सहित पूरी चीज़; आलाप है दूसरा; तीसरा बोलतान और चौथा तान। इन चारों अंगों को एक के बाद एक लेना यह सामान्य क्रम है और अनुभव से सिद्ध हो चुका है कि इनमें से हर अंग का अपना

विशिष्ट कार्य भी होता है। चीज़ की अपेक्षा अधिक उत्कण्ठन आलाप में, उससे अधिक बोलतान में और सर्वाधिक होता है तान में। लिहाज़ा, इन अंगों को जो क्रमशः लिया जाता है, उसके मूल में कुछ सौन्दर्य विषयक तत्त्व निहित हैं यह बात ध्यान में रखना पर्याप्त होगा। विशेष कुशल एवं अनुभवी गायक हो तो वह इस सारे क्रम का पालन तो करेगा ही, लेकिन इसके अलावा जो तीन अन्तिम अंग, यानी आलाप, बोलतान तथा तान इन सबके सम्मिश्रण का उपयोग भी तान के अन्तिम घटक के कुछ आवर्तनों में बीच-बीच में समाविष्ट कर लेगा। और इस योजना को ठीक से समझ लेने पर सहज ही ध्यान में आ जायेगा कि इसके कारण उत्कण्ठन की क्रिया में धार आती जाती है, वह अधिक तीव्र बनायी जाती है। पहले प्रकार में (अर्थात् एक समय एक ही घटक का इस्तेमाल करने में) प्रत्येक आवर्तन में एक बार उत्कण्ठन और तत्काल विसर्जन का क्रम बन्ध जाता है। लेकिन उक्त योजना के आवर्तनों में उत्कण्ठन, अधिक उत्कण्ठन, और अधिक उत्कण्ठन और तब कहीं विसर्जन यह क्रम बनता है। इसमें उत्कण्ठन की पराकाष्ठा होगी यह स्पष्ट है।

उत्कण्ठा जगाने का मतलब ही अपेक्षा निर्माण करना होता है। अपेक्षा निर्माण हो चुकने पर उसकी पूर्ति करने की बात स्वाभाविक ही आती है। लेकिन उत्कण्ठा की तीव्रता बढ़ाने के लिए कभी-कभी उसकी परिपूर्ति तत्काल न करना आवश्यक होता है। अतएव वहाँ अपेक्षापूर्ति के बजाय तात्कालिक अपेक्षा भंग ही अधिक लुभावना लगता है। इसमें दो बातें सध जाती हैं। अपेक्षापूर्ति की बजाय यहाँ 'विस्मय' का आविष्कार होता है और उसके कारण श्रोताओं की भावना को सुखद आन्दोलन का अनुभव होता ही है, साथ ही उत्कण्ठन की तीव्रता भी बढ़ती है। (बेशक, उसके तुरन्त बाद चीज़ का मुखड़ा लेकर सम पर आने से उसका विसर्जन भी होता ही है।) एक-एक कर कानों में पड़ने वाले सुरों के आधार पर अब आगे क्या होने वाला है इसका अनुमान चतुर श्रोता मन ही मन लगाता ही रहता है और इस दृष्टि से विशिष्ट क्षण में उसकी विशिष्ट अपेक्षा होती ही है। आगे आने वाला स्वर या स्वरवल्ली ऐसी ही होगी या वह अमुक पद्धति से, आघात से या अमुक लड़ से आयेगी ऐसी अपेक्षा उसकी हो और वह अनपेक्षित रीति से, अनसोचे ढंग से आये, तभी उसके मन में सुखद कम्पन होता है। मिसाल के लिये, पहले की

सारी क्रिया अगला, और अगला स्वर लगाने की हो तो किसी विशिष्ट क्षण में श्रोता मन ही मन अंदाज़ बाँधता है कि अब उसका भी अगला स्वर आयेगा। लेकिन उसके बजाय दो या अधिक सीढ़ी नीचे का स्वर लगाया जाय तो यह अपेक्षाभंग कितना विस्मय निर्माण करेगा इसकी कल्पना की जा सकती है। अतएव अपेक्षापूर्ति, एवं अपेक्षाभंग इन दोनों बातों को गायन में भरपूर अवसर है। उनका उपयोग कल्पनाशीलतापूर्वक किस प्रकार किया जाय, मात्र यही बात सिद्ध होनी चाहिये।

बदलाव और पुनरावर्तन के इस तत्त्व का और विशद स्पष्टीकरण सम्भव है। परिवर्तन का ही अर्थ है वैधर्म्य और उसे बनाये रखने का कमोबेश प्रयास प्रत्येक गायक करता ही है। इसका तरीक़ा यह है कि एक के बाद एक स्वर या स्वरवल्ली को इस प्रकार लाया जाय कि दोनों को ही दोनों की अपेक्षा दोनों के एक-साथ आने से दोनों की शोभा उभर कर दिखायी दे। 'सा' और 'रे' ये दोनों स्वर एक ही पद्धति से एक के बाद एक लगाये जायें तो वह इतना सुन्दर नहीं प्रतीत होगा। लेकिन यदि मन्द्र सप्तक के पंचम की आस लेकर मींड सहित 'सा' लगाया जाय, तथा 'रे' एकदम खड़ा लगाया जाय तो उन्हें लगाने की पद्धति के वैधर्म्य के कारण दोनों की ख़ूबसूरती ज़्यादा खुलकर नज़र आयेगी। और इस वैधर्म्य को और अधिक स्पष्ट करने के लिए उसे फिर से पुनरावृत्ति का सहारा देना चाहिये। मसलन, 'रे' यदि 'ग' के आन्दोलन से तीन बार लिया जाय तो उस पद्धति तथा उस स्वर की वह पुनरावृत्ति होगी। और फिर 'सा' यदि 'ग' के कण से आये तो वह एक और क़िस्म के स्वर का और क़िस्म का परिवर्तन होगा, जिसके फलस्वरूप दोनों की सुन्दरता खिल उठेगी। यह जो पुनरावृत्ति होती है उसे हम साधर्म्य कह सकते हैं और साधर्म्य का उपयोग वैधर्म्य को स्पष्ट करने के लिये ही, उसे उभारने के लिये ही किया जाता है। उसी प्रकार *सागम* व *पनीसा* ये दो स्वर समूह दिखने में भिन्न हों पर वस्तुतः वे एक ही हैं। क्योंकि 'सागम' की आकृति और 'पनीसा' की आकृति दोनों एक-एक नाप की, एक साँचे की है यह बात नीचे दिये गये चित्र पर से स्पष्ट होगी :

सा
नी
ध
प
म
ग
रे
सा

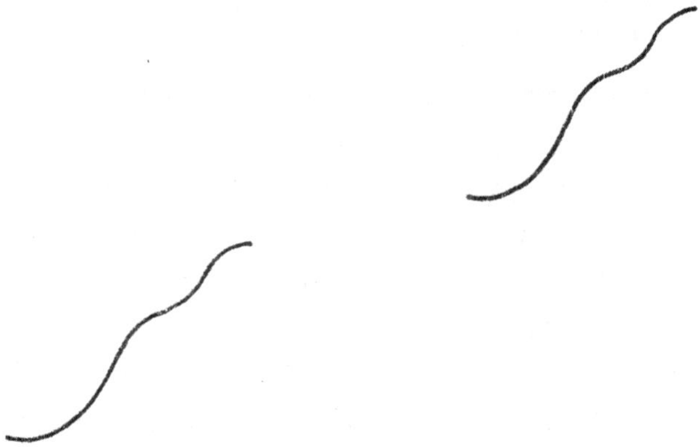

यह आकृतियाँ समान क्यों लगती हैं इस पर विचार करने पर प्रतीत होगा कि 'सा' से 'ग' तक जो अन्तर है वही 'प' से 'नी' का; तथा 'ग' से 'म' की जो दूरी है वही 'नी' से 'सा' की है। एक ही चित्र की दो प्रतियाँ लेकर एक पहली व दूसरी ऊपर वाली मंज़िल में टाँगी जाय, कुछ वैसी ही बात है यह। (ऊपर-वाली मंज़िल में हवा और रोशनी अधिक होने के कारण वहाँ वह शायद कुछ अधिक सुन्दर प्रतीत हो सकती है, इतनी ही ख़ास बात है।) अब इन एक ही आकार की आकृतियों को कितनी बार लिया जाय अथवा लेने की छूट है इसका कोई निश्चित हिसाब न हो, पर एक मोटा संकेत तो होता ही है, और वह है ऐसी आकृतियों को तीन से अधिक बार न लिया जाय। तीन बार तक लेने से उनकी प्रभावोत्पादकता सम्भवतः बढ़ती भी जाती है और उस दृष्टि से आगे आने वाला वैधर्म्य अधिक स्पष्टता के साथ प्रतीत होने में वे सहायक होती हैं। किन्तु उससे भी अधिक बार लेने पर वही-वही पना महसूस होने लगेगा। इसके विपरीत श्रोता यदि उतना जानकार न हो तो चार-पाँच बार भी वही-वही आकृति-बन्ध आये तो चल जायेगा। किन्तु प्रत्यक्ष व्यवहार में पाया जाता है कि कभी-कभी एक ही तरह के आकृति-बन्ध आठ-आठ दस-दस बार आते हैं और वह प्रक्रिया स्वाभाविक ही उबा देती है। कुछ गायकों को ऐसे पुनरावर्तनों की आदत ही होती है और उन्हें उसके अलावा दूसरा कुछ सूझता ही नहीं। किन्तु वह है कल्पनाशीलता की दरिद्रता का द्योतक। मतलब यही कि 'साधर्म्य', 'साधर्म्य' कितनी देर तक और कितनी बार

रखा जाय इसका कुछ विवेक तो होना ही चाहिये और इसी का अर्थ है 'सन्तुलन' बनाये रखना।

इसके विपरीत सिर्फ़ वैधर्म्य के पीछे पड़े रहने वालों के गायन से दूसरे प्रकार से जी ऊब जाने की सम्भावना होती है। वह इस प्रकार से कि चल भाग में ही क्यों न हो, पर हर बार एक जैसा तथा लगातार बदल ही करते चलने के कारण वह गायन श्रोताओं की समझ में नहीं आता। इतना तेज़ परिवर्तन अधिकांश श्रोताओं को नहीं रुचता। वह परिवर्तन उनकी समझ से बाहर का लगता है और सभी परिवर्तनों के मत्थे 'समझ में नहीं आता' का सिक्का लग जाता है। और उस कारण भी वह उबाने वाला प्रतीत होने की सम्भावना होती है। अतएव, परिवर्तन 'परिवर्तन' महसूस होने के लिए बीच-बीच साधर्म्य का योग चाहिये ही। और यदि वह उस प्रकार दिया जाय तो यह परिवर्तन उबाने वाला न होकर अधिक सूक्ष्म, मनोज्ञ प्रतीत होने की सम्भावना अधिक होती है। जहाँ-जहाँ ऐसे वैधर्म्य की ही प्रबलता होती है वहाँ-वहाँ वह गायकी जरा अधिक मुश्किल होगी। विभिन्न घरानों की गायकी का विश्लेषण करें तो प्रतीत होगा कि महसूस होने वाला वैधर्म्य किराना घराने में इतनी स्पष्टता के साथ नज़र नहीं आता। उससे अधिक आगरा घराने में दिखायी देता है। और उससे भी अधिक जान पड़ता है जयपुर या अल्लादिया घराने में—ऐसी राय जानकारों की है। इसका गुर अब समझ में आ सकता है। अगले कुछ अध्यायों में जिन पर अलग से विचार किया गया है उनमें से इनके अलावा अन्य घराने, माने ग्वालियर और इन्दौर, इस दृष्टि से एक ओर तो किराना और दूसरी ओर आगरा इनके बीच में कहीं बैठते हैं। उसका बिलकुल नक़्शा बनाने की ही ज़रूरत नहीं है। बड़े ग़ुलाम अली के गायन में यह वैधर्म्य बहुत अधिक अनुपात में मिलता है, किन्तु वह एक अलग हो व्यथा से ग्रस्त हैं, इसलिए उसका ऊहापोह पटियाला गायकी के अध्याय में स्वतन्त्र रूप से करना उचित होगा।

कुल मिलाकर, साधर्म्य तथा वैधर्म्य के साथ ही इन दोनों का सन्तुलन सँभालने की कुशलता सधनी चाहिये, यही निष्कर्ष इससे निकलता है। लिहाज़ा साधर्म्य, वैधर्म्य एवं सन्तुलन तीनों मिलकर ही सम्पूर्ण कायदा बनता है, ऐसा कहा जा सकता है। साधर्म्य-वैधर्म्य का कोई गणित नहीं है। लेकिन उसकी एक सीमा है—मानवी सहनशीलता की मर्यादा। इसी

का मतलब यह है कि जानकार श्रोता ऊब न जाय इस हद तक ही वैधर्म्य दर्शाया जाय, साधर्म्य दिखाते समय भी इसी विवेक का पालन किया जाना चाहिये और कुल मिलाकर कोई भी आकृतिबन्ध उबा देने की सम्भावना के पूर्व ही समेट लिया जाय। स्पष्ट है कि यह सारे कायदे मनोवैज्ञानिक हैं तथा संगीत में अनुभवसिद्ध होने के कारण ही स्थापित हुए हैं।

संगीत की आकृतिबद्धता या बन्दिश इस रीति से समझ लेने पर आकृति या बन्दिश आख़िर किससे सिद्ध होती है यह देखें। सरसरी तौर पर देखने पर नज़र आता है कि यह आकृति स्वरों से बनायी जाती है परन्तु स्वर उसका material अर्थात् कच्चा माल है इसे भुलाया नहीं जा सकता। इस कच्चे माल को रगड़-पोंछकर, बीन कर, सुन्दर बना ही लेना चाहिये इस बारे में दो राय नहीं हो सकती। पर इतना सब होने पर भी वह होता तो कच्चा माल ही है और उन स्वरों का रूपान्तर संगीत में हो नहीं जाता। ये स्वर संगीतत्व प्राप्त करें; अर्थात् उनका आकार अर्थपूर्ण हो—यह काम दूसरे अंग का, अर्थात् लय का ही होता है। यह लय माने 'काल' नामक संस्था का संगीत में किया गया रूपान्तर।

स्वर को कितना ही रगड़-पोंछकर तथा बीन कर लिया हो तो भी प्रत्येक स्वर कितना अल्प अथवा दीर्घ लिया जाय, अर्थात् उसकी लम्बाई कितनी कम या ज़्यादा रखी जाय, यह नाप तो लय से ही तय किया जा सकता है। यही नहीं, उनमें से किसी एक ही स्वर को आन्दोलन या डोल देने की क्रिया भी लय से ही साध्य होती है। 'कण' लगाने की क्रिया, जो सामान्यतया निमिषमात्र में ही हो जाती है, वह भी उसी प्रकार से होती है। इसी प्रकार एक मात्रा-काल में स्वरों के कितने दाने हों, कुल मिलाकर उपज अंग को ही कैसे भरा जाय या ठेके के कितने आवर्तन लिये जायें यह सारा करतब लय का ही होता है। स्वर का कच्चा माल कितना ही रगड़-पोंछकर लें तो भी वह किस लम्बाई का, किस नाप का या किस तौल का लिया जाय यह सोच-विचार कर उसे 'संगीतत्व' प्रदान करने का काम इस प्रकार लय के द्वारा ही होता है। स्पष्ट है कि इस तरह की लय का प्रयोग सोद्देश्य किया जाना चाहिये। यह कहने से कि स्वर का उच्चारण किसी भी प्रकार क्यों न हो, उसकी अपनी एक अंगभूत लय होती ही है, काम नहीं चल सकता है। योजना न हो तो उसमें कभी-कभार ग़लती से संगीतत्व उत्पन्न होगा यह सही है, लेकिन सामान्यतया वह स्वरों, अर्थात् उस कच्चे माल की

एक गठरी ही होगी।

मतलब यह कि कच्चा माल यानी स्वर जिस प्रकार रगड़-पोंछकर, सुघड़ बनाकर लिया जाना चाहिये, उसी प्रकार चल रहे ठेके की ओर लगातार ध्यान देकर उसकी प्रत्येक मात्रा का, बल्कि उसके चतुर्थांश एवं अष्टांश भाग का भी ख्याल रखा जाना चाहिये। इन प्रत्येक छोटे-छोटे कालांशों में कौन-कौन से स्वर, स्वरांश या कैसी स्वर-वल्लियाँ जमाई जायँ इसका नक़्शा गायक के मन में निरन्तर बनता चलना चाहिये। और इसीलिए कहा गया है कि "music is dynamic architecture in tone and time"।

स्वर तथा लय इन दोनों अंगों का जो अलग-अलग कार्य है उसे हृदयंगम कर लेने पर यह बात भी आसानी से ध्यान में आ जायेगी कि कलाकृति में इस्तेमाल किया जाने वाला प्रत्येक स्वर लय द्वारा संस्कारित ही होना चाहिये और इस तरह मानना होगा कि संगीत का माध्यम मात्र स्वर या ख़ाली लय नहीं, 'लयसंस्कारित स्वर' ही है। और उस दृष्टि से 'लयसंस्कारित' स्वर का ही उपयोग करना संगीत की 'शर्त' है यह भी स्वीकार करना होगा। स्पष्ट है कि स्वर एवं लय इन दोनों अंगों का सन्तुलन बनाये रखना आवश्यक है। लेकिन यह सत्य है कि व्यवहार में यह सन्तुलन इतना काँटे-तौल रखा नहीं जाता। दोनों अंगों में से किसी एक को अधिक महत्त्व दिया जाता है और उसी हिसाब से, सामान्यतया, दूसरे घटक की उपेक्षा हो जाती है। लय और स्वर का तालमेल कैसे व कितने अनुपात में बैठाया जाय, यह समस्या प्रत्येक घराने के साथ होती है और हर घराने ने उसे अपने-अपने ढंग से सुलझाकर अपनी-अपनी राह बना ली है। किसी ने स्वर से ही चिपककर लय की उपेक्षा की तो कोई लय को लेकर स्वर की सफ़ाई अर्थात् सुरीलेपन को छोड़ बैठा। किसी ने इन दोनों अंगों के बीच की सुन्दरतम् जगह हासिल करने का एहसास रखा तो अन्य घराने स्वर और लय इन दो सिरों को जोड़ने वाली सीधी या अर्धवृत्ताकार रेखा पर अपने मुकाम की जगह कहीं न कहीं कायम कर वहीं जम गये। इस वजह से स्वर और लय का सन्तुलन स्थापित करने का उनका स्थान उस रेखा पर अलग-अलग हो गया। स्पष्ट है कि उक्त कारण से प्रत्येक घराने की गायकी की आकृति कुल मिलाकर निःसन्देह भिन्न-भिन्न हो गयी।

इसमें भी जिन घरानों ने स्वर तथा लय का सन्तुलन या सुवर्णमध्य सँभालने

का प्रयत्न किया उनकी आकृति में भी भेद दिखायी पड़ने लगा। किसी ने अपनी गायकी इतनी सरल, दाँव-पेंच रहित पर प्रसादयुक्त बना ली, कि उसे 'सरल रेखांकित' (straight line conception) गायकी कहने में एतराज़ नहीं हो सकता। तो दूसरी, मानो सूक्ष्म दाँव-पेंच वाली, तरकीबों से परिपूर्ण, लय का आन्तरिक डोल बराबर बनाये रखने वाली और इसीलिए 'दोलांकित रेखावाली' (curvature conception) ऐसा कहा जा सकता है। सीधी रेखा की कला और वृत्ताकार रेखा की कला ये दोनों ही कलाकृतियाँ ही होती हैं। एक को simple या सरल कहें तो दूसरी को complex माने जटिल, उलझी हुई या सूक्ष्म कहा जा सकता है।

अगले कुछ अध्यायों में हिन्दुस्तानी संगीत में प्रचलित तथा ख्यातनाम छह घरानों का विश्लेषण तथा समीक्षा अब तक चर्चित कुछ स्थूल तथ्यों के सन्दर्भ में की गयी है। उसी ओर अब ध्यान आकर्षित करना ज़रूरी है।

अब तक के विवेचन से बोध होगा कि घरानेदार गायकी का स्वरूप किस प्रकार नितान्त आकृतिमय ही होता है। इस आकृतिवाद के जनक लेखक हैं, ऐसा मानने की कोई वजह नहीं है। जिसे भी 'गायकी' या 'बन्दिश' समझा जाता है, सब में यह आकृतिवाद प्रतीत होता ही है। फ़र्क़ यही है कि हम गायक लोग अलग भाषा तथा भिन्न शब्दों में बात करते हैं। पर जब भी कभी गायकी तथा बन्दिश ये शब्द उच्चारित होते हैं तब हर बार किसी के भी मन में इस आकृतिवाद के बारे में कोई सन्देह नहीं रहता और इसी अर्थ से जिसका आकृतिबन्ध परिपूर्ण होगा, जिसके गायन में इस आकृति तत्त्व का अधिकाधिक परिपोष होगा, उसका विकास, विलास तथा समृद्धि होगी और इतने पर भी उसमें कुछ सूक्ष्मता, पेंच या अटकाव का बराबर अनुभव हो, यानी कुल मिलाकर जो सूक्ष्म (subtle) या व्यामिश्र (complex) होगी उसी गायकी को श्रेष्ठ और सरस मानने की ओर गायकों तथा सहृदयों का स्वाभाविक ही झुकाव होता है। और अब तक जिनका विवेचन 'कायदे' के रूप में किया गया है वे तो उनकी कृति में प्रत्यक्ष बरते ही जाते हैं। बात इतनी सी है कि प्रत्यक्ष क्रिया को ही जो आत्मसात् कर चुके हैं, उन्हें उसके बारे में बातें बनाने की आवश्यकता नहीं होती।

दो सिरों के दो घराने

संगीत के घटक दो। एक स्वर और दूसरा लय। प्रत्येक घराना उसके संस्थापक की आवाज़ की प्रकृति पर आधारित होता है यह हम पहले ही देख चुके हैं। इन संस्थापकों की आवाज़ की प्रकृति को ध्यान में रखें तो प्रतीत होगा कि पूर्व उल्लिखित चार गुटों में वे कहीं न कहीं आ ही जाते हैं और उस वजह से उन्हें गायकी की कुछ बातें अन्य बातों की अपेक्षा अधिक सुलभ होती हैं। उदाहरणार्थ, अब्दुल करीम ख़ाँ की आवाज़ नुकीली होने के कारण उन्हें आलाप आसान हो गये और इस विशिष्ट प्रकृति के कारण उनकी गायकी में जो रंग आया उस वजह से उन्होंने उस विशिष्ट प्रकार के आलाप को मानो शास्त्र ही बना लिया। उनकी आवाज़ वैसे ही नुकीली थी और तिस पर उन्होंने उसे लगाने की अपनी विशिष्ट पद्धति के अनुसार और भी अधिक तेज़ बनाया। इसकी ख़ातिर उन्होंने आवाज़ खुली तथा सहज लगाने की प्रथा छोड़ दी और उसे तेज़ नुकीली बनाने के लिए उन्हें स्वाभाविक ही श्वासनलिका को संकुचित करना पड़ा। लेकिन इस बात के कारण उन्होंने अपनी आवाज़ को कुछ इस कदर नोकदार या तीक्ष्ण बना लिया कि उसी में उन्हें सूक्ष्म स्वर–स्थान लगाने का कमाल भी हासिल हो गया ऐसा वे कह सके। कुल मिलाकर इस विशिष्ट प्रणाली के प्रभाव में जैसे वे स्वयं मस्त हो गये उसी प्रकार उन्होंने श्रोताओं की भी सुधबुध भुला दी। यह एक प्रकार से रोगी को शल्यक्रिया के पूर्व सुँघाई जाने वाली दवा थी, कि जिसके कारण बाद में क्या होना है और क्या नहीं इसकी फिक्र ही जाती रही। इस प्रकार की यह अमूल्य थाती, मानो एक प्रकार की सिद्धि ही, प्राप्त हो जाने पर गायकी के दूसरे अंग लय की उन्हें आवश्यकता ही क्या थी? "केवल स्वर की करामात से ही मैं आपको

मुग्ध कर देता हूँ''—लगभग यही उनकी प्रतिज्ञा बन गयी और ख़ाँ साहब ने उसे पूर्ण कर दिखाया इसमें सन्देह नहीं। जानकारों ने ख़ूब आलोचना की कि इस गायकी में बन्दिश नहीं है, अनुपात-बद्धता नहीं है, लयकारी नहीं है, बोलतान नहीं, रीति नहीं, अनुशासन नहीं, कायदा नहीं, दो स्वर संगतियों में वैधर्म्य रखने के सिद्धान्त का एहसास नहीं, कुल मिलाकर वह एक-सुर वाली (monotonous) है, आदि आदि।

गायकी को, उसके घराने को अथवा उसके आलोचकों को भला-बुरा कहने का यहाँ कोई सवाल नहीं है। विवेचन की दृष्टि से इसमें महत्त्व की बात यही है कि गायकी के अन्य अंगों अथवा मूल्यों की मात्र शुद्धता तथा करामात यहाँ इतनी चरम सीमा तक ले जायी गयी कि उसमें स्वयं ख़ाँ साहब तथा उनके शिष्य जीवन भर उलझे रहे। (इस प्रणाली में एक मुहावरा ही मशहूर हो गया : सुर गया तो सिर गया, पर ताल गया तो बाल गया।) एकांगी गायकी होते हुए भी उन्हें श्रोताओं और शिष्यों की कमी कभी नहीं रही तथा इतिहास प्रमाण है कि अन्य घरानों के हिसाब से महफ़िलों में उनका यश, उनकी कीर्ति तथा अनुयायियों की संख्या में भी कोई कमी नहीं थी।

इसके विपरीत आगरा घराने की ओर देखें तो एक अलग ही परिस्थिति दिखायी देती है। आगरा घराने के संस्थापक, क़रीब सौ-सवा सौ वर्ष पूर्व के, घग्गे ख़ुदाबख्श अथवा उनके बाद के उसी घराने के, पिछली पीढ़ी के पहले के पूर्व सूरी स्वर्गीय ख़ाँ साहब नत्थन ख़ाँ को आज की पीढ़ी ने देखा-सुना नहीं है। आज की पीढ़ी ने जिन्हें सुना वे स्वर्गीय फ़ैयाज़ ख़ाँ साहब आगरा घराने के हैं, या रंगीले घराने के, या दोनों के, इसके बारे में एक राय नहीं है। लेकिन इस ज़माने में इस घराने के जो ख्यातिप्राप्त गायक हैं उनकी ओर ध्यान दें तो हम पायेंगे कि अब्दुल करीम ख़ाँ साहब एक सिरे पर हैं तो ये गायक ठीक दूसरे सिरे पर। ख़ाँ साहब विलायत हुसैन ख़ाँ को इस घराने के आज के सर्वश्रेष्ठ अधिकारी मानें तो उनकी गायकी में वे सारे गुण हैं, जिनका अब्दुल करीम ख़ाँ साहब की गायकी में अभाव था। इस बारे में जानकारों में मतभेद नहीं है। इनकी गायकी में बन्दिश को, अनुपातबद्धता को, बोलतान को, दो स्वर संगतियों के वैधर्म्य को और कुल मिलाकर लयकारी को ही बहुत अधिक महत्त्व है। इस प्रणाली के सारे गायक ताल के बड़े पक्के हैं और किसी भी तैयार तबलची

के साथ गवाया जाय, तो न कभी लय को छोड़ेंगे न ताल में ग़लती करेंगे। इनका राग का विवेचन प्रशंसनीय है। गाते समय इनके किसी भी स्वर-विन्यास में राग की शुद्धता जरा भी नहीं बिगड़ेगी। लेकिन रीति, अनुशासन, कायदे और बन्दिश के महत्त्व को ये इतनी चरम सीमा तक ले गये कि उसकी वजह से स्वरों की ओर, सुरों की नाज़ुक करामात की ओर, आलाप की ओर से ये उदासीन रहे,[१] ऐसी जानकारों की मान्यता है।

चूँकि यह विवेचन शास्त्रीय है इसलिए लेखक की पसन्दगी-नापसन्दगी के सवाल को यहाँ जानबूझकर टाला गया है। अब तक जानकारों की जिस आलोचना का सारांश स्थान-स्थान पर दिया गया है और आगे भी दिया जायेगा वह सब उसने सुनी है। और अकेले लेखक ने ही यह बातें सुनी हैं ऐसी बात नहीं है। प्रत्येक गायक ने इन्हें उसी पैमाने पर सुना है, सुनना पड़ा है।

इस विवेचन का सारांश यह है कि अब्दुल करीम ख़ाँ गायकी के एक अंग—सुर को चरम सीमा तक ले गये तो आगरा घराने के गायकों ने लय तथा ताल के अंग को इसी प्रकार चरम सीमा तक पहुँचा दिया। किराना घराने ने लयकारी की उपेक्षा की, तो आगरा घराने ने कम से कम आज-कल—सुर की। फिर भी इन दोनों घरानों का उदय हुआ, दोनों को ही कृती शिष्य प्राप्त हुए, दोनों को श्रोता भी समान रूप से भरपूर मिले, उतने ही अनुयायी एकत्रित हुए और महफ़िल का यश भी दोनों को कमोबेश समान ही मिला। प्रत्येक में जो खामियाँ थीं उनके लिए दोनों को ही जानकारों की आलोचना समान रूप से बर्दाश्त करनी पड़ी। लेकिन फिर भी दोनों घरानों का कारोबार भली-भाँति, सुखपूर्वक चला और आज भी चल रहा है।

लय-स्वरों की इस चर्चा के सन्दर्भ में एक उपप्रश्न का उत्तर भी मिल जाता है। और वह प्रश्न है कि घरानों की सम्भवनीय संख्या आख़िर है कितनी? या दूसरे शब्दों में, संगीत की विशिष्टताओं की सम्भवनीय संख्या क्या है? इस दृष्टि से इस चर्चा का निष्कर्ष यह निकाला जा सकता

---

१. आगरा घराने के पूर्व सूरी सुरीलेपन की आज के समान उपेक्षा करते थे इस बात का प्रमाण नहीं। यह भी कहा जाता है कि विलायत ख़ाँ साहब की उपेक्षा का कारण था उनके पिता स्वर्गीय नत्थन ख़ाँ साहब का उनके बचपन में ही देहावसान।

है कि गायकी सूचक एक आड़ी रेखा खींची जाय तो उसके एक सिरे पर *स्वरप्रधान* गायकी होगी तो दूसरे सिरे पर लयप्रधान, या सच कहा जाय तो *तालप्रधान* गायकी होगी। और इस इतनी लम्बाई की रेखा में जितने गायक हो चुके हों अथवा होने वाले हों उतने घराने बन सकते हैं। कम से कम सैद्धान्तिक रूप से तो यही उत्तर दिया जा सकता है उक्त प्रश्न का। अर्थात् हर गायक की गायकी में आवाज़ के अनुरूप परिवर्तन होगा। किसी का लय-अंग कुछ अधिक होगा तो किसी का स्वर-अंग, और उनका जो फ़र्क़ है, वह एकदम से नज़र भी नहीं आयेगा। यानी वह रंग की विभिन्न छटाओं के समान अत्यन्त सूक्ष्म होगा। उसमें भी प्रत्येक का ढंग भी अलग-अलग रहेगा। स्पष्ट ही है कि गायक के अपने व्यक्तिगत प्रभाव के अनुसार ख्याति, शिष्यवर्ग, अनुयायियों की संख्या तथा महफ़िलों का यश उसे प्राप्त होगा।

फिर भी घराने में कोई एक ख़ास फ़र्क़ तो चाहिये ही। भले ही सैद्धान्तिक रूप से प्रत्येक गायक के पीछे एक घराना निर्माण होने की सम्भावना हो, तो भी उसमें सामान्य श्रोता को भी स्पष्ट नज़र आने लायक, महसूस होने लायक तथा दूसरों को बताया जा सके ऐसा फ़र्क़ जब तक न हो तब तक उसे पर्याप्त भिन्नता, विशिष्टता प्राप्त ही नहीं होगी। इसके बग़ैर उसका स्वतन्त्र अस्तित्व भी प्रकट नहीं होगा और इतनी स्पष्टता हुए बग़ैर वह स्वतन्त्र घरानेदारपन कोई मतलब ही नहीं रखता। अर्थात् स्पष्टता अथवा अन्य घरानों की तुलना में स्पष्ट भिन्नता (distinctiveness) चाहिये ही, इसे यदि शर्त माना जाय तो घरानों की संख्या फिर से बहुत सीमित हो जायेगी। इसीलिए आजकल के घरानों की संख्या इतनी कम, बिलकुल अंगुलिमेय है। इनमें और वृद्धि का अवसर निश्चय ही है।

गायकी के दो सिरों के अब तक किये गये विचार में और एक गूढ़ अर्थ है और उसे अच्छी तरह समझ लेना चाहिये हमें। प्रत्येक घराने को जैसे अनुयायी प्राप्त होते हैं उसी प्रकार उसके आलोचक भी होते ही हैं। और उनकी निन्दा-स्तुति से ही कोई भी उदयोन्मुख गायक या घराना अपने कार्यव्यवसाय को ठीक से जमाता है और उसका विस्तार करता है। जानकारों की आलोचना में काफ़ी सत्यांश होता है और अब तक के अपने विवेचन में यह सत्यांश हम मानकर ही चले हैं। ऐसा सत्यांश जानकारों की आलोचना में काफ़ी हो, उनकी आलोचना कितनी ही यथार्थ हो, या

उनकी शास्त्रीय कला की विवेचना कितनी ही निर्दोष हो तो भी उस आलोचना का सही अर्थ ध्यान में लिया जाना चाहिये। और यह सही अर्थ उन आलोचकों के आचरण से जाना जा सकता है और यह आचरण है— आलोचक कितनी ही आलोचना क्यों न करें, पर आलोच्य गायक का गायन बार-बार सुनने के अवसर उन्होंने सामान्यतया कभी नहीं खोये तथा उससे प्राप्त होने वाले आनन्द से उन्होंने स्वयं को वंचित भी नहीं किया। मतलब, इन सिरों की परस्पर सर्वथा विपरीत ढंग की गायकी में कुछ न्यूनतम सामान्य कला-गुण कम से कम इतनी मात्रा में तो थे ही कि जिनके कारण आलोचकों ने आलोच्य गायकों के संगीत को सुनने के अपने मोह का संवरण नहीं किया अथवा वे कर नहीं सके। आख़िर आलोचक भी अभिजात रसिक ही तो थे न?

यह हुई जानकारों की बात! सामान्य श्रोता भला गायकी की इन छोटी-छोटी बारीकियों की क्या परवाह करते? उन्हें तो न्यूनतम मनोरंजन से मतलब है। और महत्त्व की बात है यह, कि मनोरंजन का यह आश्वासन दोनों सिरों के दो परस्पर सर्वथा विपरीत घराने के गायकों ने दिया और श्रोताओं की अंजलियाँ रंजकता से पूरी-पूरी भर दीं।

पहली नज़र में विस्मित कर देने वाला दृश्य है यह, इसमें सन्देह नहीं। किसी को भी सहज ही ऐसा लग सकता है कि संगीत के प्रमुख साधन 'स्वर' की इतनी उपेक्षा कर रंजकता निर्माण करना असम्भव ही है और यदि किराना घराने के स्वर के अत्यधिक अभिमान को सही माना जाय, तो ठीक विपरीत दिशा के सिरे पर जो गायकी है उसका तो श्रोताओं द्वारा बहिष्कार ही किया जाना चाहिये था। लेकिन वास्तविकता बिलकुल उलटी है। खोजने पर इसका कारण यही मालूम पड़ेगा कि संगीत में 'लय' एक ऐसी प्रभावशाली चीज़ है कि सिर्फ़ उसके ही उत्कर्ष से रंजकता निर्माण होती है, उसी में लोग तल्लीन हो जाते हैं। 'स्वर' स्थिति का दर्शन कराता है तो 'लय' गति दर्शाती है और गतिशीलता यह एक ऐसी प्रभावशाली प्रवृत्ति है कि केवल उसकी वजह से भी रंजकता उत्पन्न हो सकती है। सिर्फ़ मृदंग या तबला ये एकस्वर वाले गतिवाद्य बजाकर जिन्होंने चार-चार घण्टों तक महफ़िलों में समां बाँध दिया है ऐसे पूर्वकालीन नाना साहब पानसे या आजकल के तिरखवाँ साहब ने यही सिद्ध कर दिया है। लेकिन यह बिलकुल एकांगी उदाहरण है। गति वाद्यों की तुलना में गायन

की महफ़िल उसके स्वराधिक्य के कारण हमेशा अधिक ही रंजक होगी। 'गति' या motion का तत्त्व सारे चराचर में व्याप्त है और संगीत में उसका महत्त्व आगरा घराने के गायकों ने, कम से कम आजकल, स्वर से भी अधिक माना है। गायन में गतिमत्ता हो तभी महफ़िल को उल्लसित, उत्कण्ठित तथा सक्रिय रखा जा सकता है। अन्यथा वह अनुत्साही, ऊबी हुई या सुस्त ही रहेगी। और यह गतिमत्ता निर्माण करने का गायकों के पास एकमात्र साधन लयकारी ही है, इस बारे में कोई मतभेद नहीं है।

जानकारों ने उनके आलोच्य गायकों का गायन बार-बार सुनकर उसके आनन्द से स्वयं को वंचित नहीं रखा, इसका अर्थ यह तो है ही कि दो विरुद्ध सिरों की गायकी में भी न्यूनतम कलागुण होते ही हैं, लेकिन उसका एक और अर्थ यह भी होता है कि स्वर-प्रधान गायकी एक सिरे तक कितनी ही क्यों न चली जाय, फिर भी उसमें लयकारी बिलकुल नहीं होती, या नहीं के बराबर होती है, ऐसी बात नहीं है, अथवा तालप्रधान गायकी में भी वह दूसरे सिरे तक कितनी ही क्यों न चली जाय, फिर भी उसमें स्वर का नितान्त अभाव नहीं होता। रंजकता की सीमा के अन्दर ही अपना कार्यक्षेत्र चुनना हो, तो एक अंग का उत्कर्ष करने पर भी दूसरे अंग को पूरी तरह छोड़ा नहीं जा सकता।

'स्वर' तथा 'लय' ये संगीत के दो अंग परस्पर इतने गुँथे हुए हैं, एक-दूसरे में इतने उलझे हुए, मिले हुए हैं कि उनमें से एक को बिलकुल ही छोड़कर दूसरे को अलग किया ही नहीं जा सकता। स्वर और लय इस प्रकार अविभाज्य हैं। कोई भी स्वर लें, उसे उसकी अंगभूत लय तो होती ही है, और ताल का कोई भी आघात लें तो उसका अंगभूत स्वर या नाद उसमें है ही। विधाता ने स्वर और लय मिलाकर ही एक रसायन बनाया है। मानव को मात्र इतनी छूट है कि वह उनके अनुपात को घटाये-बढ़ाये।

मतलब, किराना गायकी में रंजकता के लिए आवश्यक न्यूनतम विशेष लयकारी है, और उसी प्रकार आगरा घराने में भी रंजकता के लिए न्यूनतम आवश्यक स्वर भी है। और यदि आलोचकों की आलोचना तथा उनके प्रत्यक्ष आचरण का तालमेल बैठाना हो तो कहना पड़ेगा कि यही बात सही है।

इससे यह सिद्धान्त प्रस्थापित किया जा सकता है कि रंजकता के स्वरप्रधान

तथा तालप्रधान इन दोनों सिरों की मर्यादा में जानकारों को व महफ़िल के श्रोताओं को कोई भी गायक चलता है, अर्थात् आनन्दकारक होता है। जैसे लय की कुछ उपेक्षा कर स्वरों का बहुतायत में प्रयोग उन्हें गँवारा है, उसी प्रकार स्वर की कुछ उपेक्षा कर लयकारी का आधिक्य भी उन्हें चलता है व इस सीमा के अन्दर जितने घराने अभी हैं या होंगे उन सबका आनन्द वे उसी चाव से उठायेंगे। यह एक प्रकार की कलागत सहिष्णुता ही (artistic tolerance) है कि जिसके कारण रंजकता के पूर्वोक्त दो सिरों की सीमा में श्रोता किसी भी गायकी को अपनी दुनिया ख़ुशी-ख़ुशी बसाने देते हैं और उसे सुनकर स्वयं के आनन्द को वृद्धिगत करते हैं। यदि चाहें तो इसे artistic suspension of dislikes कह लें।

सुवर्णमध्य के घराने

एक आड़ी लकीर खींचकर उसके एक सिरे पर स्वरप्रधान गायकी तो दूसरे सिरे पर लयप्रधान गायकी होती है यह ऊपर बताया गया है। उसी में artistic tolerance अर्थात् कलागत सहिष्णुता का तत्त्व हमारे हाथ आया। श्रोता गायकी के इस कार्य-व्यापार को देख-सुनकर आनन्द ले सकते हैं यह सही है परन्तु रंजनक्षमता के ये दोनों एकदम आख़िरी सिरे हैं और उन दोनों से श्रोताओं की रसिकता पर कुछ खिंचाव पड़ता है इसमें कोई सन्देह नहीं। एक में सुर का आधिक्य, तो दूसरे सिरे में लय की बहुलता होने के कारण, यद्यपि न्यूनतम आवश्यक रंजन का आश्वासन गायकी की ये दोनों पद्धतियाँ देती हैं, फिर भी श्रोताओं को लगता रहता है कि कहीं न कहीं कुछ गड़बड़ी है, या कुछ खो गया है। जब तक संगीत जारी रहता है; जो कुछ आनन्द प्राप्त हो सकता है उसमें व्यवधान उपस्थित न हो इस ख़्याल से श्रोता इस वंचना को बर्दाश्त करते हैं। लेकिन महफ़िल समाप्त होने पर, या जारी हो तब भी फुरसत मिलते ही, उसे आपस में व्यक्त अवश्य करते हैं। स्वर या लय इनमें से एक ही अंग का परम उत्कर्ष होने पर उसमें दूसरे अंग का अल्पत्व पूरी तरह नहीं तो कुछ-न-कुछ तो ढक ही जाता है। और इसीलिए तो श्रोता इस दोष की ओर विशेष ध्यान नहीं देते परन्तु ऐसा करते समय श्रोताओं को और जानकारों को अपनी रसिकता से कुछ समझौता तो करना ही पड़ता है। और फिर भी उतने समय के लिए क्यों न हो, ऐसी कमियों के प्रति अपनी अरुचि या नापसन्दगी वे 'स्थगित' करते हैं। इसीलिए उसे artistic suspension of dislikes यह नामाभिधान दिया जाता है। क्योंकि अरुचि स्थगित की जाय तो भी वह उतने समय के लिए ही स्थगित की जाती है।

तब सवाल उठता है कि इन दोनों सिरों के बीच की सर्वोत्कृष्ट (सुवर्णमध्य अर्जित करने वाली) गायकी कौन-सी है? आख़िर उसमें होता क्या है? रंजन-क्षमता की दृष्टि से क्या उसमें कुछ अधिक ठोसपन आता है? क्या यह अनुभूत वास्तविकता है? इन सब प्रश्नों का उत्तर 'हाँ' में देने वाली गायकी माने अल्लादिया ख़ाँ या जयपुर घराने[१] की गायकी है।

संगीत के अंग दो, स्वर तथा लय, यह विषय पहले ही आ चुका है और उसका वर्णन करते समय स्वर स्थितिदर्शक होता है, एवं लय गतिदर्शक होती है यह बताया गया था। इस दृष्टि से विचार करने पर प्रतीत होगा कि स्वर तथा लय का 'जोड़' या 'मेल' किस प्रकार किया जाय ताकि मालूम न हो इसका विचार इस घराने ने हेतुपूर्वक किया है। इस घराने के द्वारा अपनी कलाकृति का माध्यम केवल स्वर अथवा केवल लय अमान्य कर 'लयसाधित स्वर' या 'स्वरसाधित लय' को ही माना गया। केवल स्वर या केवल लय को त्याज्य मानकर उन्होंने लय की किसी न किसी प्रकार की प्रक्रिया किये बग़ैर, मतलब 'प्रत्यय' लगाये बिना किसी भी स्वर का उपयोग नहीं किया। या विशुद्ध स्वरों द्वारा कोई न कोई संस्कार, प्रत्यक्ष या संकेत के द्वारा किये बिना लय के किसी भी प्रकार को उपयोग में नहीं लिया। इस प्रक्रिया को हम लयसंस्कारित स्वर कहेंगे और इस दृष्टि से प्रतीत होगा कि जयपुर गायकी ने लयसंस्कारित स्वर को ही अपनी गायकी का माध्यम निश्चित किया।

ऊपर-ऊपर से देखने पर मालूम पड़ती है इतनी आसान यह प्रक्रिया नहीं है यह बात विशेष तौर पर ध्यान में रखना ज़रूरी है। पहले तो स्वर तथा लय ये दोनों बातें इतनी मुश्किल हैं कि उनमें से किसी एक की भी 'शुद्धता' प्राप्त करने के लिए वर्षों की अवधि लग जाती है। स्वरसाधना में ही अब्दुल करीम ख़ाँ साहब ने अपनी ज़िन्दगी बिता दी। उसी प्रकार लय का पक्कापन हासिल करने में इतनी ही अवधि लग जाती है। फिर

---

१. ख़ाँ साहब का घराना मूलतः अलीगढ़ के पास अत्रोली गाँव का निवासी था। इसलिए उसे कभी-कभी 'अत्रोली' घराना भी कहा जाता है। पर उनके पूर्वज बाद में जयपुर के पास ही जा बसे थे और स्वयं की गायकी को 'अल्लादिया ख़ाँ घराना' इस तरह का अभिमान भरा सम्बोधन उनके स्वभाव से मेल नहीं खाता था। इसलिए ख़ाँ साहब स्वयं को जयपुर घराने का मानते थे। अतः इस पुस्तक में 'जयपुर घराना' ही कहा गया है।

दोनों की शुद्धता और पक्कापन सिद्ध कर फिर उनका 'जोड़' बैठाने में कितनी कुशलता आवश्यक होगी इसकी कल्पना ही की जा सकती है। क्योंकि दोनों में अलग-अलग शुद्धता आ भी जाय तो भी दोनों को मिलाकर समानुपातिक एक ही 'रसायन' बनाना और भी मुश्किल हो जाता है। पता न चले ऐसा जोड़ मिलाना या मेल करना यह क्रिया ही इतनी धोखेबाज है कि वह कब दग़ा दे जायेगी इसका कोई ठिकाना नहीं है। स्वर की शुद्धता साधने का प्रयास करें तो लय हाथ से निकल जाती है और लय साधने की कोशिश करें तो स्वरों की शुद्धता निकल भागती है और पल्ले में अपना नक़ली सिक्का छोड़ जाती है। और इसी कारण इस मामले में एक हद तक मृग मरीचिका का पीछा करने जैसी बात हो जाती है। यही वजह है कि इस घराने के पर्याप्त रियाज न करने वाले और पर्याप्त तालीम प्राप्त न करने वाले गायकों की गायकी उतनी भी सरस नहीं हो पाती जितनी कि उतनी ही तालीम प्राप्त किये हुए तथा उतना ही रियाज किये हुए अन्य गायकी के कलाकारों की गायकी होती है। क्योंकि पर्याप्त तालीम तथा मेहनत के अभाव में स्वर तथा लय इन दोनों बातों के समाप्तप्राय हो जाने का ख़तरा बहुत है। एक ही अंग की अर्थात् सिर्फ़ स्वर की सच्चाई सधे तो वह गायकी किराना घराने की ओर झुकेगी और केवल लयकारी सधने पर आगरा घराने की ओर। मतलब, इस गायकी में ख़तरे बहुत हैं। लेकिन एक बार यह सिद्धि प्राप्त होने पर संगीत के आनन्द का चरमोत्कर्ष हो गया—ऐसा कहते हैं।

स्वर-लय के प्रमाणबद्ध मेल का यह सिद्धान्त संगीत में अथवा गायकी में क्रम निर्धारित करने के एक निकष के रूप में भी उपयोगी हो सकता है। स्पष्ट है कि यहाँ इस कथन का प्रयोजन इसे एकमात्र निकष कहना नहीं है। परन्तु जिसे जिस परिमाण में यह सिद्धि हस्तगत या कण्ठस्थ हो जाय और फिर भी उसमें जिसे सूक्ष्मता, सूक्ष्म कलाकारिता और पेंचदारपन भी सधें, उसका गायन उस हिसाब से उच्च या श्रेष्ठ मानने में हर्ज नहीं है; (और बाहर दुनिया में कोई कुछ भी कहे, प्रत्येक गायक को चाहिये कि वह स्वयं आत्म-परीक्षण द्वारा खोज निकाले कि यह सिद्धि उसे किस हद तक प्राप्त हो सकी है; श्रेष्ठ-कनिष्ठ की दृष्टि से उसका स्थान कहाँ और क्या है?) फिर यह आवश्यकता ही नहीं रहेगी कि अन्य कोई उस स्थान को बताये। अनुक्रम की एक कसौटी के रूप में इसे प्रस्थापित करते समय

एक सावधानी बरतना आवश्यक है और वह यह कि स्वर तथा लय का ऐसा मेल सधने पर मानो परमानन्द मिल ही गया यह समझ लेना जरा साहस की बात होगी। चैतन्य यह बात ही इतनी धोखेबाज है कि वह कब दग़ा दे जायेगी, नहीं कहा जा सकता। कई बार यह मेल साधने की क्रिया सिद्ध हो जाने पर भी चैतन्य का निर्माण होगा ही, यह ज़रूरी नहीं और कभी-कभी ऐसा मेल सधे बिना भी उस चैतन्य का निर्माण हो जाता है। इसलिए फ़िलहाल हम यही कहें कि चैतन्य का हिसाब एक ओर रख, कलात्मक आनन्द के परमोत्कर्ष का निर्माण होने की अधिकतम सम्भावना इस मेल साधने की क्रिया में ही पायी जा सकती है। स्पष्ट है कि यह क्रिया विलम्बित लय में हो और कहना अनावश्यक है कि उसमें सूक्ष्म कलाविलास भी साध्य होना चाहिये। दूसरे शब्दों में कहें तो स्वर-लय का समानुपात परमोच्च संगीत के लिए पर्याप्त भले ही न हो, पर आवश्यक ज़रूर है। वह पर्याप्त अंग (sufficient condition) भले ही न हो, पर अनिवार्य अंग (necessary condition) ज़रूर है।

अल्लादिया ख़ाँ अथवा जयपुर गायकी में स्वर और लय का ऐसा जोड़ या मेल बैठाने की क्रिया जान-बूझकर तथा योजनापूर्वक की जाती है। कम से कम वैसा करने की पूरी-पूरी कोशिश की जाती है, यह तो कहा ही जा सकता है। वह सिद्धि उस प्रणाली के सभी गायकों को प्राप्त होती है ऐसी बात नहीं। लेकिन आजकल के गायक-गायिकाओं में श्रीमती मोगूबाई कुर्डीकर तथा श्रीमती केसरबाई केरकर के नाम अवश्य ही उल्लेखनीय हैं।

इस सारे विवेचन के पश्चात् जोड़ या मेल बैठाने का नतीजा क्या होता है यह प्रश्न शेष रह ही जाता है और उसका उत्तर ऐसे किसी उदाहरण के द्वारा ही दिया जा सकता है कि जो सामान्य श्रोताओं की भी समझ में आ जाय और उन्हें जँचे भी। यह उदाहरण है श्री नारायणराव राजहंस उर्फ़ बालगन्धर्व का। उम्र के कारण जिन्हें उनका रंग जमा हुआ गायन सुनने का अवसर नहीं मिला वे स्वयं को अभागा समझें। अतिशयोक्ति करने का उद्देश्य नहीं है, लेकिन रंग-मंच पर तथा अन्यत्र भी जिन्होंने अपनी गायन कला से लगातार चालीस-पचास वर्ष तक समूचे महाराष्ट्र पर प्रभुत्व जमाये रखा उनकी सफलता का रहस्य क्या है अथवा क्या था इस बात को मन ही मन जरा सोचें। स्पष्ट ही है कि उनके कौशल का दायरा नाट्य-संगीत तक ही सीमित हो चुका था। घरानेदार, उच्च अथवा अभिजात संगीत पर स्वयं का

अधिकार उन्होंने कभी बोलकर तो जताया ही नहीं, बल्कि मन में वैसी कल्पना तक नहीं की! लिहाज़ा, अभिजात या घरानेदार गायकी में उनकी सर्वश्रेष्ठता प्रस्थापित करने का प्रश्न यहाँ उपस्थित ही नहीं होता। लेकिन नाट्य-संगीत की गायकी की उनकी साधना ही ऐसी थी कि सब घरानेदार गायक भी उनका लोहा मानकर चलें, और स्वयं भी उनसे शिक्षा ग्रहण करें। जिन्हें स्वयं के स्वर की एकांग शुद्धता का अत्यन्त अभिमान था उन्हें बालगन्धर्व के सुरीलेपन में कभी कमी महसूस नहीं हुई। या लय की सूक्ष्म कारीगरी का जिन्हें बड़ा दावा था उन्हें भी उनकी लयकारी में कोई खामी नज़र नहीं आयी। दो परस्पर विरोधी तथा अन्तिम सिरों के अभिमानियों को भी जिन्होंने हर्षाया, झुमा दिया और रुलाया उनके अलौकिक यश का रहस्य भी क्या स्वर तथा लय का, महसूस न होने वाला मेल बैठाकर भी, सूक्ष्म कलाविलास दर्शाने की क्रिया में ही निहित नहीं है? एक विशिष्ट तरह के अभ्यास से हासिल होने वाली मरोड़दार आवाज़ का अभाव, या राग की शुद्धता को जान-बूझकर भंग करना, केवल मध्य तथा द्रुत लय की ही गायकी, और मात्र शब्दाश्रित भावना का उत्कर्ष इन या इन जैसी बातों के कारण घरानेदार या अभिजात ख्याल गायकों की पंक्ति में गिना जाना स्वयं बालगन्धर्व ही पसन्द नहीं करेंगे। लेकिन ख़ुद के लिए निर्धारित संकुचित मर्यादा में उन्होंने स्वर तथा लय का हृदय को छू लेने वाला जो अद्भुत मेल बैठाया था उसका मराठी नाट्य-संगीत के इतिहास में तो कोई सानी है ही नहीं। और इसीलिए उस क्षेत्र में उनका स्थान इस दृष्टि से इतने वर्षों से अडिग रहा है।

जो काम नाट्य-संगीत के सीमित क्षेत्र में बालगन्धर्व ने कर दिखाया वही काम अल्लादिया ख़ाँ ने घरानेदार अभिजात गायकी में किया है। नाट्य-संगीत की तुलना में ख़ाँ साहब के संगीत का क्षेत्र स्पष्ट ही बहुत विस्तृत है। उनकी लय नाट्य-संगीत की अपेक्षा बहुत ही विलम्बित या धीमी; अन्य अधिकांश घरानों की तुलना में भी वह वैसी है। प्राकृतिक मिठास की दृष्टि से उनकी आवाज़ भी बालगन्धर्व की तुलना में तो क्या, अन्य गायकों की तुलना में भी निकृष्ट श्रेणी की है। इसके अतिरिक्त गायकी की सूक्ष्मता भी उनकी ऐसी है कि जिसे जानकार ही समझ सकें। लेकिन इन सारी रुकावटों के बावजूद उन्होंने जिस गायकी को जन्म देकर उसका सम्प्रदाय या घराना ही बना दिया उसका वर्णन कहाँ तक किया जाय।

घरानों के इतिहास में स्वर तथा लय का मेल इस प्रकार जमाकर सुवर्ण-मध्य साध्य करने वाली क्या दूसरी कोई गायकी थी, यह प्रश्न कोई पूछ सकता है। उत्तर यह है कि हर बात की कुछ न कुछ जड़ कहीं न कहीं मिल जाती है, वही हाल इस गायकी का है। यह जड़ है ग्वालियर गायकी या ग्वालियर घराना। हो सकता है कि इस कथन से कइयों को कुछ आश्चर्य होगा, इसलिए उसका कुछ स्पष्टीकरण किये देता हूँ।

अल्लादिया ख़ाँ साहब की जीवनी में एक मज़ेदार क़िस्सा यह है कि उन पर मुबारक अली ख़ाँ साहब का बेहद असर था। वे कहा करते थे, ''हमारी गायकी में लय के जिस डोल की, जिस खिलाड़ीपन की तथा आलाप और तान में पाये जाने वाले पेंचदारपन की आप लोग इतनी तारीफ़ करते हैं वह गायकी मुबारक अली की तुलना में कुछ भी नहीं है।'' उसी प्रकार उन्हें ज़िन्दगी-भर इस बात का दुख रहा कि वे मुबारक अली की तालीम पा न सके। साथ ही वे यह भी कहते थे कि ''आज हमारी गायकी में जो पेंचदारपन नज़र आता है वह इसलिए कि हम मुबारक अली ख़ाँ की गायकी को याद कर गाते हैं।'' ये मुबारक अली ख़ाँ अर्थात् ग्वालियर गायकी के मूल पुरुष बड़े मुहम्मद ख़ाँ के अनौरस पुत्र। और इन्हीं बड़े मुहम्मद ख़ाँ का गायन लुक-छिपकर सुनकर और उस पर मेहनत कर हस्सू-हद्दू ख़ाँ की जोड़ी ने ग्वालियर गायकी को उज्जीवित कर उसका वैभव बढ़ाया। अल्लादिया ख़ाँ साहब के पिता, चाचा और चचेरे भाई (क्रमशः अहमद ख़ाँ, जहाँगीर ख़ाँ तथा दौलत ख़ाँ) ये निश्चित ही प्रथम कोटि के गायक थे। और अल्लादिया ख़ाँ साहब को घर की ही, अर्थात् चाचा जहाँगीर ख़ाँ की ही भरपूर तालीम हासिल हुई थी। लेकिन उनकी गायकी की जो ख़ासियत थी, अर्थात् लय और स्वर का मेल— और फिर उसमें पेंचदारपन, और जो आगे चलकर उनकी गायकी की तथा घराने की स्वतन्त्र विशिष्टता सिद्ध हुई, वह, उन्हें मुबारक अली ख़ाँ साहब से ही हासिल हुई थी ऐसा मानना चाहिये।

ग्वालियर गायकी को भला-बुरा कहना तथा उसका मखौल करना आजकल रिवाज ही बन गया है। बेशक यह बात सही है कि पिछले अनेक वर्षों से इस गायकी को प्रभावशाली गायक अधिक नहीं मिले। लेकिन हस्सू-हद्दू ख़ाँ की जोड़ी, बाला गुरुजी, शंकर पण्डित, एकनाथ पण्डित, बाबा दीक्षित, निसार हुसेन ख़ाँ (स्व. वझे बुवा के गुरु), रहिमत ख़ाँ, महाराष्ट्र में इस

गायकी का बीज (जो आगे चलकर बेहिसाब पनपा) सर्वप्रथम बोने वाले बालकृष्ण बुवा इचलकरंजीकर, उनके गुरुजी वासुदेव बुवा जोशी, या वासुदेव बुवा के सुपुत्र भैय्या साहब, पण्डित विष्णु दिगम्बर, भास्कर बुवा बखले के पहले गुरु फ़ैज़ मुहम्मद ख़ाँ या आज के श्री अनन्त मनोहर जोशी और मिराशी बुवा तथा उनके शिष्य आदि दक्काक गायक संगीतकला को इसी घराने से प्राप्त हुए। यही नहीं, यह भी नज़र आयेगा कि गायकी की अनेक स्वतन्त्र प्रणालियों को जन्म देने का काम भी इसी घराने के द्वारा सम्पन्न हुआ है। इसी घराने की तालीम पाकर घग्गे ख़ुदाबख्श ने आगरा घराना स्थापित किया कि जिसका स्वतन्त्र कार्यकलाप आज सौ सवा सौ वर्षों से जारी है। और अल्लादिया ख़ाँ या जयपुर घराने के बारे में अभी बताया जा चुका है। कुल मिलाकर, अधिकांश घरानों को जन्म देने वाली आदिमाता का स्थान इस गायकी को प्राप्त है और इस दृष्टि से इसे संगीत की लगभग सभी प्रणालियों की गंगोत्री ही माना जायेगा। आज इस घराने का नामोनिशान तक नहीं रह गया, फिर भी, मात्र इसी एक बात के कारण इस घराने ने जो ऐतिहासिक कार्य किया, उसे भुलाया नहीं जा सकता।

अल्लादिया ख़ाँ गायकी की जड़ ग्वालियर घराने में ही थी तो फिर गायकी की ये दो प्रणालियाँ भिन्न कैसे हैं?

स्वर और लय का मेल बैठाने का महान् तत्त्व इन दोनों प्रकार की गायकी में समान है। आगरा गायकी में लय का ही एकांगी उत्कर्ष किया गया इसलिए उसका घराना स्वतन्त्र हो गया। उसी प्रकार किराना घराना स्वर को इसी प्रकार एकांगी उत्कर्ष तक ले गया, अतः वह भी एक स्वतन्त्र प्रणाली हो गयी। लेकिन ऐसा प्रतीत होता है कि ग्वालियर गायकी में स्वर तथा लय का मेल निश्चित ही था। स्वर्गीय वझे बुवा, श्री अनन्त मनोहर जोशी आदि अपवादों को छोड़ दें तो ग्वालियर परम्परा का कोई भी जाना-माना गायक सुनने का अवसर (लेखक सहित) वर्तमान पीढ़ी को नहीं मिला। अतएव बड़े-बुजुर्ग गायकों द्वारा सुनायी गयी बातें, इस सम्बन्ध में उपलब्ध टुटपूँजिया साहित्य और कुछ स्वयं के अनुमान के आधार पर ही उक्त बात कही गयी है। और उसी के अनुसार यह विवेचन आगे बढ़ना ज़रूरी है।

स्वर व लय का मेल साधने वाली ये दो प्रणालियाँ फिर भिन्न किस प्रकार हैं यह समझने के लिए दोनों की गायकी का थोड़ा-बहुत विश्लेषण

आवश्यक है। इस दृष्टि से देखें तो हम यह पाते हैं कि ग्वालियर घराने की गायकी अत्यन्त प्रसादयुक्त होते हुए भी सीधी-सादी तथा सरल थी। उसमें पेंच नहीं थे और न स्वर की या लय की सूक्ष्म कारीगरी ही थी। इस कारण समझने में आसान तथा संगीत का बहुत अभ्यास न होते हुए भी श्रोताओं का शर्तिया रंजन करने वाली तुरुप के ताश की यह गायकी हुकुम के एक्के जैसी है। इस गायकी की जो सामान्य लय कही जाती है वह भी जयपुर गायकी की अपेक्षा कुछ जल्द है अर्थात् जिसे हम 'मध्य लय' कहते हैं वह। अर्थात् उसमें दिमाग़ को कष्ट हो अथवा जिसे पूर्वाभ्यास की आवश्यकता हो ऐसा सूक्ष्म पेंचदार काम करने की अधिक गुंजाइश भी नहीं थी। आज इस गायकी के अवशेष के रूप में जो सुनायी देता है उस आधार पर कल्पना करें तो सुन्दरता की दृष्टि से, जानकारों का कहना है, इस घराने की बोलतान की क्रिया में कुछ साफ़-सुथरेपन की आवश्यकता थी। उनकी तान की प्रक्रिया थी सीधी, पल्लेदार, गमकयुक्त और सम्पूर्ण तीन सप्तकी तान को ही सर्वोच्च मानने वाली। उनमें वक्र या पेंचदार तान को महत्त्व नहीं था। सीधी, तीन सप्तक की पहुँच वाली तान इस गायकी की एक बड़ी विशेषता माननी होगी। इस दृष्टि से इस गायकी को 'सीधी रेखांकित' गायकी कहा जा सकता है।

इसके विपरीत अल्लादिया ख़ाँ गायकी अगर देखा जाय तो बहुत सूक्ष्म और पेंचदार है। उसके अधिकांश प्रकार टेढ़े और वक्र हैं। स्वर का प्रत्येक तार दूसरे तार में महत्त्वपूर्ण फ़र्क़ के साथ किस प्रकार उलझाना, इसका मानो उसने एक शास्त्र ही बना रखा है। इस गायकी की लय एकदम विलम्बित है और उसमें एक जगह से दूसरी जगह पहुँचने की क्रिया लय के डोल के साथ ही चलने वाली है। ताल की हर मात्रा का ही नहीं, उसके चतुर्थांश या अष्टमांश भाग का स्पष्ट हिसाब देते हुए भी शान को बनाये रखने वाली और विवक्षित स्वर की या स्वरवल्ली की सुन्दरता को निखारकर दिखाने के लिए उसकी पार्श्वभूमि एवं पुरोभूमि किस प्रकार की हो इसका अनिवार्य रूप से विचार करने वाली है। अर्थात् बीच में ही किसी स्वर पर आघात कर उसका प्रभाव या accent वह अचानक बढ़ा देती है। किसी स्वर पर ज़्यादा रहकर अथवा ठहर कर अगली कारीगरी के बारे में उत्कण्ठा बढ़ाती है या दो स्वरालंकारों में 'निःस्वर विराम' (silence) लेकर दोनों ही का वैधर्म्य अधिक उभरकर दिखे ऐसी तरकीब करती है। स्तब्धता

को भी आशयपूर्ण बना देती है। आलाप की, तान की और बोलतान की प्रत्येक आन्तरिक क्रिया में अलग-अलग स्वर लेकर भी उनके आन्तरिक सम्बन्ध एक जैसे रखने के कारण अन्य गायकी से जैसे जी ऊब जाता है वैसा न होने देने की अनवरत कोशिश वह करती है तथा हर एक-दो क्षणों के बाद नये सम्बन्ध या सुन्दरता दर्शाने वाली स्वरवल्लियों की योजना हेतुपूर्वक करती है। ऐसी अनेक बातों का विचार इस गायकी ने गहरायी से कर स्वयं में उनका समावेश कर लिया है ऐसा प्रतीत होगा।

यह हुआ उसके एक सामान्य आवर्तन की आन्तरिक प्रक्रिया के बारे में। इससे जो सिद्ध होता है वह यह कि पूर्वसंकल्पित किसी एक स्वर की या स्वरपुष्प की ख़ूबसूरती हीरे की तरह चमक उठती है। और यह क्रिया प्रत्येक आवर्तन में सधती है और चीज़ के मुखड़े की प्रसन्नता भी निरन्तर प्रतीत होती चलती है। प्रत्येक पाँच-दस सेकंड में कम से कम एक बार श्रोताओं की उत्कण्ठा का उत्कर्ष पूर्वसंकल्पित बिन्दु तक कर बाद में सम पकड़कर उत्कण्ठा का विसर्जन करने की क्रिया भी इसी में सिद्ध होती है। अलावा इसके, इस प्रकार गायन का एक-एक आवर्तन सिद्ध होकर प्रत्येक को एक के बाद एक इस प्रकार सजाकर रखना कि प्रत्येक अगले आवर्तन की उत्कण्ठा पहले के आवर्तन की अपेक्षा अधिक तीव्र हो और अन्तिम आवर्तन में इस उत्कण्ठा के उच्चतम बिन्दु को पहुँचकर, चीज़ का मुखड़ा लेकर सम्पूर्ण विसर्जन हो, इस प्रकार यह प्रक्रिया होती जाती है। हर बार उत्कण्ठा, उसके बाद हर बार उसका विसर्जन, प्रत्येक आवर्तन में उस उत्कण्ठा की तीव्रता में शुद्धि और अन्तिम आवर्तन में उत्कण्ठा की आत्यन्तिक अवस्था निर्मिति, उसके बाद पूर्ण विसर्जन—गायन के इस क्रम का एहसास इसी प्रणाली को अधिक है तथा उसीने इस पर अधिक ध्यान दिया है यह कहना होगा। "An Indian musician stops only when he has sung enough." इस आशय की आलोचना Fox Strang-ways नामक लेखक ने अपनी पुस्तक Music of Hindostan में की है। इसका जो व्यंग्यार्थ है उसका मतलब यह होता है कि गायन में एक के बाद एक बढ़ती उत्कण्ठा के स्वर बन्ध बनाकर चरमोत्कर्ष कहाँ किया जाय और गायन कहाँ समाप्त हो इसका विचार ही हिन्दुस्तानी संगीत में हुआ नहीं है। इस दृष्टि से इस आलोचना के समुचित उत्तर के रूप में जयपुर गायकी प्रस्तुत की जा सकती है। अन्य सब प्रकार की गायकी में यह क्रम

कमोबेश होता ही है लेकिन विदेशी ग्रन्थकार हमारे संगीत के रहस्य को समझ सकें यह प्राय: मुश्किल ही है।

इस विवेचन का मुख्य तत्त्व अथवा इस गायकी का मर्म उसका लयसंस्कारित स्वर ही है यह ख़ास तौर से फिर से एक बार ध्यान में रखना ज़रूरी है। लय के इस संस्कार से लगातार एक ढील या डोल निर्माण होता रहता है। और इस आन्तरिक डोल की अनवरतता और पेंचदारपन, टेढ़ापन यही इस घराने की विशेषता कही जायेगी। इसी अर्थ से उस गायकी को 'दोलांकित रेखा की गायकी' कहा जा सकता है। इसी कारण से इस गायकी में बेहद पेंचदारपन, सूक्ष्मता होते हुए भी स्वर में एक प्रकार की मनोरम कोमलता तथा लय की दुलराहट प्रतीत होती है।

लेकिन मानव प्रयत्नों की कितनी ही पराकाष्ठा क्यों न करें, फिर भी उसके माथे पर विधाता के ही द्वारा आंशिक अपूर्णत्व लिख दिया गया प्रतीत होता है। लयसंस्कारित स्वर, कोमलता, दुलराहट, आन्तरिक डोल तथा टेढ़ापन यह सब साध्य करते-करते यह गायकी अतिशय सूक्ष्म, विकट, काफ़ी कुछ पूर्व संस्कारों तथा अभ्यास के बग़ैर जिसकी मनोज्ञता समझ में नहीं आती ऐसी अर्थात्—सर्वसामान्य श्रोताओं के पल्ले ही न पड़े इतनी कठिन हो गयी है। इस अर्थ में अल्लादिया ख़ाँ को उनके समकालीन गायक 'औघड़दास' कहते थे। संगीत के सक्रिय अभ्यास के बग़ैर इस गायकी के रहस्य का सम्पूर्ण सुलझाव नहीं होता और इस वजह से उसके अपरिमित आनन्द का द्वार भी नहीं खुलता। इस अर्थ में वह गायकी गायक श्रोताओं तथा गायकों के लिए ही है यही कहना होगा। मतलब 'रिजर्व बैंक' जिस प्रकार 'बैंकों की बैंक' होती है वैसे ही समाज में गायकी की दृष्टि से जो सुसंस्कृत वर्ग है उसके लिए यह गायकी बनी—अर्थात् truely classical रही। उसका बड़प्पन जानकार ही अधिक समझ सकते हैं। लेकिन ऐसा ही होता है और उसे लेकर दु:ख करने का कोई कारण नहीं है ।

७. 'पटियाला' और बड़े ग़ुलाम अली ख़ाँ

'पटियाला' और बड़े ग़ुलाम अली ख़ाँ

पिछले दो अध्यायों में खींची गयी गायकी की आड़ी रेखा की परिपूर्ति करने के लिये दो और घरानों का विचार किया जाना आवश्यक है तथा उस दृष्टि से वे दोनों घराने इस आड़ी रेखा पर कहाँ बैठते हैं यह देखना मनोरंजक होगा। वे दोनों घराने अर्थात् ख़ाँ साहब बड़े ग़ुलाम अली ख़ाँ का पटियाला घराना और ख़ाँ साहब अमीर ख़ाँ का घराना या इन्दौर घराना। इनमें से हम इस अध्याय में पटियाला घराने की गायकी का विचार करेंगे।

प्रारम्भ में ही कह देना उचित होगा कि गायकी की आड़ी रेखा की दृष्टि से विचार करने पर इस घराने का स्थान, मोटे तौर पर, एक ओर अभी ऊपर बताये गये जयपुर घराने की सुवर्ण मध्य की गायकी और दूसरी ओर स्वरप्रधान किराना गायकी इन दो को जोड़ने वाली रेखा के मध्य में आयेगा।

स्वर तथा लय का पिछले अध्याय में वर्णित मेल इन्होंने एक विशिष्ट सीमा तक बैठाया। यद्यपि इन्होंने अल्लादिया ख़ाँ घराने की भाँति एकदम सुवर्ण मध्य हासिल नहीं किया फिर भी लयकारी का एहसास ख़ाँ साहब अब्दुल करीम ख़ाँ के किराना घराने से काफ़ी अधिक रखा और उस दृष्टि से आड़ी रेखा पर उनका उक्त स्थान तक़रीबन सही होगा, यह कहने में हर्ज नहीं है। लेकिन इतना भर कह देने से यह विषय समाप्त नहीं होता। इसका कारण है स्वयं ख़ाँ साहब ग़ुलाम अली और उनकी पटियाला गायकी ही! बड़े ग़ुलाम अली मानो एक मोहजाल हैं, एक न सुलझने वाली पहेली हैं। जैसे वे एक उद्‌गार-चिह्न हैं वैसे ही प्रश्न-चिह्न भी हैं और वह प्रश्न कोई सीधा-साधा प्रश्न नहीं, यक्ष प्रश्न है। उनकी नितान्त विलोभनीय गायकी श्रोताओं के अन्त:करण को जैसे प्रत्यंचा खींचकर बींध देती है, वैसे ही

वह कुल हिदुस्तानी संगीत के भविष्य के प्रति चिन्ता एवं डर भी निर्माण करती है।

स्वीकार करना होगा कि अब्दुल करीम ख़ाँ के बाद स्वर की शुद्धता का इतना शुद्ध दर्शन ख़ाँ साहब अमीर ख़ाँ को छोड़ दें तो सिवाय ग़ुलाम अली ख़ाँ के अन्य किसी भी घराने ने नहीं करवाया। यही नहीं बल्कि किराना गायकी में श्वास–नलिका संकुचित कर नाक में गाने का जो दोष है उसका स्पर्श तक स्वयं को नहीं होने दिया। आवाज़ के 'लगाव' को उन्होंने कुछ इस प्रकार सिद्ध कर लिया है कि उनके 'सा' में मानो पूर्णचन्द्र का निवास है। उनकी आवाज़ की पहुँच भी बहुत बड़ी है अर्थात् कम से कम सम्पूर्ण तीन सप्तक की, और तीनों सप्तकों में उसी सफ़ाई से विहार करने वाली। सौभाग्य से आवाज़ में मधुरता इस कदर गदरा कर भरी हुई है कि समझना मुश्किल है कि उसमें चाँदनी की शोभा है या जरी किनार है, या रेशम की फिसलन भरी मुलायमियत है या मक्खन की मृदुता है। इस आवाज़ में किसी प्रकार का कोई दोष नहीं है, कोई लत नहीं है और न ही कहीं कोई उँगली उठाने की गुंजाइश है। Voice-culture या कण्ठ संस्कार के शास्त्र का प्रो. देवधर का अध्ययन इतना गहरा है कि किसी भी गायक की आवाज़ लगाने की पद्धति में उन्हें कोई न कोई लत मिल जाती है। लेकिन उनकी परीक्षा में भी सौ में से सौ नम्बर हासिल कर उत्तीर्ण होने वाले एकमात्र गायक ग़ुलाम अली ख़ाँ ही हैं! आवाज़ में इतनी सहजता तथा मुलायमियत निर्माण करने के लिए उन्होंने रियाज भी उतना ही बेहिसाब किया है। (इसके बारे में 'संगीत कला विहार' के जून १९४९ के अंक में प्रो. देवधर द्वारा लिखे गये एक सुन्दर लेख 'ख़ाँ साहब बड़े ग़ुलाम अली ख़ाँ' में विस्तारपूर्वक पढ़ा जा सकता है।) आवाज़ भी ऐसी लोचदार कि बिलकुल किसी सुन्दरी के कान में लटके हुए कर्णफूल के समान! कब हिले और जी जला दे इसका कोई भरोसा नहीं। ढाले और मन्द्र सप्तक में उनकी आवाज़ में तानपूरे के नीचे के स्वर की तार के समान तेजस्वी जवारी है, तो उनके मध्य सप्तक में ऑर्गन की आवाज़ की याद आती है। एक शास्त्रज्ञ ने ऐसा प्रतिपादन किया है कि आदमी का गायन—जब तांत से मिलता–जुलता है तभी वह सफल होता है। और उसी प्रकार तांत के बाजे पर भी उसे तभी पूरा अधिकार होता है जब उसकी आवाज़ में स्वरोच्चारण की अभिव्यक्ति सिद्ध होती है। इसमें कोई शक नहीं कि

ग़ुलाम अली ख़ाँ अपनी आवाज़ में तांत की शुद्धता ले आये हैं। इनकी भाँति ही अब्दुल करीम ख़ाँ का घराना भी तंतकारों का ही था। लिहाज़ा तांत की ओर खिंचाव दोनों गायकों में समान है। पर एक ओर जब ग़ुलाम अली की आवाज़ में इस कारण एक मादकता, एक क़ैफ पैदा हुआ तो अब्दुल करीम ख़ाँ की आवाज़ में एक प्रकार की शुचिता और मांगल्य प्रतीत हुआ। ग़ुलाम अली की आवाज़ से 'रति' निर्माण होती है तो अब्दुल करीम ख़ाँ की आवाज़ से 'विरति', ऐसा विनोदपूर्वक कहा जा सकता है। इसलिए मादकता और क़ैफ ही ग़ुलाम अली की आवाज़ की विशिष्टता है, यह कहा जा सकता है।

यह हुई उनके सुरीलेपन और मुलायमियत की करामात। और उन्हें लयकारी की देन भी किराना घराने की अपेक्षा कहीं अधिक है। लयकारी के विविध प्रकार उनके लिए मानो बायें हाथ का मैल है। उनकी गायकी में बोल अंग काफ़ी हैं। उसी प्रकार बोलतान का अंग यदि अब्दुल करीम ख़ाँ की गायकी में नहीं के बराबर है तो ग़ुलाम अली ख़ाँ की गायकी में उसके लिए पर्याप्त गुंजाइश है। आलाप भी जायकेदार और तान की कीमया भी सरस एवं चमत्कारपूर्ण है। सिवाय इसके उनकी आवाज़ की एक महत्त्वपूर्ण विशिष्टता यह है कि वह किसी भी लय में सहजतापूर्वक घूम-फिर सकती है। उनकी फिरत अत्यन्त विलम्बित लय में गमक ढंग से चलती है, मध्य लय में मध्य लय से जाती है तो अत्यन्त द्रुतलय में जितनी चाहे तेज़ तथा गतिमान हो सकती है। यही नहीं कितनी ही विलम्बित या द्रुतलय में क्रमशः द्रुत या विलम्बित की फिरत उलटे क्रम में भी कर सकते हैं। उनके गले को कहीं कोई रोक है ही नहीं। हर प्रकार की लय में समान सहजता से चलने वाली आवाज़ विधाता किसी एकाध गायक को ही प्रदान करता है और वह भाग्य ग़ुलाम अली ख़ाँ को भरपूर प्राप्त है। अब तक ग़ुलाम अली ख़ाँ की आवाज़ की प्राकृतिक मधुरता, जवारी, चपलता तथा स्वर की शुद्धता और इनके साथ उनका लयकारी का खेल इन सबका विवेचन किया गया। माने इसमें उनकी गायकी के दोनों अंगों की विशेषता आ गयी।

लेकिन इन सब गुणों के साथ उनके असीम भावुक हदय की तथा सूक्ष्म संवेदनशीलता की ओर भी ध्यान देना चाहिये। उनकी इस संवेदनशीलता का उनकी सोहबत में आने वाला कोई भी व्यक्ति दो प्रकार से अनुभव

करता है। एक तो मानवीय भावनाओं की सृष्टि तथा उसकी सूक्ष्म शोभा का जो समग्र दर्शन उन्हें हो चुका है वह तथा दूसरा याने प्रकृति के रहस्यों के साध्य का उनके द्वारा किया गया गहरा अनुभव। सभी कलाकार कम अधिक मात्रा में भावुक होते हैं व मानवोचित सुख-दुःख तथा हर्ष-खेद से उठी हुई विभिन्न भावना तरंगों का अनुभव उन्हें अधिक होता है। लेकिन ग़ुलाम अली ख़ाँ की बात तो और भी अलग है। साधारण कलाकार की अपेक्षा उनकी संवेदनक्षमता जैसे ज़्यादा ही तीव्र मालूम पड़ती है, उसी प्रकार उनके भावसरोवर का क्षेत्र भी बहुत विस्तीर्ण है इसका एहसास होता है। भावसृष्टि की कोई भी घटना हो उस का प्रतिबिम्ब उनके अन्तःकरण पर गहरा बनता ही है और वैसा बना हुआ वह दूसरों को दिखायी भी देता है। कहा जाता है कि कलाकार को प्रतीत होने वाले समूचे भाव-विश्व का दर्शन उसकी कला करवा देती है। इस दृष्टि से ग़ुलाम अली ख़ाँ की भावसम्पत्ति का कुल क्षेत्र तुलनात्मक दृष्टि से कहें तो अधिक विस्तृत और गहरा है। स्वीकार करना होगा कि इस बात का कोई प्रमाण प्रस्तुत नहीं किया जा सकता और इस दृष्टि से इसे लेखक की स्वयं की प्रतिक्रिया माना जा सकता है।

लेकिन इसके अलावा उन्हें प्रकृति और सृष्टि के रहस्यों में सुन्दरता के जो दर्शन होते हैं उन्हें स्वयं के संगीत में रूपान्तरित करने के उनके शौक़ का जान-बूझकर उल्लेख करना आवश्यक है। इस बात को सिद्ध करने के लिये पर्याप्त प्रमाण दिया जा सकता है और वह प्रो. देवधर के पूर्वोक्त लेख में ही मिलेगा। चौपाटी पर डूबते सूर्य के दर्शन होते ही प्रेयसी के बग़ैर रात कैसे काटी जाय इसकी चिन्ता करने वाला प्रियतम ग़ुलाम अली को याद आता है या कोई अनाथ रैनबसेरे के लिये आख़िर कहाँ कोई आसरा खोजे यह फिक्र उन्हें सताने लगती है। और उस चिन्ता को व्यक्त करने के लिये ही 'मारवा' राग की उत्पत्ति कैसे हुई होगी यह वे समझाते हैं। प्रो. देवधर ने जो ऐसा ही दूसरा उदाहरण दिया है सो उन्हीं के शब्दों में देना उचित होगा। वह इस प्रकार है :

"ख़ाँ साहब कहते हैं, दुनिया में सभी चीज़ें सुन्दर हैं और जिन-जिन बातों की ओर मेरा ध्यान आकर्षित होता है उन सबको मैं अपने गाने में उतारने की कोशिश करता हूँ। नदी के किनारे या मैदान में जब मैं बैठा हूँ तो मुझे पक्षी उड़ते हुए नज़र आते हैं। उनका वह स्वच्छन्द नृत्य, लास्य, हवा में

फुर्र से उड़ जाना और फिर जब मन चाहे तब वापिस पेड़ की ओर उनका लौट आना मुझे बड़ा अच्छा लगता है। मैं बैठे-बैठे यही सोचा करता हूँ कि उनके इस सारे क्रिया-कलाप की हूबहू नक़ल संगीत में किस प्रकार की जा सकती है और कोशिश भी करता हूँ। तान एकदम फर्राटे के साथ तार पंचम तक ले जाता हूँ और पक्षी की भाँति चक्कर काटते हुए फिर मध्य 'सा' पर आता हूँ।''

प्रो. देवधर ने ही एक और उदाहरण दिया है। जुलाई महीने में बम्बई की मूसलाधार वर्षा में दुपहर को दो बजे मरीन ड्राइव्स की दीवार पर उफनते समुद्र के एकदम तीस-चालीस फुट ऊँचे उछलने वाले पानी को देखकर ख़ाँ साहब को मियां मल्हार राग की याद आती है और वे कहते हैं :

''देवधर साहब, रियाज करने के लिए यह स्थान और समय बड़ा अच्छा है। देखिये'' कहकर उन्होंने आवाज़ लगायी। पानी की बड़ी लहर के दीवार पर टकराने से पानी ऊपर उछलते ही ख़ाँ साहब की तान उसी रफ़्तार और जोर से ऊपर जाती और पानी के साथ नीचे आती। लहर ऊपर जाते समय फट से जाती और आते समय फटकर, बिखर बिखर कर नीचे आती, उसी प्रकार ख़ाँ साहब की मियां मल्हार की तान भी उसी रूप में नीचे आती। एकाध बार यदि तान पानी के उछलने के वेग से न जाती तो वे ख़ुद पर ही चिढ़ जाते लेकिन दूसरी बार उसे वे ठीक से लेते। यह खेल पौन घण्टे तक चलता रहा।

प्रो. देवधर का एक और उद्धरण लें। गायकों के लिए ब्रह्मचर्य का पालन बहुत ज़रूरी है इस आशय का भाषण पहले दिन देने वाले ग़ुलाम अली ख़ाँ अगले दिन एक अठारह वर्ष की युवती के पीछे-पीछे जाते हुए नज़र आये। उस समय जो बातचीत हुई वह इस प्रकार थी :

प्रो. देवधर : ''वाह ख़ाँ साहब कल, तो ब्रह्मचर्य की बड़ी-बड़ी बातें कर रहे थे और आज एक लड़की नज़र आते ही पागल हो गये लगता है।''

ख़ाँ साहब ग़ुलाम अली ख़ाँ : ''मैं क्या देख रहा हूँ सो आप नहीं समझेंगे। जरा देखिये तो उस बच्ची की ख़ूबसूरती। ऐसी ख़ूबसूरती निर्माण करने वाला ईश्वर कितना बड़ा होगा। इस सड़क पर जितने लोग हैं सबका ध्यान उसने अपनी ओर खींच लिया है, पर ख़ुद उसे इस बात का कोई पता नहीं है। जरा उसकी चाल देखिये, उसके हाथ और गर्दन की उस हरकत की

ओर ग़ौर फर्माइये। मैंने अभी क्या देखा सो आपको गाकर ही बताता हूँ।''

प्रो. देवधर आगे लिखते हैं—''हम वापस विद्यालय आये। ख़ाँ साहब ने एक ठुमरी शुरू कर ऐसी उपज प्रारम्भ की कि उस लड़की की सारी सुन्दरता स्वरों के द्वारा हूबहू सुना दी।''

ख़ाँ साहब बड़े ग़ुलाम अली ख़ाँ की गायकी में अब तक चर्चित इतने विविध गुणों का सम्मिश्रण है कि उपर्युक्त सौन्दर्य-दृष्टि मिलाकर उसमें से किसी भी एक गुण से कोई भी व्यक्ति महापुरुष बन जाता। लिहाज़ा जिन चार बातों का उत्कर्ष उनकी गायकी में हुआ है ऐसा कहा है उनके कारण उनकी महत्ता चौगुनी तो होनी ही चाहिये—इस प्रकार का हिसाब यदि कोई लगाये तो उसमें अनुचित क्या है? पर वैसा तो हुआ ही नहीं बल्कि उनकी एक गुनी महत्ता भी विवादास्पद ही है। उनकी गायकी का आकर्षण, उसकी लोकप्रियता, तथा उसके कारण होने वाली नज़रबन्दी या क़ैफ और उसे मिलने वाली तालियाँ इन सभी दृष्टियों से आज सबसे बड़ा गायक कौन इस प्रकार का प्रश्न यदि आये तो उसका उत्तर : 'बड़े ग़ुलाम अली ख़ाँ ' यही देना होगा। लेकिन यह सारे गुण गायकवर्ग को मान्य होते हुए भी ख़ाँ साहब की महत्ता उनमें विवाद का विषय बनी हुई है, ऐसा क्यों?

स्वर एवं लय का मेल या जोड़ बैठाने के जिस सिद्धान्त का प्रतिपादन पिछले अध्याय में किया गया है उस दृष्टि से देखें तो इस गायकी को हम सुवर्णमध्यऽ (सर्वोत्कृष्ट) का, स्थान नहीं दे सकते। वह स्वर के नशे की ओर अधिक झुकी हुई है, पर किराना घराने की अपेक्षा लयकारी का बहुत अधिक ध्यान रखने वाली है, इसलिए वह जयपुर और किराना इन दो स्थानों के बीच में आती है, यह प्रारम्भ में ही कहा जा चुका है। लेकिन गुणसम्पदा इतनी बड़ी होते हुए भी यह गायकी जयपुर गायकी से या अन्य घरानों की गायकी से निर्विवाद रूप से श्रेष्ठ है ऐसा अधिकांश जानकार लोग क्यों नहीं मानते? इस प्रश्न का उत्तर केवल इतना ही नहीं हो सकता कि प्रत्येक गायक को अपने-अपने घराने का ही ग़ैरवाजिब अभिमान होता है, और स्वयं का ही घराना उसे सर्वश्रेष्ठ लगता है, या इन लोगों को गाने की समझ ही उतनी अधिक नहीं है। लिहाज़ा इस प्रश्न की थोड़ी-बहुत मीमांसा आवश्यक है। और ऐसा करते समय कला का कोई एक महत्त्वपूर्ण तत्त्व भी हाथ आ जाने की सम्भावना है।

ईश्वर ने इतने विविध गुणों की इतनी इफरात इमदाद उन पर की हैं और इसके अलावा दैवी गुणों के साथ स्वयं के बेहिसाब रियाज का ऐसा जोड़ है उनमें कि जिस के कारण बड़े ग़ुलाम अली संगीत का कोई भी प्रकार यों ही आसानी के साथ तथा अन्य गायकों से बेहतर गा सकते हैं। ख्याल से बढ़कर ठुमरी गायन उनकी ख़ास विशिष्टता है। और उसमें उनका स्थान जानकारों में विवादास्पद भी नहीं है। ठुमरी की तरह ही वे भावगीत, लोकगीत आदि सारे प्रकार उतनी ही कुशलता के साथ गा सकते हैं और उनमें भी वैसा ही समां बाँध सकते हैं। लोकगीतों का तो उन्हें ख़ास शौक़ है और प्रो. देवधर ही लिखते हैं : ''नेपाली, सिन्धी, पूरबी, कश्मीरी—इस प्रकार अनेक क्षेत्रों के अनेक लोकगीत उन्हें याद हैं और उन्हें वे बड़े शौक़ से गाते हैं। ईरानी और अरबी रेडियो स्टेशनों के कार्यक्रम वे घण्टों तक सुना करते हैं।'' इस दृष्टि से उन्होंने स्वयं के लिए जो तख़ल्लुस चुना है—सबरंग—वह बिलकुल यथार्थ है इसमें सन्देह नहीं। जहाँ जो रंग मिले उसे देखने की दृष्टि और आत्मसात् करने की प्रवृत्ति तथा कौशल होने पर सारे रंग पैदा हों इसमें आश्चर्य की क्या बात है?

पर मुझे लगता है कि यहीं कहीं कुछ गड़बड़ी है। अन्य सारे रंग एकत्रित करते-करते ख्याल के रंग में उन्होंने इतनी मिलावट कर दी है कि उसके ख्यालत्व की ओर उनका पर्याप्त ध्यान रह नहीं पाता। इसका प्रमाण भी प्रो. देवधर के पूर्वोक्त लेख में मिलेगा। देवधर जी लिखते हैं :

''मेरी और उनकी दोस्ती होने के कारण मैंने उन्हें एक बार साफ़-साफ़ पूछा था कि 'ख़ाँ साहब, आपकी ख्याल गायकी में व्यवस्थितपन दिखायी नहीं देता। थोड़ी देर आप आलाप लेते हैं, बीच में ही 'सरगम' की शुरुआत हो जाती है, तो उतने में ही तान लगाना शुरू कर देते हैं और फिर आलाप लेने लग जाते हैं, इस लिए अन्य गायकों का आरोप है कि आपकी गायकी घरानेदार नहीं प्रतीत होती।' ख़ाँ साहब ने मेरी बात सुन ली और कहा, 'इसका उत्तर मैं आपको शब्दों मैं न देकर गाकर ही देता हूँ। सुनिये दरबारी राग।' इसके बाद यह राग उन्होंने इतनी सुन्दरता के साथ पौन घण्टे तक पेश किया कि हमेशा की अव्यवस्थितता मुझे कहीं भी नज़र नहीं आयी। पहले बीस मिनट उन्होंने आलाप ऐसे लिए कि श्रोताओं को सन्देह होने लगे कि इसके गले में तान है भी या नहीं। सिर्फ़ मोहक बहलावे और मींडयुक्त आलाप। कहीं भी मुरकी नहीं। यहाँ तक कि दो-तीन स्वरों की

तान का टुकड़ा तक नहीं। फिर बोल अंग और अन्त में गमक को ऐसी तानें मानो तोप के गोले हो। 'ऐसी गायकी आप हमेशा क्यों नहीं गाते?' इस प्रश्न का उत्तर उन्होंने दिया, 'आप जैसे श्रोता हर जगह कहाँ मिलते हैं? मैं पंजाबी हूँ और पंजाबी हरकतें अच्छी गाता हूँ, और 'सरगम' अच्छी करता हूँ ऐसी मान्यता मेरे बारे में हो गयी है। मेरी तानबाजी भी प्रसिद्ध है। अब यदि मैं ऐसे आलाप लेने लगूँ तो थोड़ी ही देर में मुझे श्रोताओं के चेहरे पर ऐसी भावना नज़र आने लगती है कि 'अरे, यह ग़ुलाम अली, आज यह क्या ढीलाढाला गा रहा है? हम आये थे कुछ लागडाट, तानबाजी और पंजाबी हरकतें सुनने और यह तो आलाप में ही समय बिता रहा है।' यह सब देखकर मेरी एकाग्रता नष्ट हो जाती है, और मैं वही चीज़ें गाने लगता हूँ जो उन्हें चाहिये। लेकिन देवधर साहब, आप कहते हैं वैसी अव्यवस्थितता मुझ से कभी-कभी अवश्य हो जाती है। लेकिन जानते हुए भी मन पर काबू न रह पाने के कारण मुझसे इन बातों की उपेक्षा हो जाती है। यह बात सही है।''

इस दीर्घ उद्धरण के लिए पाठक मुझे क्षमा करें। लेकिन यह उद्धरण ही इतना महत्त्वपूर्ण है कि उसे दिये बग़ैर काम ही नहीं चलने का। इस उद्धरण में महत्त्वपूर्ण बात यह है कि उसकी चुभन देवधर जी को भी लगी और उन्होंने उसे व्यक्त भी कर दिया। और दूसरी महत्त्व की बात है कि ख़ाँ साहब ने अपने खुले दिल के स्वभाव के कारण 'समझते हुए भी मन पर काबू न रह पाने के कारण इन बातों की उपेक्षा हो जाती है यह सही है' सो मंजूर भी कर लिया। एक विकट प्रश्न पूछने के देवधर जी के साहब की सराहना करें या ख़ाँ साहब के निष्कपट स्वभाव की तारीफ़ करें, इसी प्रकार ये प्रश्नोतर हैं इसमें सन्देह नहीं।

घरानेदार गायकी गाने की ख़ाँ साहब की योग्यता नहीं है, किसी ने न ऐसा कहा, न कहता है। लेकिन लोगों की ख़ुशामद करनी होती है इसीलिए यह अव्यवस्थितता करनी पड़ती है। यही इसका सारांश है। सो क्यों करना पड़ता है। इसलिए कि श्रोताओं की वैसी अपेक्षा होती है। और ये श्रोता कौन? तो उनकी महफ़िलों में हज़ारों की संख्या में उपस्थित रहने वाला संगीत की दृष्टि से अधिकतर 'असंस्कृत' या 'अ-रसिक' समाज। उसे ऐसी आदत किसने लगवाई? तो स्वयं ग़ुलाम अली ख़ाँ ने ही। क्यों लगवाई? इसलिए कि ग़ुलाम अली ख़ाँ की 'सबरंगी' गायकी के अनेक

चमत्कार माने लागडाट, तानबाजी, पंजाबी हरकतें आदि के वे जानकार हैं और श्रोताओं को उसी में मज़ा आता है इसलिए। वह आदत इसलिए लगवाई कि श्रोताओं को आश्चर्यचकित कर उनकी तालियाँ अर्जित की जाय। ऐसा है यह दुष्चक्र इसके बजाय यदि वे स्वयं की कलादृष्टि, कलात्मक प्रकृति और उसकी एकात्मता (integrity) न छोड़ते और उसी समाज में उच्च गायकी के प्रति रुचि निर्माण करते तो ? लेकिन वह ज़माने की माँग के अनुरूप न होता।

बड़प्पन हो तो सब प्रकार और हर बात में बड़प्पन की अपेक्षा की जाती है। और बड़े ग़ुलाम अली ख़ाँ ने तो वह अपेक्षा चौगुनी निर्माण कर दी। लेकिन सर्व–सामान्य समाज की सराहना के पीछे पड़े रहकर, समाज की रुचि ऊँचे स्तर पर ले जाने के बजाय स्वयं की कला को वे निचले स्तर पर ले आये और जानकारों को बहुत निराश कर दिया, यही कहना पड़ेगा।

बड़े ग़ुलाम अली ख़ाँ पर ईश्वर ने अनेक गुणों की जो इफरात इमदाद की उसी में उनकी बहुरंगी आवाज़ को भी शुमार करना होगा। इस आवाज़ में कहीं कोई अटकाव ही न होने के कारण वे तरह–तरह के चमत्कार कर पाते हैं तथा सर्वसामान्य श्रोताओं को आश्चर्यचकित कर उन्हें मन्त्रमुग्ध कर सकते हैं। संगीत में चमत्कार होने ही चाहिये इस बारे में बहस नहीं है तथा प्रत्येक घरानेदार गायक में यह चमत्कार कमोबेश मात्रा में होता ही है। पर उस चमत्कार का अर्थ अलग होता है। उसका स्वरूप अलग होता है। उसका सम्बन्ध रस से होता है। तो बड़े ग़ुलाम अली ख़ाँ के चमत्कार की परिणति नज़रबन्दी में होती है। चमत्कार 'चमत्कार' के रूप में प्रतीत हो इसके लिए कुछ सावधानी बरतनी पड़ती है। कुछ तरीक़ा बनाना पड़ता है। वह तरीक़ा यह है कि दो चमत्कारो में साधारणतया इतना अन्तर तो हो कि पहले चमत्कार का धक्का समाप्त होकर उसका पूरा विसर्जन हो जाने पर ही दूसरे चमत्कार की उत्कण्ठा निर्माण करने की पार्श्व–भूमि बनायी जाय। ऐसा होने पर ही वह 'चमत्कार' प्रतीत होता है। मतलब, सर्व–सामान्य सिद्धान्त यह होता है कि उत्कण्ठा निर्माण करना, उस उत्कण्ठा की परिपूर्ति करना, फिर उसका विसर्जन करके ही दूसरी उत्कण्ठा की पार्श्वभूमि तैयार करना। लेकिन बड़े ग़ुलाम अली ख़ाँ का सारा नक़्शा ही अलग है। उनकी गायकी में पहले चमत्कार का विसर्जन होने के पूर्व ही दूसरा चमत्कार कानों में आ टकराता है और दूसरे के विसर्जन के पूर्व तीसरा,

तीसरे के विसर्जन के पूर्व चौथा—इस प्रकार का यह चक्र उनके ख्याल में बराबर चलता रहता है। इसीलिए थोड़े आलाप, फिर एकदम सरगम की शुरुआत, इतने में तानें और बीच में ही आलाप यह प्रकार होता है। इस सब का रूपान्तर वे चमत्कार में करते हैं और उनके गायन के बारे में जानकारों की यही मुख्य शिकायत है। पारे जैसा स्वभाव और बेअटक, किसी भी परिस्थिति में असीम गति से घूमने वाली आवाज़ के मिल जाने पर ख़ाँ साहब का काबू आवाज़ पर बने रहने की बजाय ख़ाँ साहब पर ही आवाज़ का काबू हो जाता है। और इसीलिए लगातार एक के बाद एक अविसर्जित चमत्कार निर्माण होते जाते हैं। और यह किसलिए ? तो श्रोताओं को सम्मोहित करने के लिए। ऐसी स्थिति में चमत्कार चमत्कार नहीं रहता, उसका रूपान्तर अवांछनीय सम्मोहन में हो जाता है। और एक बार ऐसा सम्मोहन हो जाने पर उसका पर्यवसान तालियों पर तालियों में हो यह क्रम-प्राप्त है। फिर गायक को उसी का चसका लग जाता है। क्योंकि उसमें असीम लोकप्रियता होती है।

एक दृष्टि से चमत्कारवाद इस ज़माने का लक्षण ही नहीं, धर्म ही बना प्रतीत होता है। अतएव उसकी चर्चा कुछ अधिक करना आवश्यक है।

सृष्टि का वैचित्र्य तथा प्रकृति की सुन्दरता देखकर उसका रूपान्तर संगीत में करने के ख़ाँ साहब के शौक़ के उदाहरण इसके पूर्व ही दिये जा चुके हैं। लेकिन उनका यह शौक़ इसी चमत्कारवाद में गिना जायेगा। सूर्यास्त का रूपान्तर मारवा में, मरीन ड्राइव के वर्षा के पानी की उछाल का रूपान्तर मियां मल्हार में, रूपसी युवती का रूपान्तर ठुमरी में और चिड़िया का फुर्र से उड़कर फिर पेड़ पर आ बैठना इसका रूपान्तर तार पंचम से मध्य षड्ज पर आने वाली तान में। लेकिन इन वास्तविक बातों का रूपान्तर संगीत में किसलिये करें ? अस्पष्ट समानता दर्शाने से अधिक इन दृश्यों की साकार अनुभूति देने में मूलतः क्या संगीत ही समर्थ है ? अन्य कलाओं का कार्य तथा संगीत के कार्य में यहाँ कोई गफलत तो नहीं हो रही है ? वास्तविक दृश्यों का कलात्मक चित्रीकरण चित्रकला ही क्या अधिक अच्छी तरह नहीं करती ? फिर, यदि उसका अधूरा दर्शन ही होता हो तो इस जहमत में संगीत क्यों फँसे ? इससे जो हो सकेगा वह चमत्कार क्या संगीत से असम्बद्ध ही न होगा ?

प्रत्येक राग में कोई बीजरूप स्वरबन्ध होता है, कुछ रागत्व होता है कि

जिसकी खुलावट, जिसका विस्तार, उसी का विलास उस रागगायन में होना आवश्यक है। गायक को महफ़िल में जो सूझता है, जो स्फूर्त होता है, वह इस बीज-रूप स्वरबन्ध पर सारा ध्यान देने पर ही सूझता है। उस पर ही दृष्टि स्थिर हो, उसी को लेकर ही समाधि लगे तभी विभिन्न उपजें जन्म लेती हैं। वे अपने-क्षण दीप्तिमान कर अन्तर्धान होती जाती हैं और अगली के लिए मार्ग खुला करती जाती हैं। उस मध्यवर्ती स्वरबन्ध की—जिसे विदुषी श्रीमती लैंगर ने commanding form का नाम दिया है—एक मूर्ति बीज रूप में आँखों के समक्ष होती है और उस बीज से ही अंकुर फूटकर उसका पत्र-पुष्प-फलयुक्त एक बड़ा वृक्ष बने यह आवश्यक होता है। यह संगीतमय अंकुर फूटते हैं, पल्लवित होते हैं और उनमें पुष्प खिलते हैं। पर ऐसा तभी होता है जब गायक बीजरूपी स्वरबन्ध पर अपना सारा ध्यान केन्द्रित कर अपना सर्वस्व अर्पण कर दे, उसे लेकर समाधिस्थ हो जाय। वे अंकुर-पल्लव अन्य कहीं से लाकर जोड़ने से अर्थात् उनका उद्‌गम असंस्कृत श्रोताओं को आश्चर्यचकित करने के इरादे से हुआ हो तो वह कार्य सिद्ध नहीं होगा। उस गाने में अखण्डता का बोध नहीं होगा। वह एकात्म नहीं होगा। ऐसा लगेगा कि बाहर से लाकर डालें जोड़ दी गयी हैं। शाखाएँ पुष्पों से युक्त हों तो भी उनमें एकात्मता, अखण्डता सहज स्फूर्तता प्रतीत नहीं होगी।

बड़े ग़ुलाम अली के गायन में जो कुछ होता है वह इसी प्रकार का बाहर से आया हुआ होता है। वह बाहर से लाकर चिपकाया गया होता है। उनका ध्यान उस बीजरूप स्वरबन्ध पर या रागरूप पर पर्याप्त मात्रा में केन्द्रित ही नहीं होता, उसे लेकर उनकी समाधि नहीं जमती, इसलिए उनकी उपजें उस बीज रूप से अंकुरित नहीं होतीं; वे उपजें असंस्कृत समाज की ख़ुशामद कर, उसे स्तिमित कर या उन्हें अचरज के धक्के देकर उनकी नज़रबन्दी करने की लालच से होती है। इससे रसनिष्पत्ति होने की सम्भावना ही नहीं है। क्योंकि यह श्रोतावर्ग रसिक नहीं होता। वह सिर्फ़ नज़रबन्दी और चमत्कार का भूखा होता है। इस कारण जो राग वे गाते रहे होते हैं उसकी शुद्धता भंग होती है, यह मतलब नहीं है और वैसा आरोप उन पर कोई न करे। लेकिन स्वरों की जो लौट-पलट उनके गाने में लगातार होती है, उसका जन्म इस प्रकार के चमत्कारवाद से ही होता है और सही माने में जिसे उपज अंग कहा जा सकता, वैसी वह हो ही नहीं सकती।

यही बात मिसेस सुसान लैंगर नामक महिला विदुषी ने अपने 'Feeling and Form' नामक पुस्तक में 'Living Form' अध्याय में विस्तृत रूप से बताई है। उन्होंने जो विवेचन किया है वह दरअसल मूल में ही पढ़ना चाहिये, लेकिन आवश्यक अंश नीचे उद्धृत कर रहा हूँ। (वह है तो जरा भिन्न सन्दर्भ में, किन्तु उससे उसके महत्त्वपूर्ण तथ्यों में कोई अड़चन नहीं आती।) पुस्तक के पृष्ठ १५४–१४६ पर का यह उद्धरण इस प्रकार है :

"It also means that the instrumentalist as well as the singer has a psychologically sensitive medium at his disposal; so the values and dangers of personal feelings are the same for the one as for the other. *As long as personal feeling is concentrated on the musical content, i.e. the significance of the piece, it is the very nerve and "drive" of the artist's work.* It is the dynamism which makes him create the audible symbol in the way that seems to him the clearest, most fully perceivable, most impressive. This is intense conception, which works for utmost power of musical expression. Every tension and movement in the frame of created time seems like a personal emotion, but one that lives apart from the concerns of the actual day.

"If on the other hand, the player lets his own need for some emotional catharsis makes the music simply his outlet, he is likely to play passionately with exciting dynamics, but the work will lack intensity because its expressive forms are inarticulate and blurred. The performance is a symptom of emotion, and like all such symptoms, laughter, tears, trembling, it is contagious for the moment; *but no one carries anything away from such a personal exhibition, because passage after passage of the composition, deriving logically from a central movement has been cut short of its natural completion and adapted to convey a new and extraneous feeling.*"

(आख़िर की कतिपय पंक्तियों पर मैं ख़ास तौर पर जोर देना चाहता हूँ, ये पंक्तियाँ टेढ़े टाइप में दी गयी हैं। —लेखक)

मुझे लगता है, इस सिद्धान्त की और चर्चा नहीं चाहिये। लेकिन इस चर्चा से कलाविषयक एक महत्त्वपूर्ण सिद्धान्त हाथ लग गया है ऐसा कहा जा सकता है। हर घराने ने इस सिद्धान्त का सिर्फ़ आदर ही नहीं किया, उसे अपना भी लिया और किसी विचित्र लालच में पड़कर किसी ने भी अपनी कला भ्रष्ट नहीं की। और बड़े ग़ुलाम अली का खानदान मान्य होते हुए भी उनकी गायकी 'घरानेदार' प्रतीत नहीं होती, यह जो आरोप गायक

करते हैं और जिसे प्रो. देवधर ने व्यक्त किया, उसका मर्म अब समझ में आयेगा। जाहिर है कि कोई भी यह नहीं कहता कि उनमें घरानेदार गायकी पेश करने का सामर्थ्य नहीं है, या उसके प्रति उनके मन में आस्था नहीं है। वह सामर्थ्य उनमें अवश्य है और इसमें दोराय नहीं हो सकती। पर वे उसका सदुपयोग करें तब न? और अचरज की बात तो यह है कि इस प्रकार का प्रयोजनहीन चमत्कारवाद यही बड़े ग़ुलाम अली खाँ अपनी ठुमरी में नहीं ले आते और इसीलिए ठुमरी में उनका स्थान अक्षुण्ण है। अन्य घरानों ने ठुमरी को यथासम्भव गौण माना और स्वयं का प्रभुत्व ख्याल में ही सिद्ध किया। पर यह अपना-अपना मनोधर्म है। उसे दोष देना बेकार है। अन्य गायकों ने ख्याल में अपना प्रभुत्व प्रस्थापित किया, उसी प्रकार इन्होंने अपना प्रभुत्व ठुमरी में सिद्ध किया। और इतना तो निश्चित रूप से कहना पड़ेगा कि इनकी ठुमरी एक ऐसा आभूषण है जो घरानेदार ख्यालियों ने ठुमरी को उपहार में दिया है।

प्रस्तुत अध्याय में मैंने अब तक सिर्फ़ बड़े ग़ुलाम अली ख़ाँ का ही उल्लेख किया है। इस अपराध के स्वामी अन्य भी बहुतेरे हैं। यही नहीं, बल्कि नज़र तो यही आता है कि आजकल के लगभग सभी गायक-वादक इस मोह की बलि चढ़ चुके हैं। इनमें क़रीब सभी ख्यातनाम गायकों के नामों का समावेश है। उनमें पं. रविशंकर सतारिये आते हैं। अली अकबर ख़ाँ सरोदिये हैं और ख़ाँ साहब विलायत ख़ाँ सतारिये भी इसी के अन्तर्गत आते हैं। और इन महाजनों ने जो मार्ग बना दिया है, उसी मार्ग से अन्य सभी गायक-वादक चल रहे हैं। लेकिन इस सन्दर्भ में बड़े ग़ुलाम अली खाँ का ही उल्लेख प्रमुख रूप में करने का कारण यह है कि वे मुख्यतया गायक हैं। और बुज़ुर्गी एवं अधिकार के ख्याल से वे सबसे बड़े हैं। केवल नाम से ही नहीं, वाकई वे सबसे बड़े हैं और घरानेदार हैं। घरानेदारी उन्हें विरासत में मिली है और हम क्या कर रहे हैं इसका सबसे अधिक एहसास उन्हें है।

प्रारम्भ में ही यह कहा गया है कि ख़ाँ साहब ग़ुलाम अली का गायन याने एक प्रश्नचिह्न है। यही नहीं, बल्कि वह एक प्रमुख और जटिल प्रश्न है। चमत्कारवाद तो उसका एक मसला है ही, लेकिन उससे एक और महान् समस्या निर्माण हो गयी है। और वह यह है कि ग़ुलाम अली ख़ाँ के गायन के श्रोताओं की संख्या असीम होती है। यह सौभाग्य सिर्फ़ उन्हीं के पल्ले पड़ा है ऐसी बात नहीं है। आजकल के सभी ख्यातनाम गायक-वादक इस

भाग्य के धनी हैं। उन सबके गायन और वादन की एकमात्र विशिष्टता 'चमत्कारवाद' ही हो गयी है और 'रसनिर्माण' का उद्देश्य गौण हो गया है। दस-पाँच साल पहले तक श्रोताओं की संख्या दो-तीन सौ तक ही सीमित होती थी और वह संख्या सही मानों में रसिक श्रोताओं की होती थी। लेकिन आज श्रोताओं की संख्या दस गुना बढ़ गयी है। यही नहीं, कई बार तो वह पाँच-पाँच हज़ार से भी अधिक हो जाती है। सरसरी तौर पर ऐसा नज़र आता है कि भारतीय संगीत के इतने अच्छे दिन आये हैं कि कोई भी मारे ख़ुशी से नाच उठे। लेकिन इतने बड़े समाज का रंजन करते समय कला का स्तर नीचे लाना पड़ता है। और फिर उसमें चमत्कारवाद जैसे तरीक़े का सहारा लेना पड़ता है। इसका दूसरा अर्थ यह है कि हमारी 'पर्दानशीन' और 'घरानेदार' गायकी इतना बड़ा समाज सह नहीं सकती। आजकल संगीत सम्मेलनों में आने वाले इस असीम समुदाय का रंजन बग़ैर चमत्कारवाद का सहारा लिये किस प्रकार किया जाय, यह एक नयी ही समस्या निर्माण हो गयी है। और यही वास्तविक यक्ष-प्रश्न है। इस कारण हमारे भारतीय संगीत में क्या-क्या परिवर्तन होंगे, या बड़े ग़ुलाम अली जैसे कलाकारों को करने पड़ेंगे सो कौन कह सकता है? अधिकारी एवं विचारशील संगीतज्ञों को डराने वाला यही सवाल है। इस वजह से पश्चिमी संगीत का हार्मनी का सिद्धान्त कलाकारों को स्वीकार करना पड़ सकता है क्या इस तरह का संकट उठ खड़ा हो गया है। पश्चिमी संगीत पहले से लिखा हुआ होता है और उस समय श्रोतावर्ग नहीं होता। जैसा लिखा है उसी के अनुसार उसे बजाना पड़ता है इसलिए ऐन मौक़े पर उछलकूद और चमत्कार निर्माण करने की कोई गुंजाइश उसमें नहीं होती। इसके अलावा हमारे 'मेलडी' संगीत के समान सूक्ष्म भी वह नहीं होता। इसलिए उसमें विभिन्न प्रकार, जाति तथा मिठास वाले भिन्न-भिन्न वाद्य एक ही समय बजाये जा सकते हैं। इस कारण से उस संगीत में जो ठोसपन आ गया है वह एक ही समय हज़ारों श्रोताओं को रिझा सकता है। लेकिन इस विषय का विवेचन अलग से करना होगा (वह परिशिष्ट में किया गया है)। फ़िलहाल, इस यक्ष-प्रश्न का जो स्वरूप है वही देखना था। उसका उत्तर देने की जिम्मेदारी भविष्य पर ही सौंपना बेहतर होगा।

बड़े ग़ुलाम अली ख़ाँ साहब की गायकी के बारे में इतनी चर्चा हो चुकने पर उसकी आकृतिमयता अर्थात् 'बन्दिश' की उपेक्षा उनके द्वारा कैसे होती

है यह समझ में आ जायेगा। इस बन्दिश की मुख्य शर्त यह है कि हर मात्राकाल के प्रति, उसके चतुर्थांश या अष्टमांश भाग की ओर भी हमेशा सतर्क रहना चाहिये। फिर ठेके के प्रत्येक आवर्तन की सम्पूर्ण तथा एकात्म आकृति बननी चाहिये। ऐसे आकृतिमय आवर्तनों को इस प्रकार सजाना चाहिये कि हर अगला आवर्तन पहले से बेहतर हो। लेकिन ख़ाँ साहब की आवाज़ में ही विभिन्न गुणों की इतनी अधिकता है कि उन सब की करामात को पूरा-पूरा मौक़ा दिये बग़ैर उन्हें चैन ही नहीं पड़ता और तब उन सबकी सुसंगठित योजना का प्रयोजन धरा रह जाता है। "आपका गाना घरानेदार नहीं लगता ऐसा आरोप अन्य घरानेदार गायक करते हैं।" यह कहने पर ख़ाँ साहब ने देवधर जी को जो गाना सुनाया तब, उतने समय के लिए ही क्यों न हो, उन्होंने आश्चर्यकारक, बिलकुल अपवादात्मक संयम का परिचय दिया होगा यह स्पष्ट ही है। अन्यथा पहले बीस मिनट तक इस आवाज़ में तान है या नहीं ऐसा सन्देह उपजाने वाले शान्त आलाप, फिर उतना ही सुन्दर बोलअंग तथा अन्त में तोप के गोलों के समान गमकयुक्त तानें—ऐसी बनावट सम्भव ही नहीं थी। लेकिन देवधर जी ने उन्हें इतना आड़े हाथों लिया इसी कारण यह कमाल हो सका। वरना बन्दिश की ओर ध्यान देना उनके स्वभाव में ही नहीं है। आवाज़ का चंचल चपल घोड़ा उन्हें स्वयं की गायकी का आसन सामान्यतया स्थिर नहीं रखने देता और वह घोड़ा जिधर दौड़ता है उन्हें भी उधर ही जाना पड़ता है। इस प्रकार की अनियमित, इतस्ततः एवं अनियन्त्रित चपलता ख्याल गायकी को स्वीकार नहीं है। ख़ाँ साहब जैसा कहते हैं उस प्रकार बड़े समाज की ख़ुशामद करनी पड़ती है इसलिए ऐसी बात हो जाती है, यह मानने के बजाय बन्दिश की ओर उनका ध्यान मूलतः ही नहीं है, यही उनकी गायकी का मतलब लेना होगा। लेकिन कुछ भी हो, उन्होंने अपनी बहुरंगी आवाज़ के विविध गुणों से गायन का क्षेत्र विस्तृत किया और उसमें अनेक विधाएँ निर्मित कीं इतना श्रेय तो उन्हें निश्चित ही प्रदान करना होगा। और फिर अब तक उन्होंने एकात्म अखण्ड आकृति का ज़्यादा निर्माण न भी किया हो तो यह क्यों मान लें कि आगे भी ऐसा नहीं होगा? और शायद वैसा न भी हो तो उन्हीं का कोई शागिर्द यह कमाल कर नहीं दिखायेगा यह कैसे कहा जा सकता है? वैसा होने पर वह एक अभूतपूर्व कलाकृति होगी तथा जानकारों में भी अपना चिरन्तन स्थान बना लेगी इसमें सन्देह नहीं।

इन्दौर और अमीर ख़ाँ

स्वर और लय, संगीत के इन दो सिरों को जोड़ने वाली रेखा को पूरा बनाने के लिये बाक़ी बचे हुए ख़ाँ साहब अमीर ख़ाँ या उनके इन्दौर घराने की गायकी की ओर अब ध्यान देना ज़रूरी है। इस दृष्टि से इस गायकी का स्थान ख़ाँ साहब अब्दुल करीम ख़ाँ किराने वाले की स्वर प्रधान अन्तिम सिरे की गायकी के इस ओर, लेकिन ख़ाँ साहब बड़े ग़ुलाम अली ख़ाँ की पटियाला या पंजाब गायकी के उस ओर है। किराना घराना स्वर के नशे की ओर पूरी तरह झुका हुआ, इसलिए वह लयकारी के प्रति उदासीन रहा। लेकिन स्वीकार करना होगा कि उसकी अपेक्षा इन्दौर घराने ने लयकारी का ख्याल काफ़ी रखा। लेकिन यह ख्याल ख़ाँ साहब ग़ुलाम अली की पटियाला गायकी की तुलना में कम है यह भी समझ में आ जायेगा। किराना घराने में सम पर आते समय, और उतने ही समय के लिए ताल से सम्बन्ध रखा गया, जब कि इन्दौर गायकी ने लयकारी का एहसास बीच-बीच में भी रखा। यही नहीं, बल्कि मध्यलय की चीज़ों में तो उसे निरन्तर बनाये रखा। लेकिन अपने विलम्बित ख्याल में उन्होंने स्वर विलास के साथ लयकारी का 'विलास' अथवा उत्कर्ष नहीं बनाये रखा। उसकी तुलना में ख़ाँ साहब ग़ुलाम अली की पटियाला गायकी ने बोलअंग और बोलतान इन बातों को काफ़ी प्रधानता दी। ख़ाँ साहब अमीर ख़ाँ की गायकी में बोलअंग भी नहीं है और बोलतान तो है ही नहीं। इसी दृष्टि से इस गायकी का स्थान उस आड़ी लकीर में पटियाला और किराना के बीच होगा ऐसा कहा गया है।

संगीत के दो अंग—स्वर एवं लय—का विचार करने पर नज़र आता है कि स्वर-अंग की ओर ही कोई गायकी जितना अधिक ध्यान देगी उसी

मात्रा में वह स्वर का नशा, मादकता या क़ैफ अधिक निर्माण करेगी। और यदि दूसरे शब्दों में कहा जाय तो यह गायकी उसकी अपेक्षा शान्त, सुस्त और यदा-कदा उत्साहहीन होगी। इसके विपरीत लय की या लयकारी की अनुभूति कोई गायकी जिस अनुपात में अधिक रखेगी उसी मात्रा में वह अधिक उल्लसित, गतिमान और अठखेलियाँ करने वाली होगी। लेकिन स्वर की सच्चाई की सम्पूर्ण उपेक्षा कर कोई गायकी लयकारी की ओर ही झुकी रहेगी तो वह अपेक्षाकृत सूखी, रूखी तथा चिलचिलाती हुई होगी। मतलब, स्वराधिक्य माने सुस्ती तथा लय की अधिकता अर्थात् गतिशीलता यह माना जा सकता है। यही दूसरे शब्दों में कहें तो भोर की निद्रितावस्था, सुबह का ताज़ापन और उल्लास और दुपहर का चिलचिलातापन यह गायन प्रकारों की आदि, मध्य तथा अन्त की अवस्थाएँ हैं।

इस दृष्टि से इन्दौर घराने की धीमे ख्याल की गायकी माने नींद से पूरी तरह से न जगी हुई और फिर थोड़ी देर ही सोने की इच्छा रखने वाली और फिर भी पड़े-पड़े ही क्यों न हो, दिनभर के कामकाज का सोच-विचार करने वाली है। और इसका कारण यह है कि मूलतः यह गायकी ख्यातनाम 'भेंडीबाज़ार वाले' घराने की 'मेरखण्ड' की गायकी ही थी। (लगभग पचास-साठ वर्ष पूर्व इस इन्दौर घराने के गायक बम्बई में भेंडीबाज़ार में रहते थे। इसलिए उनका नाम 'भेंडीबाज़ार वाले' हो गया। उसमें तुच्छतादर्शक कुछ भी नहीं है।) और उस पर भी किराने वाले प्रसिद्ध ख़ाँ साहब अब्दुल वहीद ख़ाँ साहब के आलाप बाजी की गहरी छाया। ये अब्दुल वहीद ख़ाँ माने श्रीमती हीराबाई बडोदेकर के गुरुजी तथा ख़ाँ साहब अब्दुल करीम के सगे सम्बन्धी) एक तो भेंडीबाज़ार वालों की 'मेरखण्ड' गायकी ही मूलतः गणितीय पद्धति से, किसी स्वरसंख्या के जितने भी प्रकार हो सकते हैं उन सभी की ओर ध्यान देने की आकांक्षा रखने वाली है। तीन स्वरों के गणितीय पद्धति से होने वाले छह प्रकार, चार स्वरों के उसी पद्धति से होने वाले चौबीस प्रकार अथवा पाँच स्वरों के एक सौ बीस, इस प्रकार बढ़ती जाने वाली श्रेणि से होने वाले अंसख्य प्रकारों को ही 'मेरखण्ड' कहा जाता है। एक ही स्वरमालिका के होने वाले ऐसे असंख्य प्रकारों में से तरतम-बुद्धि रखकर, किस समय तथा किन दो स्वरमालिकाओं के बीच उनका कोई एक विशिष्ट प्रकार अच्छा लगेगा इसका हेतुपूर्वक विचार होना चाहिये। और उसके लिए उसके कौन से प्रकार जानबूझकर

छोड़ देने होंगे यह तय कर उनकी काट–छाँट निर्दयतापूर्वक की जानी चाहिये। इस घराने के बारे में यही शिकायत है कि ऐसी काँट–छाँट मुस्तैदी से नहीं की जाती। निश्चित रूप से इसका यह मतलब नहीं कि उसकी हर दो स्वर–संगतियों में सूक्ष्म अन्तर होता ही नहीं। लेकिन वह फ़र्क़ जितना स्पष्ट, उभरकर दिखाने वाला तथा मन में समाने वाला होना चाहिये उतना होता नहीं है। इसलिए वैचित्र्य का, वैधर्म्य का जो तत्त्व कलाकार को जिस तरह हमेशा अपनी दृष्टि के सम्मुख रखना चाहिये उसे उस तरह करने में अड़चन आती है। मेरखण्ड अथवा भेंडीबाज़ार वाले घराने के पूर्व सूरियों ने लयकारी की ओर ख़ूब ध्यान दिया था तथा अभी हाल ही में स्वर्गवासी हुए ख़ाँ साहब अमान अली ख़ाँ ने तो यह ध्यान बहुत ही रखा। अमान अली ख़ाँ का अधिकांश जोर मध्यलय पर था और वह भी द्रुत की ओर झुकने वाली ही थी। स्वर लगाने की उनकी पद्धति अत्यन्त नाज़ुक थी, जिसमें एक प्रकार की मनोरम लचक और दुलराहट थी। इसलिए मध्यलय में उनकी चीज़ शुरू होते ही वह किसी शुभांगी के नृत्य के समान लगती। यही नहीं, इस घराने के किसी का भी गायन सुनने पर उसकी संगीतविषयक धारणा ही नृत्यात्मक है ऐसा प्रतीत होता है। उसका एक–एक स्वरविन्यास मानो नृत्य का पदन्यास लगता है। उसकी शोभा, नज़ाकत, लचक, स्वरों के मोड़ और डोल यह सब नृत्यविलास की ही याद दिलाते हैं। संगीत की कल्पना सम्पूर्णतया नृत्यमय हो या नहीं इस बारे में मतभेद हो सकता है। वह कार्य प्रत्यक्ष नृत्य ही क्या अधिक अच्छे ढंग से नहीं करेगा, यह सवाल भी यहाँ उठ सकता है। लेकिन वह एक प्रणाली है यह बात निर्विवाद है। इस दृष्टि से उसे संगीत की नृत्यात्मक धारणा (Dance Conception of Music) कहने की इच्छा होती है। संगीत के स्वर तथा लय इन दो अंगों में से सिर्फ़ एक ही, माने लय के इस अंग पर ही नृत्य मुख्यतया आधारित होता है। इसलिए ऐसा होना स्वाभाविक है, यह भी कहा जा सकता है।

अमीर ख़ाँ साहब के पिता ख़ाँ साहब शाहमीर ख़ाँ को इसी घराने की तालीम थी और घर की तालीम के नाम पर अमीर ख़ाँ साहब को यही विरासत में मिली। इसमें आगे चलकर एक फ़र्क़ आया। वह यह कि अमीर ख़ाँ पर ख़ाँ साहब अब्दुल वहीद ख़ाँ का ही बेहद असर हुआ। वहीद ख़ाँ साहब किराना घराने के ही ख्यातनाम कलाकार थे और उनकी स्वरविलास

की पद्धति ख़ास किराना घराने की ही थी। स्वरों की शुद्धता की ओर काँटेतौल ध्यान उनके स्वभाव में ही था और फिर यह परम्परागत भी था। जैसा कि ऊपर बताया गया है वह सुर के नशे में ही मदमस्त रहने वाली थी। यद्यपि बहीद ख़ाँ साहब की तालीम अमीर ख़ाँ को हासिल नहीं हुई थी फिर भी उनकी गायकी में जो स्वर की मस्ती थी वह उन्होंने समूची ले ली। इतनी कि वहीद ख़ाँ साहब स्वयं ही उन पर बहुत ख़ुश हुए और उन्होंने "मेरे बाद मेरी गायकी तुम्हारी वजह से ही जीवित रहेगी ऐसा मुझे यक़ीन है" ऐसी दुआ भी इन्हें दी थी (देखिये, 'संगीत कला विहार' दिसम्बर १९५६ में प्रो. देवधर का लेख)।

ख़ाँ साहब वहीद ख़ाँ की आलापबाजी की गहरी छाया अमीर ख़ाँ पर इस कदर है कि उनके विलम्बित ख्याल में वहीद ख़ाँ साहब की ही याद आती है और फिर यहाँ वे ख़ास विरासत में मिली अपनी भेंडीबाज़ार वाली नृत्यात्मक गायकी को पूरी तरह भूल जाते हैं और उसमें की लयकारी को भी (फिर चाहे वह मध्यलय ही क्यों न हो) कोई अवसर नहीं देते। इसलिए उनका कोई बड़ा ख्याल शुरू होने पर उसमें वे शान्त, सुस्त और फिर भी हृदयंगम ऐसा वातावरण तैयार करते हैं। उसकी लय भी वे बहुत धीमी रखते हैं। इतनी कि उसका अंकुश इस कारण ग़ायब हो जाता है और लयकारी के प्रति उदासीन रह सकने के कारण उसमें स्वरविलास की मस्ती वे सिद्ध कर पाते हैं। सिर्फ़ सम के समय या उसके आसपास उसका ध्यान रखना काफ़ी है। पर उनकी द्रुतलय की ओर झुकने वाली मध्यलय में वे फिर से स्वयं की भेंडीबाज़ार वाली नृत्यात्मक गायकी का ही एहसास करा देते हैं।

स्वर की मस्ती की एक विशेषता है कि जिस-जिस गायकी में उसी की ओर झुकाव हो वहाँ-वहाँ सम्पूर्ण चीज़ अथवा उसकी बन्दिश की ओर लापरवाही हो तो भी चल जाता है और सारा ध्यान आलापबाजी की ओर ही होता है। अलावा इसके जिन रागों में आलापबाजी के लिए पर्याप्त अवसर होता है ऐसे ही राग गाने की ओर प्रवृत्ति सामान्यतया होती है। माने शुद्धकल्याण, दरबारी, मालकौंस, भीमपलासी, मुलतानी, तोड़ी, असावरी, ललित आदि रागों पर अधिक जोर दिया जाता है। इन्दौर, पटियाला और किराना ये तीनों गायकियाँ स्वरों की मस्ती में कम अधिक मात्रा में डूबी रहती हैं और इन तीनों घरानों में यही अथवा ऐसे ही राग ज़्यादा से ज़्यादा

गाये जाते हैं। आवाज़ की चपलता और सुरीलापन तीनों घरानों में समान रूप से है। उसी प्रकार पहले एक स्थान पर वर्णित स्वरों के ऊपर-नीचे के सूक्ष्म कण लगाने की पद्धति की प्रबलता इन तीनों घरानों में समान रूप से ही है। आलापबाजी में ही निमग्न हो जाने के कारण कई बार मध्यम पंचम तक पहुँचते-पहुँचते आधा-पौन घण्टा सहज लग जाता है। चमत्कार की ओर झुकने के कारण सिर्फ़ ग़ुलाम अली ही इसके अपवाद हैं। आवाज़ की चपलता के कारण इनकी तान की गति भी बहुत ही तेज़ होती है और अमीर ख़ाँ साहब तो तीनों सप्तकों में उस गति से बेहद सफ़ाई के साथ फिरत करते हैं।

किराना और पटियाला गायकी की भाँति यह घराना भी तंतकारों का ही है। अमीर ख़ाँ साहब के पिता ख़ाँ साहब शाहमीर ख़ाँ प्रसिद्ध सारंगिये थे और ख़ुद अमीर खाँ को भी सारंगी का शौक़ है। लिहाज़ा तांत का खिंचाव तीनों घरानों में समान रूप से है। और तांत की ओर जो यह खिंचाव है उसकी विशेषता यह है कि इसमें आलापबाजी ही उभर के हो सकती है और उनकी तान में किचकिचाहट आती है और वह बेसुरी तथा कर्णकटु भी हो जाती है। इसलिए तंतकारों का ज़्यादा जोर आलापबाजी पर होना स्वाभाविक है। इसी कारण से तान का खिंचाव रखने वाले सभी घराने सामान्यतया आलापबाजी के ही उपासक होते हैं। सूक्ष्म कण लगाने की प्रबलता भी तांत के खिंचाव के कारण ही उत्पन्न होती है और यह सारी बातें अमीर ख़ाँ साहब की गायकी में प्रमुखता से नज़र आती हैं।

अमीर ख़ाँ साहब की एक और विशेषता उल्लेखनीय है। वह यह कि वे इस ज़माने के रसभंग करने वाले चमत्कारवाद से पूरी तरह अलिप्त हैं। और आजकल बड़े-बड़े संगीत समारोहों में जो जुगलबन्दी का दंगा होता है उसके, तथा पिछले अध्याय में वर्णित श्रोताओं को हैरत में डाल देने की लालसा के भी वे अपवाद हैं। उम्र में ख़ाँ साहब व ग़ुलाम अली ख़ाँ से काफ़ी छोटे होने पर भी वे चमत्कारवाद से घिर नहीं गये हैं जिससे बड़ा आश्चर्य होता है और उनके प्रति सम्मान भी दुगुना हो जाता है। बड़े ग़ुलाम अली, पं. रविशंकर सितारिये, उस्ताद अली अकबर ख़ाँ सरोदिये या विलायत खाँ साहब सितार नवाज यह सब जो आजकल की संगीत परिषदों के आराध्य देवता माने Musical Gods हो गये हैं उन्हीं के समान अमीर ख़ाँ को भी सारे भारत से निमन्त्रण आते रहते हैं। इस दृष्टि से वे

भी अपनी आहुति चमत्कारवाद में दे देते तो कोई एतराज़ नहीं था। लेकिन अपनी कला के प्रति उनकी ईमानदारी इतनी ज़बरदस्त है कि उन्होंने इस हंगामें में भी अपनी कला को तिल भर भी नीचे नहीं गिरने दिया है। पहले के किसी भी विख्यात गायक ने श्रोताओं को चकित कर देने का लालच नहीं किया था और उनके सारे प्रतिनिधि आज भी इस मार्ग पर नहीं चलते। लेकिन अपार लोकप्रियता प्राप्त होने पर भी और भ्रष्ट होने का इतना अच्छा अवसर बिलकुल निकट होते हुए भी जिन्होंने स्वयं की कला का पतन नहीं होने दिया, उनकी कलात्मक ईमानदारी की जितनी भी सराहना की जाय कम ही होगी। इस चमत्कारवाद का समर्थन करने के लिए हमेशा यही बहाना बनाया जाता है कि स्वयं श्रोता ही चाहते हैं कि कुछ झड़प, जुगलबन्दी और चमत्कार दिखायी दे। लेकिन वास्तव में कोई श्रोता ऐसा नहीं कहता और गायकी का असली सिक्का पास होने पर ऐसी अवांछनीय बातों की ज़रूरत भी नहीं होती। लेकिन कलाकार ही जाने कैसी–कैसी बातें सुनाकर श्रोताओं को उभाड़ें और फिर उनकी ही अपेक्षा वैसी थी यह कहें, इसे क्या कहा जाय? सिक्का खरा हो तो इतनी सुस्त गायकी भी बड़े समाज में चल सकती है। वे उसे ख़ुशी–ख़ुशी सुनते हैं और उसका आनन्द उठा सकते हैं। यही बात क्या अमीर ख़ाँ साहब की ईमानदार गायकी से सिद्ध नहीं होती, अमीर ख़ाँ साहब को ठुमरी गाना कभी भी आवश्यक प्रतीत नहीं हुआ और आज भी वे उसे गाते ही नहीं। क्या यह भी उनकी कलात्मक ईमानदारी का प्रमाण नहीं है? आज के इस अशोभनीय और नीरस चमत्कारवाद में आशा की कम से कम यह एक किरण नज़र आती है, यही उसमें एक संतोष की बात है।

९. सम्भवनीय आक्षेप

सम्भवनीय आक्षेप

पिछले कुछ अध्यायों में हिन्दुस्तानी संगीत में इस ज़माने के अधिकांश प्रचलित एवं ख्यातनाम घरानों के बारे में विचार किया गया है और उनके गुण तथा विशिष्टताओं की चर्चा भी एक संगीतविषयक सिद्धान्त के अनुसार की गयी है। उसमें उपयोगी अन्य अनेक तथ्यों का विवेचन भी कथाप्रसंग से हो गया है। लेकिन इतनी चर्चा के पश्चात् तथा सभी घरानों को एक सूत्र में इस प्रकार रखने के बाद कुछ सम्भवनीय आक्षेपों का विचार तथा उस प्रसंग में कुछ अन्य बातों की चर्चा करना ज़रूरी है।

ऐसा करने से पहले एकांगी स्वर और एकांगी लय इनको आपस में जोड़ने वाली जो एक काल्पनिक रेखा मानी गयी है और जिसमें अलग-अलग स्थानों पर विभिन्न घराने कहाँ-कहाँ बैठते हैं इसका विवेचन किया गया है उसे अब आकृति रूप में ही खींचकर दर्शाना उचित होगा।

स्वर व लय का मेल

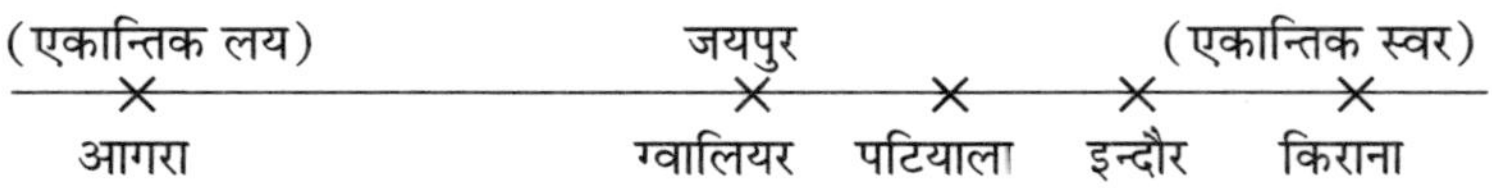

इस सीधी रेखा के बारे में कुछ स्पष्टीकरण आवश्यक है। वह यह कि अब तक के चार अध्यायों में और ऊपर की सीधी रेखा में भिन्न-भिन्न घरानों के स्थान के अलग-अलग गुणन चिह्नों से दिखाये गये हैं। लेकिन यहाँ जोर देकर कहने की बात यह है कि इन सब स्थानों को बिन्दु या point मानकर नहीं चला जा सकता। उन्हें अचल और बिलकुल नाप-जोखकर खींची गयी जगहें अथवा बिन्दुवत् स्थान न मानकर regions अर्थात् मोटे तौर पर 'क्षेत्र' मानना ही उचित होगा। 'point' और 'region' में जो फ़र्क़

है उसे यहाँ अवश्य ध्यान में लें। 'point' में कोई सूक्ष्म जगह बिलकुल नाप-जोखकर निश्चित की जाती है। लेकिन region में कोई आकार से बड़ा भू प्रदेश मोटे तौर पर निर्देशित किया जाता है और उसे ज़्यादा कम, छोटा-बड़ा होने या इधर-उधर खिसकने का अवसर होता है। इन चार अध्यायों में विभिन्न घरानों के जो स्थान दर्शाये हैं उन सबको इसी स्थूल रूप में ही समझना आवश्यक है। उन्हें एकदम गणित के काँटा-तौल हिसाब से लेने पर काम नहीं चलेगा और उस काँटा-तौल हिसाब से उनका वर्णन करने का उद्देश्य भी नहीं है। वैसा प्रयास बेमतलब ही होगा।

अब तक हम इस सीधी रेखा की ही भाषा में बातें कर रहे थे। पर मुझे लगता है कि उस कल्पना को एक अर्धवृत्त में जमायें तो अधिक तर्कसंगत होगा। सीधी रेखा में सारे घराने एक ही स्तर पर रखे जाते हैं। लेकिन स्वर तथा लय का हृदयंगम मेल जिस गायकी में जिस मात्रा में बैठाया जायेगा वह उस अनुपात में श्रेष्ठ सिद्ध होगी ऐसी जो एक (फिर वह अनेक में से एक क्यों न हो) अनुक्रम की कसौटी तय कर ली जाय तो इस कल्पना को एक अर्धवृत्त में ही ज़माना अधिक युक्तिसंगत होगा।

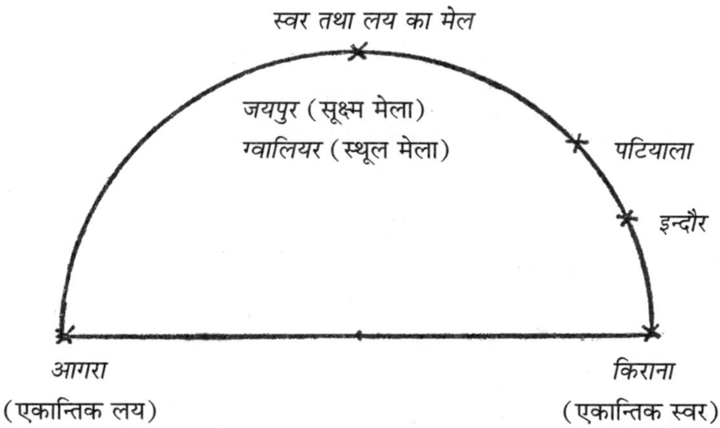

उक्त अर्धवृत्त में एकांगी स्वरप्रधान गायकी एक सिरे पर है और दूसरे सिरे पर लय प्रधान गायकी है। ये दोनों कलागत सहिष्णुता के अन्तिम सिरे या सीमा है, यह पहले ही कहा जा चुका है। लेकिन स्वर और लय में दोनों संगीत के अंग अपने एकांगी स्थान का आग्रह छोड़कर जिस मात्रा में हाथ

मिलाते हैं उस मात्रा में वह गायकी इस सिद्धान्तानुरूप कला की दृष्टि से श्रेष्ठ सिद्ध होती है यह बात ऊपर वाले अर्धवृत्त से अधिक स्पष्टता के साथ प्रतीत होगी, इसलिए इस अर्धवृत्त की कल्पना को अधिक पसन्द करना योग्य होगा।

और यहीं संगीतविषयक एक अत्यन्त नाज़ुक और एक अत्यन्त विवादास्पद प्रश्न के प्रारम्भ होने का डर है और उसकी परिणति कभी कलह के रूप में भी होने की सम्भावना है। संगीत का सारा कारोबार ही अत्यन्त भावना-प्रवण है। तिस पर, सब घरानेदार गायक अपनी गायकी की दृष्टि से अत्यन्त मान्यवर कलाकार होते हुए भी सैद्धान्तिक विवेचन उनमें से अधिकांश का क्षेत्र नहीं है यह मान लेना उचित है। अलावा इसके हरएक को स्वयं का घराना सर्वश्रेष्ठ प्रतीत हो यह भी मानवी स्वभाव के अनुरूप ही है। इसलिए ऐसे विवाद को अमंगल स्वरूप प्राप्त होने की सम्भावना सदा बनी रहेगी। लेकिन सारी बातें सही साबित हों तो वह ख़तरा लेकर भी प्रस्तुत जैसी विवेचना उसी प्रकार जारी रखना ठीक होगा। लेकिन ऐसा करते समय दूसरी ओर से कोई आपत्ति उठायी जाय तो समझदारी के साथ उसका ख़्याल रखा ही जाना चाहिये।

इस दृष्टि से यहाँ कुछ आपत्तियाँ उठायी जाने की सम्भावना है। उनमें से एक यह कि जिस सिद्धान्त के आधार पर आप जयपुर गायकी को कला का उच्च नमूना या आदर्श कहते हैं वह सिद्धान्त भी क्योंकर सही है? वह आपको किसने बताया? उसका प्रमाण क्या है? इन प्रश्नों का उत्तर यह है कि मेरे पास ऐसा देने योग्य प्रमाण न हो, अथवा प्राचीन और अर्वाचीन संगीतज्ञों ने ऐसा सिद्धान्त इस प्रयोजन से कहीं भी प्रतिपादित किया हुआ नज़र न आता हो, तो इसी एक वजह से वह सर्वथा त्याज्य क्यों माना जाय? इसके अलावा, ऐसा सिद्धान्त पहले कभी प्रस्तुत नहीं किया गया था इसका अर्थ क्या इसी प्रकार नहीं लिया जाना चाहिये कि संगीत की ओर सौन्दर्यात्मक सैद्धान्तिक विवेचना की दृष्टि से देखने की या उसके बारे में चिन्तनपूर्वक लिखने की प्रथा ही अभी तक बनी नहीं है? अतएव, कोई इस दृष्टि से प्रयास करता है तो मात्र इसी कारण से उसके द्वारा प्रस्तुत की गयी विचार-प्रणाली को त्याज्य क्यों निर्धारित किया जाय? अलावा इसके, लय और स्वर ये संगीत के दो ही अंग जब सर्वमान्य हैं ऐसा मान लें तो उन दोनों का मेल बैठाने वाली गायकी को ही अधिक कलात्मक

समझना क्या स्वाभाविक तथा तर्कसंगत नहीं है? तिस पर भी, इस सिद्धान्त में ऐसी कठिन बात क्या है कि जिसे किन्हीं पूर्वाचार्यों द्वारा प्रत्यक्ष शब्दांकित कर बताया जाना आवश्यक था? यह सिद्धान्त ही क्या किसी को भी सूझने और जँचने योग्य नहीं है?

स्पष्ट ही, यह कथन आग्रहपूर्वक प्रस्तुत करने का कोई इरादा नहीं है। लेखक ने संगीतज्ञों के अवलोकन के लिए और विचारार्थ फ़िलहाल एक विचार रखा है। और उस दृष्टि से संगीत सम्बन्धी तत्त्वचिन्तनात्मक प्रथा प्रारम्भ होती हो तो आलोचकों को वह नहीं चाहिये ऐसा क्यों समझ ले?

इसमें और एक महत्त्व की बात अवश्य ही ध्यान में ली जानी चाहिये। और वह यह कि इस सारी मीमांसा में किसी भी कलाकार का अनादर करने की भावना नहीं है। यही नहीं, बल्कि प्रत्येक उल्लिखित कलाकार के व्यक्तिगत कलागुण समझ लेने का साग्रह प्रयास है, यही दिखायी देगा। सारे उल्लिखित कलाकार अपने-अपने घराने की गायकी में मान्यवर थे या हैं, तथा उनकी व्यक्तिगत महत्ता को किसी प्रकार की ठेस पहुँचाने का यहाँ कोई प्रश्न ही नहीं है। फिर, वे सब अपने घराने के जनक, संस्थापक या उद्‌गाता थे या हैं। और इस दृष्टि से वे सभी, लेखक के ही नहीं बल्कि संगीत के सभी अभ्यासकों के आदर-स्थान बन चुके हैं। इसके अलावा यहाँ जो आलोचना की गयी है वह उन मान्यवर कलाकारों के व्यक्तिगत कलागुणों की अथवा बड़प्पन की नहीं, उनकी सौन्दर्य-प्रणाली की और उस प्रणाली के दर्शन की है। और उसे इसी अर्थ में लिया जाना चाहिये। लेकिन ऐसी प्रणाली के बारे में ठीक-ठीक विचार-विमर्श करना हो तो वह चिकना-चुपड़ा नहीं हो सकता। यह बात तो स्पष्ट ही होनी चाहिये। इसमें यदि किसी की पूर्वमान्यताओं का कुछ विरोध भी करना आवश्यक हो तो उस कर्तव्य को टाला नहीं जा सकता। अन्य क्षेत्रों की तुलना में संगीत क्षेत्र में वातावरण अधिक गँदला होने की सम्भावना ज़्यादा है इसलिए इतना स्पष्टीकरण दिया है। ख़ैर!

पिछले चारों अध्यायों का सार अर्थात् लय और स्वर-संगीत के इन दो अंगों का मेल बैठाने का तत्त्व और उस दृष्टि से यह मेल सर्वाधिक साधकर भी अपनी कला में जिन्होंने धीमी लय में भी सूक्ष्मता तथा लय साधित स्वर का विलास दर्शाया उस जयपुर घराने को ही मैंने वरिष्ठ स्थान दिया है। स्वर्गीय गोविन्दराव टेम्बे ने अल्लादिया ख़ाँ को *'गायन के*

गौरीशंकर[१] की उपमा अपनी पुस्तक *'अल्लादिया ख़ाँ साहब का चरित्र'* में दी है। और वह स्पष्ट ही उनकी गायकी का तथा गायन का सर्वोच्च स्थान होने की वजह से ही दी गयी है। लेकिन कोई मर्मज्ञ अनायास ही कुछ कह जाय और उसमें से एक और हृदयंगम अर्थ निकल कर उस अर्थ के कारण भी वह अधिक उचित बने, इस उपमा के साथ यही हुआ है। शंकर सदा समाधिस्थ होते हैं इसलिए उन्हें मस्त बनाने वाले स्वर के समान माने और गौरी विद्युल्लता की तरह चंचल तथा गतिमान इसलिए उसे लय के समान मानें। इस दृष्टि से गोविन्दराव जी की गौरीशंकर की कल्पना में हमें स्वर और लय का संगम क्या अनायास ही दिखायी नहीं देता?

लेकिन हम इस कल्पना की सम्भवनीय आलोचना की बात कर रहे थे। इस दृष्टि से आलोचकों का मतभेद कहाँ होगा इसका अनुमान करना हो तो एक आलोचना अपेक्षित ही माननी होगी कि स्वरों की मस्ती का जहाँ पूर्ण उपभोग नहीं होता, उस मस्ती की ही सारी राहों का पीछा नहीं किया जाता और उसकी शान्ति का परिपोष नहीं किया जाता उसे क्या, श्रेष्ठ गायकी कहेंगे? इसके अतिरिक्त इस शान्ति को ही मेरे द्वारा जोड़े गये और दो शब्द अर्थात् 'सुस्त' तथा 'निरुत्साही' यह भी उन्हें अच्छे नहीं लगेंगे। वे अपना काम इस एक 'शान्त' शब्द से ही चलायेंगे और उसी में उन्हें सर्वस्व मिल जायेगा।

इस आलोचना का उत्तर यह है कि संगीत का मूल स्वरूप ही मूलतः 'काल' इस संस्था के अन्तर्गत होता है, होना चाहिये। संगीत को, याने दुनिया भर के किसी भी संगीत को, 'Art of Time' ही कहा जाता है। वस्तुरूप प्रत्यक्ष काल का ही संगीत में मात्रारूप में रूपान्तर होता है। यह रूपान्तर दो प्रकार से होता है और यह दोनों प्रकार मानव ने प्रकृति से लिये हैं। जरा बारीकी से देखें तो सृष्टिचक्र की गति के दो प्रकार हैं। एक नियत अर्थात् लय, प्रमाणबद्ध कालान्तर से होने वाली घटनाओं से प्रतीत होने वाला और दूसरा अर्थात् अनियत—जिन्हें प्रमाणबद्ध कालान्तर का कोई भी नाप नहीं ऐसी घटनाओं से प्रतीत होने वाला। नियत गति के उदाहरण

---

१. स्वर्गीय माननीय नामदार श्री जयकर ने ख़ाँ साहब के एक स्वागत-प्रसंग पर किये गये भाषण में 'He is the Mount Everest of Hindustani Music' कहा था। उसी का अनुवाद गोविन्दरावजी ने इस प्रकार किया है।

देने हो तों निश्चित कालान्तर से समुद्र में आने वाला ज्वारभाटा, नियमबद्ध ऋतुचक्र, शरीर में धड़कने वाला हृदय, ग्रह-गोलकों की गति, सूर्य के उदय-अस्त आदि। उसी प्रकार समुद्र की लहरों का विलास, वायु की गति, उस गति के अनुसार पेड़ की पत्तियों की हलचल, मानवी व्यापारों तथा व्यवहारों से उत्पन्न होने वाले भावोद्रेक के फलस्वरूप शरीर तथा उसके अवयवों का संचलन, जीवसृष्टि के प्रत्येक प्राणी का जनम-मरण आदि अनियत गति के उदाहरणस्वरूप दिये जा सकते हैं। इन नियत तथा अनियत दोनों गतियों में एक और नियम दिखायी देता है। वह यह कि नियत चक्र के अन्तर्गत ही अनियत गति का सारा व्यवहार चला करता है। अर्थात् अनियत गति के सारे व्यापार नियत गति के अन्तर्गत होते हैं। और महत्त्व की बात यह कि इन दोनों नियत तथा अनियत गतियों का संगीत में रूपान्तर क्रमशः ताल तथा लय के स्वरूप में होता है। नियत गति को 'standard rhythm' अथवा 'मानक गति' कहा जा सकता है। उसे ही संगीत में 'ठेका' अथवा 'ताल' की संज्ञा प्रदान की गयी है। तो दूसरी को हम 'लय' कहकर सम्बोधित करते हैं। ठेका अथवा ताल तबलची देता अथवा बजाता है। तो गायक के प्रत्यक्ष गायन की क्रिया उस ठेके के अतर्गत, उसी की मर्यादा में लेकिन अनियत लय अथवा लयकारी से होती है। 'लय' इस शब्द का उपयोग एकदम काँटा-जोड़ सतर्कता से नहीं होता। गायन में वह शब्द धीमी 'लय' अर्थात् ठेका और द्रुतलय के माने भी ठेका ही, इस अर्थ से भी गायन में रूढ़ है यह बात यहाँ चलते-चलते कह देना ज़रूरी है। इस अर्थ में उसका इस ग्रन्थ में भी स्थान-स्थान पर प्रयोग किया है। पहली लय घड़ी की टिकटिक की भाँति सतत जारी रहने वाली और उसके प्रत्येक दो आघातों के बीच के कालान्तर को समुद्र के ज्वारभाटे की तरह या ऋतुचक्र की भाँति समान रखने वाली होती है, तो दूसरी काल-खण्ड को असम अथवा विषम रखने वाली होती है। सारे मानवी व्यवहार घड़ी से नियन्त्रित होते हुए भी उसकी सारी क्रिया, ख़ासकर भावोद्रेकों से उत्पन्न शारीरिक अथवा मानसिक हलचल उस नियमित कालान्तर में ही, लेकिन उसके आघातों से कुछ आगे या पीछे होती है। इसके अलावा सृष्टि में जैसे नियत घटनाओं के गुट बन जाते हैं उसी प्रकार 'ताल' की संस्था में कुछ विवक्षित मात्रा-काल के गुट बन जाते हैं। उसमें बड़े गुट और फिर उसके अन्तर्गत छोटे गुट इस तरह के विभेद भी सृष्टि के विभेदों के समान होते हैं। यदि एक वर्ष की कालावधि को ताल का

एक आवर्तन मानें तो उसके छह भाग याने ऋतु, बारह भाग याने महीने, बावन भाग याने सप्ताह आदि होते हैं। संगीत में इसी प्रकार के गुट बनाये जाते हैं; जैसे चार मात्रा का कहरवा, छह मात्रा का दादरा, आठ मात्रा का धुमाली, दस का झपताल, बारह का एक ताल, सोलह का त्रिताल आदि। गायक की कार्यकारी अथवा क्रियान्वित अनियत लय पर कुछ नियन्त्रण तो होता ही है। लेकिन वह होता है भावोद्रेक का। भावोद्रेक कम या अधिक तीव्र होगा तो उस हिसाब से गायक की लय कम या ज़्यादा होगी। लेकिन इस नियोजन के बावजूद 'कालान्तर' की दृष्टि से वह लय अनियत ही होगी यह कहना आवश्यक ही है। इसकी अधिक चर्चा करना स्पष्ट ही ज़रूरी नहीं है। ध्यान में रखने लायक बात यही है कि नियत और अनियत अर्थात् 'standard' और 'functional' इन दोनों काल प्रकारों का संगीत में मात्रारूप रूपान्तर होता रहता है और फिर वह, हम जिसका नित्य अनुभव करते हैं वह व्यावहारिक काल नहीं रह जाता। वास्तविक जो व्यावहारिक काल है उसी के संगीतगत प्रतीक वे बन जाते हैं और उन्हीं के हृदयंगम संयोग से संगीतत्त्व प्राप्त करते हैं। मात्र लय को अथवा ताल के आघात को संगीत नहीं कहते। उसी प्रकार महज़ नाद या स्वर को भी संगीत नहीं कहा जाता। संगीत में प्रत्यक्ष काल का विसर्जन होता है। उसे भुला दिया जाता है और उसका स्वरूप भिन्न-भिन्न स्वरमय आकृतियों से, उस आकृति की अलग-अलग गतियों से दर्शाया जाता है। प्रत्येक स्वरबन्ध को जो एक प्रकार का निश्चित आकार आता चलता है, परिमाणबद्धता आती चलती है, और जिन ऐसी भिन्न-भिन्न आकृतियों के कारण ही प्रत्यक्ष काल को भुला दिया जाता है, वह समूची क्रिया लय के द्वारा ही की जाती है। इसलिए संगीत को 'audible time' अथवा 'श्राव्य काल' भी कहा जाता है। विदुषी श्रीमती लैंगर की पुस्तक 'feeling and form' का उल्लेख पहले ही किया जा चुका है। उसके 'Image of Time' नामक अध्याय में पृष्ठ ११० पर निम्नलिखित उद्धरण मिलेगा :

"But music spreads out Time for our direct and complete apprehension, by letting our hearing monopolise it, organise, fill, and shape it, all alone. It creates an image of time measured by the motion of forms that seem to give it substance, yet a substance that consists entirely of sound, so it is transitoriness itself. *Music makes time audible and its from and continuity sensible.*"

मिसेस लैंगर का विवेचन ताल की ओर अधिक झुका हुआ है। लेकिन यह एकांगी दृष्टिकोण छोड़ दें तो भी उनके द्वारा विवेचित ताल का महत्त्व तथा श्राव्य काल की कल्पना से इनकार नहीं किया जा सकता।

इस सिद्धान्त के बारे में एक और आक्षेप लिए जाने की सम्भावना है। और वह यह कि ऐसी गायकी में स्वरों की जो शुद्धता साधी जाती है ऐसा कहा जाता है वह असल में शुद्धता है ही नहीं, यही नहीं बल्कि वह गाना बेसुरा होता है। यह आक्षेप 'किराने' वालों के द्वारा ही किये जाने की सम्भावनाएँ अधिकतम हैं इसलिए उनका विवेचन उनकी ही दृष्टि से करना आवश्यक है।

एक बात मान्य करनी ही होगी कि जिसे किराना घराने में स्वरों का नशा माना जाता है और जिस पर उस गायकी की सारी दारोमदार होती है उसकी प्रतिष्ठा को यहाँ उतनी अधिक मान्यता नहीं है। अर्थात् अलग-अलग स्वरबन्धों की श्रुतिमनोहर आकृतियाँ और उनके भिन्न-भिन्न स्वरों के पारस्परिक अनुपात साधकर जितना नशा बचे उतना ही यहाँ अभिप्रेत होता है। नशे के लिए स्वराकृतियों का त्याग यहाँ मंज़ूर नहीं है। नशा क्या चीज़ है इसका वर्णन करना अनावश्यक है। लेकिन उसका निर्माण कैसे होता है इसका विचार करने पर प्रतीत होता है कि स्वरों की लम्बाई बेहद बढ़ाकर फिर इन लम्बे किये गये स्वरों में पूर्व-वर्णित ऊपर-नीचे के स्वर लगाने पर एक प्रकार का नादवलय निर्माण होता है और उसी में जैसे समाधि लग जाती है। (तानपूरा पंचम के बजाय निषाद में मिलाने की उनकी पद्धति के कारण भी यह अवस्था अधिक तीव्र हो जाती है।) यही नहीं, इन सूक्ष्मकणों की विपुलता जिस अनुपात में अधिक होगी उस अनुपात में यह गायकी समाधि की अवस्था अधिक निर्माण करती है। इस दृष्टि से यह कहा जा सकता है कि इतनी विपुलता एवं विविधता से कणों का उपयोग किराना घराने के द्वारा ही किया गया और स्वर्गीय श्री गोविन्दराव टेम्बे का कहना था कि महाराष्ट्र में तो कणों की गायकी प्रथम प्रस्थापित करने वाले किराना घराने के उद्गाता खाँ साहब अब्दुल करीम ख़ाँ थे।

लेकिन इस नशे की विशिष्टता यह है कि उसमें विभिन्न स्वरों के समूह बनाकर अलग-अलग लय-प्रकारों की सहायता से इन विभिन्न स्वर-समूहों के स्वरबन्ध तैयार कर उनसे अतीव मनोहर आकृतियों का निर्माण करना—इस क्रिया की ओर अधिक ध्यान जा नहीं सकता। और यदि इस प्रकार ध्यान जाने लगे तो फिर उसमें स्वरों का नशा कैसे रह पायेगा? इस

नशे में गाने वाला और सुनने वाला दोनों अपना होश खो बैठते हैं और उसी में मशगूल हो रहते हैं। यह सब सही हो या उसे एक सौन्दर्य-प्रणाली की प्रतिष्ठा दी या प्राप्त हो गयी हो तो भी दरअसल जो प्रश्न उत्पन्न होता है वह यह है कि आख़िर एक 'कला' के रूप में संगीत का कोई कार्य है या नहीं? और यदि हो तो विभिन्न स्वरबन्ध, आकृति-बन्ध या स्वरवल्लियाँ निर्माण कर उनमें साधर्म्य, वैधर्म्य जैसे सौन्दर्यतत्त्व ग्रथित कर श्रोताओं में उत्कण्ठा निर्माण करना, उसकी पूर्ति कर उनको संतोष प्रदान करना, या परिपूर्ति के बजाय अप्रत्याशित मोड़ देकर उन्हें विस्मित करना और उन क्रियाओं के कारण उत्कण्ठा तीव्रतर कर हर बार उस उत्कण्ठा को विसर्जित करना आदि क्रियाएँ यदि सिद्ध न करनी हों तो फिर संगीत का कार्य है क्या? स्वर को प्रकृति ने ही नशा प्रदान किया है और उसी का विकास याने मात्र नशे का परिपोष ही संगीत के द्वारा किया जाने वाला हो तो कहना ही पड़ेगा कि कलात्मक संरचना, प्रस्तुतीकरण तथा रीति का कोई अर्थ नहीं है।

और अलावा इसके, यह नशा निर्माण करने का कमाल जिस हद तक स्वयं अब्दुल करीम ख़ाँ साहब को हासिल था क्या उतना ही उनके शिष्यों को भी हासिल था या है? और अगर था या है तो वे सब फिर से इसी प्रस्तुतीकरण, रीति तथा सुधरेपन और आकारबद्धता एवं सुघड़ता आदि के पीछे क्यों पड़े थे या हैं? इस दृष्टि से श्रीमती हीराबाई बडोदेकर, रामभाऊ सवाई गन्धर्व, गणपतबुवा बेहरे या भीमसेन जोशी की गायनकला की तुलना अब्दुल करीम ख़ाँ साहब की गायकी से की जा सकती है। प्रतीत होगा कि किराना प्रणाली के इन सभी श्रेष्ठ कलाकारों ने इन मूलभूत कलातत्त्वों को ही अधिकाधिक अपनाया है। सुधरापन, सुन्दरता, सुघड़ता, तथा लयकारी के एहसास की जिस मंज़िल पर श्रीमती हीराबाई पहुँची हैं वह तो सचमुच बखानने योग्य है। किराना घराने में सुधरेपन के विकास का उदाहरण देना हो तो उन्हीं की ओर इशारा करना पड़ेगा।

इसका अर्थ यह है कि अब्दुल करीम ख़ाँ साहब की संस्कारित आवाज़ में ही कुछ ऐसा जादू था कि उसके मुकाबले में सारा शास्त्र और कायदे भी एक बार बेकार हो जायें। लेकिन वह उनका व्यक्तिगत पुण्य था। उन्हें प्राप्त दिव्य सामर्थ्य हज़ारों गायकों में मुश्किल से एकाध में ही होता है। लेकिन मात्र इसी वजह से संगीत का प्रमुख कार्य केवल नशा नहीं हो

सकता। उसका कार्य स्वरवल्लियों, आकृतिबन्ध या स्वरबन्ध निर्माण करना था, है और रहेगा। और इस दृष्टि से अब्दुल करीम ख़ाँ को नियम सिद्ध करने वाला अपवाद ही माना जाना चाहिये।

जब उक्त बात कही जाती है तब, वास्तव में, उसमें यह अर्थ अभिप्रेत नहीं है कि किराना घराने ने इन सब कलातत्त्वों पर पानी फेर दिया था। उनके मूल बीज उसमें हैं ही। एक ख़ास हद तक उनका विकास भी उन लोगों ने किया। लेकिन यहाँ हम काँटा-तौल तथा तुलना की दृष्टि से बात कर रहे हैं। इसका भावार्थ मात्र यही मानें कि उस दृष्टि से इन तत्त्वों का ख़्याल किराना घराने की अपेक्षा या उसी गुट की इन्दौर तथा पटियाला गायकी की अपेक्षा जयपुर गायकी ने अधिक रखा।

यह हुआ इस आक्षेप का एक भाग। लेकिन उनका असली आक्षेप यही होगा कि जिसे आप स्वर की शुद्धता कहते हैं और जो जयपुर गायकी में सधती है ऐसा बताते हैं वह शुद्धता है ही नहीं, बल्कि वह बेसुरापन है। इस आक्षेप का सही उत्तर यह है कि किराना प्रणाली में सुरीलापन और उसका नशा दोनों को एकरूप ही माना जाता है। यही नहीं, नशा निर्माण होने तक गला भींचकर स्वर लगाने की उनकी प्रणाली होने के कारण नशा निर्माण न हो तो वह सुरीलापन ही नहीं ऐसा उन्हें लगता है। गाने के नवनवीन उन्मेष में आवाज़ जरा भी कठिनाई अनुभव करे या अटक जाय तो कोई भी गायक अत्यन्त सुरीला होते हुए भी बेसुरा हो जाता है; और उस दृष्टि से जयपुर प्रणाली के गायक भी कभी-कभी ऐसे हो जाते हैं। लेकिन वैसे तो किराना प्रणाली के भी गायक होते हैं, हुए हैं और होंगे। लेकिन आक्षेपकों की शिकायत इस बारे में हो ऐसी सम्भावना नहीं है। नशा ही उनकी दृष्टि से सबसे बड़ा सिद्धान्त बन जाने के कारण जिसमें नशा नहीं या जो गला भींचकर लगा नहीं वह स्वर बेसुरा है, यह जो उनकी भावना है उसका कोई जवाब नहीं, कोई दवा नहीं, या सन्तोष दिलाने जैसा कुछ नहीं है यह स्वीकार करना ही होगा।

जयपुर गायकी में स्वरों के नशे की इतनी महत्ता अमान्य है, इसका अर्थ यह है कि उसमें स्वरों की काट-छाँट की जाती है। स्वरबन्ध, उसकी श्रुतिमनोहर आकृति, उसकी सुघड़ता साधने के लिए ऐसी काट-छाँट करनी ही पड़ती है और वह सिद्धान्त जयपुर, आगरा तथा ग्वालियर इन तीनों घरानों के द्वारा मान्य किया गया है, यही दिखायी देगा। लेकिन महत्त्व

की बात यह है कि स्वर जहाँ छाँटा जाता है वहीं वह अधिक जोश से खिलता है ऐसा अनुभव है और यह खिलने की क्रिया जिससे सिद्ध होती है उसे ही काट-छाँट कहेंगे तथा उसी के लिए काट-छाँट होगी। इसके अतिरिक्त उसमें विभिन्न स्वरों का परस्पर अनुपात क्या रखा जाय इस हिसाब का भी ध्यान रखना पड़ता है। कम से कम यह तो निश्चित है ही कि उसके कारण सुघड़ता, डौल तथा मनोहारिता प्राप्त होती है। खिलने या खिलाने की क्रिया अन्ततः हर एक की प्रतिभा पर ही निर्भर करेगी। लेकिन सुघड़ता और अखण्ड, अनवरत तथा एकात्म आकृति तो किसी मामूली कलाकार के भी पल्ले पड़ेगी यह कहना आवश्यक है। और इस दृष्टि से कहना होगा कि जयपुर, ग्वालियर तथा आगरा घरानों में इस काट-छाँट के सिद्धान्त का पालन जो इतने काँटे-तौल तरीक़े से किया जाता है वह उचित ही है।

यहीं स्वर तथा लय के मेल की सैद्धान्तिक भूमिका के बारे में और कुछ स्पष्टीकरण करना ज़रूरी है। और वह यह कि घरानों का मूल्यांकन करते समय जिसे सर्वश्रेष्ठ माना जाय उसकी सारी कारीगरी ज़्यादा से ज़्यादा धीमी या विलम्बित लय में ही होनी चाहिये और जयपुर गायकी में वह वैसी ही होती भी है। इस बात का उल्लेख स्थान-स्थान पर आनुषंगिक रीति से हो चुका है। लेकिन उसका स्वतन्त्र महत्त्व समझने के लिए कुछ अधिक चर्चा करना बेहतर होगा।

सिनेमा-संगीत, लावणी-संगीत, भावगीत, ठुमरी, भक्ति-गीत या भजन इनमें भी कई बार स्वर और लय का मेल होता ही है तथा शब्दार्थ छोड़कर भी कई बार उनका केवल संगीत भी लुभावना होता है यह हम जानते ही हैं। इसीलिए परिभाषा के शब्द न समझते हुए भी उसके संगीत से हम प्रभावित हो जाते हैं। शब्दाश्रित संगीत में एक अन्य संगीत-बाह्य इकाई के आ जाने से सांगीतिक शुद्धता की हानि होती है यह पहले ही देख आये हैं। तो उस इकाई को फ़िलहाल एक ओर रख केवल उसके संगीत का ही विचार करें तो प्रतीत होगा कि उसमें दिल को छू लेने की जो क्षमता आ जाती है वह स्वर एवं लय के कुछ विशिष्ट संयोगों के कारण होती है। फिर प्रश्न उपस्थित होता है कि शब्दाश्रितता इस अंग को अगर छोड़ दें तो उसके संगीत को ऊँची कोटि में क्यों नहीं रखा जाता? कला की उच्च श्रेणी की दृष्टि से उसमें अन्य कौन सी खामी होती है?

सोचें तो मालूम होगा कि इन दो प्रकार के संगीतों की लय भिन्न होती है। लावणी, सिनेमा-संगीत की लय द्रुत होती है। ग़ज़ल की लय भी लगभग वैसी ही होती है। गीत की लय इससे कुछ कम, तो ठुमरी की लय इसकी तुलना में और भी धीमी। सबसे विलम्बित या धीमी लय ख्याल में ही पायी जाती है। इसी प्रकार इन सब द्रुत लयप्रकारों में ताल की मात्राएँ चार, छह, सात या आठ तक ही होती हैं। तो ख्याल में वे दस, बारह, चौदह, सोलह आदि बड़ी संख्या में होती हैं। अलावा इसके, इन दस, बारह, चौदह और सोलह मात्राओं में भी उनके अन्तर्गत किये जाने वाले आघातों से एक से अधिक ताल-खण्डों की सम्भावनाएँ निर्माण हो जाती हैं।

इस सब में ध्यान में रखने की बात यह है कि ख्याल गायन की लय अन्य सब प्रकारों से धीमी होती है और उसमें भी हर घराने के ख्याल की लय में थोड़ा-बहुत फ़र्क़ होता ही है। इस दृष्टि से ग्वालियर तथा आगरा घराने की लय द्रुत किन्तु लावणी, सिनेमा-संगीत से धीमी होती है और इसी दृष्टि से देखें तो पटियाला या ग़ुलामअली ख़ाँ उससे धीमे और जयपुर तो उससे भी बहुत अधिक धीमी लय का। किराना तथा इन्दौर की लय जयपुर से भी धीमी होती है। लेकिन इन प्रणालियों में लय से कोई ख़ास मतलब न होने के कारण उसे अत्यन्त धीमा रखा गया है। वजह यह कि ऐसा करने से लय का अंकुश ही ख़त्म हो गया। और इसीलिए उनकी अत्यन्त धीमी लय का विचार, प्रस्तुत सन्दर्भ में करने की आवश्यकता नहीं है। लेकिन अन्य सब घरानों की तुलना में जयपुर घराने की लय बहुत ही अधिक धीमी होती है यह सही है।

ऐसा होने का कारण स्पष्ट है। धीमी लय में ही स्वरों की अत्यन्त सूक्ष्म कारीगरी की अधिकतम सम्भावना होती है। धीमी लय में ही स्वरों की बेहद बारीक कारीगरी के लिए मनचाही गुंजाइश होती है। लेकिन इतनी विलम्बित लय को सँभालना, उसे बनाये रखना तथा इतनी धीमी लय में श्रोताओं का ध्यान लगातार खींचे रखना बहुत ही विकट होता है। कितना विकट होता है वह अनुभव से ही जाना जा सकता है। स्फूर्ति तथा प्रतिभा के नये-नये उन्मेषों की व्यक्तिगत विशेषता छोड़ भी दें तो उस गायकी में ही सूक्ष्म करतब की क्षमता मूलतः न हो तो इतनी धीमी लय का निबाह असम्भव है। जयपुर घराने का सारा कारोबार इस इतनी धीमी लय में ही होता है और इसलिए उसकी सूक्ष्म कारीगरी को उसमें ही अवसर मिलता है।

द्रुत लय में श्रोताओं का ध्यान बँटाएँ रखना अपेक्षाकृत बहुत ही आसान होता है। वही करतब धीमी लय में कर दिखाने की कुशलता जिस प्रणाली में होगी वही सर्वश्रेष्ठता के निकष पर सही सिद्ध होगी यह कहना युक्तियुक्त होगा। इस तरह धीमी लय में ही स्वर एवं लय का संगम जयपुर घराना साध पाया यह उसकी एक महत्त्वपूर्ण विशिष्टता माननी होगी। उसमें स्वरविलास और लयविलास दोनों अधिक से अधिक सधते हैं और दोनों का स्वतन्त्र अस्तित्व मिटकर अभिन्नत्व स्थापित होता है। मूल्यांकन की दृष्टि से यह बात बहुत अर्थपूर्ण है।

चलते-चलते यह भी कहना आवश्यक है कि ठुमरी, ग़ज़ल में एकाध बार ख्याल जैसी या ख्याल के जितनी विलम्बित लय रखी जाती है। द्रुत लय में एक प्रकार की उत्तेजकता या भड़कीलापन स्वाभाविक ही निर्माण हो जाता है। वह ऐसे अवसरों पर कम हो जाता है और वह ठुमरी ग़ज़ल की गायकी भी ख्याल के निकट आ जाती है। ख़ासकर बेगम अख़्तर आदि की ठुमरियों में यह धीमी लय अधिक प्रतीत होती है। लेकिन उसी अनुपात से वह गायकी भी उसी कारण से अधिक सौम्य तथा कलात्मक होने लगती है ऐसा भी प्रतीत होता है। लावणी गायन में भी अत्यन्त धीमी लय की लावणी लेखक सुन चुका है और उसकी कलात्मकता लगभग ख्याल जैसी ही प्रतीत हुई थी यह भी उसे याद है।

जयपुर गायकी के बारे में लय के सन्दर्भ में एक और उल्लेखनीय बात है और वह यह कि अन्य सब घरानों में ख्याल के पश्चात् उसी राग की कोई द्रुत लय वाली चीज़ें गाने की प्रथा है। इसका उद्देश्य स्पष्ट है। श्रोताओं की उत्कण्ठा का चरम (climax) या कलाकृति की उच्चतम उत्कर्ष बिन्दु इसके द्वारा साधा जाता है और उसी से श्रोताओं की उत्कण्ठा का सम्पूर्ण विसर्जन होता है। लेकिन जयपुर प्रणाली में ख्याल के बाद द्रुत चीज़ प्रस्तुत करने की परम्परा सामान्यतया नहीं है। इसका कारण यह है कि द्रुत चीज़ गाकर ही उत्कण्ठा से जिस चरम को अन्य घराने पहुँच पाते हैं वही इस एकदम धीमी लय के ख्याल में जयपुर प्रणाली में सध जाती है। लिहाज़ा द्रुत लय की त्रिताल-एकताल की बन्दिश गाने की आवश्यकता ही फिर नहीं रहती। फिर इसमें भी महत्त्वपूर्ण बात यह है कि उत्कण्ठा के चरम को पहुँचने की सारी क्रिया आत्यन्तिक धीमी लय में ही की जाती है और इसलिए विलम्बित लय में भी स्वर और लय का संगम कर उत्कटता

हासिल करने की शर्त भी इस घराने में ही ज़्यादा से ज़्यादा पूरी की जाती है और उसका बीज घराने की विशिष्ट तानक्रिया में ही है।

महत्त्वपूर्ण तथा सम्भवनीय कतिपय आक्षेपों का विचार करने के पश्चात् इन्हीं से सम्बद्ध एक-दो और बातों की चर्चा यहीं करना उचित होगा। इनमें पहली है स्वर को लगने वाले सूक्ष्म कणों की अल्पता या बहुलता।

अलग-अलग घरानों का निरीक्षण करें तो प्रतीत होगा कि कणों की प्रचुरता या बहुतायत किराना घराने में ही अधिक है। उस दृष्टि से उनका अनुपात इन्दौर तथा पटियाला गायकी में कुछ कम और जयपुर गायकी में उससे भी कम नज़र आता है। कणों का वर्णन 'लचक' इस शब्द से करें तो अर्थ अधिक स्पष्ट होगा। स्वर की यह सूक्ष्म लोच या लचक जिस विपुलता से किराना घराने में पायी जाती है उसी अनुपात से उनका गायन अधिक भावनापूरित होता है। भावना का परिपोष कोई किस परिमाण में करे यह हर कलाकार का व्यक्तिगत प्रश्न हो सकता है। लेकिन गायकी की सारी प्रणालियों में इस दृष्टि से अधिकतम भाव-प्रवण गायकी किराना घराने की ही है यह मानना पड़ेगा। स्वरों की मस्ती में मन अधिकाधिक भावपूरित होता जाता है इसमें सन्देह नहीं। यह कार्य सम्पन्न कर किराना घराने के द्वारा भावप्रवण गायन की परिसीमा हासिल कर ली गयी है यह भी स्वीकार करना होगा। लेकिन कण लगाने का अनुपात जैसे-जैसे और जिस हिसाब से कम होता जाता है उसी अनुपात में वह गायकी अधिकाधिक बुद्धिनिष्ठ होती जाती है। क्योंकि उसमें स्वरबन्धों की आकृति की ओर ज़्यादा से ज़्यादा ध्यान देने का अवसर मिलता है। इस दृष्टि से किराना भावना की परिसीमा, तो इन्दौर एवं पटियाला घराने में उसके साथ ही साथ बुद्धिनिष्ठता की ओर कुछ झुकाव तथा जयपुर घराने में भावना एवं बुद्धि का समानुपातिक मिश्रण नज़र आयेगा। आगरा घराना चूँकि लय की ओर बहुत अधिक झुका, इसलिए वह मात्र बुद्धि-प्रधान हो गया। उसने कलातत्त्व के सभी नियमों का पालन कड़ाई के साथ किया लेकिन स्वरों की ओर ध्यान ही नहीं दिया इसलिए सुरीलापन ही कम हो गया। इसलिए उसने कणों का उपयोग बहुत कम, सबसे कम किया। और उसकी गायकी एकदम दूसरे छोर पर चली गयी इसका यह एक और कारण है इसमें सन्देह नहीं। जयपुर घराने में कणों का उपयोग 'शोभा' दर्शाने एवं बढ़ाने के लिए ही किया गया तो किराना घराने में और उसके साथ-साथ इन्दौर

घराने में स्वरों का नशा बढ़ाने के लिए किया गया, ऐसा कहा जा सकता है। इससे यह भी कहा जा सकता है कि बुद्धि या भावना इनमें से किसी एक के बस में न होकर जिन गायकों में उनका समान परिमाण सधता है, उनका सुवर्णमध्य होता है अर्थात् उनका प्रीतिसंगम होता है, उस हिसाब से वह गायकी श्रेष्ठ कही जा सकती है। स्वर एवं लय का मेल बैठाने का जो सिद्धान्त हम प्रस्थापित कर चुके हैं उसी का यह एक और अर्थ समझा जाना चाहिये। और उसके साथ ही यह भी समझना चाहिये कि कण या लोच जिस गायकी में अधिक, उसी हिसाब से उस गायकी की सांगीतिक प्रतिष्ठा कम। यदि भावना बुद्धिनिष्ठ हो तो उसकी प्रतिष्ठा कोई भी मानेगा ही। पर केवल भावना हो या केवल बुद्धि हो तो उस परिमाण में कम से कम प्रतिष्ठा तो प्राप्त नहीं ही होगी।

किसी भी गायकी को बड़ी प्रतिष्ठा प्राप्त होनी हो तो बुद्धि एवं भावना का मधुर संगम उसमें होना चाहिये। वह आत्यन्तिक भावना से व्याकुल हो या एकान्तिक बुद्धि-प्रचुरता से प्रखर या चिलचिलाती हो जाय तो उसे कलात्मक प्रतिष्ठा प्राप्त नहीं होती। इसलिए बुद्धि तथा भावना इन दोनों पर पूर्ण नियन्त्रण रखना चाहिये यही इसका मुख्य सिद्धान्त माना जा सकता है। और इस दृष्टि से भाव-व्याकुल गायकी की अपेक्षा बुद्धि एवं भावना का संगम साधने वाली गायकी कुछ संयत, स्वरों का और विशेषतया कणों का किफ़ायत से प्रयोग करने वाली तथा कभी कुछ मन्द प्रतीत हो यह स्वाभाविक ही है। लेकिन क्या कोई भी विदग्धकला (classical art) ऐसी ही नहीं होती? अतिरंजित कला या व्याकुल एवं विह्वल करने वाली कला कुछ भड़कीले रंग की होगी! 'शाकुन्तल' नाटक को जो विदग्धता की प्रतिष्ठा मिली वह उसकी मन्द सुगन्ध के कारण ही, यह बात क्या वाङ्मय के अधिकारी आचार्य नहीं कहते? ऐसे अधिकारियों का क्या यह मत नहीं है कि वह नाटक यदि भड़कीला होता तो इतनी सदियों तक अभिजात तथा चिरन्तन वाङ्मय का आदर्श नहीं बना रहता?

अब तक की चर्चा का सारांश यही है कि स्वर एवं लय का समन्वय स्थापित करने की समस्या ने सब घरानों को घेर रखा है और उसमें से हर घराने ने अपनी-अपनी अलग राह बना ली है। लय का प्रमाण क्या हो अर्थात् उन दोनों का समन्वय कहाँ स्थापित किया जाय यही प्रत्येक प्रणाली का प्रमुख आदितत्त्व है और प्रत्येक प्रणाली ने तय और स्वर का

अपना परिमाण अलग–अलग निर्धारित किया है। संगीत–कला की चढ़ाई की ही यह अलग–अलग मंज़िलें हैं। हर मंज़िल अपने ढंग से ख़ूबसूरत है और उस ख़ूबसूरती की विशिष्टता भी हर एक की अलग–अलग है। बेहद काँटा–तौल दृष्टि से और एक बार किसी निकष को निर्धारित करने के पश्चात् उसके सहारे किसी घराने की प्रणाली अन्य किसी प्रणाली की अपेक्षा सरल अथवा नीरस सिद्ध हो सकती है। लेकिन यह भेद मात्र सैद्धान्तिक ही होगा। और ऐसी सैद्धान्तिक दृष्टि से कोई गायकी इतनी काँटे–तौल नज़र में उच्च सिद्ध भी हो जाय, तो भी इस सन्दर्भ में यह समझ लेना चाहिये कि इस अत्युच्च मंज़िल की हवा सभी को रास नहीं आयेगी। जैसे सभी कलाकारों को वह रास नहीं आयेगी उसी प्रकार सब तरह के श्रोताओं को भी रास नहीं आयेगी। हर कलाकार का व्यक्तिधर्म, स्वभावधर्म और मुख्यतया आवाज़धर्म होता ही है। उसी प्रकार हर घराने का भी होता है। इन सब प्रकृति–धर्मों के हिसाब से हर किसी ने अपनी मंज़िल ही ऐसी चुन ली है कि जिसमें उसके स्वाभाविक गुणधर्म का सम्पूर्ण विकास ही हो।

फिर मूल्यांकन का क्रम निर्धारित करने की कसौटी भी पहली बार प्रस्थापित की जा रही है इसलिए इस सिद्धान्त की परख अधिक हो यह आवश्यक है। इसमें कुछ भँवर भी हैं। मसलन् स्वर तथा लय का प्रीतिसंगम किसे कहा जाय यह तय करने का कोई निश्चित बाह्य साधन उपलब्ध नहीं है। लिहाज़ा एक ख़ास तबका एक विशिष्ट अनुपात का संगम अधिक पसन्द करेगा और उसी को प्रीतिसंगम कहेगा। मतलब, वह निर्णय शायद व्यक्तिगत पसन्दगी–नापसन्दगी पर ही निर्भर होगा। इस बारे में कुछ वैज्ञानिक और मनोवैज्ञानिक गवेषणा ही होनी चाहिये। लेकिन ऐसी गवेषणा के अभाव में तर्कनिष्ठ अनुमान के सहारे मूल्यांकन की कसौटी निर्धारित की गयी है और उसमें ख़तरा यह है कि यह आधार यदि बदल जाता है तो कसौटी भी बदलेगी और इस तरह घरानों की सिद्धान्त–प्रणाली की श्रेष्ठता की निर्धारित श्रेणियाँ भी बदल जायेंगी—यह मानकर ही चलना होगा।

इसके अलावा श्रोताओं के भी ऐसे अलग–अलग वर्ग होते ही हैं कि उन्हें एक ख़ास क़िस्म की ही गायकी ज़्यादा अच्छी लगती है। लिहाज़ा सैद्धान्तिक दृष्टि से कोई भी गायकी कमोबेश श्रेष्ठ हो तो भी कलाकार तथा श्रोताओं के स्वभाव–धर्म के अनुसार अपना–अपना स्वतन्त्र स्थान खोज लेना ही

उसका महत्त्वपूर्ण भाग माना जायेगा। अपने-अपने स्वतन्त्र स्थान पर प्रत्येक गायकी अपनी बुनियाद जमाये, वहीं वह फले-फूले, यह हर किसी की इच्छा होगी। संगीत के इतने विस्तृत विश्व में सभी सौन्दर्य प्रणालियों की आवश्यकता है। यह आवश्यकता जैसे श्रोताओं के लिए है उसी प्रकार कलाकारों के लिए भी है। विभिन्न प्रणालियाँ न हों, तो सारी कला एक साँचे की, एक नाम की हो जायेगी और संगीत का सारा मज़ा ही नष्ट हो जायेगा। तथा मैं दूसरों की अपेक्षा श्रेष्ठ होऊँ या न होऊँ, पर अलग हूँ, मेरा स्थान निश्चय ही स्वतन्त्र है और मेरा यह स्थान कोई दूसरा पा नहीं सका है, इस दृष्टि से मैं एकमेव तथा अद्वितीय ही हूँ ऐसा दृढ़ आत्मविश्वास हर एक को होगा ही।

घरानों की सीमाएँ

घरानों पर व घरानेदार गायकी पर इतना ऊहापोह करने के पश्चात् किसी को भी स्वाभाविक ही लगेगा कि हिन्दुस्तानी संगीत में घराना याने एक ऐसी चीज़ है कि स्वधर्म के समान उसकी रक्षा प्राणों से बढ़कर की जाती है और प्रत्येक गायक परम्परा को ही स्वयं के व्यक्तित्व से अधिक श्रेष्ठ मानता है। कुछ दिन पहले Mr. Howard Boatwright नामक एक अमरीकन संगीतकार ने भारतीय विद्या भवन में एक समारोह के अवसर पर कहा था : "An Indian musician keeps his Gharana or tradition above himself." तो घराना याने क्या हिन्दुस्तानी संगीत और गायकों का सर्वस्व है, और वह इतनी बड़ी विशिष्टता है? यह प्रश्न उपस्थित होता है। इस प्रश्न का विचार गहरायी से किया जाय तो प्रतीत होगा कि घराना याने प्राणों से भी बढ़कर हिफ़ाज़त करने की चीज़ नहीं है, बल्कि घरानों के द्वारा खड़े किये गये परकोटे लाँघने पर ही गायकी के समृद्ध होने की सम्भावना होती है।

इस दृष्टि से विचार करते समय शुरू में ही एक बात फ़ौरन ध्यान में आती है कि पहले के और आज के लगभग सभी ख्यातनाम गायकों ने एक से अधिक घरानों में या कई गुरुओं से शिक्षा प्राप्त की है या की थी। और इस बात को खुले दिल से स्वीकार करने में उन्हें किसी प्रकार की कोई झिझक महसूस नहीं हुई। यही नहीं, इसके विपरीत उनमें से प्रत्येक ने यह कहते हुए कि "मैं कई घरानों की तालीम हासिल कर चुका हूँ," अभिमान का ही अनुभव किया है। आजकल के सर्वाधिक बुज़ुर्ग तथा अकादेमी अवॉर्ड प्राप्त करने वाले गायक ख़ाँ साहब मुश्ताक हुसैन ख़ाँ ने प्रो. देवधर के साथ हुए एक साक्षात्कार में स्वयं के बारे में निम्नलिखित जानकारी दी है :

''मेरी शिक्षा मुख्यतया ख़ाँ साहब इनायत हुसैन ख़ाँ के पास ही हुई। पर इसके अलावा मैंने कई गुरुओं से सीखा। अत्रोली के ख़ाँ पुत्तन ख़ाँ, ख़ाँ महबूब ख़ाँ मेरे मामा लगते थे, उनसे भी मैं सीख चुका हूँ। इनायत ख़ाँ के भाई मुहम्मद हुसैन ख़ाँ बीनवाले भी मुझे तालीम दे चुके हैं। रामपुर के प्रसिद्ध ध्रुपदिये तथा राजगुरु उस्ताद वजीर ख़ाँ से मैं ध्रुपद-धमार सीखता था। इनके अलावा मैं कई गुरु बना चुका हूँ। *विद्या एक घराने में नहीं मिलती, अलग-अलग रंग चाहिये हों तो अलग-अलग गुरुओं से सीखना चाहिये।''*[१]

इसी अर्थ का एक और उद्धरण आगरे वाले ख्यातनाम विलायत हुसैन ख़ाँ द्वारा प्रो. देवधर को ही दिये गये एक साक्षात्कार से लिया गया है जो इस प्रकार है :

''ख़ाँ करामत ख़ाँ से लगातार तीन वर्ष सीखने के पश्चात् मेरे दोनों चचेरे नाना यानी ख़ाँ मुहम्मद बख्श एवं ख़ाँ कल्लन ख़ाँ मुझे घर पर ही सिखाने लगे। इनके अलावा इतने गुणियों से मैं सीख चुका हूँ कि उनकी फेहरिस्त काफ़ी लम्बी होगी।''[२]

ये या इसी आशय के उद्धरण अधिकांश ख्यातनाम गायकों की जीवनी में दिखाये जा सकते हैं। लेकिन ऐसे उद्धरण न देते हुए उनके इतिवृत्त का संक्षिप्त सिंहावलोकन ही अधिक सुविधाजनक होगा। महाराष्ट्र के आदिम ख्याल गायक 'भीष्माचार्य'—बालकृष्ण बुवा इचलकरंजीकर को बाजीराव द्वितीय के समकालीन प्रसिद्ध ध्रुपदिये चिन्तामणि मिश्र के शिष्य देवजी बुवा, ख़ाँ साहब हस्सू ख़ाँ के शिष्य वासुदेव बुवा जोशी (ग्वालियर), ख़ाँ साहब हरद्दू ख़ाँ के पुत्र मुहम्मद ख़ाँ (भू गन्धर्व रहिमत ख़ाँ के भाई) आदि से तालीम मिली थी। 'गान-भास्कर' की सार्थ पदवी से विभूषित स्वर्गीय भास्करबुवा बखले की गायकी में तो तीन अलग-अलग घरानों के रंगों—याने फ़ैज़ मुहम्मद ख़ाँ का ग्वालियरी, नथ्थन ख़ाँ का आगरा और ख़ाँ अल्लादिया ख़ाँ के जयपुर—का मनोहारी मिश्रण हो गया था। पहले की पीढ़ी के अलिया-फत्तू (याने 'जरनेल' अलीबख्श व 'करनेल' फतहअली) हुद्दू ख़ाँ (ग्वालियर) तथा तानरस ख़ाँ (दिल्ली) की तालीम

---

१. संगीत कला विहार, अप्रैल १९५०
२. वही, फ़रवरी १९५२

से लाभान्वित हुए थे। स्वर्गीय फ़ैयाज़ ख़ाँ अपने मामा के, याने आगरा घराने के माने गये हैं, फिर भी उनके रक्त में ही उनके पिता के रँगीले घराने का कुछ ढंग नहीं था ऐसा नहीं कहा जा सकता। श्रीमती केसरबाई केरकर ख़ाँ साहब अल्लादिया ख़ाँ से ख़ास जयपुर की तालीम पाने के पूर्व ख़ाँ साहब अब्दुल करीम ख़ाँ (किराना), वझे बुवा (ग्वालियर), भास्कर बुवा बखले (ग्वालियर, आगरा तथा जयपुर मिले-जुले), बरकतुल्ला ख़ाँ सत्तारिया आदि से सीख चुकी थीं। स्वर्गीय ख़ाँ साहब मंजी ख़ाँ स्वयं अभिमानपूर्वक कहते थे कि उनकी घर की जयपुर गायकी में रहिमत ख़ाँ साहब की ग्वालियर गायकी का ढंग मिला हुआ था। श्रीमती मोगूबाई कुर्डीकर को पहली तालीम, याने ख़ाँ साहब अल्लादिया ख़ाँ एवं ख़ाँ साहब हैदर ख़ाँ से जयपुर की तालीम लेने के पहले आगरा वाले ख़ाँ साहब बशीर खाँ से ही मिली थी। अभी-अभी अकादमी अवॉर्ड प्राप्त करने वाले गणपत बुवा बेहरे तो गणपति बुवा भिलवडीकर, भास्करबुवा बखले, देवास के रज्जब अली ख़ाँ, ख़ाँ साहब अब्दुल करीम ख़ाँ से सीख चुके थे और इसके अलावा उन पर स्व. रामकृष्ण बुवा वझे का भी संस्कार हो चुका था। इसी प्रकार, अकादेमी अवॉर्ड प्राप्त करने वाले स्व. राजा भैया पूछवाले ने कोई तीन वर्ष तक बलदेव जी से, स्वर्गीय वामन बुवा देशपाण्डे, ध्रुपदिये (पूर्वोक्त चिन्तामणि मिश्र के शिष्य) से दस वर्ष तथा ख्यातनाम शंकर पण्डित से दस वर्ष तक शिक्षा ग्रहण कर स्वयं की गायकी को समृद्ध बनाया था। अभी-अभी के स्वर्गीय रामभाऊ सवाई गन्धर्व ने श्री य.न. केलकर को एक भेंट में बताया था कि स्वयं उन पर किराना गायकी के अलावा भास्करबुवा और ख़ाँ साहब निसार हुसैन ख़ाँ (ग्वालियर) का भी असर था। ऐसे अनेक उदाहरण दिये जा सकते हैं। इनके अलावा छहों घरानों की विशिष्टता का वर्णन करने वाले चार अध्यायों में पहले ही उल्लिखित अन्य उदाहरण हैं ही।

इससे भी पहले के ख्यातनाम गायकों ने जिनसे तालीम पायी उस सूची में जिस घराने के नाम से वे मशहूर हुए उसकी तालीम कितनी थी और अन्य घरानों की कितनी यह अलग करके बताना कठिन है। क्योंकि इसके बारे में पर्याप्त जानकारी उपलब्ध नहीं है। लेकिन उपर्युक्त महान् कलाकारों ने ख्याति अर्जित की उसमें जिस घराने के नाम से वे विख्यात हुए उसका योगदान तो रहा ही, अन्य घराने के उस्तादों का भी बड़ा हिस्सा था, यह

बात इस फ़ेहरिस्त से निश्चित ही कही जा सकती है।

लिहाज़ा स्वयं की गायकी को समृद्ध बनाना हो तो एक से अधिक घरानों की तालीम अथवा अन्य प्रकारों से अर्जित संस्कारों की आवश्यकता है यह बात स्पष्ट ही है। दूसरे शब्दों में, इसका अर्थ यही है कि किसी भी एक घराने की, स्वाभाविक ही सीमाएँ होती हैं। एक घराने की तालीम लेने वाला कलाकार सामान्यतया एकांगी ही रह जाता है। उसकी दृष्टि स्वयं के गुरु द्वारा सिखायी-बतायी बातों तक ही सीमित होती है। वह सिर्फ़ सामने ही देखता है। और संगीत का ही एक गुण है कि जो बार-बार सुनायी देता है वही अधिक अच्छा लगने लगता है और ईमानदारी से महसूस होने लगता है कि यही गायकी सबसे सच्ची है। ऐसे ही लोग घराने के अत्यन्त तीव्र अभिमानी होते हैं। यहाँ तक कि अन्य घराने की गायकी सुनने तक के लिए ये लोग तैयार नहीं होते। उन्हें डर लगता है कि 'कान अपवित्र हो जायेंगे' और यह बात वे कहते भी हैं। अतएव उनकी दृष्टि भी विशाल नहीं हो पाती और न गायकी समृद्ध होने की सम्भावना होती है।

इसके विपरीत एक घराने की तालीम काफ़ी हो जाने के बाद दूसरे घराने की शिक्षा जान-बूझकर प्राप्त की जाय तो "अब तक हम एक ही बाग़ीचे में टहल रहे थे और उसी समय उसी से जरा आगे किसी और तरह का बाग़ीचा हो सकता है इसकी कल्पना तक नहीं थी। पर एक बार बाग़ीचे की चारदीवारी को फाँद कर पड़ोस के बाग़ीचे में प्रवेश करने पर बिलकुल अनदेखा अननुभूत, अलग ही रंग, सुगन्ध और शोभा प्रतीत होती है और एक नये विश्व का ही साक्षात्कार होता है। और इसके पूर्व हमने उस ओर गर्दन उठाकर झाँका तक नहीं, इसका दुख होता है।" ऐसा ही अनुभव दो या अधिक घरानों में सीखने वालों का होता है। और एक बार इस प्रकार दूसरे घराने के गुण समझने की नज़र खुलने पर तीसरे घराने के भी गुण खोजकर आत्मसात् करने की इच्छा होती है। इस तरह दृष्टिकोण विशाल होता जाता है और दुनिया भर के हर गायक में (फिर वह ठुमरी ग़ज़ल वाला हो, लावणी गाने वाला हो, या क्षुद्र गीत गाने वाला भिखारी हो) कोई लटक है, हरकत है, एकाध खटका है या और कोई अलग ही स्वर-संगति है, कुछ न कुछ लालित्य निश्चित ही है ऐसा प्रतीत होता है। फिर हर एक की अलग-अलग विशिष्टता, विचित्रता समझ में आने लगती है तथा स्वयं की गायकी में उसका जाने-अनजाने समावेश होने लगता है, वह

समृद्ध होती चलती है।

इसमें पहले एक घराने की गायकी की पर्याप्त शिक्षा हो जाने के बाद अन्य घरानों की ओर ध्यान दें यह सूचना बहुत महत्त्वपूर्ण है। पहले ऐसी ही पद्धति थी। यही नहीं, बल्कि एक घराने के रंग में पूर्णतया शराबोर हुए बग़ैर, अर्थात् उसमें तैयार और कुशल हुए बग़ैर शिष्य को अन्य घरानों का गाना, सामान्यतया सुनने को नहीं दिया जाता था। क्योंकि नींव पक्की हुए बग़ैर शिष्य के कान पर अन्य प्रकार के संस्कार हों तो वह बिगड़ जायेगा ऐसा डर लगा करता था। वह समय अब बीत चुका है। आजकल रेडियो के कारण मनचाहा गाना जब इच्छा हो, सुनने की सुविधा है। लिहाज़ा पहले की सी कट्टरता का व्यवहार अब सम्भव भी नहीं है। पर इसमें जो सिद्धान्त है उसके महत्त्व से इनकार नहीं किया जा सकता। अन्य कोई संस्कार हो इसके पूर्व किसी एक घराने की बुनियाद पक्की हो जानी चाहिये इसमें सन्देह नहीं।

हर घराना संगीत के शिखर पर पहुँचने के अनेक मार्गों में से एक है यही माना जाना चाहिये। यह यात्रा कितनी सुखद, सुविधापूर्वक होगी और अपनी प्रकृति को कौन सा मार्ग या उसकी कौन सी मंज़िल अधिक रास आयेगी इसका अनुमान लगाने के लिए इन विभिन्न मार्गों की जानकारी प्राप्त करना आवश्यक है। इस प्रकार विभिन्न मार्गों का स्वतन्त्र अनुभव पर्याप्त मात्रा में हासिल करने के बाद उनमें से स्वयं की राह कौन सी होगी यह निश्चित किया जा सकता है। कुल मिलाकर, अपने बारे में ही अधिकाधिक जानने के लिए यह सारी यात्रा करनी होती है। स्वयं के बारे में ज्ञान अधिकाधिक बढ़ता जाय और स्वयं की आवाज़ के बूते की क्या-क्या बातें हैं, क्या सुन्दर होगा और श्रोताओं को क्या पसन्द आयेगा इसके बारे में समझ उत्तरोत्तर बढ़ती जाय।

हर घराना याने एक स्वन्तत्र पद्धति तथा शास्त्र होता है। लेकिन कई बार पद्धति और शास्त्र माने ही संगीत या गायकी नहीं है, यह समझ में नहीं आता और इस वजह से बड़ी गड़बड़ी होती है। इसमें एक प्रकार का ख़तरा भी होता है और वह यह कि पद्धति तथा शास्त्र को ही सब कुछ मानने की प्रवृत्ति होती है और वह जोर पकड़ती जाती है तथा असली 'गाना' एक ओर धरा रह जाता है। इस बात का अनुभव कई लोगों के गायन से होता है। ऐसे लोग पद्धति एवं शास्त्र के बोझ से इतने दब जाते हैं कि उनमें से

उनका प्राकृतिक गाना भी बाहर नहीं आ पाता। यदि सोचें कि क्या ये ताल समझते हैं तो उसका उत्तर 'हाँ' में देना पड़ता है। वे बेसुर हैं क्या इसका विचार करने पर फ़ैसला देना पड़ता है 'नहीं'! राग की शुद्धता तो नहीं बिगड़ी, तो राय जाहिर करनी पड़ती है 'बिलकुल नहीं'—बन्दिश सही पेश होती है क्या, तो जवाब होता है 'हाँ'! पर यह सब होते हुए भी यदि प्रश्न पूछा जाय कि क्या 'गाना' जानते हैं, तो उसका उत्तर देना पड़ता है 'नहीं'! पद्धति ही सबकुछ या साध्य न होकर वह एक साधन है यह समझने के लिए उस पद्धति और शास्त्र पर जितना प्रभुत्व होना चाहिये उतना न होने के कारण इन लोगों का गाना एकदम रूखा तथा निष्प्राण होता है। लेकिन यही अधकचरे गायक (या गायिका) कोई गीत या भजन गाने लगते हैं तब अपेक्षाकृत ख्याल से काफ़ी अच्छा गाते हैं और श्रोताओं का ध्यान भी खींच लेते हैं। स्पष्ट ही है कि पहले प्रकार में वे उस पद्धति और शास्त्र में डूबे रहते हैं, जब कि दूसरे में उनका जो भी थोड़ा-बहुत निजी गुण होता है उसी की अभिव्यक्ति मुक्त रूप में होती है। तो घराना अर्थात् महज़ पद्धति या शास्त्र मान कर उसमें डूबने से बात नहीं बनती और उस भँवर में फँस जाने से काम नहीं चलता। यही नहीं बल्कि उस पर सवार होकर उसका उपयोग अपनी इच्छानुसार करने की क्षमता होनी चाहिये। और इसके लिए पद्धति एवं शास्त्र पर पूरा प्रभुत्व होना ही चाहिये।

लगभग सभी महान् गायकों की जीवनी से सबक सीखना हो तो यही सीखना होगा। बेशक यहाँ ऐसी एक आपत्ति उठायी जा सकती है कि जिन गायकों ने एक ही घराने की तालीम पायी और फिर भी जो महान् बन गये उन्होंने इतना कैसे पाया? इसका उत्तर यह है कि ऐसे मान्यवर गायक बहुत थोड़े थे या हैं। एकदम पहले, घरानों की प्रारम्भिक अवस्था में ऐसे आदरणीय गायक कोई हो गये हों तो भी उनके बारे में विश्वसनीय तथा विस्तृत जानकारी उपलब्ध नहीं है। लेकिन उनका जन्मजात दृष्टिकोण ही इतना विशाल था कि उस समय के अन्य बड़े-बड़े कलाकारों के गुण बार-बार केवल सुनकर उनसे प्रत्यक्ष सीखे बग़ैर ही वे आत्मसात् कर सकें, यह भी उनकी उपलब्ध जीवनियों से नज़र आ जायेगा। इस बारे में पूर्वोल्लिखित स्वर्गीय रामभाऊ सवाई गन्धर्व का ज़िक्र करना उचित होगा। उन्हें असली तालीम खाँ साहब अब्दुल करीम खाँ की ही थी, पर "सिर्फ़

सुन-सुन कर स्वर्गीय भास्करबुवा बखले का असर मुझ पर बहुत हुआ'' यह वे खुले दिल से कहते थे। ऐसा भी कहा जाता है कि स्वर्गीय वझे बुवा के गुरु निसार हुसैन साहब का असर उन पर कुछ समय के लिए इतना अधिक था कि उनकी और ख़ाँ साहब अब्दुल करीम ख़ाँ की एक अर्सा तक बनी नहीं। सवाई गन्धर्व के शागिर्द श्री भीमसेन जोशी की चौतरफा नज़र तो सराहना के योग्य है। भिन्न-भिन्न घरानों की गायकी के गुणों को ख़ूब समझ-बूझ कर उन्हें स्वयं की गायकी में समाविष्ट करने की ज़बर्दस्त कोशिश वे करते हैं। उसी घराने की श्रीमती हीराबाई बड़ोदेकर ने यद्यपि अन्य घरानों की शिक्षा प्राप्त नहीं की है फिर भी प्रत्येक गायक का गाना वे अत्यन्त सहृदयतापूर्वक सुन कर उससे स्वयं क्या लिया जा सकता है, कौन सी बन्दिशें लेने लायक हैं यह वे हमेशा देखती रहती हैं। स्वर्गीय वझे बुवा का उदाहरण भी ऐसा ही है। उन्होंने पराये घराने में कोई ख़ास तालीम नहीं पायी, फिर भी संगीत के लिये वे लगभग सारे हिन्दुस्तान की यात्रा कर चुके थे। जहाँ जो मिले और जिसके पास से जो भी चीज़ मिल सके वह आग्रहपूर्वक लेने की उनकी सिफ़त ऐसी थी कि उस कारण प्रो. देवधर जैसा एक समीक्षक यह भी कह सका कि ''बुवा साहब का गाना विशुद्ध ग्वालियरी नहीं रह गया था। अलग-अलग घरानों के लोगों के सम्पर्क के कारण उनकी गायकी कुछ अलग ही बन गयी थी और उस गायकी का रिश्ता किसी विशिष्ट घराने की गायकी से जोड़ा नहीं जा सकता था। उस गायकी को 'वझे गायकी' यही नाम उचित होगा।'' लेखक का यह भी अनुमान है कि ग्वालियर परम्परा के जो श्रेष्ठ गायक पिछली सदी में और उस सदी के पूर्वार्ध में हो गये, उनमें अलग-अलग गुण-धर्म रहे ही होंगे। इसके अलावा पहले के एक अध्याय में उल्लिखित मुबारक अली ख़ाँ साहब की गायकी में पेंचदारपन—जिसका उल्लेख अल्लादिया खाँ साहब ने भी साग्रह किया—सम्भव कैसे हो सका? या बड़े-बूढ़े जानकार लोग आज भी क्यों कहते हैं कि हस्सू ख़ाँ से तालीम पाये गायक और हद्दू ख़ाँ के शिष्यों की गायकी में फ़र्क़ पाया जाता था? वह एक ढंग की थी ऐसा मानने की अपेक्षा घरानों की उस प्रारम्भिक अवस्था में अलग-अलग गायकों की शिष्य परम्परा अधिक बड़ी न होने के कारण वे सारे गायक एक ही घराने में उलझा दिये गये होंगे, यही समझना अधिक तर्कसंगत होगा।

साथ ही एक और सम्भावित आपत्ति का विचार करना ज़रूरी है। आपत्ति यह है कि यदि इन महानुभावों ने इतने विभिन्न घरानों की तथा गुरुओं से शिक्षा पायी थी या तालीम के अलावा अन्य प्रकारों से स्वयं पर संस्कार जमा लिया था तो उनकी गायकी में उन सबका रंग क्यों नहीं नज़र आता या आया? बेहेरे बुवा की गायकी में गणपति बुवा भिलवडीकर या वझे बुवा के संस्कारों का कोई अवशेष नज़र नहीं आता, ऐसा क्यों? या मोगूबाई कुर्डीकर की पहली तालीम आगरा घराने की होते हुए भी उनकी गायकी में उस घराने के गुणों का अभाव क्यों है? केसरबाई केरकर पर अब्दुल करीम ख़ाँ साहब और वझे बुवा की तालीम के संस्कार कुछ नहीं तो दो-चार साल तक होने के बावजूद उनका असर केसरबाई के गाने में क्यों नहीं झलकता? अथवा श्रीमती सरस्वती राणे (श्रीमती हीराबाई बड़ोदेकर की छोटी बहन) को ख़ाँ साहब नथ्थन ख़ाँ (जयपुर) से तालीम काफ़ी मिली थी फिर भी उनके गाने में उसकी अस्पष्ट झलक यदा-कदा ही क्यों मिलती है?

इन सब बातों का मतलब यही लगाया जा सकता है कि अनेक घरानों के अनेक गुरुओं से लेकर सम्पर्क में आने वाले छोटे से छोटे गायक तक की यात्रा जो संगीतकार करता है, उसमें उद्देश्य होता है आत्मसंशोधन का ही। और आत्मसंशोधन जैसे-जैसे अधिकाधिक होता जाता है वैसे-वैसे और उसी अनुपात में स्वयं की प्रवृत्ति क्या है, स्वभाव क्या है, आवाज़ का धर्म क्या है, दुनिया भर में फैले संगीत के प्रकारों में ख़ुद की तबीयत कहाँ रमती है, कहाँ स्थिर होती है, इसका बोध होता है। उसी प्रकार स्वयं की आवाज़ पर किस प्रकार की गायकी चढ़ सकेगी, फबेगी—यह भी ठीक से समझ में आता है। किसी व्यक्ति की पूरी गायकी दूसरे व्यक्ति पर चढ़ ही नहीं सकती। लिहाज़ा ऐसे अनेक व्यक्तियों और घरानों से स्वयं के लिए क्या अपेक्षित है, यह जानकर, वे सारे गुण एकत्रित कर स्वयं की गायकी तैयार करनी पड़ती है। असली गायकी की यह यात्रा और खोज अखण्ड जारी रहती है। इससे यही निष्कर्ष निकलता है कि यह एकात्म गायकी जिसे जिस अनुपात में सधती है उसी अनुपात में कलात्मकता का उसे एक बड़ा गुण हासिल हो जाता है। लेकिन उसके द्वारा सिखाये गये और अन्य किसी से लिये गये ढंग के दस और प्रकार सूझने की प्रक्रिया अन्ततः स्वयं की ही उर्वर शक्ति पर अवलम्बित होगी यह स्पष्ट है

(किसी से भी और कितनी ही तालीम क्यों न ली जाय तो भी उसकी स्वाभाविक मर्यादा तो माननी पड़ेगी ही)।

स्पष्टतः इस प्रक्रिया में देखे और सुने गये बिलकुल सभी गुणदोषों का अन्तर्भाव स्वयं में हो नहीं सकता यह बात तर्कसंगत ही है। सुनी हुई सब बातों में चुनाव लगातार जारी रहता ही है। बहुतेरे गुण ऐसे होते हैं कि दूसरे के गले में फबते हैं पर ख़ुद के गले में उतरने लायक नहीं होते। और कुछ गुण ऐसे होते हैं कि उनमें ख़ुद की तबीयत नहीं लगती इसलिए उन्हें सीखने की भी इच्छा नहीं होती, लेकिन दूसरे की आवाज़ में सहर्ष सुने जा सकते हैं। इस प्रकार का चुनाव अनवरत जारी रहने पर कुछ गुणधर्म एक ओर छोड़ देना अवश्यम्भावी हो जाता है और इसी धर्म में केसरबाई ने अब्दुल करीम ख़ाँ साहब के गुण छोड़ दिये, मोगूबाई ने आगरा घराने के संस्कारों को त्याग दिया, बेहेरे बुवा ने भास्करबुवा या वझे बुवा का असर अधिक नहीं होने दिया, या श्रीमती सरस्वती राणे का मन जयपुर वाले नथ्थन ख़ाँ से सीखने पर भी उस गायकी में नहीं लगा, यही कहा जा सकता है। यदि जरा और सोचें तो उन्होंने जो किया अथवा उनसे जो हो गया वह उचित ही हुआ ऐसा मानना पड़ेगा। कौन कह सकता है कि केसरबाई की चौड़ी या ठोस आवाज़ पर किराना घराना चढ़ पाता? कौन कह सकता है कि मोगूबाई की आवाज़ पर आगरा गायकी जँचती और बेहेरे बुवा की आवाज़ में वझे बुवा या भास्कर बुवा का रंग उभरकर दिखता? लिहाज़ा यह सारी यात्रा करते हुए *क्या लेना है* इसकी खोज इन गायक-गायिकाओं द्वारा की गयी, उसी प्रकार *क्या नहीं लेना है* यह समझदारी भी उन्होंने दिखायी है। और इसके लिए उन्हें दोष देने का कोई कारण नहीं है। इसीलिए कोई रंग किन्हीं गायकों के गले नहीं उतरता, इसलिए उसके संस्कार होते हुए भी उसे जानबूझ कर छोड़ ही दिया जाता है। लेकिन ऐसा करने के बावजूद उनका दृष्टिकोण विशाल होता ही है और वह इस प्रकार विकसित होता रहे इसलिए नयी-नयी बातें, त्यागने की ख़ातिर ही सही, सीखी जायें यह कहने का मोह होता है। क्योंकि स्वयं की शारीरिक एवं मानसिक सीमाएँ स्पष्टतया समझने में वे उपयोगी ही सिद्ध होती हैं। इसके अलावा स्वयं के गले यदि कुछ बातें न उतरें तो वे बेकार हैं ऐसा कहने का अविवेक होने की सम्भावनाएँ भी कम हो जाती हैं। इसका एक और फ़ायदा है। अनेक गायकों, अनेक घरानों की पद्धति

एवं शास्त्र को अवगत करते हुए और ऐसा करते समय कुछ को त्यागते हुए भी स्वयं की गायकी की भी कोई पद्धति होनी चाहिये यह एहसास तीव्र हो जाता है और प्रत्येक गायक स्वयं की कोई पद्धति ज़माने की कोशिश करता है। ऐसी कोशिश बराबर जारी रहने पर स्वयं की कोई एक रीति बन ही जाती है और वैसा होने पर पहले एक स्थान पर जैसा वर्णन किया गया है, उसकी गायकी में एकात्मता, बेजोड़पन और अखण्डत्व प्राप्त होता है। अनेक गायक-गायिकाओं के गुणधर्म आत्मसात् करते-करते स्वयं की गायकी प्रस्थापित करने के उद्यम का बिलकुल हाल का उदाहरण कुमार गन्धर्व का है—उनका यश आज हमारे सामने है।

कुल मिलाकर यह विवेचन अन्ततः गायकी व्यक्तिजीवी है या सम्प्रदायजीवी इस प्रश्न पर आकर ठहर जाता है और इस प्रश्न का उत्तर यही देना पड़ेगा कि गायकी निःसन्देह व्यक्तिजीवी ही होती है, या होनी ही चाहिये। यही निष्कर्ष इससे निकालना। चारों धाम और बारहों ज्योतिर्लिंगों की तीर्थयात्रा कर अन्त में परमात्मा स्वयं में ही नज़र आयें, कुछ इसी तरह यात्रा है यह। लेकिन वैसी अनुभूति होने के लिए इतनी तीर्थयात्रा कर, अनेक गायकों का पुण्य जोड़कर और दुनिया भर के संगीत की समृद्धि के दर्शन करने पर ही उसका ईश्वरीय अंश स्वयं के पास है ऐसा साक्षात्कार होगा। सम्भव है किसी को कभी घर बैठे ही वह साक्षात्कार हो जाय, लेकिन ऐसा बहुत ही कम होता है। इसलिए उसके चक्कर में न पड़ना ही बेहतर है। इस तरह घराने की चौड़ी-चकली दीवारें या चारदिवारियाँ कितनी ही अभेद्य हों या लगें फिर भी उन्हें जीतकर, उन पर सवार होकर उनको भेद कर ही संगीत की दुनिया में कोई महत्ता प्राप्त कर सकता है। कूपमण्डूक प्रवृत्ति अपनाकर स्वयं के घर अथवा घराने के बाहर देखेंगे ही नहीं, सुनेंगे ही नहीं, कान अपवित्र होंगे इसलिए दूसरों से असम्पृक्त रहेंगे—यदि ऐसा तय कर लिया जाय तो गायकी में ज़िन्दापन नहीं रहेगा।

''मैं फलाँ घराने का शागिर्द हूँ इसलिए मेरी प्रतिष्ठा अधिक है, इसलिए मुझे गायकी अधिक आती है'' ऐसा कहने में कोई मानी नहीं। तुमने किस मार्ग से यात्रा की है इसका महत्त्व शून्य है। वास्तविक महत्त्व तो इसी बात को है कि कितनी यात्रा की, संगीत की चढ़ाई की कितनी मंज़िलें तय कीं, और वास्तविक संगीत के दर्शन तुम्हें हुए कि नहीं ? यदि हुए तो वह तुम हमें—यानी श्रोताओं को करवा देते हो या नहीं—यही असली महत्त्व की

बात है। सारे रास्ते उस एक ही सरस्वती के मन्दिर की ओर ही जाते हैं। पर कोई उस मन्दिर की सीढ़ी तक पहुँचते हैं, कोई उसके आँगन तक तो कोई ठेठ ठाकुरद्वारे तक। यह यात्रा किस मंज़िल तक हो पायी है, याने कहीं भी सीखा हो लेकिन कुल मिलाकर कितना संगीत सीख पाये यही मतलब की बात है, और गायक उसे ही मान्यता प्रदान करेंगे तथा श्रोता दाद देंगे। फिर वह व्यक्ति किस घराने का शागिर्द है इसमें माथा मारने की कोई ज़रूरत नहीं।

घरानों के सिक्कड़ों और परकोटों को तोड़ने के लिए निश्चय ही एक घराने की तालीम पूरी होने पर, गुरु का प्रोत्साहन ज़रूरी है। लेकिन आज के ज़माने में पहले तो इतने वर्षों तक जमकर रहने वाला और विद्या आत्मसात् करने वाला शागिर्द मिलना ही मुश्किल है। और वैसा शिष्य मिल भी जाय तो उसे स्वयं ही ''मेरे पास तुम्हारी शिक्षा पूरी हो चुकी है। तुम्हें देने लायक मेरे पास अब अधिक कुछ बचा नहीं है। लिहाज़ा तुम फलाँ-फलाँ से सीखो'' कहने वाला गुरु तो उससे भी बिरला होता है। ऐसी प्रामाणिकता मानव-स्वभाव में प्राय: दुर्लभ ही है। लेकिन कभी-कभी दुनिया में ऐसे चमत्कार भी हो जाते हैं। भास्कर बुवा इस प्रकार के सौभाग्यशाली शागिर्द हो चुके हैं। उन्हें पहले के दोनों उस्ताद विशाल अन्त:करण के मिले। उनके पहले उस्ताद फ़ैज़ मुहम्मद ख़ाँ ने पर्याप्त शिक्षा देने के पश्चात् स्वयं ही कहा, ''मेरे पास तुम्हारी शिक्षा पूरी हो चुकी है। अब तुम आगरे वाले नथ्थन ख़ाँ से तालीम लो।'' और आगरे वाले नथ्थन ख़ाँ भी ऐसे ही उदारबुद्धि निकले। मरते समय उन्होंने भास्करबुवा को आदेश दिया ''तुम अब ख़ाँ साहब अल्लादिया ख़ाँ के पास जाकर सीखो!'' इस तरह के चमत्कार देखने पर लगता है कि धन्य हैं वे भास्कर बुवा और धन्य हैं उनके दोनों गुरु ग्वालियर वाले फ़ैज़ मुहम्मद ख़ाँ तथा आगरे वाले नथ्थन ख़ाँ!

नये घरानों की सम्भावनाएँ

पहले के अध्याय में "नये घरानों के निर्माण के लिए निश्चित ही गुंजाइश है" यह कह कर उस प्रश्न को स्थगित कर दिया था। उस महत्त्वपूर्ण प्रश्न की चर्चा अब करना उचित होगा। इस प्रश्न के कतिपय पहलुओं की चर्चा किसी न किसी कारण पहले ही हो चुकी है। अतः उनकी पुनरुक्ति अनावश्यक है। हर घराना अन्य घरानों से अपेक्षाकृत भिन्न होता है। और उसमें उसकी विशिष्टता स्पष्ट रूप से प्रतीत होनी चाहिये। यह विशिष्टता प्रस्थापित हो, इस गरज से संगीत की दो इकाइयाँ—यानी स्वर तथा लय यह दोनों—परस्पर किस अनुपात में रखी जायें इसी का विचार प्रत्येक घराने के द्वारा किस प्रकार किया गया है यह भी हम देख चुके हैं। हर घराना इन दोनों इकाइयों का अनुपात अपने तईं तो निर्धारित कर ही चुका है और उस विशिष्ट अनुपात में ही उनकी ख़ासियत, अर्थात् उनकी स्वतन्त्र सौन्दर्य-प्रणाली अंकुरित हुई। इस दृष्टि से सोचने पर क्या और नये घरानों के निर्माण होने की गुंजाइश है? यह सवाल अनायास ही पैदा होता है। पिछले अध्याय में खींची गयी अर्धवृत्त आकृति की ओर पाठकों का ध्यान फिर खींचना ज़रूरी है। अब उसी अर्ध गोल की ओर एक नयी नज़र से देखना है इसलिए वह आकृति पुनः आँखों के समक्ष रखना आवश्यक है। पहले की आकृति में अब सिर्फ़ यही एक फ़र्क़ करना है कि उसे ठीक दो समान भागों में विभाजित करने वाली एक लकीर बीचोंबीच बना दें। इन विभागों को लय-प्रदेश और स्वर-प्रदेश कहा जा सकता है।

इस आकृति को ध्यान से देखने पर दिखायी देगा कि बायीं ओर के लय-प्रदेश में आज एक आगरा घराने के अलावा अन्य दूसरा कोई घराना नहीं है। और इसके विपरीत दायीं ओर के स्वर-प्रदेश में ही शेष सारे घराने हैं।

इसका अर्थ यही है कि स्वर और लय इन दोनों में से सिर्फ़ दायें अर्थात् स्वर की ही ओर लगभग सब घरानों ने अपनी-अपनी जगह बना ली है।

इस सूत्र का सीधा अर्थ यही है कि एकान्तिक लय की ओर झुकने वाली गायकी के मुकाबले स्वर की ओर झुकी गायकी अधिक अच्छी है ऐसी मान्यता सब घरानों की है। और चूँकि घरानों की प्रतिष्ठा जानकारों की मान्यता पर ही निर्भर करती है, लिहाज़ा जानकारों की राय भी ऐसी ही है यह सहज ही ध्यान में आ जायेगा। और ऐसा प्रतीत होता है कि यही सही भी है। स्वर की शुद्धता की उपेक्षा कर, भले ही यह उपेक्षा जानबूझ कर न की गयी हो, सिर्फ़ लय की ओर ही ध्यान केन्द्रित करने वाली गायकी रूखी और खुरदुरी प्रतीत होती है इसमें सन्देह नहीं। एकान्तिक स्वर की ओर झुकने वाली गायकी अपेक्षाकृत कम से कम मस्ती पैदा करती है और उस नशीले वातावरण में ये सब खामियाँ भुला दी जाती हैं।

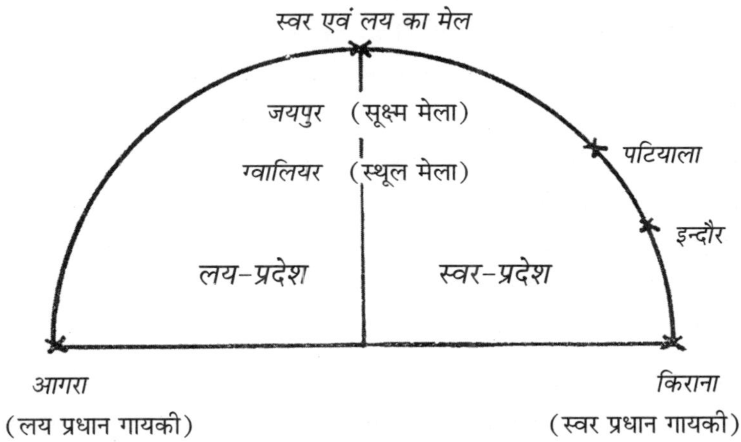

आकृति के विस्तृत गोलार्द्ध में आगरा और किराना ये दो घराने रंजन-क्षमता के दो विपरीत छोर हैं। इनके बीच और चाहे जितने घरानों के निर्माण के लिये स्थान है यह साफ़-साफ़ दिखायी देता है। हर घराना उसके संस्थापक की आवाज़ की प्रकृति पर अवलम्बित होता है, और जितने व्यक्ति, उतनी ही भिन्न आवाज़ें होती हैं। यह बात ध्यान में रखने पर प्रत्येक प्रतिभासम्पन्न गायक के साथ एक नया घराना आसानी के साथ

निर्माण हो सकता है। उसके प्रत्येक स्वर तथा लय के मेल का अनुपात भी शायद अलग-अलग और स्वतन्त्र होगा। बेशक यह अनुपात पहले से स्थापित किसी प्रभावशाली घराने के बहुत निकट हो, तो उसका समावेश उस प्रभावी घराने की छाया में ही किया जायेगा। उदाहरणार्थ, सवाई गन्धर्व ने या उनके शिष्य श्री भीमसेन जोशी ने अपनी गायकी में अलग-अलग बातों को समाहित कर लिया है। फिर भी उसमें अब्दुल करीम ख़ाँ साहब का ही रंग गहरा है, इसलिए उनका समावेश उस प्रणाली की छाया में ही हुआ है। उसी प्रकार ख्यातनाम श्री गणपतराव देवासकर की गायकी में देवास के रज्जब अली ख़ाँ साहब के ढंग की मिलावट होते हुए भी उनकी गिनती, सौन्दर्य की एक उग्र अभिव्यक्ति के नाते ही क्यों न हो, जयपुर प्रणाली की छाया में ही करनी होगी। लेकिन घरानों का वर्गीकरण कैसा भी क्यों न किया जाय, फिर भी दूसरों की अपेक्षा वह गायकी कुछ नवीनता लिए हुए ही होगी, जैसी कि सवाई गन्धर्व, भीमसेन जोशी या गणपतराव देवासकर की हो चुकी है। इसलिए उसका एक नया घराना न हो तो भी एक मनोरम गायकी के नाते उसका स्वागत ही किया जायेगा इसमें सन्देह नहीं।

निःसन्देह नये घरानों के निर्माण की बहुत काफ़ी गुंजाइश है यह मान लें, तो भी इस बात से इनकार नहीं किया जा सकता कि आज के सभी प्रचलित घरानों ने मौक़े की अधिकांश जगहों पर कब्ज़ा कर रखा है। तो जो नये घराने होंगे वे कौन सी जगहों पर होंगे इसका विवेचन मनोरंजक होगा।

प्रत्येक उदयोन्मुख गायक पुरानी रीति, पुराने कायदे विरासत में लेकर आता है यह सही ही है। फिर भी वह उसमें अपनी ओर से कुछ जोड़ता भी है, और ऐसा गायक प्रभावशाली हो जाय, उसके शिष्य-समुदाय में वृद्धि हो जाय, और फिर से उन शिष्यों को कुशल प्रशिष्य मिलें तो वह 'घराना' कहलाता है, यह विषय भी पहले आ चुका है। नये घराने निर्माण होने की दृष्टि से इसमें महत्त्व की बात यही है कि उसमें कुछ पुरानी रीति, अनुशासन, कायदे अपनाये जाते हैं और कुछ नयी बातों का भी समावेश कर लिया जाता है। लिहाज़ा नये घराने निर्माण होने वाले हों तो उन्हें इसी प्रक्रिया से गुजरना पड़ेगा। यह प्रक्रिया यदि पहले की विशिष्ट प्रणाली के ही अन्तर्गत हो तो वह गायक तो बड़ा होगा, लेकिन उसके घराने को नया

नहीं माना जायेगा। अतएव, नया घराना निर्माण होने के लिये कोई भिन्न प्रक्रिया होनी चाहिये और वह इस प्रकार है :

वर्तमान ज़माने के दो या अधिक घराने लेकर उसकी सौन्दर्य-प्रणालियों का मेल कर नये घराने का निर्माण निश्चय ही सम्भव है। लेखक की पीढ़ी के कई गायकों ने ऐसा प्रयत्न किया था। वह प्रयत्न माने किराना और जयपुर घराने का समन्वय। जयपुर घराने की सूक्ष्म कारीगरी, लय का डोलना और उसका पेंचदारपन यह तो इन गायकों को चाहिये ही था। लेकिन साथ ही किराना गायकी में पायी जाने वाली स्वर की मस्ती भी उन्हें चाहिये थी। लेकिन दुर्भाग्य से इन सभी गायकों ने दूसरे पेशे अपना लिये। किसी ने वकालत अपनायी, तो कोई रेडियो में अफ़सर बन गये और कोई और कुछ बन गये। आजीविका के साधन के रूप में अन्य व्यवसाय अपनाने के बाद संगीत की ओर उनका ध्यान इतना एकाग्र नहीं रह पाया। इसलिए नयी प्रणाली निर्माण करने की उनकी महत्त्वाकांक्षा स्वप्न ही रह गयी। लेकिन प्रयत्न की इस दिशा में कुछ अर्थ था और उसी के अनुसार इसी प्रकार की प्रक्रिया हुई, तो नये घराने निश्चय ही निर्माण होने की सम्भावना है। तब किराना और जयपुर को मिलाकर एक नया घराना होगा और जिस स्वरनिष्ठ आलापबाजी के अभाव की आलोचना की जाती है वह भी उसमें समा सकेगी। बड़े ग़ुलाम अली की आवाज़ का सुरीलापन, क़ैफ़ और उसके अलंकार आगरा घराने पर चढ़ाये जायें, तो वह एक नया घराना होगा। ग्वालियर और किराना का संगम भी ऐसा ही मनोरम होगा। और इस प्रकार अन्य कुछ घराने हो सकते हैं। उनमें से प्रत्येक को घराने की प्रतिष्ठा तो मिलेगी ही, लेकिन उसके साथ ही स्वर और लय का एक नया ही रसायन, याने अभिनव सौन्दर्य-प्रणाली का दर्शन भी होगा। हमने जो गोलार्द्ध खींचा है, उसमें इन सभी को पर्याप्त जगह है यह तय है।

इस दृष्टि से एक प्रत्यक्ष उदाहरण के रूप में श्री कुमार गन्धर्व का उल्लेख अनिवार्य है। उनकी प्रशंसा करते हुए स्वर्गीय श्री गोविन्दराव टेम्बे ने पहले एक बार उन्हें संगीत का 'उद्गार-चिह्न' कहा था। नाज़ुक, सुरीली, चपल और लोचदार आवाज़ की जन्मजात देन, उसकी जोड़ में प्रो. देवधर के सूक्ष्म मार्ग-दर्शन में विभिन्न घरानों के गुणों का विश्लेषणात्मक साक्षात्कार और उन सब की विशिष्टताएँ आत्मसात् करने की उनकी व्यक्तिगत

कुशलता इन सब का कुछ ऐसा मनोहारी संगम उन्होंने अपने आप में कर रखा है कि गोविन्दरावजी का उद्‌गार-चिह्न आज बीस साल बाद भी सार्थ ही बना हुआ है। निश्चय ही उनका एक स्वतन्त्र 'देवास' या 'कुमार' घराना बने यह इसी पर निर्भर करता है कि उन्हें कृतीत्वसम्पन्न शिष्य एवं प्रशिष्य मिलें।

तो घरानों की संख्या में वृद्धि की बहुत गुंजाइश है यह बात तय है। ऐसे घराने स्वर-प्रदेश और लय-प्रदेश, इन दोनों भागों में हो सकते हैं और वे स्वयं के स्थान इस विस्तीर्ण प्रदेश में कहीं न कहीं कायम करेंगे। और वे किसी भी प्रदेश में निर्माण हों, पर होंगे रंजनक्षम ही। लेकिन इस सबके बावजूद वे स्वर-प्रदेश में ही हों, यह इच्छा व्यक्त किये बग़ैर रहा नहीं जाता। सुरों की मिठास तो उनमें होगी और लय की अधिकता के कारण पैदा होने वाले खुरदुरेपन को टाला जा सकेगा। लेकिन यह लेखक की व्यक्तिगत पसन्द है।

१२. घरानेदार गायकी का भविष्य

घरानेदार गायकी का भविष्य

संगीत के सारे घरानों का जन्म और विस्तार पुरानी सामन्तशाही में ही हुआ है। घरानों के केवल नाम भी अगर गिनाये जायें तो उनमें जयपुर, इन्दौर, पटियाला आदि पुरानी रियासतों के ही नाम हैं। और अधिकांश घराने जिस आदिम ग्वालियर गायकी से बने हैं ऐसा पहले कह आये हैं, वह भी अभी हाल तक एक रियासत ही थी। इन घरानों की इससे भी पहले की परम्परा देखें, तो विश्वास है कि वह दिल्लीपति मुग़ल बादशाह मुहम्मद शाह (लगभग सन् १७१९ से १७४९) के ज़माने के ख्यातनाम एवं आद्यख्यालिया सदारंग तक जा पहुँचेगी। मतलब, घरानों का यह व्यवहार आज लगभग दो-सवा दो सौ वर्षों से चला आ रहा है। कहने का मतलब यह कि गायकी के सारे घरानों का बीज अतीत की सामन्तशाही में ही था। उसी में उसे खाद-पानी मिला, उसका विस्तार एक वट-वृक्ष की भाँति हुआ और उसी की जड़ें इधर-उधर फैलीं और विभिन्न घरानों ने जड़ें जमा लीं और उनका विस्तार उस वटवृक्ष की शाखा-उपशाखाओं के रूप में हुआ। सामन्तशाही के अन्य परिणाम कुछ भी क्यों न हुए हों पर उसने संगीत की दुनिया की साज-सम्हाल बहुत अच्छी तरह से की इस बारे में दो राय नहीं हो सकती। पिछले दो सौ वर्षों में, कम से कम पिछले सौ वर्षों में अधिकांश राजे-रजवाड़े ऐशोआराम में ही मशगूल थे। संगीत भी उनके ऐश का ही हिस्सा था। मुग़ल बादशाह मुहम्मद शाह, लखनऊ के नवाब वाजिद अली शाह, ग्वालियर के जयाजीराव तथा दौलतराव शिंदे, रामपुर के नवाब, इन्दौर के हाल ही के तुकाजीराव होलकर, बड़ौदा के सयाजीराव गायकवाड़, महाराष्ट्र में कोल्हापुर के शाहू महाराज, इचलकरंजी के घोरपड़े-मिरजकर आदि नाम इस दृष्टि से संस्मरणीय हैं और गायकों के लिये वे सदैव आदरणीय

रहेंगे इस में कोई शक नहीं। इन सब राजा-महाराजाओं को संगीत से बेहद प्रेम था। या कम से कम अपने दरबार की प्रतिष्ठा एवं उसके वैभव के नाते ही सही, विभिन्न ख्यातनाम गायकों को अपने यहाँ उन्होंने रख छोड़ा था। उन्हें लाखों रुपये नज़र किये, इनाम दिये तथा संगीत की साधना एवं शिष्य समूह तैयार करने के लिये आवश्यक दुनियादारी की ज़रूरतों से छुटकारा भी दिलवाया।

जिस सामाजिक स्थिति में उच्च एवं अभिजात गायकी पैदा हुई, उसका पोषण एवं लालन-पालन हुआ और वह समृद्ध बनी, वह परिस्थिति अब इस ज़माने में बदल चुकी है और दिन-ब-दिन तेज़ी के साथ बदलने वाली है। पुरानी सामन्तशाही का स्थान नयी समाज-रचना ले चुकी है। पहले हम ग़ुलामी में थे, आज स्वतन्त्र हैं और प्रजातन्त्र में फलफूल रहे हैं। इस वजह से समाज के एकदम निचले वर्ग को भी प्रतिष्ठा प्राप्त हो गयी है। यही नहीं, राजनीति में उन्हें मतदान का अधिकार भी मिल चुका है। लिहाज़ा, मत प्राप्त करने की ओर सारा ध्यान लगा होने के कारण राजनीतिक लोग इस वर्ग को राजी करने में लगे हुए हैं। जाहिर है कि वर्तमान परिस्थिति में अभिजात कला की ओर ध्यान देने की फ़ुर्सत किसी राजनीतिज्ञ को नहीं है और न वैसा करना आवश्यक ही प्रतीत होता है। और मानो इतना पर्याप्त न हो इसलिए गत विश्व-युद्ध तथा उसके बाद के परिणामों के फलस्वरूप विद्या एवं कला की साधना में स्वयं को समर्पित करने वाले मध्यम वर्ग का लगभग समूल उन्मूलन हो गया है। यह सब जो कुछ हुआ, वह ठीक हो सकता है—कम से कम फ़िलहाल वह अपना विषय नहीं है—लेकिन संगीत की दृष्टि से इसमें ख़तरा है निश्चय ही। और आज भी उसका एहसास नहीं होता। इसी परिस्थिति के कारण एक नयी समस्या का निर्माण हो चुका है, जिसका वर्णन पटियाला घराने के अध्याय में है—वह है, बड़ी संख्या में आने वाले श्रोताओं का रंजन किस प्रकार किया जाय। पश्चिमी संगीत बहुत बड़े जनसमुदाय का मनोरंजन कर सकता है। तो भारतीय संगीत में उस पद्धति का समावेश किया जाय अथवा नहीं, ऐसा एक नया सवाल पैदा हो गया है (इस प्रश्न पर विचार परिशिष्ट में किया गया है)।

कुल मिलाकर मतलब यह कि संगीत के लिये फायदेमन्द आधार ही ख़त्म हो जा रहा है, ख़त्म हो चुका है। ऐसी हालत में वह गायकी, उसके वे

घराने, उनके शिष्य, प्रशिष्य, उनकी परम्पराएँ, उनके गण्डा-बन्धन समारोह और शागिर्दी, उनकी रीति और उनके कायदे और हर एक का अपना-अपना गढ़, इनका संगोपन-संवर्धन होगा ही, यह कौन कह सकता है? नहीं होगा, और वह सब नष्ट हो जायेंगे यही आशंका सोच-विचार करने वालों को डरा रही है। हज़ारों वर्षों में इस प्रकार का संक्रमण काल कभी आया नहीं था। लिहाज़ा संगीत की यह नाव कहाँ और कब फूटेगी इसका क्या भरोसा?

संगीत की दृष्टि से शोचनीय इस परिस्थिति में भी संगीत के अभिमानी एवं उसमें मेहनत करने वाले मन में कुछ आस बाँधे बैठे हैं। और वह यह कि आज भी संगीत के लिये पोषक ज़मीन बनायी जा सकती है। सामन्तशाही के सारे अवगुण छोड़कर अभिजात गायकी को ही प्रत्यक्ष एवं सक्रिय प्रोत्साहन देने के एकमात्र गुण को आज की सरकार भी क्या अपना नहीं सकती? गायकों या वादकों को रेडियो पर महीने-दो महीने में 'प्रोग्राम' देकर, या उनके 'राष्ट्रीय' कार्यक्रम प्रायोजित कर यह काम नहीं होगा। पिछले पच्चीस-तीस साल के अनुभव से वह काम होगा, ऐसी उम्मीद नहीं की जा सकती। रेडियो में कुछ अच्छे कलाकार रख लिये गये हैं और उनकी घर-गृहस्थियाँ भी ठीक चलती हैं। लेकिन यह भी गायकी के संवर्धन की दृष्टि से कोई ख़ास मतलब नहीं रखता। बेशक, उनकी गृहस्थी चलती है इसलिए रेडियो विभाग धन्यवाद का पात्र है। लेकिन यह जो कलाकार रखे जाते हैं उनका रेडियो की काम की दृष्टि से क्या कोई उपयोग है? और जो किसी काम के हैं उन्हें कारकुनी, माने प्रशासकीय कामों में क्यों जोता जाता है? इन सब कलाकारों की रेडियो को इस या उस कारण से आवश्यकता है। यदि उन्हें पर्याप्त वेतन भी दिया जाता है तो फिर उनका जो मुख्य उपयोग है वही क्यों नहीं लिया जाता? स्पष्ट कहा जाय तो इन सब कलाकारों को दो-चार शिष्य सौंपकर उनका उपयोग तालीम देने में ही क्यों न लिया जाय? और सचमुच क्या वे इसी काम के लिये योग्य नहीं हैं रेडियो के कार्यालयों में काफ़ी जगह और शान्ति होती है, और यदि न हो तो निर्माण की जा सकती है। रेडियो के स्टुडियो में हर प्रकार के वाद्य एवं साज भी उपलब्ध रहते हैं और युवा तथा होनहार कलाकारों को अधिक कार्यक्रम देने का प्रलोभन दिया जाय तो शौक़ीन (उत्साही) शिष्य भी चाहे जितने मिल जायेंगे। लेकिन यह नहीं

किया जाता। यही नहीं, यदि किसी अधिकारी से बात चलायी जाय तो जवाब यही मिलता है कि शिक्षा देना रेडियो का काम नहीं है। मान लिया कि यह उनका काम नहीं है। तो फिर है किसका? और यह काम रेडियो का क्यों न हो? और दस-बीस साल बाद उन्हें भी कौन से नामी कलाकार मिलने वाले हैं?

और एक उम्मीद! संगीत की दृष्टि से सामन्तशाही की जो उपयोगिता थी वैसी आज हर राज्य के राज्यपाल एवं राष्ट्राध्यक्ष की नहीं हो सकती? ये महानुभाव अच्छे कलाकारों को पर्याप्त वेतन एवं स्वतन्त्र स्थान देकर उनके द्वारा तालीम दिलवाने का यह काम क्यों न करवायें?

केन्द्रीय सचिवालय में एक विभाग ऐसा होता है कि जिसके लिए एक अलग मन्त्री होता है। वह विभाग है Ministry of Scientific Research and Cultural Affairs (वैज्ञानिक अनुसन्धान एवं सांस्कृतिक मामलों का मन्त्रालय)। यह मान लेना कि उनका काम संगीत-नाटक एकेडमी स्थापन कर विभिन्न संस्थाओं को अनुदान देना ही होता है, सही नहीं होगा। हाँ, पिछले कई वर्षों से सरकारी छात्रवृत्तियाँ देने की उनकी नीति प्रशंसनीय है। लेकिन अब तक के अनुभवों से प्रतीत होने लगा है कि इन छात्रवृत्तियों से वांछित परिणाम प्राप्त करने के लिये और भी काफ़ी उपाय करने होंगे, वे व्यवस्थित रूप से होने चाहिये, और दी गयी छात्रवृत्तियों का उपयोग ठीक से हो रहा है या नहीं इस बात की निगरानी अनुशासनपूर्वक एवं कड़ाई से करनी चाहिये।

ये आशाएँ अथवा दुराशाएँ क्यों मन में रखी जायें? इसलिए कि अभिजात संगीत या गायकी स्कूल-कॉलेजों में सिखायी नहीं जा सकती। इसलिए कि उसके लिए एक समय, एक गुरु व एक शिष्य आवश्यक है। और लगातार कई वर्ष तक सामने बैठकर शिष्य की आवाज़ तैयार करवा ली जाय तभी उसके गले में गायकी के विभिन्न कायदे, रीतियाँ तथा अलंकार उतारे जा सकते हैं। इस सब के लिये गायक-शिक्षकों की आवश्यकता है और ऐसे गायक-शिक्षक निर्माण करने के लिये सर्वांगीण प्रयत्न किया जाना ज़रूरी है।

प्रत्येक नयी सौन्दर्य-प्रणाली को प्रभावशाली कुल-देवता प्राप्त हुए बग़ैर सम्प्रदाय का जन्म ही नहीं होता। पर अब जिनकी आवश्यकता है वे इस

प्रकार के अव्वल दर्जे के एवं प्रतिभासम्पन्न कलाकार न भी हों, तो भी गायकी की दृष्टि से विद्वान, उसके स्वतन्त्र कायदे जानने वाले, उन्हें प्रत्यक्ष तालीम देकर गाकर दिखाने वाले तथा घराने की ख़ास बन्दिशें व गायकी के सौन्दर्य-स्थलों को विशद करके समझा सकने वाले यशस्वी 'गायक-शिक्षक' होने चाहिये। यशस्वी गायक महफ़िलों का रंग ज़माने के नशे में मशगूल रहते हैं और तालीम देने के प्रयत्नों से ऊब जाते हैं ऐसा आजकल दिखायी देने लगा है। उसके लिये तो जन्मजात 'शिक्षक' ही आवश्यक होता है। अन्य सब बातें अनुकूल होते हुए भी जिन घरानों को ऐसे गायक-शिक्षक पर्याप्त परिमाण में नहीं मिलते वे पीछे रह जाते हैं। क्योंकि तब शागिर्द तैयार करने के काम की ओर जरा भी ध्यान नहीं रहता। महफ़िल में रंग ज़माने वाले प्रभावशाली गायक यदि उस गायकी के मन्दिर के संयोजक अथवा कल्पनाकार माने जायें, तो गायक-शिक्षक उस मन्दिर की इमारत खड़ी करने वाले और उसे उस प्रणाली की नयी उत्साही पीढ़ी निर्माण कर शक्ति देने वाली आधारशिला के समान या खम्भों के समान कहे जायेंगे। या यदि यशस्वी कलाकारों को उस सरस्वती मन्दिर के गर्भगृह की मूर्ति माना जाय तो गायक-शिक्षकों को उसकी गायकी का पूरा-पूरा दर्शन करवाकर 'प्रसाद' वितरण करने वाले ही कहा जायेगा।

आज की पीढ़ी को भूतकाल का जितना मालूम है, उतने भाग को ध्यान में लें तो उस समय की एक विशिष्टता ध्यान में आती है कि उस समय के सभी ख्यातनाम गायक प्रतिभासम्पन्न एवं यशस्वी गायक होते हुए भी उन्हें उदयोन्मुख गायकों को तालीम देकर नये-नये शागिर्द बनाने का शौक़ था। और उसकी मिठास का चस्का उन्हें लग चुका था। स्वर्गीय बालकृष्ण बुवा इचलकरंजीकर, भास्करबुवा बखले, अल्लादिया ख़ाँ, अब्दुलकरीम ख़ाँ, वझे बुवा, सवाई गन्धर्व आदि सभी गायक तालीम देने में सुख मानते थे। लेकिन आजकल के इस ज़माने में महफ़िलों में ख़ूब जमने वाले गायक और वादक इस पुण्य कार्य से विमुख प्रतीत होते हैं। शागिर्द तैयार करने का काम वे कर पायेंगे ऐसी अपेक्षाएँ उनसे करना साहस की बात होगी। इसलिए जिन घरानों ने उन्हें विद्या, सम्पत्ति एवं यश प्राप्त करा दिया, उनकी परम्परा बनाये रखने की बजाय उनकी जड़ खोद डालने तथा बहते हुए सोते को खण्डित करने का दुःश्रेय ही उनके पल्ले बाँधना पड़ेगा, फिर भले ही वे कितने ही महान् क्यों न हों! फिर भी संतोष की बात यही

है कि पहले के ज़माने की परम्परा जारी रखने वाले यशस्वी गायक आज भी उस कार्य की धुरी उठाये हुए हैं, ऐसा लगता है। ख़ाँ साहब विलायत हुसैन ख़ाँ आगरे वाले, मोगूबाई कुर्डीकर, हिराबाई बड़ोदेकर, जगन्नाथ बुवा पुरोहित आदि नाम इस दृष्टि से नज़र आते हैं। श्रीमती केसरबाई केरकर का भी नाम इस सूची में होना चाहिये था। पर वह नहीं है तो इस पर किसका क्या बस है?

सर्वेक्षण करने पर नज़र आयेगा कि किराना और आगरा इन घरानों को ऐसे शिक्षक बहुतायत में उपलब्ध हुए और उस कारण इस विशिष्ट गायकी का गायकों की संख्या की दृष्टि से समाज में प्राबल्य है। यह उपलब्धि उसी परिमाण में अल्लादिया ख़ाँ घराने को नहीं मिली। क्योंकि उसमें तालीम देने में ही जिनका सारा जीवन बीता, ऐसे स्वर्गीय भूर्जी ख़ाँ, हैदर ख़ाँ और उनके सुपुत्र नथ्थन ख़ाँ के असामयिक निधन के पश्चात् तालीम देने में सुख मानने वाले उल्लेखनीय शिक्षक (श्रीमती मोगूबाई कुर्डीकर, लक्ष्मीबाई जाधव या श्री वामनराव सडोलीकर आदि अपवाद छोड़ दें तो) उपलब्ध ही नहीं हुए यही कहना होगा। लेकिन अन्य सारी बातों की अनुकूलता होते हुए भी मात्र इसी एक अंग की अल्पता के कारण इस घराने के गायकों की संख्या कम हो गयी है तथा दिन-ब-दिन कम होती जा रही है। पराक्रम की ऐन दोपहरी में अगली पंक्ति के कलाकार तथा गायक शिक्षक कालकवलित हो गये। कहना होगा कि इस घराने को यह शाप ही है।

परिशिष्ट-एक

हार्मनी तथा मेलडी

हार्मनी तथा मेलडी

(उक्त विषय पर काफ़ी कुछ चर्चा इस्माइल युसफ़ कॉलेज के प्राध्यापक पु.शि. रेगे तथा प्रा. श्रीमती लीला अर्जुनवाडकर, प्रा. अरविन्द मंगरूलकर एवं मेरे बीच पत्रों द्वारा होकर वह समूची चर्चा 'छन्द' तथा 'संगीत कला विहार' इन नियतकालिकों में गत वर्ष प्रकाशित भी हुई थी। उसका एक महत्त्वपूर्ण 'प्रपत्र' प्रा. श्रीमती अर्जुनवाडकर, प्रा. मंगरूलकर तथा मेरे हस्ताक्षर से प्रकाशित हुआ था, जिसे ज्यों-का-त्यों नीचे दिया जा रहा है। प्रा. श्रीमती अर्जुनवाडकर, प्रा. मंगरूलकर के सौजन्य से ही वह यहाँ प्रकाशित करना सम्भव हो सका है।)

—लेखक

बम्बई-पूना

तारीख़ ९-११-१९५९

प्रा. पु. शि. रेगे को सप्रेम नमस्कार,

आपके द्वारा अवलोकन के लिये दिया गया आपका एवं श्रीमती अर्जुनवाडकर का पत्रव्यवहार अत्यन्त उत्सुकतापूर्वक पढ़ा। उसमें अलग-अलग तथा महत्त्वपूर्ण प्रश्न उत्पन्न हुए हैं और उनके बारे में आप दोनों की सैद्धान्तिक चर्चा बहुत ही उपयुक्त है इसमें सन्देह नहीं। उक्त पत्रव्यवहार पढ़ने पर जो बातें दिमाग़ में आयीं, उनसे आपको अवगत करा रहे हैं। लेकिन यह ध्यान में रखना होगा कि 'हार्मनी' एवं 'मेलडी' जैसे गहन विषय पर लिखने का साहस हम भले ही कर रहे हों, पर संगीत की अनेक स्वतन्त्र शाखाओं में से मात्र एक का, यानी उत्तर हिन्दुस्तानी संगीत-पद्धति का ही हमने अध्ययन किया है—और वह भी पर्याप्त नहीं, बिलकुल ही टुटपूँजिया,

‘ईषदीषच्चुंबित’। पश्चिम का ‘हार्मनी’ यह शास्त्र भी बहुत परिपक्व है और ख़ासकर उसी का अध्ययन कम से कम पाँच–दस वर्ष तक हुए बग़ैर हार्मनी का मर्म और उसकी मिठास समझ में नहीं आयेगी। अन्य विषय बार–बार पढ़कर, उनका मनन कर कुछ–कुछ समझ में आते हैं। संगीत की बात ऐसी नहीं है। उसकी साक्षात् क्रिया ही वर्षों तक करनी पड़ती है। पश्चिमी हार्मनी के इस प्रकार के अध्ययन के अभाव में इस पत्र के विचार याने सिर्फ़ ‘हिन्दुस्तानी संगीत’, के आधार पर उत्पन्न तर्कजन्य विचार हैं यही मानना उचित होगा। उन विचारों को हार्मनी के क्रियाशील अनुभव का या रहस्य का कोई आधार नहीं है।

आप के ता. १४–८–१९५९ के पत्र के अन्तिम परिच्छेद में आप की मान्यता का सारतत्त्व आ गया है ऐसा लगता है। वह मान्यता यह है : ‘‘हमारे संगीत में हार्मनी ‘या’ मेलडी ऐसा क्यों? हार्मनी ‘और’ मेलडी, या यदि पूरी बात कहनी हो तो हार्मनी घन मेलडी, घन क्ष... घन य...घन न...ऐसा क्यों नहीं?’’

श्रीमती अर्जुनवाडकर ने अपने दो–तीन पत्रों में इस प्रश्न के उत्तर के रूप में अनेक बातों की तफ़सीलवार चर्चा की है, उनकी पुनरावृत्ति नहीं करते। लेकिन पूरक रूप में और जो विचार सूझते हैं वे इस प्रकार हैं :

सच कहा जाय तो आप का प्रश्न उलटे पाश्चात्य लोगों से ही पूछा जाना चाहिये। और वह इस तरह कि ‘‘आप अपनी हार्मनी में हिन्दुस्तानी पद्धति की जो विकसित मेलडी है उसे समाविष्ट क्यों नहीं करते?’’ ऐसा प्रश्न पूछने के कारण प्रबल हैं। क्योंकि इस प्रश्न का उत्तर देने के लिए हमसे अधिक वे ही सक्षम हैं। भारतीयों ने हार्मनी का जितना अध्ययन किया होगा, उसके कई गुना अधिक पश्चिमी लोगों ने हिन्दुस्तानी मेलडी का किया है। उनके अनेक अभ्यासकों ने हमारे संगीत के बारे में ग्रन्थ भी लिख रखे हैं। ऐसा होते हुए भी हिन्दुस्तानी विकसित मेलडी का अन्तर्भाव पश्चिमी हार्मनी में किया जाय ऐसी आवाज़ उधर कभी नहीं उठी। यह आवाज़ मूलतः न सूझने जैसी कठिन थी ऐसा कोई भी नहीं कहेगा। उसी प्रकार, कोई बीस साल पहले प्रा. ना. सी. फडके ने भी यही विवाद छेड़ा था। उस समय भी हार्मनी भारतीय राग–संगीत के लिए विघातक है अतएव उसका समावेश हमारे राग–संगीत में नहीं किया जा सकता, इसी आशय की सामान्य राय अधिकारी संगीतज्ञों द्वारा व्यक्त की गयी थी।

लिहाज़ा इस प्रश्न का फ़ैसला एक तरह से पहले ही हो चुका है ऐसा कहा जा सकता है। लेकिन उस समय कुछ भी निर्णय हुआ हो, फिर भी कुछ प्रश्न बार-बार उठ खड़े होते हैं और हर बार पहले दिये गये उत्तर की पुनः परीक्षा आवश्यक और कभी-कभी इष्ट भी होती है। सवाल उठाने वाला उसे अलग सन्दर्भ में पेश करता है और हर बार परिस्थिति भी भिन्न होती है। मानना होगा कि प्रस्तुत प्रश्न इसी क़िस्म का है।

यह प्रश्न "एक समय एक ही स्वर लगाया जाय या अनेक का उपयोग किया जाय ?" के समान ही सीधा-सादा प्रतीत होता है। और कोई भी पूछ लेगा कि उन 'अनेक' में 'एक' समाविष्ट होता है कि नहीं ? सच ही, वैसा वह नहीं होता, इसीलिए तो विवाद है। यह भेद ठेठ 'सजातीय' और 'विजातीय' के समान है।

उदाहरणार्थ, मेलडी का एक एकाकी (isolated) स्वर और हार्मनी का वैसा ही एक एकाकी स्वर, माने दोनों की न्यूनतम इकाई (lowest) या (minimum unit) हम विचारार्थ लें। हिन्दुस्तानी संगीत में एक समय जो एक स्वर उपयोग में लाया जाता है वह 'स्थिर' या 'अचल' न होकर उस पर विभिन्न संस्कार होते हैं, जिससे उसका चरित्र ही बदल जाता है। उसकी प्रमुख विशिष्टता होती है हर स्वर को ऊपर-नीचे के सूक्ष्म कणों का लगना, झालर का लगना। इन कणों के कारण हमारे संगीत में एक निराली ही मिठास आ गयी है। इसके कारण स्वर में एक प्रकार की 'लोच' निर्माण हो जाती है। सरसरी तौर पर सुनने वाले के ध्यान में ये सूक्ष्म कण नहीं आयेंगे। लेकिन उसे एक खड़ा, स्थिर स्वर सुनाया जाय और साथ ही ऐसा लोचदार स्वर भी सुनाया जाय, तो दोनों में से अधिक मिठास किसमें है यह वह आसानी से बता सकेगा। बिलकुल भूप, शंकरा, बिलावल जैसे हार्मनी को अत्यधिक अनुकूल, सहज माने जाने वाले राग भी लें तो भी उनमें हार्मनी का जोड़, अर्थात् उनके प्रत्येक स्वर को और कम से कम दो स्वरों का जोड़, इसी कारण से नहीं दिया जा सकता। क्योंकि इसकी वजह से उसका रागत्व ही उड़ जायेगा। निर्गन्ध, रंगहीन केसर ही हाथ आयेगा।

हमारे संगीत की एक और विशिष्टता है 'मींड'। वह भी हार्मनी में ग़ायब हो जायेगी। साधारण राग भूप की 'रे सा' संगीत लें तो भी उसमें 'रे' से 'सा' पर आने की जो सलोनी क्रिया है उसमें 'रे' और 'आ' का जोड़ कुछ ऐसा मिलाया जाता है कि 'रे' कब ख़त्म हुआ और 'सा' कहाँ शुरू हुआ

यह पता नहीं चलता। वह जोड़ एक किसी निश्चित स्थान पर जमाया गया है यह तब बताया नहीं जा सकता। वे दोनों स्वर एकाकी या एक-दूसरे से अलग होते हुए भी वे जुड़े हुए ही लिये जाते हैं। अर्थात् 'रे' की एक लकीर खींच दी और उसके समाप्त हो जाने पर 'सा' की दूसरी एक लकीर खींच दी कि काम बन गया। ऐसी बात हिन्दुस्तानी संगीत में नहीं होती, बल्कि 'सा' के ख़त्म होते न होते एक मुलायम मोड़ लेकर वह 'रे' की रेखा 'सा' की रेखा में विलीन की जाती है। आकृति अंकन की मर्यादा को ध्यान में रखते हुए भी अगली दो आकृतियों से कुछ बोध हो सकेगा, ऐसा लगता है :

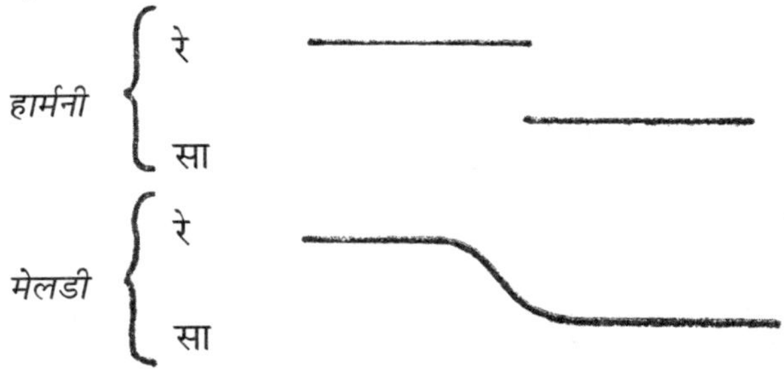

उक्त विवेचन में ऊपर-नीचे के 'कण', झालर लगने की जो बात कही जा चुकी है उसका बोध अगली आकृतियों से हो सकेगा।

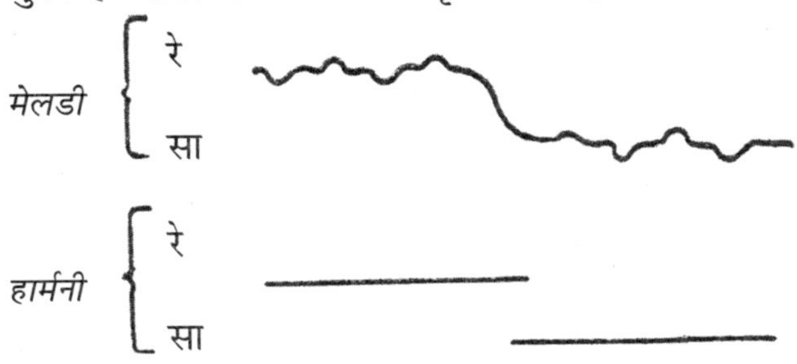

मेलडी की उक्त आकृति में ^, _ ऐसे संकेतों के स्थान ऊपर-नीचे के कणों के झालर के हैं। हार्मनी की आकृति ज्यों की त्यों है यह भी स्पष्ट दिखायी देता है।

'तान' को भारतीय संगीत का भूषण माना जाता है। उसके अन्दर के मोड़

भी इसी प्रकार हार्मनी में नहीं आयेंगे। उन मोड़ों का आकार 'कणों' की अपेक्षा बड़ा हो तो भी वे 'मोड़' ही हैं यह ध्यान में रखना आवश्यक है। यदि उनकी आकृति अंकित की जाय तो वह इस प्रकार होगी :

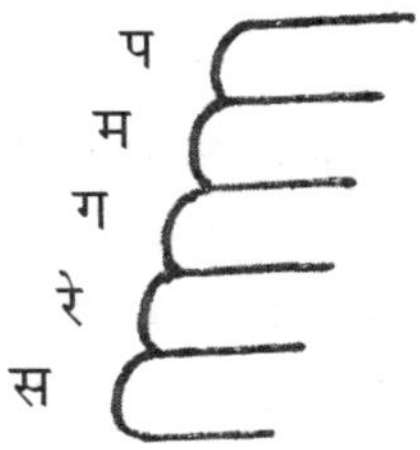

और हार्मनी में वही तान इस प्रकार दर्शायी जा सकेगी :

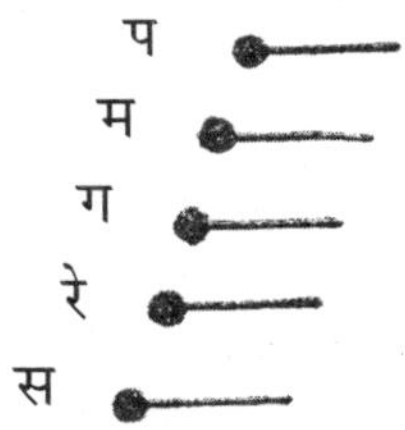

यहाँ अपने संगीत के मात्र तीन प्रकार, माने कण, मींड तथा तान ही, उदाहरणस्वरूप लिये गये हैं। ऐसे और कितने ही प्रकार हैं कि जिनकी गुणवत्ता हार्मनी में ग़ायब होकर छूँछ ही शेष बचेंगे। उन सबका उल्लेख 'गमक' इस एक ही शब्द से किया जा सकता है। इससे यह ध्यान में आ जायेगा कि हार्मनी की ऊपर दी गयी आकृतियों में कोई भी स्वर दूसरे किसी स्वर के साथ सूक्ष्म मोड़ से जोड़ा नहीं जाता। सारे स्वर 'एकाकी' अथवा एक-दूसरे से अलग रखे जाते हैं। उनका आपस में आत्मीयतापूर्ण तो क्या, साधारण नाता तक नहीं होता। सिर्फ़ उनके प्रकृतिसिद्ध संवाद के कारण अपने आप जो नाता निर्माण हो जाय, बस वही होता है।

हार्मनी और मेलडी में एकाकी (isolated) स्वर का बर्ताव किस प्रकार भिन्न होता है उसका कुछ अन्दाज़ा उक्त विवेचन से हो सकता है और उसके जरिये यह भी स्पष्ट हो जायेगा कि भारतीय संगीत की कुछ ख़ास विशिष्टताएँ हार्मनी में क्यों कर नहीं आ सकतीं ? यहाँ शायद किसी को

ऐसा लगे कि "यह सारी बातें तो एकदम मामूली हैं और उन्हें छोड़ दिया जाय तो क्या बिगड़ने वाला है?" लेकिन वास्तविकता यह है कि यह बातें मामूली नहीं हैं। वे मौलिक हैं। सूक्ष्म हैं। उन्हीं में हिन्दुस्तानी संगीत की विशेषता है। यही नहीं, बल्कि उन्हीं में हमारे संगीत की तीन-चौथाई शोभा तथा नज़ाकत (delicate grace) समायी हुई है। इसलिए वे हमारे सौभाग्यचिह्न ही बन गयी हैं। राग-संगीत के लिये आवश्यक तथा कला-विकास के लिये ज़रूरी विविधता उन्हीं के कारण निर्माण होती है। और भारतीय संगीत की मान्यता तथा प्रतिष्ठा का कारण भी वे ही हैं। संक्षेप में, इसका अर्थ यही होगा कि हिन्दुस्तानी संगीत में एक समय एक ही स्वर, लेकिन 'संस्कारित' तथा सूक्ष्म रूप लगाना पड़ता है, तो हार्मनी का कारोबार स्वर के 'स्थूल स्वरूप' पर आधारित है।

लेकिन इससे हार्मनी को कोई कम नहीं आँके। क्योंकि स्वरों के एकाकीपन के कारण, यद्यपि वह 'सूक्ष्मता' खो चुकी होती है, फिर भी उसकी पूर्ति उसने अपने संगीत विश्व में 'भव्यता' लाकर कर ली है ऐसा कहा जा सकता है। इस भव्यता को प्राप्त करने के लिए पश्चिमी लोगों ने एक ही समय अधिक स्वरों का उपयोग करने की सोची। यहाँ मानवी आवाज़ स्वरों के समकालीन आविष्कार के कारण अपर्याप्त सिद्ध होने लगी। इसलिए उन्होंने विभिन्न वाद्यों का सहारा लिया। मानवी आवाज़ की कुछ सीमाएँ हैं जिनमें से एक यह है कि उसके जरिये एक समय एक ही स्वर लगाया जा सकता है, अधिक नहीं। लेकिन इस एक समय एक ही स्वर लगाने की क्रिया में ही भारतीयों को समूचा विश्व, ब्रह्म मिल गया। और कहा जा सकता है कि उस एक ही स्वरमय अणु में अनन्तता की मधुरता मिल गयी। जिसकी कल्पना तक नहीं की जा सकती उतनी विविधता एवं विचित्रता इसी कारण हमारे संगीत में उत्पन्न की जा सकती है—नहीं, उत्पन्न की जा चुकी है।

ख़ैर! पाश्चात्य लोग हार्मनी में भव्यता किस प्रकार ले आये यह हम देख रहे थे। नये सिरे से बताने की आवश्यकता नहीं है कि संगीत का स्वर-सप्तक—सा रे ग म प ध नी प्रकृति-सिद्ध संवादों से बना है। सा-सा (तार), 'सा-प, सा-म, साग-ग' आदि युगलों में ऐसा प्रकृति-सिद्ध संवाद है। इन प्रकृति-सिद्ध संवादों के सहारे ही पश्चिमी लोगों ने अपना हार्मनी का शास्त्र बनाया है। एक समय कम से कम तीन संवादयुक्त स्वरों

का उपयोग करने पर उनकी एक 'कॉर्ड ' (chord) होती है। उदाहरणार्थ, सा-ग-प, म-ध-सां, प-नी-रे यह उनकी 'मेजर कॉर्ड्स' मानी जाती हैं। इसी प्रकार सा-कोमल ग-प, रे-कोमल म-ध, ग-प-नी आदि को 'मायनर कॉर्ड्स' कहते हैं।

ऊपर हमने हार्मनी के एक ही एकाकी स्वर का विचार किया। मेलडी की संस्कारित तथा सूक्ष्म माधुरी की अनुभूति पश्चिमी लोगों को नहीं थी इसलिए उनको वह स्वर एकदम 'poor' माने पोचा लगने लगा। इसलिए उन्होंने उसी समय उसे और दो संवादमय स्वरों का योग दिया। यह कुछ ऐसा ही है कि जैसे एक ही खम्भा सारी इमारत का बोझ नहीं सह सकता इसलिए उसे दो और खम्भों का सहारा दिया जाय। लेकिन ऐसा करने से उस स्वर-त्रिपुटी में एक सामर्थ्य निर्माण हो गया इससे इनकार नहीं किया जा सकता। इस सामर्थ्य का चस्का पश्चिमी लोगों को अधिक पड़ गया। और इस कारण पश्चिमी संगीत अधिक 'गठीला' हो गया। प्रत्यक्ष अनुभव के अभाव में हमें इस गठीलेपन के जायके की कल्पना ही करनी होगी। लेकिन एक छोटे से उदाहरण से यह कल्पना स्पष्ट हो जायेगी। वह उदाहरण है हमारे तानपूरे का। तानपूरे के चार तार मिलकर प-सा-सा-सा-ग ये पाँच स्वर तो स्पष्टतया सुनायी देते हैं। प और सा-सा के तो तार ही होते हैं। खर्ज के तार से मन्द्र 'सा' तथा शुद्ध गंधार प्राकृतिक रूप से ही निकलते हैं। याने पुनर्वादित वही स्वर छोड़ दें तो सा-ग-प ये तीन स्वर बचे रहते हैं और वह पश्चिमी हार्मनी की मेजर कॉर्ड बनती है। तानपूरे के चारों तार यद्यपि एक के बाद एक छेड़े जाते हैं, फिर भी उन सबका मिलकर एक संकलित स्वर-मण्डल सुनायी देता है। यह स्वर-मण्डल ऐसा गठीला और असर करने वाला होता है कि उसका कोई सानी ही नहीं। ऐसे अथवा इसके जैसे अनेक गठीले स्वर-मण्डलों से समूचा-वादन किया जाय तो क्या वह बेहद ठोस या प्रभावशाली नहीं होगा? गायनवादन प्रभावशाली करने का ध्येय भारतीयों ने सूक्ष्मता से सिद्ध किया, तो पश्चिमी लोगों ने गठीले स्वर-मण्डलों से उसे हासिल किया। ये दो मार्ग हुए। लेकिन गठीलापन तथा सूक्ष्मता दोनों की एक ही समय अपेक्षा करना कहाँ तक समझदारी होगी?

पश्चिमी लोगों ने अपना सांगीतिक स्वभाव हार्मनी से हासिल किया। इसलिए उसके अभाव में हमारा गाना उन्हें फीका लगता है। उन्हें वह ऐसा

लगता है जैसे bryoni (एक ऊँची चढ़ती जाने वाली जंगली लता जिसे कट्टू, जैसे फल लगते हैं) या gossamer (याने प्रकाश में झिलमिलाने वाले बारीक तन्तुओं से बनी जाली) (Fox Strangways in 'The Music of Hindostan') स्वरों की सूक्ष्मातिसूक्ष्म छटा न समझ पाने के कारण वह उन्हें monotonous लगता है। लेकिन monotone माने एक समय एक स्वर, यही तो हमारे संगीत की विशिष्टता है, इससे इनकार कैसे किया जा सकता है? लेकिन उसकी भिन्न-भिन्न सूक्ष्म छटाओं में जब तक कलाविलास की, विविधता की तथा विचित्रता की सारी सामग्री है और उसमें असीम आनन्द देने का सामर्थ्य है तब तक उसे देशनिकाला क्यों दिया जाय?

और सचमुच हिन्दुस्तानी संगीत—दक्षिणादि पद्धतिसहित—इतने सौ वर्षों से जीवित है, उसका कलात्मक विकास हुआ है और अँग्रेज़ों की इतने वर्षों की हुकूमत में भी उसमें प्राकृतिक परिवर्तन नहीं हुआ, हो नहीं सका, इस बात का कोई मतलब है यह मानना पड़ेगा। ब्रिटिश हुकूमत में हमारे सारे शास्त्र और हमारी सारी कलाएँ जैसे मथ गयीं और हर एक पर पाश्चात्य संस्कृति का असर हुआ। लेकिन भारतीय संगीत यह एकमात्र ऐसी कला सिद्ध हुई कि जो अपने स्थान पर स्थिर और मजबूत बनी रही। उस पर हार्मनी का रत्ती भर भी असर नहीं हुआ। यह घटना सचमुच ही विस्मयकारक है। अब उसका अर्थ तो यह लगाया जा सकता है कि हमने कूपमण्डूकतावश बाहर की दुनिया देखेंगे ही नहीं, इसलिए अपने कान ही बन्द कर लिये, या यह, कि हमारे संगीत की सूक्ष्मता में ही कुछ अंगभूत, मूलभूत सामर्थ्य है। अन्यथा हमारा संगीत पश्चिमी हार्मनी द्वारा ज्ञानशास्त्र के साथ किये गये आक्रमण का—बदन को खरोंच तक न लगने देते हुए—मुक़ाबला कैसे कर सका? या सच कहा जाय तो, उससे मुक़ाबला करने का मौक़ा ही नहीं आ पाया! ऊपर का दूसरा अर्थ ही—माने हमारे संगीत में ही कुछ मूलभूत सामर्थ्य है—यही है यह स्वीकार किया जाना चाहिये। श्रीमती अर्जुनवाडकर ने अपने एक पत्र में उल्लिखित पुस्तक के श्री रामस्वामी अय्यर के लेख में कॅ. विलॉर्ड का एक उद्धरण है, वही यहाँ दे रहे हैं (दरअसल, मूल ग्रन्थ में यह उद्धरण डॉ. विल्यम जॉन्स का है) :

"Our boasted Harmony, with all its fine accords and numerous parts, paints nothing, expresses nothing, says nothing to the heart, but gives more or less pleasure only to the senses. No reasonable man will seriously prefer a transitory pleasure, which must soon end in satiety, or even disgust, to a delight of the soul."

आप कहेंगे कि ऐसे उद्धरण और मत तो दोनों ओर से प्रस्तुत किये जा सकते हैं। इस पर यह कहना पड़ेगा कि अनभ्यस्त, अपरिपक्व तथा अत्युत्साही लोगों के मत का कोई महत्त्व नहीं! लेकिन कैप्टन डे, फॉक्स स्ट्रॅग्वेज, पोपले आदि कई यूरोपियनों के अध्ययनपूर्वक लिखे गये ग्रन्थों में ऐसे ही उद्धरण मिलेंगे लेकिन क्षणभर के लिए हम पाश्चात्यों की भारतीय संगीत के बारे में क्या राय है यह छोड़ दें। फिर भी ऊपर के तथा उस जैसे अन्य उद्धरणों में उनकी अपने संगीत के बारे में जो राय व्यक्त की गयी है वह बहुत महत्त्व की है।

हार्मनी में एक साथ अनेक स्वर विभिन्न वाद्यों से बजने लगते हैं और वे सब प्रकृति सिद्ध संवादमय होने के कारण पश्चिमी संगीत बहुत गठीला हो गया यह पहले कह आये हैं। इस गठीलेपन का कुछ अधिक विवेचन किया जा सकता है। मान लीजिये, व्हॉयोलिन पर 'सा' बज रहा है, उसी समय क्लॉरोनेट पर 'ग' बज रहा है, पियानो पर 'प' बज रहा है, इन सबका संकलित स्वर-समूह कितना ठोस, powerful होगा इसकी कल्पना ही की जा सकती है। इस क्रिया में एक और बात अनायास ही हासिल होती है और वह यह कि विभिन्न संवादी स्वरों के एक साथ बजने से volume या गाज तो बढ़ा ही लेकिन उसमें विभिन्न वाद्यों की अलग-अलग विशिष्ट मधुरता (timbre) भी आ मिली। पियानो की मिठास अलग, व्हायोलिन की अलग, और अन्य वाद्यों की भी अलग। इतने सब प्रकार की मिठास संकलित रूप से एक ही समय सुनायी दे तो कर्णोन्द्रिय के सुख की पराकाष्ठा हो गयी, ऐसा क्यों नहीं कहा जा सकता? फिर हार्मनी का sensuous pleasure हमारे संगीत की तुलना में कई गुना अधिक है ऐसा कहने में क्या हर्ज है? इसी कारण हार्मनी का संगीत एक ही समय दस-दस हज़ार श्रोताओं को रिझा सका तो इसमें अचरज की कोई बात नहीं है। इसे sensuous pleasure कहना पश्चिमी लोगों को अच्छा नहीं लगेगा। उसके लिए पाश्चात्यों का शब्द है tonal colour.

इसके विपरीत हमारे संगीत में आवाज़ की quality को, जाति को, गुणवत्ता को, अर्थात् timbre को बहुत कम महत्त्व है, नहीं के बराबर! हमारा सारा

संगीत मानवी आवाज़ के धर्म पर अवलम्बित है। निश्चय ही आवाज़ों के अच्छे-बुरे सैकड़ों प्रकार और फिर उनके उपभेद—सब को हमारे संगीत में स्थान है, आदरयुक्त स्थान है। प्रजातन्त्र में जैसे हर एक को मत वैसे संगीत में हर एक को आवाज़। आवाज़ ख़राब है इसलिए 'गाना' नहीं आयेगा, ऐसा नहीं होता। क्योंकि गाने का सम्बन्ध है मन से और मस्तिष्क से। आवाज़ तो महज़ एक औज़ार है। यही नहीं, हिन्दुस्तानी संगीत में जिन्होंने बड़ा क़ीमती योग दिया वे रामभाऊ सवाई गन्धर्व या अल्लादिया ख़ाँ की आवाज़ें, जिसे ख़राब कहा जा सकता है, ऐसी ही थीं। लेकिन उनकी मेहनत ख़ूब थी और प्रतिभा उससे भी अधिक। महत्त्व की बात यह कि हमारे संगीत में आवाज़ की स्वाभाविक मिठास को अधिक महत्त्व नहीं है। महत्त्व है उसके संस्कारित सुरीलेपन को और उसके बलदारपन को। इसलिए हमारे संगीत में बिलकुल ख़राब आवाज़ का गायक भी बड़ा हो सकता है। इस दृष्टि से हमारा संगीत आवाज़ निरपेक्ष तो नहीं, पर आवाज़ की स्वाभाविक मिठास के प्रति निश्चय ही निरपेक्ष है। अपेक्षा की जाती है सुरीलेपन की और बलदारपन की। और उसे रियाज तथा अनवरत परिश्रम से हासिल किया जा सकता है।

"लेकिन हमारा संगीत इतनी poor, पोची या ख़राब आवाज़ कैसे गँवारा कर लेता है?"—आप पूछ सकते हैं। इसका उत्तर यह है कि यह क्षति-पूर्ति हमने गायकी के विकास से कर ली है। उसके सूक्ष्म कण, उसकी मींड, तान, गमक, ताल के आवर्तन, स्वरवल्लरियों का गुँथाव, बन्दिश, उसे पेश करने की रीति, उसकी आलापबाजी, लयकारी, बोलतानें, उसके tension and resolution के कायदे, जिस भी तरह से उत्कण्ठा निर्माण की जा सकती है उन सब प्रकारों का उपयोग—ऐसी सैकड़ों बातों का लालनपालन, संगोपन, संवर्द्धन हमने आग्रहपूर्वक किया है, करते चले आ रहे हैं, और उसी में हमारे संगीत की गायकी याने कलाविलास का सामर्थ्य है।

दरअसल, कहना तो यह चाहिये कि पाश्चात्यों ने उनके संगीत में मानवी आवाज़ के निहित धर्म की, उससे निर्माण होने वाली विविधता एवं विचित्रता की ओर ध्यान ही नहीं दिया। आज भी वे पूरी तरह से सोच नहीं सकते कि संस्कारों से मानवी आवाज़ पर क्या-क्या करिश्मे किये जा सकते हैं, मिट्टी से सोना कैसे बनाया जा सकता है। निश्चय ही हज़ार वर्ष पूर्व जब हार्मनी का जन्म भी नहीं हुआ था, तब भी उन्हें इसकी कोई जानकारी नहीं

थी। हार्मनी के अत्यधिक गठीलेपन (exaggerated tone colour) का उन पर सैकड़ों साल पुराना जो संस्कार हुआ है, उसकी वजह से अब उक्त बात की जानकारी उन्हें कुछ वर्षों के अभ्यास के बिना हो ही नहीं सकती (जिन्होंने ऐसा अभ्यास किया है वे सब कुछ थोड़ी-बहुत कल्पना कर सके हैं)। ऐसी स्थिति में हिन्दुस्तानी संगीत के हम जैसे विद्यार्थी तो यह कहना चाहेंगे कि यदि मानवी आवाज़ के इस निगूढ़ धर्म की, कुल शक्ति की और उससे निर्माण होने वाली सूक्ष्म विचित्रता की अनुभूति उन्हें हो तो उनका संगीत हार्मनी का शोर-गुल भरा रास्ता अपनाता ही नहीं। यह सब झंझट उन्हें इसीलिए करनी पड़ी, क्योंकि हज़ारों साल पहले से विद्यमान आवाज़ के धर्म की उन्हें कोई जानकारी नहीं थी। और उस रास्ते से आज वे बहुत आगे निकल गये हैं। आज भी यूरोपीय संगीत में मानवी आवाज़ का जो भी थोड़ा-बहुत उपयोग किया जाता है वह उसकी स्वाभाविक मिठास और गाज को ध्यान में लेकर ही, अन्यथा नहीं (पॉल रोबसन का उदाहरण आँखों के समक्ष है ही)। टोन कलर के चक्कर में पड़ जाने के कारण पश्चिमी लोगों को गला छोड़कर वाद्यों का सहारा लेना पड़ रहा है और उनकी स्थिति 'न घर का न घाट का' वाली हो गयी है। लेकिन टोन कलर की भी कुछ अपनी एवं स्वाभाविक सीमाएँ हैं। उसमें सूक्ष्मता का तो ख़ैर विलोप हो ही जाता है, लेकिन उसकी स्वाभाविक मिठास भी अस्थायी एवं क्षणजीवी सिद्ध होती है। आवाज़ कितनी भी अच्छी हो, तो भी उसका असर पहले कुछ मिनटों तक ही रहता है। उसके बाद 'अब आगे?' यह सवाल उठता ही है। उसमें गायकी का सामर्थ्य न हो तो वह मिठास भी उबा देती है। गायकी या कलाविलास यही किसी भी संगीत का मुख्य भाग समझा जाना चाहिये। इस दृष्टि से हार्मनी में कलाविलास अपर्याप्त होता है क्या, यह प्रश्न उपस्थित होता है। इसका जवाब हार्मनी के प्रत्यक्ष सक्रिय अनुभव के बग़ैर देना कठिन है। लेकिन आप पूछ ही रहे हैं, इसलिए कल्पना के द्वारा देते हैं।

मेलडी से राग-संगीत का जन्म हुआ और उसका विकास भी। राग-संगीत के कारण हमारे संगीत को इतनी बड़ी विशिष्टता प्राप्त हो गयी है कि वह हमारे 'क्षुद्र' कहे जाने वाले संगीत प्रकारों में भी प्रतीत होती है। उसमें रागों का वह बन्धन तोड़ा गया है, फिर भी उसे तोड़ने का एहसास होता है, इस हद तक वह हमारे संगीत में अविभाज्य रूप में समा चुका है। हार्मनी में

राग संगीत भले ही न हो, पर उसमें विचित्रता के साधनों के रूप में अन्य कुछ विकल्प तो हैं ही। 'मेजर' के और 'मायनर' के माने बिलावल तथा आसावरी ऐसे दो ही स्केल्स हार्मनी में होते हुए भी हर बार 'सा' बदलकर, उसमें मनचाहे परिवर्तन कर विचित्रता निर्माण की जा सकती है। और इस 'सा' बदलने की क्रिया से उन्हें हर बार नये वातावरण में आ गये हैं ऐसी प्रतीति होती है। हमारे कानों को 'सा' बदल कर गाना सुनने की आदत नहीं है। और कॉर्ड्स की हर अलग-अलग छटा क्या होती है यह भी हम समझ नहीं पाते। लिहाज़ा ऐसी हार्मनी का मज़ा हम न भी ले पायें, तो भी उसमें विचित्रता निश्चय ही है।

इसका रहस्य यही है कि हार्मनी का सारा संगीत वाद्यों पर निर्भर करता है। एक प्रकार के अनेक वाद्यों या अनेकविध वाद्यों की संकलित आवाज़ में मिठास और गाज अधिक हो तो भी उनकी आवाज़ में हर बार क्या वही-वही पना नहीं नज़र आता? पियानो की वही आवाज़, व्हायोलिन की वही आवाज़, चेलो की वही आवाज़, बांगो की वही आवाज़, ओबो की वही आवाज़ और यदि दस अन्य प्रकार के वाद्य लें तो उनकी आवाज़ें भी वही की वही! दस साल बाद भी वही, सौ साल बाद भी वही। इसके विपरीत मानवी आवाज़ की विशिष्टता यह है कि वह हर आदमी के साथ अलग-अलग और स्वतन्त्र है। यह ख़ासियत अन्य किसी चीज़ में आ ही नहीं सकती। दुनिया में जितने लोग, उतनी आवाज़ें! हर एक की मिठास अलग और उससे निकलने वाली गायकी की जाति भी अलग। इस सबको छोड़कर वाद्यों के टोन-कलर के पीछे पड़कर पाश्चात्यों ने अलग राह ली होगी तो भी अक़्लमन्दी की हद कर दी और हमें मात दे दी ऐसा नहीं कहा जा सकता।

और एक बात : इन वाद्यों के पीछे भागने में हार्मनी संगीत ने एक बहुत बड़ा बन्धन स्वीकार कर लिया है, जिसकी वजह से पाश्चात्यों ने अपनी कला को चारों ओर से इस कदर घेर दिया कि उसकी साँस घुटने लगी। उनमें रचनाकार (composers) अलग हो गये, बजाने वाले (executants) अलग हो गये और उनके नायक (conductors) भिन्न हो गये। तात्पर्य यह कि उन्होंने एक कला के तीन भाग कर दिये। अलावा इसके बजाने वाले दस, पचास, सौ, दो सौ, जितने चाहे लगने लगे। अधिकों का फल और गाज अधिक ही होगा। मतलब, हार्मनी का संगीत 'संगीत' नहीं रहा।

उसका नाटक हो गया। नाटक मण्डली हो गयी। वहाँ नाटककार अलग, निर्देशक अलग और अभिनेता अलग।

साहित्यिक नाटक सामूहिक ही हो सकता है, होना चाहिये। लेकिन यह बन्धन या यह सीमा संगीत क्यों स्वीकार करे? एक रचनाकार, बाक़ी सब कारकुन और उन पर एक चौकीदार—ऐसी स्थिति में हार्मनी ने टोन-कलर के अलावा और क्या हासिल किया? हार्मनी के कला विश्व पर पाश्चात्यों ने ख़ूब गहरायी से सोच-विचार किया। उसके कायदे बनाये, फिर उनकी चाल तैयार कर बजवा भी लिये। लेकिन कोई भी कला व्यक्तिजीवी ही होती है, होनी चाहिये। कलाकार का व्यक्तित्व उसकी कला के अंगोपांग में खिला रहता है। संगीत-कला वैसी है। तभी उसके स्वर-विलास के लिए जैसी चाहिये वैसी मुक्तता मिलती है। यहाँ रचनाकार अलग हो गया, और वह कितना भी बड़ा क्यों न हो तो भी उसकी कला, कलाकृति दूसरों की ही ताबेदार हो गयी, तथा सौ लोग एक ही समय बरत सकें, कम से कम इतने निचले स्तर तक तो उतर ही आयी, ऐसा कहा जाय तो क्या ग़ैर-वाजिब होगा?

अब तक के विवेचन में हार्मनी तथा मेलडी का सामर्थ्य, उनकी कमियाँ, दुर्बलताएँ आदि का कुछ दिग्दर्शन किया। उसका मतलब यही है कि दोनों संगीत-पद्धतियों में कुछ सामर्थ्य, कुछ खामियाँ अंगभूत ही हैं। उसी प्रकार यह भी स्पष्ट है कि इन दो पद्धतियों का मेल बैठाना १+१=२ जैसा मामला तो ख़ैर है ही नहीं, बल्कि ऐसा मेल मूलतः सम्भवनीय भी नहीं है। लेकिन प्रारम्भ में ही कहा है कि प्रश्न एक ही क्यों न हो, वह हर बार भिन्न सन्दर्भ में पूछा जाता है। उसी प्रकार, उत्तर के समय की परिस्थिति भी भिन्न होती है। अब इस परिस्थिति का थोड़ा अवलोकन करना है। इस परिस्थिति में कुछ कलाविषयक समस्याएँ हैं, कुछ सामाजिक प्रेरणाएँ हैं, आज़ादी की वजह से जन्मी कुछ नयी आवश्यकताएँ हैं, कुछ चुनौतियाँ हैं। मतलब, हमारे संगीत में हार्मनी का उपयोग किया जाय या नहीं यह प्रश्न अब उतना महत्त्वपूर्ण नहीं रहा है; बल्कि वह कहीं आ तो नहीं धमकेगी, यह आशंका निर्माण हो गयी है। इस दृष्टि से परिस्थिति का जायका लेना श्रेयस्कर और उद्‌बोधक होगा।

पहली और कलागत समस्या यह है कि पाश्चात्यों को भी हार्मनी संगीत के मूलभूत स्वरूप में कुछ खटक रहा है—कम से कम ऐसी भनक यदा-

कदा सुनायी दे जाती है। दिलीप कुमार रॉय जब रोमां रोलां से मिले, तब रोमां रोलां ने अपनी इस चुभन को व्यक्त किया। उस समय उन्होंने राय जाहिर की कि बीथोव्हेन जैसे अद्वितीय संगीतकार की भी रचनाओं में वही-वही पन का एहसास होता है, और स्फूर्तिदायकता कम होती प्रतीत होती है (नोबेल पुरस्कार विजेता रोमां रोलां संगीत के प्राध्यापक थे यह यहाँ ध्यान में रखने लायक है)। तो What next? (अब आगे क्या ?) यह सवाल पाश्चात्य विचारकों को त्रस्त कर रहा है। इसका प्रमाण P.A. Scholes द्वारा सम्पादित Oxford Companion to Music इस महान् ग्रन्थ में दिखायी देता है। इस ग्रन्थ में 'नावीन्य' के नाम पर एक सत्यकथा का उल्लेख है। एक performance में एक साथ बारह रेडियो सेट स्टेज पर विभिन्न स्टेशनों को लगे हुए थे। चौसर में जैसे पांसे फेंक कर चाल चलते हैं, उसी प्रकार जिस स्टेशन की संख्या आये वह रेडियो स्टेशन उस समय लगा देना। उसी ग्रन्थ में एक और सत्यकथा हैं। एक performance में ताल के एक निश्चित आघात पर हथौड़ी से एक शीशा फोड़ना और ताल के दूसरे 'बार' में शीशे का वह चूरा एक बर्तन से दूसरे में उड़ेलना; इस तरह से कि उसकी एक जोरदार छलछलाती आवाज़ हो! किस समय कौन सी नयी-नयी तरकीबें और करामातें सूझेंगी यह कौन बता सकता है? अपने यहाँ ऐसी कोई करामात किसी ने की हो ऐसा अब तक तो सुना नहीं गया है। लेकिन विचारकों के सामने जो समस्या है वह अलग ही है। ठोसपन के पीछे पड़कर वे जो सूक्ष्मता गँवा चुके हैं उसके दु:ख के कारण या किसी और कारण, लेकिन उनका ध्यान स्वरों की सूक्ष्म श्रुतियों की ओर खींच रहा है। यही है वह समस्या। इसका प्रमाण भी इसी ग्रन्थ में मिलता है। तीन-चार साल पहले निकोलस नोबोकोव्ह नामक एक अधिकारी पाश्चात्य संगीतज्ञ यहाँ आये थे। प्रस्तुत पत्र लिखने वालों में वामनराव देशपाण्डे से एक मुलाकात में उन्होंने कहा था कि बड़े-बड़े समूह में श्रोताओं के समक्ष वादनकला का असली एवं सूक्ष्म विलास नहीं होता। अब हम जैसे वादकों एवं कलाकारों की बड़ी इच्छा है कि सीमित श्रोताओं के समक्ष कुछ सूक्ष्म (उन्होंने subtle शब्द का उपयोग किया था।) प्रयोग कर दिखायें। इसका अर्थ क्या यह लगाया जा सकता है कि हार्मनी के रास्तों का अब कोई मतलब नहीं रह गया, ऐसी अनुभूति वहाँ उदित हो रही है? सोच देखिये। पाश्चात्य संगीत के अन्य कुछ अभ्यासकों ने भी इसी प्रकार की राय लेखकों के समक्ष व्यक्त की है।

कभी-कभी तो ऐसी भनक सुनायी पड़ती है, जिससे यह प्रतीत हो कि कहीं ऐसी ही हालत हम भारतीयों की भी तो नहीं हो गयी है! 'आलापबाजी हो गयी, बोलतान समेट ली, तानें ले लीं, ख़त्म—अब आगे?' यह प्रश्न हमारे भी सामने है ही। लेकिन यह समस्या व्यापक रूप से सबके सामने है ऐसी बात नहीं। जैसे यूरोप में कुछ अध्ययनशील विचारकों में ही वह मिलती है, उसी प्रकार यहाँ भी है।

सामाजिक प्रेरणा के रूप में जिसकी ओर संकेत किया जा सकता है ऐसी नयी बात है फ़िल्म संगीत में हार्मनी का आगमन और उसका प्रसार। यहाँ पार्श्व-संगीत में रागसंगीत की धुन के साथ ही, लेकिन अलग स्वतन्त्र स्थान पर हार्मनी की एक लकीर शामिल कर ली जाती है। और ऐसी लकीर श्रोता-दर्शकों को पसन्द न आयी हो इसका प्रमाण नहीं है। इसके अलावा किसी अभिनेता या अभिनेत्री के गीत की शुरुआत में प्रास्ताविक रूप में और दूसरे तरह के गीत में interlude जोड़ने वाले वादन) के रूप में, जिसे हार्मनी संगीत कहा जाता है, उसका उपयोग धड़ल्ले से जारी है। और प्रत्यक्ष गाने में भी कभी-कभी ऐसा उपयोग किया जाता है। मानना पड़ेगा कि इसे भी श्रोता-दर्शकों की मान्यता प्राप्त है। लेकिन कम से कम फ़िलहाल तो यह संगीत फ़िल्म तक ही सीमित है। उसने संगीत के अन्य क्षेत्रों में अपने पैर नहीं पसारे हैं और उसका कोई ख़ास असर भी नहीं हुआ है। अभिजात महफ़िल के संगीत में तो कतई नहीं। होने की सम्भावना नज़र नहीं आती। न वैसी आहट ही सुनायी देती है। एक तो फ़िल्मी संगीत में हार्मनी संगीत गीत-विशेष का एकात्म भाग नहीं बनता। कभी वह मनोहारी हो तो भी वह हटकर अलग हो जाता है। और फिर इस हार्मनी को पश्चिमी लोग हार्मनी मानने के लिए राजी भी नहीं हैं। इस अपरिपक्व सन्तान की अवस्था आज तो ऐसी ही है। ऐसा लगता है कि इस दिशा में इससे कहीं अधिक ठोस, जिनकी बुनियादें हों ऐसे प्रयास ज़रूरी हैं। उसी प्रकार उन प्रयासों का परिणाम उत्तम और श्रेष्ठ तो हो ही, चिरकाल-स्थायी भी हो। अन्यथा इस प्रयास से बिखराव ही पल्ले पड़ने का . खतरा है।

रेडियो पर भी इसी तरह के प्रयोग कुछ लोग बीच-बीच में करते रहते हैं जिनमें दिल्ली रेडियो स्टेशन के श्री टी.के. जयराम अय्यर या श्री पन्नालाल घोष के नाम प्रमुख हैं। (अब स्वर्गवासी) यह प्रयास मुख्यतया Orchestra

या वाद्यवृन्द के होते हैं। लेकिन क्या फ़िल्म में और क्या वाद्यवृन्द में; पाश्चात्य जाति के विभिन्न वाद्यों का उपयोग काफ़ी किया जाता है। व्हायोलिन के डबल-बेस, चेलो आदि प्रकार, उसी तरह क्लेरोनेट के दूसरे कई प्रकार, पियानो आदि का उपयोग रोज़मर्रा किया जाता है। लेकिन टोन-कलर लाना हो तो पाश्चात्य वाद्यों की मदद लेनी ही होगी।

दूसरी एक कलात्मक समस्या—नहीं, उसे चुनौती ही कहना चाहिये—यह है कि कल-परसों तक हमारी महफ़िलों में सौ-दो सौ या अधिक से अधिक तीन-चार सौ श्रोता होते थे। आज यह संख्या बढ़ते-बढ़ते पाँच हज़ार और अधिक तक जा पहुँची है। बड़ा जनसमुदाय, बड़ा मुआवज़ा, फिर बड़ी जगह, बाद में भीड़, फिर बड़ा मुआवज़ा ऐसा है यह दुष्ट चक्र! इतने प्रचण्ड जनसमुदाय के लिये और उसके समक्ष गाया अथवा बजाया जाने वाला संगीत नाम से और बाह्य रूप में भले ही क्लासिकल हो तो भी प्रत्यक्ष में उसमें चलने वाला भड़कीला दंगा तानबाजी का कल्लोल, जुगलबन्दी का मुक़ाबला, तबले की भड़भड़ाहट, लोकप्रियता की चमकीली रसीदें, आकर्षण के हेतु अभिनय तक की सभी तरकीबें इनके कारण यह संगीत क्लासिकल (classical) न होकर खुल्लमखुल्ला 'मासिकल' (massical) हो गया है। फ़िल्मी संगीत में निर्देशक को जितनी आज़ादी होती है उतनी भी ऐसी महफ़िलों में बची नहीं है। फ़िल्मी संगीत में निर्देशक अकेले में सोच-विचार तो कर ही सकता है। वह जो चाहता है वह गायक गायिकाओं से गवा लेता है। उसकी अच्छी-बुरी कल्पनाओं में ही संगीत की परिसमाप्ति होती है। लेकिन इन 'मासिकल' महफ़िलों में श्रोताओं को चकित करने के लिए कलाकार अपने तरकस के सारे भले-बुरे शस्त्र निकालता है। फिर यदि ऐसी महफ़िल में अनेक कलाकार हों तो प्रत्येक कलाकार श्रोताओं को अभिभूत करने के लिए क्रम से जादूटोना करने का 'अभिचार' करता है। लेकिन विचारणीय प्रश्न यह है कि इतनी विशाल संख्या में आने वाले श्रोताओं का रंजन, गायकी को न गिराते हुए कैसे किया जाय? उसके लिए टोन कलर का उपयोग किया जाय तो सम्भवनीय अधःपतन की जलन कम होगी? लेकिन टोन-कलर के लिए अभी कान कहाँ हैं? और भारतीयत्व बनाये रखकर यह टोन कलर सधेगा कैसे? बिरले, दुर्बल अपवाद छोड़ दें तो इस बारे में बड़े पैमाने पर, ठोस एवं निरन्तर प्रयास नज़र नहीं आते। अधिक से अधिक यही कहा जा

सकता है कि प्रयास करने लायक स्थिति है।

और एक समस्या स्वतन्त्रता के कारण पैदा हुई है। ब्रिटिश हुकूमत थी तब तक वायुसेना, फ़ौज और नौसेना के सैनिकों के लिए marching music, military music में हार्मनी संगीत का उपयोग होता था। अब स्वतन्त्रता के बाद सुरक्षा अधिकारियों को लग रहा है कि उसका Indianisation किया जाय। इसीलिए हमारे संगीत मित्र प्रो. ए. लोबो की पिछले कई वर्षों से नियुक्ति की गयी है। प्रो. ए. लोबो पाश्चात्य हार्मनी के जानकार होते हुए भी हिन्दुस्तानी संगीत का उनका अध्ययन अच्छा है। लेकिन मराठी पोवाड़े के समान रणगीतों को लेकर हार्मनाइज करने में उनका भारतीयत्व कितना कुछ बचा रहेगा, हमें बस यही सन्देह है।

सरकार के प्रोत्साहन से चल रहा एक और प्रकार है लोकसंगीत का पुनरुद्धार। इसी का एक प्रकार है 'समूहगान' या संघ गीतों को प्रोत्साहन। आजकल बम्बई-पूना के कॉलेजों में ऐसे group singing के प्रयत्न हमें परीक्षक के नाते, साल में एक बार ही क्यों न हो, विगत अनेक वर्षों से जाँचने पड़ रहे हैं। उनमें शायद ही कोई संघ हार्मनी के इशारे से चलता प्रतीत होता है। लेकिन उसका परिमाण अत्यन्त छोटा, उपेक्षा योग्य है और उसका स्वरूप स्कूली है। लेकिन हवा के रुख़ का कुछ पता इससे लग सकता है।

हार्मनी के उत्पन्न होने के समय जैसी परिस्थिति यूरोप में थी वैसी क्या हमारे यहाँ हो चुकी है, इस तरह का यह प्रश्न है। हार्मनी का जन्म ईसाई गिरजों में संघगीत-गायन के कारण हुआ है। सैकड़ों-हज़ारों स्त्री-पुरुष एक धार्मिक आचार मानकर एकसाथ प्रार्थना गीत गाने लगे। उनमें किसी की आवाज़ थी एकदम निचले स्वर की, किसी की चढ़े सुर की, महिलाओं की और चार स्वर ऊपर। इस सारे कोलाहल में कई वर्षों की परिपाटी के बाद व्यवस्था स्थापित करनी पड़ी, एकसूत्रता जमानी पड़ी। फिर अपनी-अपनी चढ़ी या ढाली आवाज़ के अनुसार कोई मध्य 'सा' में कोई उसके गंधार में, महिलाएँ और चार स्वर ऊपर माने पंचम में या तार सा में, इस प्रकार सब गाने लगे। यहाँ polyphony याने हार्मनी की पूर्वावस्था की शुरुआत हुई। इस इतिहास से ऐसा नज़र आता है कि समूह गान या सांघिक गीतों को जहाँ प्रधानता है, वहाँ हार्मनी के अवतार की सम्भावना निर्माण होती है। अभी बतायी गयी दो-चार बातों में वह सम्भावना निर्माण होने

की परिस्थिति माने सैनिकों के संघगीत, (फिर वे फ़ौजी क्यों न हों) और group singing यही है। पर भविष्य के गर्भ में क्या है यह कौन बता सकता है? बड़ी नदी पहाड़ी सोते से निकलती है यह सही है। लेकिन जहाँ हम घूमने जाते हैं उस पहाड़ी से फूटने वाले किसी नाले को देखकर इसकी नदी बनेगी ही, ऐसी प्रतिज्ञा कौन कर सकता है? स्थिति ऐसी है। ऐसा लगता है कि यह 'उत्कट प्रेरणाएँ' नहीं हैं, बल्कि बाहरी स्थिति के 'तरंग' मात्र हो सकते हैं।

स्वयं भ्रष्ट न होते हुए प्रचण्ड जन-समूह का रंजन करने की क्षमता हमारे नाज़ुक संगीत में नहीं है यह खुले दिल से स्वीकार कर लेना चाहिये। मतलब यह कि बहुत बड़ा श्रोता वर्ग हमारे चिन्तनशील संगीत को बर्दाश्त नहीं होता। इस तथ्य को अच्छी तरह से समझा जाना चाहिये। अब एक नयी बड़ी जिम्मेदारी यह आ पड़ी है कि विशाल श्रोता समुदाय के सुख के लिए हमारा पर्दानशीन संगीत कुछ करे। मतलब, हार्मनी के जरिये एक ही समय हज़ारों-हज़ार श्रोताओं का जो रंजन होता है वह हमें सिद्ध होना चाहिये। अभिजात संगीत के अध:पतन को शायद तभी कुछ रोका जा सकेगा। यहाँ पाश्चात्य टोन-कलर की योजना का प्रयोग कर देखने लायक है। फ़िल्मी संगीत ने अपना जो असर लाखों-करोड़ों श्रोताओं पर बना रखा है उसका कारण हार्मनी का उपयोग है या लता मंगेशकर की बेहद नोकदार तथा सुन्दर आवाज़, इसका निर्णय होना चाहिये। ख़ैर! हार्मनी का तत्त्व यदि अपनाया जाता है तो हमें उसमें क्या परिवर्तन करना चाहिये और उसका उपयोग किस प्रकार नियोजित होना चाहिये इसका हमारी अल्पमति के अनुसार थोड़ा सा वर्णन कर यह बेहद लम्बा पत्र समाप्त करें।

(१) हमारे संगीत में आधार स्वर 'सा' है। उसे हर बार बदलकर ही उसमें विचित्रता लायी जानी चाहिये ऐसी कोई बात नहीं। ऐसी विचित्रता हमारे संगीत में पहले से ही पर्याप्त है, और वह हमारी रागप्रणाली के कारण आयी है। हर बार वही-वही दो स्केल्स 'सा' बदलकर, ऊपर-नीचे कर, नया वातावरण उत्पन्न करने की ज़रूरत नहीं है। वह अस्वाभाविक एवं कृत्रिम होगा। हमारे राग-संगीत में यह विचित्रता निर्माण करने का सामर्थ्य स्वभावत: असीम है, इतना कि रेडियो से चौबीसों घण्टे चल रहा संगीत पिछले अनेक वर्षों से सुनकर भी, वह लुप्त नहीं हुआ।

(२) हमारे ताल में 'ख़ाली' और 'सम' की मनोरम कल्पनाएँ न छोड़ी जायें। हमारी ताल-कल्पना में और लय-प्रकारों में इतनी नवनवोन्मेषशाली अद्‌भुत विविधता है कि आज हमारी मेलडी से अधिक लय के आकृतिबन्धों की विविधता ने ही पश्चिमी लोगों को बेहद आकर्षित कर रखा है। इस बारे में उनकी अपनी कमी का एहसास उन्हें काफ़ी हुआ है। इसका प्रमाण यूरोप घूम कर आने वाला कोई भी गायक या वादक सहज ही दे सकता है।

(३) हमारे राग-संगीत में जहाँ-जहाँ भी स्वरों के मोड़ माने कण, मींड, गमक, तान जैसे प्रकार हैं वहाँ हार्मनी के कार्ड्स का उपयोग न किया जाय। बचे हुए स्वर-स्थानों पर याने लगभग २५ से ५० प्रतिशत जगहों पर किन्हीं निश्चित कॉर्ड्स का उपयोग करने से कुछ दमखम आता है या नहीं, और क्या उससे संगीत को अधिक टोन-कलर प्राप्त होकर कुल कलाकृति का ठाठ अबाधित रहता है या नहीं, इस तरह का प्रयोग कर देखने में हर्ज ही क्या है? इस सदर्भ में 'फ़िल्म्स डिवीजन' के व्युत्पन्नमति संगीतज्ञ श्री विष्णु दास शिराली, सिने संगीत के निर्देशक अनिल विश्वास आदि के नाम बीच-बीच में आते हैं, पर उनके प्रयोग सुने नहीं गये और न उनका मूल्यांकन ही किया गया है। ऐसे प्रयोगशील कलाकार हिन्दुस्तान में और भी होंगे ही।

लेकिन ऐसे प्रयोग में बहुत बड़ी कठिनाई यह है कि उसकी संगीतयोजना पहले से कर रखनी होगी। ऑकेस्ट्रा में (वृन्दावन के मेले में) वह रचना बैठा लेनी होगी। लेकिन उसके कणों, मीडों, गमकों का स्वरलेखन करना एक बड़ा कठिन, लगभग असम्भव काम है। इस मुश्किल को दूर कर लेने के पश्चात् ऐसी रचनाओं के सैकड़ों प्रयोग करके यह देखा जाना चाहिये कि श्रोताओं का क्या रुख़ है, वे इसे पचा रहे हैं या नहीं? इसके लिए जाहिर है कि पश्चिमी वाद्यों का उपयोग करना होगा और किया जाना चाहिये।

(४) ऐसा हो जाय और हमारे संगीत का भारतीयत्व बचाये रखकर एक स्वतन्त्र भारतीय हार्मनी नामक नया संगीत-प्रकार जन्म लेता है तो उसका स्वागत करने में क्या हर्ज है? ख्याल, ठुमरी, ध्रुपद, नाट्य-संगीत के समान बड़े जनसमूह को अच्छा लगने वाला एक और संगीत-प्रकार अस्तित्व में आयेगा और भारतीय संगीत समृद्ध होगा।

ऊपर के सारे विचारों में अपने संगीत का भारतीयत्व टिकाये रखकर क्या किया जा सकता है इस दृष्टि से कुछ विचार-विमर्श किया गया है। लेकिन ऐसी कोशिशों में वह मूलभूत भारतीयत्व ही नष्ट तो नहीं होगा, यह बहुत बड़ा ख़तरा है इससे इनकार नहीं किया जा सकता। अब तक फॉक्स स्ट्रैंगवेज के जिस ग्रन्थ का उल्लेख दो-तीन बार आया है उसी का एक उद्धरण यहाँ देना उचित प्रतीत होता है। इस ग्रन्थकार के The Music of Hindostan इस ग्रन्थ की महिमा जितनी भी बखानी जाय, कम ही होगी। कई वर्षों के दृढ़ अध्ययन के बाद तथा दीर्घ अवलोकन के पश्चात् लिखा गया यह ग्रन्थ भारतीयों के लिये न होकर पाश्चात्यों को भारतीय संगीत का स्वरूप समझाने के लिए लिखा गया है। इस दृष्टि से देखा जाय तो वे अपने संगीत का ख़ूब मखौल उड़ा सकते थे। लेकिन इस मार्ग को न अपनाते हुए उन्होंने बड़ी मार्मिकता एवं अध्ययनशीलता से भारतीय एवं पाश्चात्य संगीत का तात्विक विवेचन उसमें किया है। (कम से कम उसकी भाषा के लिए उसका अवलोकन जिज्ञासु अवश्य करें।)

"But at least this is true that Harmony in the sense of organum (एक ही समय षड्ज, मध्यम, पंचम में एक ही गीत गाने की क्रिया) and of Dufay (पन्द्रहवीं सदी का एक पश्चिमी सांगीतिक) did not become possible till the Greek modes had long lost any feeling of the Mese (अंशस्वर) and of the functions (dunameis) of the other notes (अंशस्वरों की अपेक्षा से अन्य स्वरों का कार्य) And the first thing that Harmony would do, if now applied even tentatively to Indian music, as some advocate, would be to get rid of that feeling and those functions and with them...of the grace notes and all that makes Rag worth having...The question as to what foreigners are to make of this music is still more difficult. *To add Harmony to it is to kill it...and there seems to be no way of understanding the (Indian) Music except to set to work and learn its language."* (पृष्ठ १६३-१६४)

प्रस्तुत लेखनुमा पत्र के हमारे विचार और फॉक्स स्ट्रैंगवेज के द्वारा किया गया विश्लेषण एवं चिन्तन का सार एक ही है, ऐसा दिखायी देगा। और फिर हार्मनी का उपयोग अपने संगीत में करने के लिए हम इतनी आनाकानी क्यों करते हैं इसका भी स्पष्टीकरण हो जायेगा। लेकिन 'भारतीयत्व' टिकाये रखते हुए यदि हार्मनी का तत्त्व आ सके, और वह एक नयी

'भारतीय हार्मनी' सिद्ध होती है तो उसे कौन नहीं चाहेगा ?

ख़ैर ! यह चिट्ठी बहुत ही बड़ी हो गयी है। ऐसा भी लगता है कि यह पत्र न होकर एक लेख ही हो गया है। लेकिन जब से आप का पत्र-व्यवहार हाथ में आया, तब से, कम से कम पिछले दो महीने हमने इसी विषय के चिन्तन में बिताये। आप के द्वारा उपस्थित किया गया प्रश्न, उस प्रश्न को पेश करने का तरीक़ा, उसका सन्दर्भ और उसके उत्तर के रूप में श्रीमती लीला अर्जुनवाडकर द्वारा की गयी विस्तृत पक्ष-विपक्षीय चर्चा यह बहुत उपयुक्त है इस में सन्देह नहीं, लेकिन हम सब याने आप, श्रीमती अर्जुनवाडकर, वामनराव देशपाण्डे या अरविन्द मंगरूलकर यह सभी हार्मनी के बारे में वैसे अनभ्यस्त हैं इसे कभी भी न भुलाएँ, यह जानबूझकर कहना आवश्यक प्रतीत होता है।

आपके

वामनराव हरि देशपाण्डे
अरविन्द मंगरूलकर
लीला अर्जुनवाडकर

टिप्पणी

उक्त 'प्रपत्र' पढ़कर हिन्दुस्तानी संगीत के 'कण', 'मींड', 'तान' आदि प्रकार हार्मनी संगीत में बिलकुल हैं ही नहीं ऐसी पाठकों की मान्यता होने की सम्भावना है, इस सम्भावना का निराकरण किया जाना चाहिये। वास्तव में यह सारे प्रकार पाश्चात्य पद्धति में भी हैं और उनका उपयोग भी उनके लोकगीतों में या अभिजात संगीत में किया जाता है। लेकिन एक तो इनका विकास अपने संगीत जितना उसमें हुआ नहीं है, या फिर वैसा करने की उन्हें आवश्यकता ही प्रतीत नहीं हुई। इसके अलावा पाश्चात्य संगीत के इस प्रकार से थोड़े-बहुत संस्कारित स्वर हार्मनी के शोर में इतने डूब जाते हैं कि अपने कान को भी वे समझ नहीं आते।

उसी प्रकार पाश्चात्य पद्धति में 'मेलडी' बिलकुल नहीं है यह भी सम्भवनीय मान्यता दूर करनी होगी। उसमें भी हार्मनी को मेलडी के सूत्र के ही चारों ओर गूँथते है। स्पष्ट ही मेलडी अविकसित ही रह जाती है।

प्रस्तुत पत्र-व्यवहार प्रकाशित होने के बाद उस पर प्रा. देवधर, फ़िल्म्स डिविजन के श्री विष्णु दास शिराली, डॉ. चैतन्य देव और मि. हॉबर्ड बोटराइट के लेखों के या उनके साथ हुई चर्चा को मद्देनज़र रखते हुए उक्त टिप्पणी जोड़ना आवश्यक हो गया है। लेकिन इस कारण उक्त प्रपत्र में निकाले गये निष्कर्षों को किसी प्रकार से बाधा नहीं पहुँचती।

वामनराव हरि देशपाण्डे
अरविन्द मंगरूलकर
लीला अर्जुनवाडकर

बम्बई-पूना
ता. २३-२-६१

परिशिष्ट : दो

संगीत और शब्द

तीस साल से भी अधिक पुरानी बात है। सन् १९२९ में पुणे में संगीत परिषद् हो रही थी। उस परिषद् में महान् गायक पण्डित पलुस्कर ने 'संगीत में शब्द का क्या स्थान है?'—विषय पहली बार छेड़ा था। और ख़ास बात, उस समय जब यह विवाद गरमाया, तब वहाँ महान् संगीतशास्त्री पण्डित भातखण्डे भी उपस्थित थे। परन्तु वे बिना एक शब्द बोले तटस्थ रह गये! बाद में लगभग दस साल बाद प्रो. फड़के ने 'संगीत में नवमतवाद' शीर्षक के अन्तर्गत गायकों पर अलग-अलग आपत्तियाँ उठायीं। इसमें मुख्य आपत्ति यह थी कि संगीत का मराठीकरण होना ज़रूरी है। संगीत की सारी बन्दिशें हिन्दी या ब्रज में होती हैं और ये भाषायें हमारी समझ में नहीं आतीं। साथ ही, गाते समय आपके शब्दों के उच्चारण भी अर्थहीन हो जाते हैं, तुतलाये-से हो जाते हैं। इस कारण बन्दिशों के शब्दों में छिपा काव्य समझ में नहीं आता। न आप समझ पाते हो और न हम। अर्थात् आपका सारा गायन नीरस, रसहीन हो जाता है। इसलिए आप अपने ख़याल मराठी में बनाइये और गाते समय उनका उच्चारण भी ठीक-ठीक कीजिये। वग़ैरह-वग़ैरह...

बाद में साहित्य सम्राट तातिया साहब केळकर इस मराठीकरण के दल से जा मिले और विरोधियों का नेतृत्व गोविन्दराव टेंबे ने किया। यह विवाद सार्वजनिक रूप में हुआ और इसमें भी हमलों-प्रतिहमलों का ज़ोरदार दंगल हुआ। मगर इस विवाद से यह प्रश्न हमेशा के लिए सुलझ गया, ऐसा नहीं हो सका। कुछ सवाल ही ऐसे होते हैं जो कुछ वर्षों बाद बार-बार उभरते हैं और हर बार उन पर नये सिरे से चर्चा होना ज़रूरी भी होता है। इसलिए इस प्रश्न को भी इसी तरह का मानना होगा।

इस विवाद की मुख्य बात यह रही कि प्रतिष्ठा, संख्या आणि अधिकार की दृष्टि से दोनों दल समान बलशाली थे। यूरोपीय संगीत के इतिहास में भी ऐसे ही दो विभाग नज़र आते हैं। परन्तु अहम बात यह है कि वह विभाजन हमारे इस विभाजन जैसा नहीं था। यानी एक तरफ़ तातियासाहब केळकर अथवा प्रो. फडके जैसे मुख्यत: साहित्य के अध्येता और दूसरी तरफ़ अधिकांश संगीतज्ञ। बल्कि वहाँ प्रत्यक्ष संगीतज्ञों और कलाकारों के बीच यह विभाजन हुआ था। हमारे यहाँ भी आजकल इसी तरह दो दल दिखायी देने लगे हैं। जिनमें से एक को हम भाववादी और दूसरे को आभिजात्यवादी कह सकते हैं। मेरे 'आलापिनी' ग्रन्थ में इस विषय में अधिक विवरण देखा जा सकता है, जिसे मैंने कुमार गन्धर्व पर आधृत 'पन्द्रह वर्षों बाद का पुनर्विचार' भाग में दिया है। गायकों में ही इस तरह दो दल हो जाने के कारण इस प्रश्न की चर्चा तनिक गहराई में जाकर सैद्धान्तिक पद्धति से ही करनी होगी।

समग्र संगीत के विभिन्न प्रकारों में लोकगीत, ओवी, भक्तिगीत, अभंग, लावनी, ग़ज़ल, ठुमरी आदि विधाओं का समावेश होता है। यद्यपि बीते तीस-चालीस सालों से भावगीत के रूप में एक और विधा अस्तित्त्व में आयी है, और उपर्युक्त सभी विधाओं का समावेश इसी एक 'भावगीत' विधा के अन्तर्गत किया जा सकता है। भावगीत की इन सभी उपविधाओं में भाषा का, शब्द का, काव्य का स्थान न्यूनाधिक मात्रा में उपस्थित है और किसी भी उपविधा के सम्बन्ध में कभी कोई विवाद उपस्थित नहीं हुआ। अत: यह मानना होगा कि इनमें शब्द अथवा काव्य का जो स्थान है, वह दोनों दलों को स्वीकार है। ख़याल गायकी अथवा ख़याल गायन आभिजात्य संगीत का एकमात्र प्रकार है, और उसी के सन्दर्भ में यह विवाद उपस्थित किया जाता है। इसलिए 'समग्र संगीत का स्वरूप क्या है?' ऐसे व्यापक विषय के स्थान पर 'ख़याल संगीत का स्वरूप क्या है?' ऐसे सीमित विषय पर सोचना उचित होगा।

सबसे पहले हम यह देखेंगे कि हमने गायकी के विकास के कौन-कौन से चरण पार किये थे। संगीत की उत्पत्ति शंकर के डमरू से हुई, यह मानने की बजाय यह मानना अधिक तार्किक होगा कि जिस महाशय ने प्रथम प्रणव का यानी ओंकार का उच्चारण किया होगा, उसी को सबसे पहले

सुर की प्राप्ति हुई होगी और इसी के साथ यह ऐतिहासिक तथ्य भी हमारी समझ में आयेगा कि इस आरम्भिक काल का समग्र संगीत धर्म केन्द्रित था। ऋग्वेद से सामवेद तक की संगीत यात्रा, उसमें गायन को अधिकाधिक समाविष्ट करने के बावजूद धर्म केन्द्रित ही थी। आगे चलकर संगीत में लोकसंगीत, ओवी, अभंग आदि भक्तिसम्बन्धी अथवा अन्य विषय जुड़ते गये। फिर भी गायकी की दृष्टि से संगीत का अधिक विकास नहीं हो पाया। आगे-पीछे उसमें प्रबन्ध और ध्रुपद आ गये और गायकी का एक विवक्षित सीमा तक विकास हुआ। इसके बाद ख़याल आया और वह लगभग दो सौ वर्षों तक टिककर गायकी के विकास में सहायक बना और तब जाकर हम आज की संगीत की परिणतावस्था तक पहुँचे हैं। इस परिणतावस्था का अर्थ यह है कि संगीत कला के मूल्यों को समझकर उसके कलातत्त्व के क़ायदे स्थापित हुए। यहाँ उन क़ायदों का ऊहापोह करने की ज़रूरत नहीं है। परन्तु इसका अर्थ यही है कि शुरू की 'धर्म के लिए संगीत' यह अवस्था समाप्त होकर हमने अब 'संगीत का धर्म' बना लिया है।

इस प्रकार गायकी का विकास हुआ और आज हम संगीत की इस परिणतावस्था तक पहुँचे हैं। इसमें गायक, संगीतज्ञ अथवा विशेषज्ञों में मतभिन्नता नहीं है। इसलिए यह विकास करते समय अथवा इस दौरान हमने कौन-सी बातें पीछे छोड़ दीं, कौन-सी सँभालीं और किन नवीन बातों का स्वीकार कर उन्हें संगीत में शामिल कर लिया, इसका भी जायज़ा लेना होगा। परन्तु यह जायज़ा लेते समय सबसे पहले यह सोचना होगा कि 'गायकी' से हमारा तात्पर्य क्या है?

हम उसी संगीत विधा को 'ऊँचा' समझते हैं, जिसमें स्वर और लय का विकास और विलास अधिकाधिक साध्य हो सकता है। और ऐसा स्वर-लय का विकास अथवा विलास संगीत की अन्य विधाओं की तुलना में केवल ख़याल में ही घटित होता है। इसलिए यह सवाल उपस्थित होता है कि ख़याल में ऐसा क्या था जो उसके पहले ध्रुपद, प्रबन्ध, भक्तिगीत, भावगीत और वेदसूक्त आदि में नहीं था? स्वर-लय का विकास हुआ यानी ठीक-ठीक क्या हुआ? इस दृष्टि से विचार करने पर एक बात ध्यान में आती है कि शब्द अथवा उसका दास्यत्व हमने या तो पूरी तरह से त्याग दिया या नाममात्र के लिए रख लिया। और भी कुछ बातें हमने छोड़ दीं। उनका विचार करने का अब कोई प्रयोजन नहीं है। वेदसूक्त अथवा

भक्तिगीत आदि में शब्दों की संख्या भी अधिक हुआ करती थी और अर्थ की दृष्टि से उनका महत्त्व भी अधिक था। उसकी तुलना में प्रबन्ध में यह दास्य कम है। ध्रुपद में और कम और ख़याल में तो ध्रुपद से भी कम। यानी, शब्द जो एक समय सिंहासन पर विराजमान थे, वे अब वहाँ से नीचे उतर आये और अपनी सम्प्रभुता छोड़कर ख़याल में संगीत के एक प्रजा-जन की तरह शामिल हुए। उन्होंने अपना साहित्य का अथवा कविता का कार्य, यानी अर्थसाधन त्याग दिया और संगीतार्थ की एक इकाई बनकर संगीत साम्राज्य की नागरिकता स्वीकार कर ली। इसका अर्थ यह हुआ कि संगीत का शब्द साहित्यानुवर्ती नहीं रहा। वह संगीतानुवर्ती बन गया और संगीत साम्राज्य के सारे नियमों, क़ायदों और अनुशासन का पालन करने लगा। संक्षेप में, वह एक 'म्यूज़िकल एलिमेंट' बन गया, 'लिटरेरी एलिमेंट' नहीं रहा।

शब्द को इस तरह त्याग देने, उसके दास्य को उतार फेंकने के कारण संगीत को एक नया क्षितिज प्राप्त हुआ। साहित्य कला और संगीत कला—दोनों के कार्य और उनके भेद, साथ ही कला के मूल तत्त्व आदि पर भी यहाँ विचार करना होगा। किसी भी कला का सफ़र अर्थ से अर्थपूर्णता की ओर होता है, होना ही चाहिए और इसी दृष्टि से यह नज़र आयेगा कि साहित्य और संगीत—दोनों कलाओं के माध्यम भी अलग हैं। एक कला का माध्यम शब्द है और दूसरी का स्वर। शब्द निश्चितार्थ को दर्शाते हैं और स्वर स्थूलार्थ को। 'विशिष्टता', 'सुघड़ता' शब्द के गुण हैं और 'सन्दिग्धता' अथवा 'सूचकत्व' स्वर के गुण हैं। शब्द से 'वास्तविक' अर्थ का बोध होता है, और स्वर 'ध्वन्यार्थ' अथवा 'प्रतीकार्थ' को दर्शाता है। शब्द द्वारा प्रतीत होनेवाले प्रत्यक्ष वस्तुजात के उस पार जो एक और अर्थ होता है, उसकी ओर दौड़ना कला का कार्य होता है। इसे 'सिग्निफ़िकैन्स' या अर्थपूर्णता भी कहा जाता है। इस 'सिग्निफ़िकैन्स' में प्रवेश करना साहित्य कला का भी लक्ष्य होता है। परन्तु उसकी यात्रा शब्दों के निश्चितार्थ से होती है, होनी चाहिए। शब्दार्थ को अँग्रेज़ी में 'मीनिंग' यानी वास्तविक अर्थबोध कहा जाता है और वस्तुजात के उस पार के अर्थ को 'सिग्निफ़िकैन्स' अथवा ध्वन्यार्थ, प्रतीकार्थ, सूचकत्व कहा जाता है। दोनों कलाओं का कार्य और लक्ष्य यद्यपि एक है, फिर भी प्रत्येक के मार्ग भिन्न हैं। मगर उनमें मुख्य अन्तर यह है कि संगीत के 'सिग्निफ़िकैन्स' में प्रवेश 'डाइरेक्ट' यानी तत्काल हो जाता है, तो साहित्य में यह सफ़र

मोड़ों से भरा, शब्दार्थ का पड़ाव पार करने पर पूरा होता है। अर्थात्, संगीत की विशेषता यह है कि उसमें यह बीच का पड़ाव अथवा मोड़ होता ही नहीं। इस अर्थ में साहित्य को 'मीडिएट' कहा जाये तो संगीत को 'इमीडिएट' कहना होगा। संगीत को यह जो ईश्वरीय वरदान प्राप्त हुआ है, उसे वह क्यों छोड़े? यह कहना कि शब्दाश्रित भावना का ही परिपोष संगीत में किया जाना चाहिए और ख़याल गायकी में भी यही होना चाहिए; तो यह कलात्मकता में जो उन्नति हुई है, उससे पीछे हटने को कहने जैसा है। विश्व की अनेक मानवीय भावनायें अथवा उसकी छोटी-छोटी और अलग-अलग अनन्त छटाओं का साक्षात् दर्शन कराने की सामर्थ्य जब संगीत में है, तो संगीत स्वयं पर ऐसी सीमा क्यों लादे कि केवल शब्दों में समानेवाली भावनाओं का आविष्कार भी संगीत ख़याल के माध्यम से करे? शब्द एक तरह से कठोर या जमाया हुआ स्वर होता है। स्वर की तुलना में उसकी प्रसरणशीलता अत्यन्त सीमित होती है। इसलिए उसमें समानेवाली भावनायें अथवा उनके प्रकार बहुत ही थोड़े होते हैं। यानी, आपकी विशाल जागीर में आपकी एक शानदार, विशाल और सभी सुविधाओं से युक्त हवेली है और फिर भी आप मुम्बई की तरह दो कमरों में ही गृहस्थी चलायेंगे तो इसमें क्या तुक है?

इस विषय में कोई भी यह प्रश्न पूछ सकता है कि आपकी बस्ती, आपकी जागीर यदि इतनी आत्मनिर्भर है तो साहित्य रूपी पराये राज्य के अधिपति शब्द को आप अतिथि के रूप में क्यों बुलाते हैं? उसके बिना अपना काम क्यों नहीं चलाते? यदि आपको शब्दों के साहित्यिक अर्थ से कोई लेना-देना नहीं है तो आप तराने के 'तोम', 'तन', 'तनन', 'देरेना' जैसे अर्थहीन वर्णों पर ही अपनी सारी गृहस्थी क्यों नहीं चलाते? या ऐसे अर्थहीन तराने को ही संगीत का सबसे श्रेष्ठ प्रकार क्यों नहीं घोषित करते? वह उच्च स्थान आपने अर्थयुक्त शब्दवाले ख़याल को ही क्यों दे रखा है?

अभी-अभी मैंने कहा कि स्वर-लय का विलास ही संगीत का मुख्य कार्य होता है। इस सवाल का जवाब देने के लिए यह देखना होगा कि स्वर-लय का विलास क्या है? और इस सन्दर्भ में हमारे द्वारा हमेशा प्रयुक्त होनेवाले शब्द 'बन्दिश' पर हमें ग़ौर करना होगा। गायक लोग स्वर-लय का विलास दर्शाते हैं। मतलब क्या करते हैं? वे लय की सहायता से स्वरों की अलग-अलग श्रुतिमनोहर आकृतियाँ बनाते हैं और उन्हें एक के बाद

एक इस तरह रखते जाते हैं कि पिछली आकृति के कारण अगली आकृति का सौन्दर्य खिल उठे। चीज़ को ही हम कभी-कभी बन्दिश कहते हैं। मगर उस समय भी उस बन्दिश की बनावट यानी उसकी आकृति और रचना कैसी गठीली और सुडौल है, यही हमें बताना होता है। इस चीज़ में जो बन्दिश प्रतीत होती है, बन्दिश के सम्पूर्ण विस्तारयुक्त गायन में भी ऐसा प्रतीत होना ज़रूरी है। जब हम यह कहते हैं कि अमुक एक कलाकार की गायकी अच्छी है, तब उसके गायन की कुल आकृति अच्छी है, वह जो छोटी-छोटी आकृतियों की यानी स्वरलताओं से बनी है, उसकी एक-एक स्वरलता बिल्कुल सुन्दर, अनुपातबद्ध, सुडौल और मोहक होकर उसकी प्रत्येक स्वरलता दूसरी में पूर्वयोजना के अनुसार बिल्कुल सहजता से गूँथी है, यही अर्थ हमें अभिप्रेत होता है। 'आकृति', 'रचना', 'सुडौलता' अथवा 'मोहकता' आदि शब्द दृश्य वस्तुओं के लिए ही मुख्यतः प्रयुक्त होते हैं। मतलब, वस्तुओं का 'दृश्य' आकार ही हमें अभिप्रेत होता है। मगर ध्वनि के यानी गायन के अलग-अलग स्वरों, स्वरलताओं, स्वरढाँचों के भी अपने-अपने आकार होते हैं। इन्हें हम 'श्रव्य' आकार कहेंगे। इन सभी छोटे-छोटे आकारों की अखण्ड, एकात्म 'श्रव्य' आकृति की सिद्धि होने पर ही हम समझते हैं कि गायन की बन्दिश सिद्ध हुई।

हम समझते हैं कि आकृतिमयता अथवा हमारी भाषा में 'बन्दिश' सिद्धि, यानी कुल गायन में बन्दिश सिद्धि, यही संगीत का मुख्य कार्य है। अब प्रश्न यही शेष रह जाता है कि इस बन्दिश में शब्द का क्या स्थान है?

शब्द का 'अर्थ' होता ही है, परन्तु साथ ही उसका एक तरह से श्रव्य आकार भी होता है। मगर यह बात आसानी से हमारे ध्यान में नहीं आती। इसमें आश्चर्य की कोई बात नहीं है। साहित्य में भी अधिकतर इस तरह की सोच कानों पर नहीं आती है। साहित्य के भाषाविज्ञान में इसका ऊहापोह अवश्य होता होगा। परन्तु जाते-जाते भाषा की 'नादमधुरता' नादोच्चारण की पुनरुक्ति पर, मतलब उसके कुछ विशिष्ट भाषिक स्वरों या व्यंजनों की पुनरुक्ति पर निर्भर रहे और उसका 'रिदम' अर्थात् लयकारी उनके अक्षर समूहों के 'काल' नामक संस्था के अन्तर्गत स्थित आकार के कारण प्रतीत हो, ऐसा अनुमान लगाने की इच्छा होती है।

अब हम संक्षेप में देखेंगे कि शब्दों का आकार कैसा होता है। कुछ शब्द एकवर्णीय, कुछ द्विवर्णीय, कुछ त्रिवर्णीय, कुछ चतुर्वर्णीय तो कुछ लम्बे-

लम्बे होते हैं। साथ ही अ, आ, इ, उ आदि भाषिक स्वर भी होते हैं और कुछ व्यंजन भी होते हैं। व्यंजनों में भी मृदु और कठोर का भेद आ जाता है। स्वर का, भाषिक स्वर का कार्य व्यंजनों को परस्पर जोड़ना होता है और व्यंजनों का कार्य भाषिक स्वरों को एक दूसरे से तोड़ना होता है। शब्द त्रिवर्णिक या चतुर्वर्णिक जैसा भी हो, उसके मात्राकाल का श्रव्य आकार अलग-अलग होता है। समान मात्राकाल के दो शब्द लिये जायें तो उनके उच्चारण का आकार यानी श्रव्य आकार भी अलग-अलग होता है। 'चलत' और 'करत' बन्दिशों से आनेवाले शब्दों का मात्राकाल समान होने के बावजूद उनका नादोच्चारण यानी श्रव्य आकार अलग-अलग होता है और कोई भी श्रेष्ठ गायक इसमें गड़बड़ी नहीं करता। भाषा की शब्द-सम्पदा जितनी विशाल, उतनी ही उसकी शाब्दिक आकृति की विपुलता अधिक होती है। ध्यातव्य बात यह है कि इन अनन्त आकारों में से संगीत अपना मनचाहा आकार चुन ही लेता है। अलग-अलग आकारों के, अलग-अलग उच्चारण के, अलग-अलग बनावट के और अलग-अलग मात्राकाल के शब्द संगीत की ज़रूरत होती है और उन्हीं के द्वारा संगीत के स्वरों के उच्चारण की अभिव्यक्ति सिद्ध की जाती है। इन्हीं के कारण उनमें सतत वैविध्य और वैचित्र्य रहता है। संगीत मुख्यत: इन्हीं शब्दों की आकृति प्रकृति का इस्तेमाल करता है। शब्दों की इन अनन्त आकृतियों में रागों के अलग-अलग स्वर और उनकी अपनी-अपनी कोमल छटाओं का अन्तर्भाव किया जाता है। और महत्त्वपूर्ण बात, उसमें फिर लय के अलग-अलग डौल भी मिलाये जाते हैं। संगीत के आकार इस तरह अनेक प्रकारों से बनते हैं। इसीलिए हम कहते हैं कि संगीत अनन्त है। शब्दों की आकृतिमयता का उपयोग संगीत को इस तरह होता है। स्वराकृति में शब्दाकृति इस तरह मिलायी जाती है कि वह संगीत से एकरूप हो जाये। यही नहीं, इस मिश्रण के कारण इस स्वराकृति को भी एक अलग विशेषता प्राप्त होती है। एक अलग ही व्यक्तित्त्व की प्राप्ति होती है और इससे संगीत की आकृतिमयता की अभिव्यक्ति अधिक समर्थ और प्रभावशाली बनती है। यानी संगीत शब्दों की सांगीतिक रूपान्तरण क्षमता के गुण का इस्तेमाल करता है और अपनी अभिव्यक्ति सामर्थ्य में वृद्धि करता है। यहाँ शब्द के शाब्दिक अर्थ से कोई लेना-देना नहीं होता।

उदाहरण से यह मुद्दा और स्पष्ट होगा। 'अग्निमीळे पुरोहितम्' वेदसूक्त हार्मोनियम पर बजाकर देखें। उसका नोटेशन है—नि सा रे सा, सा सा, रे

ऽ सा। इसे हारमोनियम पर केवल बजाया जाये तो वह नीरस, सामान्य और ऊबाऊ लगने लगता है। परन्तु 'अग्निमीळे' आदि वर्ण उसमें डाल दिये जायें तो उसे तत्काल आकार प्राप्त होकर सजीवता प्राप्त होती है। इसी कारण इन वेद मन्त्रों का हमारे मन पर असर होता है। यहाँ ध्यातव्य बात यह है कि यह असर उसके संस्कृत शब्दों का अर्थ बिना समझे भी होता है। यह कार्य उसके मानवीय उच्चारण की अभिव्यक्ति के कारण अथवा उसके आभास के कारण होता है। वाद्यसंगीत और गायन—दोनों के बीच का अन्तर यहीं स्पष्ट होता है। वाद्य मानवीय उच्चारण की सौ फीसदी अभिव्यक्ति नहीं कर सकता। इसी कारण वह मानवीय गायन के सामने कमज़ोर पड़ जाता है। वाद्य से चाहे जितने ऊँचे दर्ज़े का संगीत आये, फिर भी वह जल्द ही ऊबाऊ लगने लगता है। इसी कारण एक विशेषज्ञ ने कहा है कि वही वाद्य-वादन सफल होता है, जिसमें मानवीय उच्चारण की अभिव्यक्ति अधिक से अधिक हो सकती है।

गोविन्दराव टेंबे से मैंने एक बार पूछा था कि आपके हारमोनियम में ऐसा क्या है जो दूसरों में सामान्यतः नहीं पाया जाता? उन्होंने जवाब दिया था कि वादन में हमेशा बन्दिश के अक्षरों को यथासम्भव अधिकाधिक साफ़-साफ़ प्रकट करने का मेरा प्रयास होता है। श्रोताओं को ऐसा लगे कि वह गायन की एक 'गत' न होकर 'बन्दिश' ही बजायी जा रही है। एक श्रेष्ठ कलाकार का यह उत्तर मार्मिक नहीं है? पी. एल. देशपाण्डे अपने 'बालगन्धर्व' लेख में साक्ष्य देते हैं कि नारायणराव (बालगन्धर्व) की साथ-संगत करते समय क़ादरबख़्श 'मम सुभग शुभ पदाला' पद में केवल स्वर ही नहीं, बल्कि व्यंजन भी सारंगी से प्रकट करते थे। इससे यह रहस्य भी समझ में आता है कि संगीत के अधिकांशतः घरानों का यह क़ायदा क्यों होता था कि आलापी करते समय वह बन्दिशों के वर्णों की सहायता से या वर्ण जोड़कर ही करें। आप जानते हैं कि विशेषतः वर्णयुक्त आलापी बनाने के क़ायदे का आगरा, जयपुर और ग्वालियर घरानों में अत्यन्त कठोरता से पालन किया जाता है। "तो फिर आप तराने को ही संगीत की सर्वश्रेष्ठ उपाधि क्यों नहीं देते?" इस प्रश्न का उत्तर भी इसमें आ जाता है। चाहे जो हो, तराने के 'तन', 'तनन', 'देरेना' आदि शब्दों की आकृतियाँ संख्या की दृष्टि से अत्यन्त सीमित होंगी। बहुत हुआ तो दस-बीस ही होंगी। इनकी तुलना में अर्थयुक्त शब्दों की आकृतियों की संख्या

अगणित है और उन्हीं का उपयोग अधिकांशतः संगीत की आकृतिमयता में होता है। साथ ही, तराने की एक ही यानी द्रुतलय अथवा बहुत हुआ तो मध्यलय संगीत की कार्यकक्षा में समा नहीं सकती। उसका मुख्य कार्य केवल 'स्पीड' अथवा तेज़ या मध्यगति का ही प्रभाव दिखाना होता है। इसलिए संगीत का श्रेष्ठ पद उसे प्राप्त नहीं हो सकता।

यहाँ कोई यह शंका उपस्थित कर सकता है कि अगर आप शब्दों के केवल आकार ही चाहते हैं, तो अर्थयुक्त शब्दों की संख्या की तुलना में स्वर-व्यंजनों के मात्र अदल-बदल (Permutations and combinations) से होनेवाले शब्दों की संख्या न जाने कितनी गुना अधिक होगी। मगर इस शंका पर हम बाद में सोचेंगे।

और एक बात पर ध्यान देना होगा कि बन्दिश में जो कविता होती है, ऐसा कहा जाता है कि उसे हम 'कविता' या 'काव्य' नहीं कहते। उसे बन्दिश ही कहते हैं। इसका अर्थ यह हुआ कि हम बन्दिश को गायन का ही एक अंगभूत हिस्सा समझते हैं, जो ठीक ही है। स्वराकृति और शब्दाकृति का यह संगम हमें पहले से ही अभिप्रेत होता है। यानी 'बन्दिश' संगीत का ही एक अंग (Musical element) है, साहित्य का अंग या 'लिटररी एलिमेंट' नहीं है। बन्दिश एक सांगीतिक मूल्य है और काव्य एक साहित्यिक मूल्य है। इसकी अनुभूति के लिए बहुत दूर जाने की ज़रूरत नहीं है। हमारी बन्दिशें किसी कवि ने नहीं बनायी हैं, बल्कि ख़ास गायकों ने ही बनायी हैं। सदारंग-अदारंग से लेकर वर्तमान दौर के कुमार गन्धर्व तक। और इनमें से एक भी रचनाकार ने कभी कोई स्वतन्त्र कविता या काव्य-रचना नहीं की। बन्दिश की रचना करना कवि का काम नहीं है। इसके लिए विशुद्ध गायक ही चाहिए। क्योंकि उसी से पत्ते, फूल और फलों से खिला ख़याल का सम्पूर्ण वृक्ष आकारबद्ध होता है, जिसका अहसास रचनाकार अथवा वाग्गेयकार को होता है।[१] इसी प्रकार संगीत की बन्दिश को साहित्यिक गद्य या पद्य—किसी भी नाम से सम्बोधित नहीं किया जा सकता। वह गायन का ही सम्पृक्त बीज होता है और इसीलिए हमने उसका 'बन्दिश' के रूप में स्वतन्त्र नामकरण किया है।

---

१. बालकृष्ण बुवा इचलकरंजीकर अपने शिष्यों से कहते थे कि गाना घेर-घुमारवाला पेड़ जैसा होना चाहिए।

इस सन्दर्भ में पाश्चात्य रचनाकार अर्नेस्ट थियोडर हॉफमन (१७७६-१८२२) का वक्तव्य उदाहरण के रूप में दिया जा सकता है। वे कहते हैं :

> Is not stupidity and the one sided education of most composers, the reason why they need the help of others in their work? Can there be perfect union of text and music if the poet and composer are not one and the same person." (रचनाकार को अपनी रचना के लिए अन्य लोगों की ज़रूरत पड़ती है। क्या इसका कारण उसकी मूर्खता और एकांगी शिक्षा नहीं है? कवि और गायक एक ही व्यक्ति हुए नहीं है तो बन्दिश और संगीत एकात्म कैसे हो सकता है?)

अब शायद इस पर अधिक चर्चा करने की आवश्यकता नहीं है।

संगीत का मुख्य कार्य क्या है, इस सवाल का उत्तर मैंने 'बन्दिश सिद्ध करना' दिया है। मगर यह सतही उत्तर हुआ। असल प्रश्न यह है कि इन अलग-अलग स्वराकृतियों से अथवा बन्दिशों से साध्य क्या होता है? इसका उत्तर यह है कि संगीत समग्र सृष्टि चक्र का ही प्रतीक बनना चाहिए। अर्थात् उसमें गति (Motion), संघर्ष (Conflict), शान्ति-समावस्था (Peace), आघात-प्रत्याघात (Emphasis and counter emphasis), चढ़ाई और पीछे हटना (Attack and release), उत्कण्ठा और विसर्जन (tension and resolution) आदि से युक्त जीवन के यानी मानवीय भावविश्व के सम्यक् रूप के दर्शन होने चाहिए। इन सबकी गति यानी जीवन का प्रत्याहत प्रवाह और उसी की अनुभूति संगीत में होती रहती है, होनी चाहिए। इसका कारण यह है कि द्वन्द्व की मानवीय भावना को और उसकी सूक्ष्म छटा को प्रतिसाद देनेवाली स्वराकृति ध्वनि नामक संस्था में मौजूद होती है। इस मुख्य कार्य में जिस किसी का उपयोग होता है, वे सभी न केवल संगीत के मूल्य हैं, बल्कि संगीत में अन्तर्भूत इकाइयाँ भी हैं। इसलिए शब्दों का नादोच्चारण भी ऐसी ही एक इकाई है। यह नादोच्चारण ही संगीत में रूपान्तरित हो जाता है। अर्थात् शब्द का संगीतीकरण होता है, यही इसमें असल मुद्दा है।

मगर यह सवाल अनुत्तरित रह जाता है कि शब्दों में नादोच्चारण के साथ-साथ अर्थ भी होता है। उसका क्या करेंगे? और उसी पर आपकी यह आपत्ति क्यों है?

इसमें असल बात यह दिखायी देती है कि स्वर और शब्द दोनों अपने-अपने उत्कर्षबिन्दु स्वतन्त्र और अबाध ही बरकरार रखते हैं। स्वर की सहायता से शब्द अपना चरमोत्कर्ष बिन्दु साध्य नहीं कर सकता। इसी प्रकार स्वर की अर्थपूर्णता भी अपना चरमोत्कर्ष बिन्दु शब्दार्थ की सहायता से प्राप्त नहीं कर सकता। शब्दार्थ और स्वर दोनों का यह स्वभावधर्म है। और इसी सिद्धान्त का उपसिद्धान्त यानी जिस समय स्वर और शब्दार्थ का मिलाप होता है, तब हर बार उसके दोनों तत्त्व अपनी-अपनी उच्च सतह से नीचे उतरे नज़र आते हैं। उत्कृष्ट संगीत और उत्कृष्ट काव्य का मिलाप हो ही नहीं सकता। उसे दूसरी इकाई के अपने दर्ज़े के साथ की आवश्यकता नहीं होती, असल में चल नहीं सकती। परमार्थ की प्राप्ति इस तरह अकेले-अकेले ही करनी पड़ती है। वहाँ संगत-साथ नहीं चल सकती। जिन्हें यक़ीन नहीं होता, वे ज्ञानेश्वर की ज्ञानेश्वरी और अल्लादिया ख़ाँ, फ़ैयाज़ ख़ाँ, अब्दुल करीम ख़ाँ या जो भी उत्कृष्ट प्रतीत होती हो, ऐसी किसी भी गायकी का मिश्रण कर एकबारगी देख लें।

कोई यह प्रश्न भी कर सकता है कि कई बार प्रत्यक्ष गाना सुनते समय संगीत और काव्य का मिलाप हमें अत्यन्त मनोरंजक लगता है। और ख़याल संगीत का यही हिस्सा हमें अधिक से अधिक पसन्द आता है। इसे आप कैसे विवेचित करेंगे?

लोगों से मैं एक बात पूछना चाहता हूँ। जब आप कहते हैं कि आपने यह अनुभव लिया, उस समय क्या आप सचमुच गाना सुन रहे थे? या आपके मन में कुछ और चल रहा था? गाना सुनते वक़्त उसका एक-एक स्वर, उसकी एक-एक छटा की ओर आपका ध्यान था? उसकी हर मात्रा की ओर अथवा उसके चतुर्थांश और अष्टांश भाग की ओर भी आपने ध्यान दिया? अगर ऐसा नहीं है, तो यह कहने में क्या तुक है कि आप गाना सुन रहे थे? और अगर आपने ऐसा ध्यान दिया था तो क्या उसका प्रत्येक स्वर और उसकी सूक्ष्म छटा और उसका मात्राकाल अथवा उसका चतुर्थांश और अष्टांश हिस्सा भी आपकी समझ में आता था? गाना सुनने के बावजूद ये सूक्ष्म बातें अगर आपके ध्यान में नहीं आयी हैं, तो आपके उस सुनने का कोई मतलब नहीं था। आपके 'उस' श्रवण का बस यही अर्थ है कि आपने शब्द सुने और बस उन्हीं का अर्थ आप समझ गये। वे शब्द स्वरों से आच्छादित थे, यह भी आपकी समझ में आया, परन्तु स्वर और

लय को आप समझ नहीं पाये। इससे हुआ यह कि उस शब्दार्थ के कारण निर्मित अपने ही मन की सुख की सुप्त आशा-आकांक्षाओं में आप दंग रह गये। कहीं उस समय आप अपना स्वप्नरंजन तो नहीं कर रहे थे? गायक के गाने में क्या था, यह आपने देखा ही नहीं। या देख ही नहीं सकते थे। अपने मन की गहराइयों में छिपी भावनाओं के लिए आपने रास्ता खोल दिया। अर्थात्, आपका वह सुनना 'सब्जेक्टिव' था। वैसा सुनना आपकी व्यक्तिगत 'प्राइवेट' या निजी बात थी। उसमें गायक ने जो भी कुछ कर दिखाया, उसकी तरफ़ यानी उसकी कलाकृति की ओर या उस कलाकृति से अंकित होनेवाले भाव-संसार की ओर आपका ध्यान नहीं था।

आपने ये जो कुछ भी सुना या नहीं सुना, मगर यह बात तो सच ही माननी होगी कि उससे आपको ख़ुशी हुई। आपकी ईमानदारी पर कोई सन्देह नहीं है। मगर सोचना यह होगा कि आनन्द देनेवाली सारी बातों को क्या हम कला का दर्ज़ा देंगे? या रंजकता और कलात्मकता के बीच भी कुछ भेद करना होगा?

इस विषय पर विवाद नहीं हो सकता कि रंजकता और कलात्मकता एकरूप नहीं हैं। परन्तु उनके बीच सीमारेखा खींचकर उन्हें अलग-अलग दिखाना कठिन है। साथ ही इन दोनों स्तरों को चाहे अलग-अलग मान लें, फिर भी ऊपर से इन दोनों के अन्तर्गत भिन्न-भिन्न सतहें भी हो सकती हैं। प्रत्येक इनसान मन ही मन एक से बढ़कर दूसरी, इस तरह रंजकता की सतहें मानता ही चला आया है। कलात्मकता की भी ऐसी ही सतहें होती हैं। प्रकृति निर्मिति में भी रंजकता होती है। मगर पुणे के पासवाले कात्रज घाट की तुलना में मुम्बई जाते समय पड़नेवाला खण्डाला घाट का दृश्य अधिक रंजक होता है, ये हम कह सकते हैं। इसी प्रकार अपनी सन्तान के प्रति प्रेम की भावना रंजक होने के बावजूद वह कलात्मक नहीं है। मगर उसी भावना का साधारणीकरण होकर जब साहित्य में 'बालभाव' अथवा 'मुग्धता' की प्रतीति होती है, तब उसे कलात्मकता कहा जा सकता है। ठीक उसी प्रकार हम यह मानते हैं कि सन्त रामदास का ओवी छन्द और सन्त ज्ञानेश्वर का ओवी छन्द, दोनों की कलात्मकता का स्तर एक नहीं है। कुल मिलाकर, तात्पर्य यह है कि रंजकता और कलात्मकता—दोनों के एक पर एक ऐसे दो स्तर माने जायें और उनकी अपनी-अपनी अन्तर्गत सतहें अथवा श्रेणियाँ भी अलग-अलग मानी जायें। रंजकता और

कलात्मकता के बीच सीमारेखा तय करनी हो तो बताया जा सकता है कि रंजकता को कुछ घना या गुलाबी मानना होगा और कलात्मकता को तनिक हल्का अथवा केशरी मानना होगा। रंजकता को गृहस्थ मान लिया जाये तो कलात्मकता को विरक्त (Austere) समझना होगा। इसी प्रकार एक से अधिक माध्यमों का जहाँ संस्कार होता है, वहीं रंजकता की उम्मीद की जा सकती है। जहाँ एक ही माध्यम का स्वीकार है, वहीं कलात्मकता सम्भव होती है। कोई भी कला जब मोक्ष तक पहुँचती है, तब यह भी एक सामान्य नियम समझा जाये कि उस यात्रा की साधन सामग्री भी संन्यासी की आवश्यकतानुरूप और उतनी ही हो। रंजकता मानवीय दृश्य जगत् की भावनाओं का संज्ञान ले और कलात्मकता वस्तु, दृश्य और घटना के पार छलाँग लगाये यानी दृश्य जगत् से दूर रहे। अर्थात् यह सब लिखते समय मन में कुछ सम्भ्रम है। माना कि निश्चित रूप से कुछ भी कहा नहीं जा सकता, मगर कम से कम विचार की एक स्थूल दिशा तो ध्यान में आयेगी।

जब आप वह (अमुक) गाना सुन रहे थे, उस समय आपकी सुनने की प्रक्रिया कैसी थी, यह भी देखना होगा। यानी समझकर सुनना और बिना समझे सुनना—दोनों के बीच का अन्तर भी तय करना होगा। सचमुच सुनना एक तरह से मन ही मन गाना भी होता है। सुननेवाला व्युत्पन्न (गायकी के अर्थ में) हो तो क्या प्रक्रिया होती है, इस पर भी ज़रा ग़ौर करेंगे। एक गायक-श्रोता सामने गानेवाले गा रहे गायक का प्रत्येक स्वर, उसकी सूक्ष्म छटा, उसकी हर मात्रा और उसका सूक्ष्म हिस्सा सुनता ही है, परन्तु अब वह गायक आगे क्या करवट लेगा और सम पर कैसे आयेगा, इसका भी लगातार अनुमान (उसी गायक की भूमिका से) लगाता रहता है। गायक-श्रोता का सम पर आने का अनुमान सही साबित होने पर यह गायक-श्रोता स्वयं भी मन ही मन बन्दिश का मुखड़ा गाने लगता है। यही नहीं, कई बार तो आसपास बैठे श्रोताओं को भी सुनायी दे, ऐसे ज़ोर से वह मुखड़ा गाता है। दाद देने की यह उसकी एक सामान्य पद्धति है। इसका अर्थ यही है कि गायक-श्रोता स्वयं 'मन से' गाता है और गायक प्रकट रूप से गाता है। समझकर सुनने और न सुनने के बीच का भेद यही है। इस तरह गम्भीरता या डूबकर सुनने से ही गाने के भाव-संसार की अनुभूति होती है। वरना केवल स्वरावगुण्ठित शब्द सुनकर उसी के अर्थ के सहारे वह अपने भाव-

संसार में दंग रह जाता है। अपना ही स्वप्नरंजन करता है। मगर इस तरह सुनने से किसी भी नयी भावना या नये अनुभव का दान उसकी झोली में नहीं गिरता। वह पहले जैसा सूखा ही रह जाता है। मगर उसे अपने ही पूर्वानुभव की, अपने ही सपनों की दुबारा प्रतीति होती है और उसी में वह मशगूल हो जाता है।

ख़ैर, इस विवेचन का अर्थ यह है कि किसी गायक की कृति चाहे जिस कलात्मक ऊँचाई पर हो, मगर श्रोताओं की दृष्टि से उसमें रंजकता और कलात्मकता—दोनों सतहें होती हैं, और इसमें सामान्य श्रोताओं को भी रंजन का आश्वासन प्राप्त होता है। इसका कारण यह है कि गायन का एक धर्म यह भी है, जिसके कारण आसपास की सभी घटनायें और दृश्य डूबकर विस्मृत हो जाते हैं। गाना कोई भी हो, उसमें ऐसी शक्ति होती है कि श्रोता के चेतन मन की गतिविधियाँ अचानक बन्द हो जाती हैं और नया अनुभव प्राप्त करने की योग्यता न होने के बावजूद अप्रकट मन की अतल गहराइयों में छिपी सुप्त आशा-आकांक्षाओं के लिए राह बना दी जाती है। कलात्मकता का अनुभव दो दरवाज़ों से होता है : एक, प्रकट मन बन्द करने से और दूसरा, नया अनुभव प्राप्त करने का द्वार खुला रखने से। वहाँ नया अनुभव प्राप्त करने का दरवाज़ा बन्द होने से अप्रकट मन की बातें ऊपर उछल आती हैं और स्मृति-संचय अथवा काल्पनिक बातों की ही प्रतीति हो जाती हैं। और इसी को श्रोता की दृष्टि से रंजकता के स्तर पर सुनना कहा जा सकता है।

ऊपर हमने एक प्रश्न अधूरा ही छोड़ दिया था। अब उस पर ग़ौर करेंगे। प्रश्न यह था कि अगर शब्द के साहित्यिक अर्थ से आपको कोई लेना-देना नहीं है और उसके मात्र आकार के साथ, आकार-स्वभाव के साथ ही आपका रिश्ता है, तो फिर आपको सार्थक शब्द चाहिए ही क्यों? 'निरर्थक' शब्दों से काम क्यों नहीं चल सकता? और अगर संगीत को पसन्द होंगे, हजम होंगे ऐसे ही शब्दों के आकार आपको ढूँढ़ने हैं तो निरर्थक शब्दों की संख्या स्वर-व्यंजनों के उलटफेर से (Permutations and combinations) कई गुना बढ़ाई जा सकती है। इससे सार्थक शब्दों के सरोवर में आपको जितनी आवश्यक आकृतियाँ मिल सकती हैं, क्या उससे ज़्यादा निरर्थक शब्दों के सागर में नहीं मिलेंगी?

इस प्रश्न का उत्तर यह है कि हमें शब्दों के आकार तो चाहिए ही, मगर

वे भी सार्थक शब्दों के ही चाहिए। यही नहीं, वे सार्थक शब्द भी इस तरह एक के बाद एक आने चाहिए कि उससे कुछ सामान्य मानवीय भावनायें अथवा उन भावनाओं को जन्म देनेवाली भूमि का भी निर्माण हो। इस भूमि को अँग्रेज़ी में 'मूड' कह सकते हैं और संगीत की भाषा में उसे 'रक्तबीज' नाम दिया जा सकता है। इसमें उन शब्दों की योजना हो, जिससे कुछ सुसंगत विशिष्ट अर्थ उत्पन्न होगा। संक्षेप में, उस सार्थक शब्द का 'लिटरेरी इंटिग्रेशन' होना चाहिए।

ये मेरा उत्तर यानी बिल्कुल नट की कलाबाज़ी नहीं है। गायकी में अर्थयुक्त शब्दों पर जो प्रक्रिया होती है, उसे देखने के बाद यह बोध होगा कि उस अर्थ की ठीक-ठीक क्या परिणति होती है। गायकी की प्रक्रिया ऐसी होती है, ऐसी होनी चाहिए कि बन्दिश से, बन्दिश के शब्द से अर्थ की निष्पत्ति तो हो, मगर गायकी के विस्तार में वह अर्थ पीछे छूटता चला जाये, विस्मृत हो जाये। उस शब्द के अर्थ का कार्य यही है कि वह भावना को जन्म देनेवाली मात्रभूमि का निर्माण करे और यह समझकर कि अपना कार्य पूरा हुआ, अलग हो जाये। बन्दिश के शब्दार्थ से जिस भूमि का निर्माण होता है, अब उसके स्वरूप पर अधिक विचार करेंगे। यह जो भूमि तैयार होगी, वह साक्षात् भावना नहीं है, बल्कि भावना का, रक्त का मात्र बीज स्वरूप है। उसी को हमने रक्तबीज नाम दिया है। मगर रक्तबीज के रूप में यह जो भूमि उत्पन्न होगी, उसे वाङ्मयीन काव्य अथवा कविता नहीं कह सकते। अधिक से अधिक उससे काव्य या कविता जन्म ले सकती है। और ऐसे जन्म से आगे चलकर उसे काव्य का रूपाकार प्राप्त हो सकता है। इसलिए काव्य को जन्म देने की योग्यता उसमें होती है; मगर वह साक्षात् काव्य नहीं होता। यह विवेक करने पर यह बात सहज ही हमारे ध्यान में आयेगी कि भावना का बीज यानी वह रक्तबीज एक बार स्थापित हो जाये तो भी ऐसा नहीं कह सकते कि उससे काव्य निर्मिति होगी ही। कवि होगा तो वह उससे काव्य को जन्म देगा, गायक होगा तो वह संगीत साकार करेगा और कोई चित्रकार होगा तो उसे चित्र बनाने की स्फूर्ति प्राप्त होगी। वह रक्तबीज सभी कलाओं का सामान्य बीज होगा और इस बीज के साथ जिस किसी का संयोग होगा, उसकी कला उससे निष्पन्न होगी। कवि से यह संयोग हो जाये तो काव्य होगा, गायक से हो जाये तो संगीत का आविष्कार होगा और चित्रकार से होगा तो वह चित्र भी बना सकेगा। कुल मिलाकर,

रतिबीज सभी कलाओं को जन्म देनेवाली समान भूमि होगी।

इसमें सन्देह नहीं कि रक्तबीज स्थापित करने का कार्य बन्दिश के सार्थक शब्दों द्वारा ही किया जाता है और यहाँ तक कि सार्थक शब्दों का, उनके 'लिटरेरी इंटिग्रेशन' का महत्त्व कोई भी स्वीकार करेगा। मगर असली प्रश्न यह उपस्थित हो जाता है कि इन सार्थक शब्दों द्वारा 'मूड' अथवा रक्तबीज स्थापित करने के बाद आगे उनका क्या कार्य बाक़ी रह जाता है?

बाद में इन सार्थक शब्दों का कार्य संगीत के द्वारा उसके अर्थ को खा जाना ही होता है। अर्थात् संगीत का कार्य उस वाङ्मयीन सार्थक शब्द के अर्थ को खा जाना होता है और सार्थक शब्दों का कार्य स्वयं को खाने देना होता है। यही प्रक्रिया निरन्तर होती रहती है और होनी आवश्यक होती है। तभी उससे स्वर और लय का विकास हो सकता है। वरना वह विकास विलास नहीं हो पाता। संगीत यदि शब्दार्थ को खा नहीं पाये (यदि शब्दार्थ सामर्थ्यसम्पन्न और प्रतिभाशाली हो तो नहीं खाया जायेगा), तो वह संगीत के विस्तार, विकास और विलास को जगह-जगह पर बाधा पहुँचायेगा, रोक लगायेगा और संगीत के रूप में संगीत का विकास ही नहीं होगा। ऐसे में जो कुछ निर्माण होगा, वह रंजनात्मक तो ज़रूर होगा मगर कलात्मक नहीं होगा।

इस प्रक्रिया में आश्चर्य की कोई बात नहीं है। किसी भी कला में अन्य कलाओं की इकाइयों का साहचर्य कुछ मात्रा में होता ही है। जो कला जिस समय समर्थ और प्रभावशाली होगी, अन्य कलाओं की इकाइयाँ उसमें डूब जाती हैं। उन्हें डूबना ही पड़ता है। नाटक यदि प्रभावशाली है तो वह संगीत को खा जाता है, उसी प्रकार यदि संगीत प्रभावशाली है तो वह नाटक को भी खा जायेगा। नृत्य प्रभावशाली होगा तो उसमें भी उसके संगीत की बलि चढ़ेगी और काव्य प्रभावशाली होगा तो उसमें संगीत के लिए जगह ही नहीं रहेगी। शायद उस संगीत में काव्य समा ही नहीं पायेगा। क्योंकि कविता का वह पात्र काव्य से शायद पहले ही लबालब भरा हुआ होगा। इस अर्थ में एक सूत्र प्रस्तुत करना चाहूँगा : जिसमें संगीत के लिए जगह है, उसे स्वयंपूर्ण और श्रेष्ठ काव्य नहीं कहा जा सकता और जिसमें काव्य के लिए जगह है, वह संगीत भी स्वयंपूर्ण और श्रेष्ठ नहीं हो सकता। जब कोई गायक-रचनाकार किसी कविता की तर्ज़ बनाता है, तब कविता के रूप में वह उस कविता का सत्यानाश कर डालता है और

कविता को भी एक बन्दिश ही बना देता है। ("When a composer puts a text to music he annihilates the poem and makes a song."—मिसेस लैंगर) इसमें मुख्य मुद्दा यही है कि व्यवहार में प्रचलित 'जिसकी लाठी उसकी भैंस' सिद्धान्त कला-जगत् पर भी लागू होता है।

कुल मिलाकर, गायक और श्रोताओं में एक 'मूड' बने, यहीं तक बन्दिश के सार्थक शब्दों का कार्य सीमित होता है। और इस तरह मूड स्थापित हो जाने पर और गायक की प्रतिभा जागृत हो जाने पर उस प्रतिभा की उत्तेजना में वह मूड साहित्य की दृष्टि से जो भी अच्छा-बुरा करेगा, वो सब इन शब्दों को सहना पड़ता है। यही नहीं, बल्कि इस प्रक्रिया में शब्दों को इस मर्दन से ही पुलकित होकर और संगीत की दृष्टि से इसी में अपने जीवन की सफलता माननी होती है। गायक की प्रतिभा जागृत कर उसे संगीत की दृष्टि से ऊपरी दिशा की ओर मोड़ना ताकि उसे ऊपरी हवा लग जाये, यही उस मूड का कार्य होता है।

एक उदाहरण से यह मुद्दा और स्पष्ट होगा। इसमें दो राय नहीं है कि एक विमान का कार्य आकाश में भ्रमण करना होता है। मगर यह भ्रमण शुरू करने से पूर्व और भ्रमण के बाद भी उसे हवाई अड्डे का ही सहारा लेना पड़ता है। वैसे यह हवाई अड्डा भी सभी सुविधाओं से लैस होना ज़रूरी होता है। उसमें यात्रियों के तात्कालिक सुख के लिए कैन्टीन होते हैं और कुछ महत्त्वपूर्ण मन्त्रणाओं के लिए 'कॉन्फ्रेन्स रूम' भी। मगर सबसे अहम बात, जिस भूमि से विमान को गति प्राप्ति होती है, वह रन वे भी साफ़-सुथरा, चिकना और सीमेंट कंक्रीट से बना और विमान की गति पकड़ने की दृष्टि से सुसज्जित होना ज़रूरी होता है। इंजन शुरू होने पर विमान को शुरुआती दो-तीन मिनट उस चिकने रन वे पर ही भ्रमण करना पड़ता है। एक बार वहाँ से गति मिल जाये तो फिर हवाई अड्डा और उसका वह चिकना रन वे—दोनों उसे त्यागने ही पड़ते हैं। इस त्याग के बाद विमान का मुख्य कार्य यानी आकाश में उसका भ्रमण शुरू हो जाता है। संगीत में बन्दिश भी एक तरह से हवाई अड्डा ही होता है। उस बन्दिश के शब्दों के अर्थ के साथ कुछ समय के लिए रममाण भी हो सकते हैं, मगर एकबारगी गति प्राप्त कर आकाश भ्रमण प्रारम्भ होने के बाद उस अर्थ को भी पीछे छोड़ देना पड़ता है। संगीत में गति प्रदान करने का कार्य बन्दिश को करना होता है। मगर यह गति प्राप्त करते समय अथवा गति प्राप्त होने

तक शब्दों का उच्चारण साफ़-सुथरा हो, अर्थयुक्त भी हो, यह स्वीकार करने की न्यायप्रियता दर्शाना ठीक है। मगर उस समय यह भी ध्यान रखना आवश्यक है कि यह उच्चारण संगीत की सिद्धि के लिए है, साहित्य की सिद्धि के लिए नहीं। अत: यहाँ इस विवेक की आवश्यकता है कि यह कार्य संगीत के ही सामान्य परन्तु और साफ़ ढंग से होना चाहिए। जो श्रोता इन्हीं बातों पर सन्तुष्ट होते हैं, उनके सुख में हम क्यों बाधा पहुँचाये? हमने हवाई अड्डा अच्छा ही बनाया है, और यदि अधिकांश श्रोताओं को यही पसन्द है और यदि वे इसी का आनन्द लूटना चाहते हैं, तो उन्हें लूटने दें। मगर यदि वे ज़िद करने लगे कि आप भी विमान में मत बैठिये और आकाश में भ्रमण मत कीजिये, तो उनकी यह जिद हम पूरी नहीं कर सकते। अधिकांश श्रोता यात्री नहीं होते। उन्हें तो बस हवाई अड्डे पर ही आना होता है। ऐसे यात्रियों को बिदा कर हमें उन्हें वापस लौट जाने के लिए कहना होगा। मगर यह बिदाई भी हमें प्यार से, आत्मीयता से, बिल्कुल मन से करनी होती है। मगर श्रोताओं में भी कुछ लोग केवल हवाई अड्डा देखने के लिए आते हैं। उन्हें न किसी को बिदा करना होता है और न बिदा लेना होता है। वे बस तमाशबीन होते हैं। उन्हें भी हम यथासम्भव आनन्द प्राप्त करने दें, मगर उनकी ज़्यादा पूछताछ के झंझट में न पड़ें। यही अच्छा है।

इस समग्र विवेचन का तात्पर्य यह है कि बन्दिश के शब्दों का अर्थ या उसके भीतर का काव्य (यदि उसे काव्य कहा जाये तो) बिल्कुल सीमित हो। औसतन इतनी सीमित क्षमता का हो कि उसे आसानी से पीछे छोड़ा जा सके। वह विस्मृत हो जाये। यदि वह अतिसामर्थ्यशाली होगा तो अपना प्रभाव दिखाये बिना नहीं मानेगा और गायकी के विस्तार में बाधा पहुँचायेगा। इसलिए संगीत की किसी भी बन्दिश का शब्दार्थ 'काव्य' संज्ञा के लिए योग्य नहीं होता। उसे काव्य कहना ही हो, तो उसे मामूली और नीरस काव्य कहना होगा। क्योंकि उत्कृष्ट काव्य, संगीत की गायकी और उसके विस्तार के लिए, बाधा बनता है। ठीक उस तरह जैसे उत्कृष्ट संगीत काव्य के लिए हानिकारक होता है।

इस सन्दर्भ में एक उदाहरण देखने योग्य है। पाश्चात्य संगीत में लुडविग व्हॉन बीथोव्हेन (१७७० से १८२७) को अत्यन्त प्रतिष्ठित कलाकार माना जाता है। इतना प्रतिष्ठित कि उसके नाम के उच्चारण के साथ पाश्चात्य

ही नहीं, बल्कि हम भी अपने दोनों कान की लौ छू लें। पाश्चात्य संगीत के 'रोमैंटिक स्कूल' के इस प्रणेता की 'बेटकॉफ एण्ड हार्टेल' रचना में प्रकाशन ने उसके एक मामूली शब्द के स्थान पर दूसरा अधिक अच्छा काव्यमय शब्द डाल दिया था। इससे उत्तेजित होकर उसने प्रकाशक को पत्र लिखा था। पत्र इस प्रकार है :

> In the oratorio 'We have beheld him', you have persisted, in spite of my note to adhere to the old text, in adhering to the unfortunate alteration. Good heavens, do they belive in Saxony that the words make the music? If an unsuitable word can ruin music, which is certainly so, then one should be happy if one finds that words and music are inseperatable and not try to improve them just because the words in themselves are unpoetic.

इस पत्र में यह स्वीकार किया गया है कि उसके मामूली शब्द के स्थान पर प्रकाशक ने अच्छे काव्यमय शब्द डाले थे। परन्तु इसी से उत्तेजित होकर उसने यह शिकायत की है कि इससे संगीत की रचना को यानी गायकी को बाधा पहुँचती है। इसमें महत्त्वपूर्ण बात यही है कि बीथोव्हेन की भी यही शिकायत है कि संगीत को अधिक सामर्थ्यवान और काव्यमय शब्द मंजूर नहीं है।

इसी तरह एक और उदाहरण दिया जा सकता है। रॉबर्ट शूमन (१८१०-१८५६) नामक एक पाश्चात्य संगीत रचनाकार युवावस्था में गायक और साहित्य का भी अध्येता था। अपनी युवावस्था में उसने हृदयंगम तरीक़े से यह विचार रखा था कि संगीत और साहित्य इतनी महान् कलायें हैं कि यदि उनका मिलाप किया जाय तो दोनों के मिलाप से श्रेष्ठ और बिल्कुल दिव्य कला का निर्माण हो सकता है। अपने आलेख के प्रारम्भ में संगीत और साहित्य आदि दोनों कलाओं की ख़ूब प्रशस्ति गाने के बाद आगे वह इस प्रकार लिख गया :

> Still greater is the effect of their union, greater the fairer, when the simple Tone is enhanced by the winged syllable or the hovering word is lifted on the melodious billows of sound, when the light rhythm of the verse is gently combined with the orderly measure ofbars in gracious

alternations.

(और जब बिल्कुल पंख निकल आने की तरह किसी अक्षर के कारण स्वर का परिणाम अधिक प्रभावी बन जाता है अथवा कोई आन्दोलित शब्द अति मधुर नाद-तरंग के साथ अचानक उछलकर ऊपर आता है अथवा कविता की कोई नाज़ुक लयकारी और संगीत के ताल की बन्दिश—दोनों के बीच आपस में सहज सुन्दर अदल-बदल हो जाता है, उस समय संगीत और साहित्य के संयोग से दोनों से अधिक सुन्दर और श्रेष्ठतर ऐसी कला का निर्माण होता है।)

इस तरह अपनी युवावस्था में अत्यन्त काव्यमय अन्दाज़ में उसने संगीत की ख़ास साहित्यिक आलोचना की थी। मगर शूमन ने अपना संगीत का व्यासंग जारी रखा और कई साल बाद उसने नामचीन और तजुर्बेकार संगीतकार के रूप में ख्याति अर्जित की। मगर तब तक उसका वह संगीत और साहित्य के मिलाप का सपना तिरोहित हो गया था और वह अब कुछ और ही बोलने लगा। अब तक उसने काफ़ी रचनायें अथवा पाश्चात्य संगीत की कई बन्दिशें बनायी थीं और संगीत और शब्द के अन्योन्य सम्बन्धों का उसे वास्तववादी अहसास हो गया था। और फिर इसी ग्रन्थकार ने गेटे के 'विह्लेल्म मीस्टर' काव्य को संगीत देनेवाले संगीतकार जोसेफ क्लीन के कम्पोज़ किये संगीत पर इस तरह टिप्पणी की :

To speak frankly, it seems to me that the composer has too much respect for his (Goethe's) poem as though he were afraid to hurt it, seizing it too ardently. So at every turn we find rests, hesitations, embarrassments. But the poem should lie like a bribe in the ministrel's arm, free, happy and entire. Then it sounds like something from heaven, from heavensfar.

(साफ़-साफ़ कहें तो लगता है, संगीतकार को कविता के प्रति अनावश्यक आदर प्रतीत हो रहा है। उसे लगातार डर सताता है, मानो कविता के साथ ज़बरदस्ती तो नहीं हो रही? इस कारण उसकी संगीत रचना में हर बार ठहराव, संकोच और डर ही प्रतीत होता है। परन्तु अगर कविता प्रियतम के आगोश में स्वच्छन्द, उन्मुक्त और नि:संकोच रूप से अपने पूरे अंग-प्रत्यंग का समर्पण करने में ही सार्थकता माननेवाली प्रियतमा जैसी हो, तभी संगीत स्वर्गीय हो सकता है।)

बात पाश्चात्य हो, हमारे देश की हो या संसार के किसी भी देश की हो, चाहे सभी का तकनीक अलग-अलग हो, मगर कलात्मक अथवा सांगीतिक समस्यायें तो सभी तरफ़ एक जैसी ही होंगी। मगर शूमन का यह वर्णन न केवल रोचक है, बल्कि उतना ही समर्पक भी है कि गेटे की कविता अत्यन्त प्रभावशाली होने के कारण संगीत के लिए किस तरह हानिकारक होती है और संगीत के लिए ख़ास बन्दिश कैसी हो। मगर ये हुआ पाश्चात्य यानी साहब लोगों का उदाहरण। इसी तरह का एक और उदाहरण बिल्कुल स्वदेशी यानी हमारे ही घर का है। विश्वकवि, चित्रकार और संगीतकार गुरुदेव रवीन्द्रनाथ ठाकुर का। १९ अप्रैल, १८८१ को, यानी अपनी उम्र के बीसवें साल, ऐन युवावस्था में दिये गये अपने पहले व्याख्यान में उन्होंने निम्नलिखित विचार रखा था :

> ...The poem or the text of the song must be given the same importance as that given with tune. The tempo of the rhythm of music should be flexible accordance with the intensity of the feeling contained in the text. The tempo should be slow while expressing ethos, submissiveness, depth and subtle intricacies of the human heart and it should be fast during the outburst of any kind of excitement.
>
> (...कविता अथवा गीत की संहिता को गाने जितना ही अहम स्थान देना चाहिए। भावना की न्यूनाधिक तीव्रता के अनुरूप उसकी लय भी लचीली होनी चाहिए। अर्थात् शोक, शरणागति जैसे मानवीय मन की सूक्ष्म और गहरी संवेदनाओं के आविष्कार के लिए लय विलम्बित ही होनी चाहिए। साथ ही मन में उभरे प्रक्षोभ को राह बनाकर देते समय वह द्रुत भी होनी चाहिए।)

ऐन युवावस्था का साहित्य और संगीत के मिलाप का यह सपना यानी बिल्कुल शूमन की तरह ही अत्यन्त काव्यमय साहित्यिक आलोचना थी। मगर आगे उनका संगीत का अध्ययन जारी रहा और बिल्कुल उसकी बुनियाद तक जा पहुँचा। और उम्र के बावनवें साल सांगीतिक प्रौढ़ावस्था में उन्होंने निम्नलिखित विचार व्यक्त किया :

> ...But after the elapse of the period of more than thirty years Tagore contradicted himself. In an essay on music

written in 1912 he refered to his first lecture and admitted that he had been wrong then. He redefined his former opinion. He realised that the art of music has its own characteristics and functions, its essential charm and beauty; and therefore it should not be a slave to the verbal entity of his song. Words are limited to their wordly meaning, but a good music leads us to a world beyond and that is why the text of the Hindustani classical music is so negligible in relation to its musical appeal...[2]

(...मगर लगभग तीस साल बाद रवीन्द्रनाथ ठाकुर ने अपने ही मत में संशोधन किया। सन् १९१२ में उन्होंने संगीत पर एक निबन्ध लिखा। इस निबन्ध में अपने इस पुराने व्याख्यान का सन्दर्भ देकर उन्होंने यह स्वीकार किया कि उस समय का उनका मत ग़लत था। संगीत कला की उसकी अपनी कुछ विशेषतायें, कार्य, विशिष्ट नज़ाकत और सौन्दर्य होता है। इसलिए उसे गीत की शाब्दिक संहिता की ग़ुलामी में नहीं फँसना चाहिए। शब्द की अपनी व्यावहारिक सीमायें होती हैं। मगर श्रेष्ठ संगीत हमें शब्दों के उस पार की दुनिया में ले जाता है। इसी कारण हिन्दुस्तानी आभिजात्य संगीत की बन्दिशों का काव्यरूप उन बन्दिशों से निर्माण होनेवाले सांगीतिक प्रभाव के सामने बिल्कुल उपेक्षणीय साबित होता है।)

मगर इसमें एक और बात बतानी रह गयी। इसमें शक नहीं कि बन्दिश के शब्दार्थ से 'मूड' स्थापित होता है। मगर क्या वह स्वरों की बनावट से भी स्थापित नहीं होता? हर राग में रागत्व के रूप में कोई 'रक्तबीज' होता है। तो क्या यही 'मूड' नहीं है? ऐसे में जब कोई गायक स्वर के रक्तबीज पर ही अपना ध्यान केन्द्रित कर बन्दिश के शब्दों अथवा उसके सार्थक और स्पष्ट उच्चारण में असावधानी बरतता है, तो कम से कम हम इसे क्षम्य क्यों न समझें? सम्भवत: प्रत्येक गायक और अधिकांश घराने भी बन्दिशों के शब्दों का उच्चारण ठीक-ठाक और स्पष्टता से करने की ओर सजग होते हैं। और अगर इसमें कोई असावधान जाये, तो इसमें आसमान

---

२. रवीन्द्रनाथ ठाकुर के सन्दर्भ में उपर्युक्त अंश 'जर्नल ऑफ़ दी इण्डियन म्यूज़िकोलॉजिकल सोसाइटी' के जून, १९८१ के अंक से प्रोफ़ेसर सीतांशु राय लिखित 'टागोर्स थॉट ऑन म्यूज़िक' आलेख से लिया गया।

को सिर पर उठाने की क्या ज़रूरत है? इसे उस गायक की सांगीतिक निष्ठा का एक प्रतीक क्यों न माना जाये? और इसी अर्थ में मैं यह कहना चाहता हूँ कि श्रोता और सुधि आलोचकों को भी इसकी ओर तनिक क्षमाशील बुद्धि से देखना चाहिए।

अब अन्तिम बात, जिसका हमने शुरू में उल्लेख किया था। प्रो. एन. सी. फड़के ने संगीत के मराठीकरण का मुद्दा उठाया था। मगर मराठी की रचना अलग पद्धति की है और उसकी संगीत क्षमता संगीत के लिए उपकारक नहीं है। मगर इस मुद्दे का समर्थ विवेचन संगीत के साक्षेपी विशेषज्ञ प्रो. जी. एच. रानड़े ने अपने 'संगीत का आत्मचरित्र' ग्रन्थ में सन् १९३३ में ही किया है। इसका एक उद्धरण यहाँ प्रस्तुत है, ताकि इस प्रश्न का भी समाधान हो जायेगा। उद्धरण इस प्रकार है :

> अब यह देखेंगे कि वर्णोच्चारण की दृष्टि से मराठी भाषा की संगीत क्षमता कितनी सीमित है। स्पष्ट उच्चारण की दृष्टि से मराठी संस्कृत जैसी ही कठोर है। संस्कृत में इस तरह शब्दों का अपभ्रंश करने की अनुमति नहीं थी, मगर फिर भी वहाँ अर्धमागधी अथवा बोली भाषाओं का प्रबन्ध कर संगीत की यह असुविधा दूर की गयी थी। इन दूसरी भाषाओं की रचना और वर्णोच्चारण उन्हें नाद की दृष्टि से सुविधाजनक और रंजक अपभ्रंश रूप देने पर ही निर्भर है। हिन्दी भाषा में भी नाद-माधुर्य और वर्णोच्चारण के लिए सुविधाजनक अपभ्रंश शब्द रूढ़ और स्वीकृत हो गये हैं। और जिन गीतों में ये गुण विशेष मात्रा में पाये जाते हैं, वे ही गीत बन्दिशों के रूप में आज प्रचलित हैं। मगर मराठी में ऐसे अपभ्रंश के लिए कोई स्थान नहीं है। अत: इसमें सन्देह नहीं कि उच्चस्तरीय संगीत निर्मिति की दृष्टि से मराठी के राह में यह एक बड़ी बाधा है।

संगीत में शब्द का प्रयोजन और उनके मराठीकरण के सन्दर्भ में हाल ही में एक नया दृष्टिकोण प्रस्तुत किया गया है। 'संगीत का दर्शन' विषय पर पुणे में एक संगोष्ठी (मार्च १९८१) सम्पन्न हुई। इस संगोष्ठी में पुणे विश्वविद्यालय के हिन्दी के प्रवक्ता और भाषाविज्ञान के अध्येता डॉ. श्रीरंग संगोराम ने संगीत के शब्दों की भाषावैज्ञानिक दृष्टि से विश्लेषण कर एक विचार रखा। उन्हीं के शब्दों में :

> १. अभिजात्य संगीत में वादन की तुलना में गायन का अधिक महत्त्व होता है। इसका कारण यह है कि बन्दिश के शब्द से गायक को अपने

गायन के लिए स्वर और व्यंजन की नादात्मक, औच्चारणिक और आघातात्मक विविधता प्राप्त होती है। इससे वह अपना संगीताविष्कार अधिक उन्मुक्त और प्रभावशाली कर सकता है। इसमें भाषिक स्वरों के इ-उ-ए-ओ जैसे अलग-अलग आकारों का उच्चारण करते समय गायन-स्वरों के अलग-अलग व्यक्तित्त्व प्रकट होते हैं। साथ ही, अनुस्वार और व्यंजनों के स्वाभाविक रूप से और आघातों से बननेवाले गुच्छों को शब्दों में स्थान प्राप्त होता है। इससे नाद और स्वर के असंख्य कर्णसुखद भेद उत्पन्न हो सकते हैं। उदाहरणार्थ, पूरिया राग की बन्दिश 'पिया गुनवन्त' में 'इ', 'उ' आदि स्वरों का सौन्दर्य और 'व' के सम से प्रकट होनेवाले अनुस्वार का माधुर्य सहज ही अनुभव हो सकता है।

२. संगीत की बन्दिशें मराठी में होना उपयोगी नहीं हैं। इसके पीछे मानक भाषा का सिद्धान्त है। ख़याल-ठुमरी की प्रचलित बन्दिशें भी मानक हिन्दी में नहीं हैं। वे हिन्दी की बोलियों में और विशेषत: ब्रज में होती हैं। ललितमधुर वर्णविन्यास, संयुक्त वर्ण विहीनता, अनुनासिक वर्ण विपुलता, व्याकरण-शिथिलता, वर्णों को स्वरों में घुलाने के लिए शब्दरूपों को मनमाने ढंग से बदलने की छूट आदि बोली-भाषा की विशेषतायें बन्दिश के लिए अत्यन्त उपकारक होती हैं। साफ़ है कि मानक भाषा में यह अनुकूलता नहीं होती। दूसरी बात, मराठी और मानक हिन्दी, आकारबहुला भाषायें हैं। यह सच है कि गायनाविष्कार में भी आकारयुक्त आलापन और तान का महत्त्व होता है। मगर बन्दिश में स्थिर उच्चारण की जो जगहें होती हैं, वहाँ अ-ई-ए-ओ आदि स्वरों की स्थापना नज़र आती है। उदाहरणार्थ, 'करीम नाम तेरो। दुख दरिद्र दूर कीजै।' यहाँ अ-इ-उ-ओ का उच्चारण करते समय मुखविवर पूरी तरह से नहीं खुलता। इससे स्वरोच्चारण नुकीला हो सकता है। 'ओम' के उच्चारण में ऐसा नहीं हो सकता। नुकीले उच्चारण के कारण बन्दिश के स्थिर स्थान पक्के होकर बन्दिश के मानचित्र के बिन्दु मुखर हो उठते हैं और आगे के विस्तार को दृढ़तर भूमि प्राप्त हो जाती है। यह सुविधा ब्रजभाषा में प्रमुखता से है। मराठी में ये गुण है ही नहीं। साथ ही तुलना में नाद-मधुरता भी अत्यन्त कम है। इसलिए मराठी में ख़याल-ठुमरी गायन संगीत की दृष्टि से सफल होना कठिन है।

मैं समझता हूँ, जी. एच. रानडे अथवा डॉ. श्रीरंग संगोराम के विवेचन पर अधिक भाष्य की आवश्यकता नहीं है।

हिन्दुस्तानी संगीत में नये प्रवाह
एक मूल्यांकन

हिन्दुस्तानी संगीत में नये प्रवाह
एक मूल्यांकन

विश्वयुद्धोत्तर और स्वातन्त्र्योत्तर दौर में उभरी स्थितियों का भारतीय संगीत पर गहरा असर हुआ है। विशेषत: बीते अठारह-बीस सालों में भारत के आर्थिक, सामाजिक और राजनीतिक क्षेत्र में अनेक परिवर्तन आये हैं, जिनका संगीत पर दूरगामी और बहुआयामी असर हुआ है। यह परिवर्तन अचानक नहीं हुआ है। इसकी कारण-मीमांसा करते समय हमें बीसवीं शती के आरम्भ से अथवा उसके भी पहले से यह संक्रमण गतिशील हुआ नज़र आता है। फिर भी यहाँ प्रमुख रूप से विचार करना है बीते दो दशकों का। क्योंकि आज संगीत में जो नये प्रवाह और समस्यायें अनिवार्य रूप से आ रही हैं, उनके बीज हमें इसी काल में दिखायी देते हैं। और मैं समझता हूँ कि संगीत की ओर आस्था से देखनेवाले प्रत्येक व्यक्ति को इस दिशा में सोचने की ज़रूरत है।

संगीत के जिस संक्रमण के बारे में हमें विचार करना है, उसकी पृष्ठभूमि जानने के लिए हमें संगीत की बीते सौ वर्षों की उत्क्रान्ति का जायज़ा लेना होगा। उन्नीसवीं शती के मध्य से लेकर सन् १९४७ तक यानी स्वाधीनता प्राप्ति तक के दौर को हिन्दुस्तानी संगीत की दृष्टि से स्वर्णयुग ही मानना होगा। ग्वालियर, रामपुर, आगरा, किराना, पटियाला, जयपुर आदि अलग-अलग घरानों और सौन्दर्यप्रणालियों को इसी दौर में प्रतिष्ठा प्राप्त हुई और उनका विस्तार हुआ। हर घराने में निरन्तर ऊँचे दर्ज़े के गायक पैदा हुए और सभी अपने-अपने घरानों के प्रति प्रतिबद्ध रहे। उन घरानों का अनुशासन,

संयम, विशुद्धता का उन्होंने पालन किया और सालोसाल रियाज़ कर संगीत कला को सौन्दर्याविष्कार की दृष्टि से ऊँचे स्थान पर स्थापित किया। जिन कलाकारों को हम जानते हैं, उनका उसमें विशिष्ट स्थान तो है ही, साथ ही उनकी इस कलाकारी के कारण घरानों को भी विलक्षण प्रतिष्ठा और लोकप्रियता प्राप्त हुई है।

संगीत में ऐसी परम्परा बने रहने का मुख्य कारण यह है कि ये गायक कलाकार अपने आप में आला दर्ज़े के अध्यापक हुआ करते थे और वे शिष्यों को अपने सामने बिठाकर उनमें अपनी-अपनी गायकी के संस्कार करते थे। ऐसी पद्धति के कारण कुछ शिष्य यथासम्भव समर्थ रूप से अपने गुरु का उत्तराधिकारी बनने की योग्यता पाते थे। और बचे हुए शिष्यों में भी दूसरे दर्ज़े के अनेक गायक उभर आते थे।

परिणामतः इन सारी प्रणालियों या घरानों को उनके श्रोताओं की ओर से भी सहृदय प्रोत्साहन मिलने लगा। प्रत्येक प्रणाली अथवा घराने द्वारा आभिजात्य संगीत की किसी न किसी विशेषता पर प्रभुत्व प्राप्त किया नज़र आता है। इस आभिजात्य संगीत की मात्र कुछ विशेषताओं पर बल देकर और अन्य विशेषताओं की उपेक्षा करने की पद्धति के चलते एक घराने को अन्य घरानों से अलग करने या उनके बीच का अन्तर साफ़-साफ़ दृष्टिगोचर करने में सहायता मिलती है।

मेरी धारणा है कि जिस तत्कालीन सामाजिक परिस्थिति के कारण यह सम्भव हुआ, उसकी ओर एक सरसरी निगाह डालना अनुचित नहीं होगा। इस सम्पूर्ण दौर में कला को राजाश्रय प्राप्त होना, एक प्रमुख घटना थी। ग्वालियर, रामपुर, जयपुर, बड़ौदा, इन्दौर, मिरज, इचलकरंजी, कोल्हापुर आदि रियासतदारों ने इन गायकों को उदारतापूर्वक आश्रय प्रदान किया। साथ ही इन गायकों को प्राप्त हो रहा सीमित मगर वृद्धिगत होता लोकाश्रय भी एक महत्त्वपूर्ण तत्त्व था। इस शती के प्रारम्भ से ही सामान्य जनता गायकों की ओर आकर्षित होने लगी थी। राजाश्रय के कारण इन कलाकारों की जीविका की चिन्ता दूर हुई और उनका जीवन अधिक सुलभ बन गया। इस कारण वे अपने समय का सदुपयोग कला के विकास के लिए और शिष्य परम्परा तैयार करने के लिए करने लगे। साथ ही लोकाश्रय के कारण उन्हें कला के पारखी श्रोताओं से दाद भी मिलने लगी। इस प्रकार बड़े शहरों में इन्हीं श्रोताओं से नये-नये आश्रयदाता भी सामने आने लगे।

इसी से आगे चलकर संगीत सभा, मण्डल, समाज आदि स्थापित होने लगे। इनमें से कई संस्थायें संगीत की गुणग्राहकता के लिए विशेष विख्यात हो गयीं। यही नहीं, इन संस्थाओं की ओर से कलाकारों को ख़ूब पैसा, सम्मान और पुरस्कार प्राप्त होने लगे। राजाश्रय ने उनकी कला के व्यासंग के लिए ज़रूरी आर्थिक स्थैर्य प्रदान किया और लोकाश्रय ने उन्हें कला के पारखी लोगों से प्रशंसा दिलवायी। इन श्रोताओं में प्रथम और दूसरे दर्ज़े के गायकों का भी समावेश होता था। इसी कारण गायन की गुणवत्ता के प्रति वे अत्यन्त सचेत होते थे। कुल मिलाकर, इन सारी बातों का असर यह हुआ कि संगीत कला से सौन्दर्य का उच्च आविष्कार होने लगा।

रियासतों का विलय और अन्य परिवर्तनों के कारण परिस्थिति अब काफ़ी कुछ बदल चुकी है। संगीत कला की अभिवृद्धि अब सामान्य नागरिकों पर ही निर्भर है। आश्रय का स्थानान्तरण और विशेष रूप के नये श्रोता वर्ग की अभिरुचि और व्यक्ति संरचना में आया परिवर्तन, दोनों का कला की गुणवत्ता से क़रीबी सम्बन्ध है। इस परिवर्तन के कारण हमेशा की तरह कला के लिए पोषक और घातक, दोनों प्रकार की प्रवृत्तियाँ वृद्धिगत होने लगीं। संगीत के प्रकार और उसकी गुणवत्ता पर दिखायी देनेवाले इस प्रभाव को समझने के लिए इन परिवर्तनों का ब्यौरेवार विचार करना आवश्यक है।

द्वितीय विश्वयुद्ध और उसके बाद के दौर में औद्योगीकरण विशेष रूप से गतिशील हुआ। स्वाधीनता प्राप्ति से इसकी गति को और अधिक बल मिल गया। ऐसा भी नहीं कि औद्योगीकरण के प्रवाह के सभी परिणाम संगीत के लिए पोषक थे। मगर इसका एक महत्त्वपूर्ण परिणाम यह हुआ कि इससे नये धनिकों और पूँजीपतियों का एक वर्ग उभरा और इनके अपार काले धन का प्रवाह ऐसे ही बिना हिसाब के ख़र्च की तरफ़ मुड़ने लगा। विश्वयुद्ध पूर्व काल में एक महफ़िल में श्रोताओं की संख्या अधिक से अधिक सौ–सवा सौ तक सीमित होती थी। मगर वे सभी कला के पारखी हुआ करते थे। इनमें से अधिकांश स्वयं गायक या सच्चे संगीत प्रेमी हुआ करते थे। कभी–कभी इस वर्ग में कला के प्रति आस्थावान सामन्त या धनी वर्ग के लोग भी होते थे। मगर ऊपरिलिखित नवधनिकों की कोई सांस्कृतिक पृष्ठभूमि नहीं थी। बल्कि उन्हें हो–हल्ला, सतही

और अशिष्ट बातों में ही अधिक दिलचस्पी होती थी। इस वर्ग के समाज से संगीत को जो आश्रय प्राप्त हुआ, केवल इसी धारणा के चलते हुआ कि ऐसे समारोहों में उपस्थित रहने से हमारी सामाजिक प्रतिष्ठा में वृद्धि होती है। इनमें संगीत से निर्व्याज प्रेम करनेवाले बहुत कम होते थे। इन नये श्रोताओं में न केवल उनकी गुणवत्ता में, बल्कि उनकी संख्या में भी भिन्नता नज़र आती है। युद्धपूर्व काल की महफ़िलें सौ-डेढ़ सौ दर्दी लोगों तक सीमित हुआ करती थीं। मगर बीते दो दशकों में इसका रूपान्तरण उससे कई गुना बड़ी महफ़िलों, और कभी-कभी तो दस-पन्द्रह हज़ार श्रोताओं के विशाल संगीतोत्सव में होने लगा है। (इन्हीं को कई बार ग़लती से कॉन्फ्रेन्स कहा जाता है।)

एक और अन्तर अनुभव होता है। पहले की तुलना में आज के मध्यवर्गीय श्रोता का जीवन अधिक कठिन हो गया है। इन्हीं श्रोताओं में अधिकांश लोग स्वयं दोयम दर्जे के गायक या निस्सीम संगीत उपभोक्ता हुआ करते थे। बढ़ती महँगाई के कारण इस वर्ग की आर्थिक स्थिति तंग हो गयी। यही नहीं, युद्धपूर्व दौर के मध्यवर्गीय गायक या कला-पारखी श्रोता का पहली पंक्ति में बैठने का अधिकार आज लगभग नष्ट हुआ नज़र आता है। साथ ही, उसे मिलनेवाली सलामी भी कहीं खो गयी है और उसे अन्तिम पंक्ति का टिकट ख़रीदना भी मुश्किल हो गया है। क्योंकि उसकी कला सम्बन्धी समझ के साथ उसकी आर्थिक स्थिति का सन्तुलन असम्भव-सा हो गया है। और कभी समय यह सम्भव हो भी जाये तो भी वह श्रोता गायक से इतनी दूर बैठना पसन्द नहीं करता। क्योंकि इसमें उसे अपना अपमान महसूस होता है।

संगीत को इस नयी परिस्थिति में नये सनकी श्रोता वर्ग की सतही और दुराग्रही फ़रमाइशें पूरी करने के लिए कड़ा मुक़ाबला करना पड़ा। इसके अलावा इस स्थित्यन्तर का एक अप्रिय अंग और भी है। संगीत को पूर्वकालीन राजा-महाराजाओं द्वारा निर्विघ्न शान्ति के दौर में जो उच्च कला मूल्यों की अभिवृद्धि हुई थी और साथ ही जो अविभाज्य स्वास्थ्य प्राप्त होता था, उससे संगीत को अपना रिश्ता तोड़ना पड़ा। इन सारी बातों का परिणाम यह हुआ कि नया श्रोतावर्ग प्राप्त होने के कारण गायकों ने बड़े गाँवों या शहरों में ही डेरा जमा लिया और गायकी इन्हीं लोगों की अपेक्षा के अनुरूप आकार ग्रहण करने लगी।

नयी तकनीक का लाभ अब सामान्य जनता तक भी पहुँच गया है। उदाहरणार्थ ग्रामोफ़ोन, रेडियो, सिनेमा और लाउडस्पीकर का उल्लेख किया जा सकता है। इसका असर यह हुआ कि श्रोता और गायक के बीच का परस्पर संवाद और एकात्मता एक झटके के साथ नष्ट हो गयी और एक पल में मनोरंजन का क्षेत्र एक मशीनी माध्यम के ज़रिये सामान्य लोगों के लिए खुल गया। संगीत, यहाँ तक कि आभिजात्य संगीत भी अब राजा-महाराजाओं के रंगमहल अथवा संगीत सभाओं की छोटी-सी जगहों में सुननेवाले लोगों के ही लिए नहीं रह गया, बल्कि गाना सुनने जाना मात्र एक फ़ैशन माननेवाले लोग भी अब आसानी से गाना सुन सकते थे। इस तरह का एक नया श्रोतावर्ग मशीनी उपकरणों के प्रचार के कारण उदित हुआ। यह नया वर्ग पहले के मुक़ाबले संख्या में भी बहुत बड़ा है। साथ ही यह भी नज़र आता है कि इस तकनीकी उन्नति ने संगीत के दर्ज़े में गिरावट लाने में भी सहायता की है।

सिनेमा, थियेटर आदि ने बहुत बड़े पैमाने पर इन नूतन श्रोताओं की कलाभिरुचि की अभिवृद्धि की है। सिनेमा के लोगों और निर्देशकों ने संगीत वाद्य के पाश्चात्य हार्मनीयुक्त पूरक चरणों को शब्द रचना में समाविष्ट करना जैसी नयी-नयी कल्पनायें लागू कीं। साथ ही, आवाज़ और गायक-गायिकाओं की सहायता से संगीत को विलक्षण, आकर्षक और लोकप्रिय बना दिया। सिनेमा अथवा ग्रामोफ़ोन के गाने बहुत ही संक्षिप्त होते हैं और उन्हें गानेवालों की आवाज़ों की उत्कृष्टता के बारे में सन्देह की कोई गुंजाइश नहीं होती, फिर भी ये सारे गायक दर्दभरे गीत कृत्रिम आवाज़ों में गाते हैं। संगीत भी अधिकाधिक जनाना, ताल भी मनमाना और कुल मिलाकर गुणवत्ता की दृष्टि से अधिकाधिक भावनिक, अतिरिक्त नाटकीय और शृंगारिक बन गया। उसमें एक तरह से अवास्तविकता ही दिखायी देती है। अर्थात् सिनेमा निर्माताओं और संगीत निर्देशकों के पाश्चात्य संगीत से मेल करने का प्रयास कभी भी पर्याप्त रूप से सफल नहीं हो पाये और असली संगीत सभाओं पर किंचित् भी असर नहीं डाल पाये। इन इकाइयों के सामूहिक परिणामस्वरूप संगीत कला के दर्ज़े में अवनति हुई। संगीत क्षेत्र के श्रेष्ठ कलाकार भी इस सार्वत्रिक अवनति से नहीं बच पाये।

२

अब हम यह देखेंगे कि उपर्युक्त स्थिति परिवर्तन की इकाइयों का संगीत की गुणवत्ता पर क्या असर होता है।

पुराने श्रोताओं की तुलना में आजकल का ये विशाल श्रोतावर्ग गायकों से अधिक अपेक्षाएँ रखता है। साथ ही, संयम के मामले में भी वह उसी अनुपात में अवनत हुआ है। वह वही चाहता है, जो उसकी कलासम्बन्धी असंस्कृत दिलचस्पी की दृष्टि से प्रेक्षणीय होगा। उसकी प्रेक्षणीयता की परिभाषा जुगलबन्दी, गायक और वादक के बीच की कौशल्य प्रतियोगिता, तबलची की गति-निपुणता से लेकर उसकी बुद्धि के लिए अगम्य तानबाजी तक ही सीमित होती है। साथ ही वह आभिजात्य संगीत की दृष्टि से मज़ाक़िया और अतिरिक्त लगनेवाली और संगीतशास्त्र के नाम से बिकनेवाली परन्तु फ़र्ज़ी संगीत में समाविष्ट ताली पिटाऊ विदूषकी शरारतों तक सभी प्रकार के चंट नमूनों को भी स्वीकार करता है। स्वाभाविक है कि इस तरह की विदूषकी कला तुरन्त लोकप्रियता के शिखर पर पहुँचा देती है। क्योंकि अज्ञानी श्रोतागण इसी तिरस्कृत प्रदर्शन पर लट्टू होकर गायक पर स्तुतिसुमनों की वर्षा कर देते हैं। ऐसे में उच्चतम और प्रखर कलानिष्ठ गायक भी लोकप्रशंसा के झाँसे में आ सकते हैं। इसलिए इस जनसमूह को मोहित करने का मानो एक अनुशासनबद्ध सम्प्रदाय ही गायकों की आचार संहिता में प्रख्यापित किया गया है और कठोर कलानिष्ठ गायक भी कई बार इसके मोह में आ जाते हैं। कुल मिलाकर इस अवनत परिस्थिति के परप्रेक्ष्य में यदि सभी महान् गायक इस स्थितिचक्र में फँस जायें तो आश्चर्य की बात नहीं होगी। मगर इनमें भी कुछ अपवाद अपने आप को बचा सकते हैं, जिसे चमत्कार ही मानना होगा।

वर्तमान दौर का संगीत शास्त्रशुद्ध संगीत की सीमायें लाँघकर भावनिक बनता नज़र आता है। कलाहानि की दृष्टि से यह मुद्दा बहुत अधिक महत्त्वपूर्ण नहीं है, फिर भी इस विशिष्ट परिवर्तन पर बारीक़ी से ग़ौर करना होगा। ख़याल गाते समय शास्त्रीय संगीत के सभी घराने अपने कलाकारों को आभिजात्य संगीत के लिए हानिकारी बातों का परित्याग और शास्त्रशुद्ध और कठोर नियमबद्ध सुरावट (सुरशैली) के मूल्यों की क़द्र करना सिखाते थे। अर्थात् इस नियम के अपवादस्वरूप किराना घराने के गायक अपनी

विशिष्ट कलाभिव्यक्ति में भावपूर्ण स्वरोच्चार का अवश्य उपयोग करते थे। परन्तु सामान्यतया इस तरह की कोमल सुरावट के कारण स्वरकणों का भी फैलाव अपने आप होता है। वस्तुतः ऐसी अपवादस्वरूप आचार-पद्धति की योजना अनुशासनप्रिय शास्त्रीय संगीत के लिए अपरिचित थी। उसका उपयोग सोद्देश्य और राग-संरचना के लिए वहीं किया जाता था, जहाँ उसकी ज़रूरत है। भावपूर्ण स्वरयोजना अथवा Grece Notes का आलंकारिक उपयोग आदि उपरनिर्दिष्ट विशेषतायें मुख्य रूप से ठुमरी, भावगीत अथवा भजन आदि गायन शास्त्र के हल्के-फुल्के गान प्रकारों की विशेषतायें थीं। गायन कला के ये दो कक्ष पहले बिल्कुल कर्मठता से अलग रखे जाते थे। परन्तु आजकल ख़याल गायकी में, और वह भी मात्र सामान्य श्रोताओं की फ़रमाइश पूरी करने के लिए उनका उपयोग आवश्यक बन गया है। यद्यपि आज ख़याल गायकी की अपनी अलग पहचान कायम है, मगर बीते दो दशकों में उसकी कर्मठ शास्त्रशुद्धता और ठुमरी की भावोत्कटता के बीच की सीमारेखायें धुँधली होती जा रही हैं।

तकनीकी उन्नति के चलते आर्थिक दृष्टि से कमज़ोर वर्ग के लगभग हर व्यक्ति के घर पर आकाशवाणी पहुँच चुका है। इसलिए हर व्यक्ति को अपने अथवा कम से कम पड़ोसी के रेडियो से प्रसारित संगीत आसानी से सुनना सम्भव हुआ है। ध्वनि-मुद्रिका और टेपरिकॉर्डर ने तो सम्पन्न वर्ग के परिवारों को उच्चस्तरीय संगीत भी उपलब्ध करा दिया है। सामान्यतः ऐसे परिवारों के गाने में विशेष दिलचस्पी रखनेवाले लड़के-लड़कियाँ वही सुर गुनगुनाकर उनका अनुकरण करते पाये जाते हैं। अन्य लड़कों की तुलना में विशेषतः गायकों के लड़के, जो भविष्य के गायक हैं, ऐसे संगीत के प्रति अधिक संवेदनशील होकर आसानी से प्रभावित भी होते हैं। ध्वनि-मुद्रिका अथवा आकाशवाणी जैसे साधनों के कारण उनके चयन और अनुकरण की प्रवृत्ति के लिए अधिक विस्तृत क्षेत्र प्राप्त हुआ है। कुछ साल पहले, संगीत के साधकों को मात्र गुरुमुख से प्राप्त ज्ञान पर निर्भर रहना पड़ता था और अन्य गायकों को सुनने का अवसर भी शायद ही प्राप्त होता था। और इस अवसर का लाभ भी गुरु के कड़े निरीक्षण में लिया जाता था। इस कारण क्या सुनना चाहिए, कैसे सुनना चाहिए, कितना स्वीकार करना चाहिए और किससे असहमत होना चाहिए आदि के संस्कार प्राप्त होते थे, जिसमें गुरु का शब्द अन्तिम हुआ करता था,

जिनका पालन भी अनिवार्य रूप से करना होता था। इसका अगला चरण यानी शिष्यत्व का धागा पहने गायक को उसका सम्पूर्ण अध्ययन पूरा होने से पहले यानी कई वर्षों तक बाहर जाने अथवा महफ़िल में गाने की अनुमति नहीं होती थी। उसका एक ज़रूरी परिणाम यह होता था कि अन्य गायन शैली अथवा गायक की विशेषता का उस पर प्रभाव होने से पहले उसके पूर्वस्वीकृत गायक की गायकी उसके मन पर पूरी तरह से अंकित करायी जाती थी।

इस रूढ़ पद्धति से एक और बात साध्य हुई कि अलग-अलग घरानों ने संगीत की चुनिन्दा विशेषताओं में प्रवीणता प्राप्त की। यह प्रवीणता किसी सौन्दर्य प्रणाली पर आधृत होती थी और उसमें असीम वृद्धि भी हुई। इन विभिन्न घरानों की गायकी का अन्तर उनके बुनियादी सौन्दर्य-तत्त्वों के व्यक्ति-विशिष्ट चयन में समाहित होता था। उदाहरणार्थ, एक घराना सुर के आरोह-अवरोह की तरल योजना में कुशलता प्राप्त करता और इस बुनियादी विशेषता में निखार ला देता। दूसरा घराना तालबद्ध गेयता के तत्त्व पर अपना ध्यान केन्द्रित करता और अपनी बोलतान और तान की प्रवीणता को ऐसे उत्कर्ष पर ले जाता था कि तालसम्बन्धी कुशलता की यह अद्वितीयता उस घराने की एक पहचान ही बन जाती। और तीसरा घराना इन दो इकाइयों में सन्तुलन बनाने के एकमात्र उद्देश्य प्राप्ति के लिए कटिबद्ध हो जाता। इस घराने ने तान की गायकी में एक नयी आकार-संरचना और रचना-सूक्ष्मता प्रविष्ट की। उपरिल्लिखित नैपुण्य-विविधता मात्र स्थूल रूप में है। और अपने प्रस्तुत उद्देश्य के लिए कुल सूक्ष्म भिन्नताओं की गिनती करने की भी आवश्यकता नहीं है। हमें बस यही समझना चाहिए कि सभी घरानों ने अलग-अलग सौन्दर्य-तत्त्वों के सूक्ष्म रूप से भी भिन्न दर्शाये जा सकनेवाले तत्त्व को बिना किसी शिकायत के अपनाया, उसका पोषण किया, उसे विकसित किया और सम्बद्ध गायकी में प्रवीणता प्राप्त की। यह सम्बद्ध घरानों की विशिष्ट गायकी अब अधिकाधिक शिथिल होती जा रही है और अपनी आत्मनिष्ठ सम्पूर्णता इस तरह खोती जा रही है कि उसे पहचानना भी कठिन हो गया है। और जैसे-जैसे साल बीतते जायेंगे, वैसे-वैसे यह क्रिया अधिकाधिक तेज़ी से आगे बढ़ेगी।

फिर भी आजकल अलग-अलग शैलियों की बची-खुची गायकी श्रवण करने की दृष्टि से काफ़ी साधन सुलभता उपलब्ध हो गये हैं, जिससे

अपनी-अपनी पसन्द की, गायकी की शैली चुनने के लिए अत्यन्त व्यापक क्षेत्र खुल गया है। परिणामतः नयी पीढ़ी के गायक सभी घरानों के उत्कृष्ट तत्त्वों को अपनी एक ही स्वयंपूर्ण शैली में लाने के उद्देश्य प्राप्ति के लिए प्रयासरत हो गये हैं। परन्तु इन असाध्य प्रयासों में कुल संगीत का दर्ज़ा नीचे गिरा रहे हैं। मेरे एक संगीत मर्मज्ञ मित्र ने एक के बाद एक तीन रातें संगीत महोत्सव का गायन सुना। फिर मेरे पास अपना मत अभिव्यक्त किया कि "वे सभी इस क़दर एक ही शैली में गाते हैं कि ऐसा आभास होता है कि उनसे सम्बद्ध विविध गायकी की भिन्नता और विशेषता ही नष्ट हो गयी है।" बिल्कुल यही हो रहा है।

बीते दो-तीन दशकों से गायक श्रोताओं की अनिवार्य माँगों के कारण Jack of all trades बन गया है। और इसका मुख्य कारण यह है कि उसे संगीत के लगभग सारे प्रकार गाने पड़ते हैं। उसे ख़याल, ठुमरी, भावगीत, नाट्यसंगीत और भजन आदि सभी गाना पड़ता है। इसके विपरीत, पहले ज़माने में ख़याल गानेवाला उस प्रकार का एकमात्र विशेषज्ञ साधक होता था। ठुमरी मुख्यतः स्त्री गायिकाओं के लिए उचित मानी जाती थी। मगर अब एक ही प्रकार में विशेषज्ञता की यह परम्परा खण्डित हो गयी है। लगभग सभी प्रतिष्ठित गायक (उदाहरणार्थ, केसरबाई, हीराबाई, बड़े गुलामअली, मल्लिकार्जुन मन्सूर, भीमसेन जोशी, कुमार गन्धर्व वग़ैरह...) उपर्युक्त सारे संगीत प्रकार गाते हुए पाये जाते हैं। अमीर ख़ाँ सम्भवतः एक अपवाद हो सकते हैं, मगर उनकी गायकी इतनी हल्की-फुल्की और भावुक है कि लगभग ठुमरी ही प्रतीत होती है। मात्र ख़याल गायकी से चिपकी रही एकमात्र कलाकार यानी मोगूबाई कुर्डीकर! मगर आज के ज़माने में उनके लिए रसिकों की माँग बहुत कम है और इस दृष्टि से देखा जाये तो वे आज की परम्परा में आ ही नहीं सकतीं।

उपर्युक्त कारण, मीमांसा में एक और मुद्दा जोड़ना होगा। वह मुद्दा है संगीत सम्बन्धी शिक्षा पद्धति में आया विचारणीय परिवर्तन का। गुरु-शिष्य के (एक के लिए एक) सम्बन्धों पर आधारित पुरानी संगीत शिक्षा पद्धति बीसवीं शती के आरम्भ तक बरकरार थी। मगर अब ज्ञान प्राप्ति की इच्छा रखनेवाले असंख्य छात्रों को एकत्र ज्ञान प्रदान करने की पद्धति लगभग सम्पूर्ण देश में रूढ़ हो गयी है। संगीत संस्थाओं ने भी यही पद्धति अपनायी है। यही नहीं, यह गुरु-शिष्य की परस्पर निकटता और सर्वांगीण अपनत्व

की पुरानी शिक्षा पद्धति बीसवीं शती में युद्धपूर्व काल तक बनी हुई थी। इस बदली नयी पद्धति का पूरा महत्त्व समझने के लिए बस एक ही बात आग्रहपूर्वक दर्ज करता हूँ कि आज के सभी श्रेष्ठ गायक कलाकार इस काल-निसृत शिक्षा परम्परा से उभरे हुए हैं। (अर्थात्, यह सच है कि गुरु-शिष्य निकटता की हितकारी विद्या संस्थायें आज भी कहीं-कहीं कठिन परिस्थिति से जूझती हुई टिकी हुई हैं; और यही विचार आज के दौर में अंशतः ही सही मगर उम्मीद बँधाता है। इस विचार का विश्लेषण हम बाद में करेंगे।) और उनकी यह विशिष्ट ज्ञान साधना और ज्ञान प्राप्ति की पद्धति ही इन माननीय गायकों को ख्याति प्रदान करने और आज भी उन्हें प्रभावशाली बनाये रखने में कारणीभूत है। मगर आज के दौर में पहले से भी काफ़ी अधिक लोग गायन सुनने और सीखने के लिए उत्सुक दिखते हैं। आज स्कूल-कॉलेजों से अधिकांशतः पायी जानेवाली आधुनिक विद्या-प्रदान पद्धति का परिणाम अन्य क्षेत्रों की तरह संगीत कला पर भी होता हुआ नज़र आता है। इस नयी लोकाभिमुख शिक्षा पद्धति के आरम्भिक काल में पण्डित विष्णु दिगम्बर, पण्डित भास्करबुवा बखले, ख़ाँ साहब अब्दुल करीम ख़ाँ जैसे अव्वल दर्ज़े के गायकों ने (और ये परम्परागत गुरु भी हुआ करते थे।) एक ही समय अनेक छात्रों को सिखाने की पद्धति प्रचलित की। कला सम्बन्धी शिक्षा को सामान्य जनता तक पहुँचाना यही उस समय उनका लक्ष्य था। (और इनमें केवल अब्दुल करीम ख़ाँ ही सफल हो पाये। क्योंकि उन्होंने अपने कार्य को संस्था-रूप नहीं दिया और ज्ञान-प्रदान पद्धति की अवनति को रोक लिया।) परन्तु कालानुरूप शिक्षार्थियों की संख्या इतनी बढ़ गयी कि वह इस विशिष्ट पद्धति की कला-शिक्षा के लिए भार और हानिकारक बन गयी। इस संख्या के कारण युद्धोत्तर दौर में तो संगीत विद्या प्रदान की परम्परा में गुरु का स्वयं गायक कलाकार होना, यह श्रेयस्कर और विशुद्ध कलोपासक आदर्श स्थिति हमेशा के लिए खण्डित हो गयी और मात्र संगीत शिक्षा व्यावसायिक प्रथा के रूप में सामने आयी। इस स्थिति के कारण परवर्ती दौर में संगीत शिक्षक को प्रतिष्ठित गायक कलाकार बनने की आवश्यकता ही नहीं रही। कलात्मक उत्कर्ष के प्रति उसमें बिल्कुल भी आस्था नहीं बची। और संगीत सम्बन्धी ज्ञान में संगीत शास्त्र के बुनियादी तत्त्व, संगीत का इतिहास, प्रचलन से ग़ायब हुए राग और बन्दिशों का सामान्य परिचय और संगीत शास्त्र के प्राचीन संस्कृत लेखकों का अध्ययन और सबसे अहम बात,

संस्था संचालित करने का हुनर यही गुणसम्पदा पर्याप्त मानी जाने लगी। इस अराजकता की स्थिति में जब गुरु ही गायक कलाकार नहीं है, तब उसके शिष्योत्तम से अपेक्षित कलात्मक ऊँचाई तक पहुँचने की आशा कैसे की जा सकती है? विद्यार्थियों की दृष्टि से देखा जाये तो उन्हें भी किसी सरकारी वज़ीफ़े के बिना पूर्ववर्ती शास्त्रशुद्ध गुरु-शिष्य पद्धति से संगीत सीखना दुष्कर था। इससे भी ज़्यादा महत्त्वपूर्ण बात यह थी कि कलात्मक और सांस्कृतिक शिक्षा का पीहर माने गये शहरों में संगीत कक्षा में कलोपासना के लिए दिन-ब-दिन समय कमतर होता गया। सामान्यत: यह वह वर्ग है, जो हमेशा जीविका के संघर्षरत रहता है। परिणामत: उनका सारा समय कचहरी जैसे संगीत से दूर-दूर तक कोई सम्बन्ध न होनेवाले काम करने में बीतता है। ऊपर से, पहले जैसा गुरु मिलने की सम्भावना भी नहीं। वर्तमान में जो कुछ गिने-चुने सफल कलाकार हमें दिखायी देते हैं, वे मात्र पुरातन शिक्षा पद्धति का दृष्टिगोचर परिणाम है। कुछ कलाकार ऐसे भी हैं जो अत्यन्त विपरीत परिस्थिति में भी टिके हुए हैं, मगर अनुमान है कि वे भी कालावधि में नष्ट हो जायेंगे।

हमारी चर्चा का यह अंश पूरा करने से पहले मैं एक बात आग्रहपूर्वक प्रतिपादित करना चाहता हूँ। आज एक आम रसिक के लिए ऐसी संगीत महफ़िल सचमुच दुर्लभ हो गयी है, जिसका आयोजन केवल रसिक श्रोताओं के लिए किया गया हो और जहाँ गायकी की आतिशबाज़ी पर कलामूल्यों की बलि नहीं चढ़ाई जा रही हो। इसका अत्यन्त आसान कारण यह है कि यह समारोह ख़र्च की दृष्टि से किसी सम्पन्न व्यक्ति के लिए भी उसकी सामर्थ्य से बाहर है। युद्धपूर्व दौर में इन कलाकारों का मानदेय पचहत्तर सौ रुपयों के आसपास होता था, जो अब लगभग बीस गुना ज़्यादा हो गया है। पाँच सौ से पाँच हज़ार रुपये तक का आँकड़ा तो बिल्कुल सामान्य हो गया है। मानकर चलिये कि कोई गायक आपका ख़ास दोस्त है और वह आपके घर आकर गाना चाहता है। फिर भी आप उसे बुला नहीं सकते। क्योंकि उसके साथियों का एक महफ़िल के लिए मानदेय तीन सौ रुपये से ऊपर चला जायेगा। और यह सब प्रबन्ध करते हुए भी आप अपने दोस्त की महफ़िल सम्पन्न करायेंगे, तो भी मोहभंग का ही दुख आपके हिस्से में आयेगा। क्योंकि आप पायेंगे कि बड़े समूह के सामने गानेवाला आपका गायक मित्र अपनी उस आदत को छोड़ नहीं सकता है।

३

मगर ऐसा भी नहीं है कि सारी स्थितियाँ अन्धकारमय या मोहभंग करनेवाली ही हैं। वर्तमान की कुछ अच्छी बातों के चलते यदि अच्छा मार्गदर्शन प्राप्त हो तो उन्नति के नये द्वार खुल सकते हैं। साथ ही वर्तमान दौर में कुछ सुधारात्मक उपाय योजनायें की जायें तो बिल्कुल हानिकारी बातें भी काफ़ी हद तक काबू में आने की सम्भावना है। इस दृष्टि से सहायक होनेवाली बातों का यहाँ ऊहापोह करेंगे और अगले अध्याय में वर्तमान दौर की कुछ अनिष्ट गतिविधियों के दुष्परिणामों के सुधारों पर ग़ौर करेंगे।

समग्र स्थिति पर आशादायी दृष्टिकोण से ग़ौर करते समय एक बात के लिए आँखों में पानी भर आता है। वह बात है विदेशी लोगों द्वारा हिन्दुस्तानी संगीत के प्रति दर्शायी गयी सच्ची आस्था। वस्तुतः भारत की पराधीनता के दौर में भारतीय कला, शास्त्र आदि ज्ञान शाखाओं के सम्बन्ध में अँग्रेज़ों और हमारे बीच के सम्बन्ध प्रदीर्घ निकटवर्तीय थे और इसी दौर में उन्होंने भारतीय विद्याओं का अनुसन्धानात्मक अध्ययन भी किया। परन्तु इसे एक दुर्घटना ही मानना होगा कि अनुसन्धान की दृष्टि से उनसे संगीत शास्त्र की उपेक्षा ही हुई। यही नहीं, भारतीय संगीतशास्त्र अविकसित होने का भाव उनके मन में उभरा। संगीत के रसग्रहण में तो उन्होंने ग़ज़ब ढाया और हिन्दुस्तानी संगीत के लिए उन्होंने 'परपुष्ट' की उपाधि लगाई। और तो और, फॉक्स, स्ट्रैंग्वेज़, पॉपली जैसे अध्ययनशील कलाकारों ने भारतीय संगीत की रसोद्रोही आलोचना भी कर डाली। फिर भी हमारे अपने दृष्टिकोण से और हमारी परिभाषा के अनुसार संगीत कला की महत्ता का अभिव्यक्त होना स्वतन्त्रता प्राप्ति के बाद ही शुरू हुआ। और तब से सच्चे अर्थ में हमारा संगीतशास्त्र दुनिया के सामने आया और वह पाश्चात्य कला-मूल्यों की कसौटी पर भी खरा उतरा, जो हिन्दुस्तानी संगीत की सफलता की निशानी है। पाश्चात्य लोगों में हमारे संगीत के प्रति दिलचस्पी दिन-ब-दिन बढ़ रही है। यही नहीं, अनेक विदेशी छात्र अपने-अपने विश्वविद्यालयों से भारतीय संगीत की शिक्षा अर्जित कर रहे हैं। अनेक गायक और संगीत विशेषज्ञ हमारी संगीत पद्धति का अधिकाधिक और सूक्ष्म अध्ययन करते थे और आज भी कर रहे हैं। यह बात हमारे लिए मात्र प्रेरणादायी नहीं बल्कि गर्वभरी प्रतीत होनी चाहिए। सन् १९६३ का एडिनबर्ग

महोत्सव और सन् १९६५ में सम्पन्न राष्ट्रकुल महोत्सव, दोनों जगहों पर हमारे अनेकों श्रेष्ठ कलाकारों ने हिस्सा लिया और व्यक्तिगत और देश की दृष्टि से भी स्पृहणीय कार्य किया। मेरे इसी कथन की बानगी के तौर पर एक और उल्लेख किया जा सकता है। सन् १९६४ में दिल्ली में आयोजित पौर्वात्य और पाश्चात्य कलाकारों के सम्मेलन में इंग्लैण्ड, अमेरिका और अन्य देशों से बीस से भी अधिक गायक और संगीत विशेषज्ञों ने हिस्सा लिया था। ये सभी घटनायें भारतीय संगीत के इतिहास के महत्त्वपूर्ण चरण हैं और इस तरह अनुकूल माहौल बनाने का सारा श्रेय सितारवादक पण्डित रविशंकर को जाता है। उनकी कलाश्रेष्ठता, व्यासंग और बहुआयामी प्रतिभा के परिप्रेक्ष्य में इस काम के लिए उनके जैसा योग्य व्यक्ति ढूँढ़कर भी नहीं मिलता। उनके अलावा अली अकबर और विलायत ख़ाँ, बिस्मिल्ला ख़ाँ, किशन महाराज और चतुरलाल का उल्लेख भी अवश्य करना होगा। विशेषत: अन्तिम तीन महानुभाव विदेशों में तबला वादन के प्रति दिलचस्पी जगाने में अग्रणी थे।

इन कलाकारों ने विदेश में कार्यक्रम प्रस्तुत करने की योजना बनायी। साथ ही हमारी संगीत कला विदेशों में प्रस्तुत करने के लिए वहाँ के लोगों के लिए श्रव्य और दृश्य ध्वनि-मुद्रिकाओं की सहायता से संगीत कला पर सप्रयोग व्याख्यान उपलब्ध कराने का भी प्रयास किया। इससे विदेशी लोगों को हमारी संगीत कला का आस्वाद लेने का अवसर प्राप्त हुआ। अभी-अभी श्री बापूराव जोशी और प्रो. एन्टशर लोबो ने चार ध्वनि-मुद्रिकाओं पर आधारित आठ सप्रयोग व्याख्यान देकर ऐसा ही एक प्रयास किया। साथ ही हमारे कई छात्र-छात्रायें पाश्चात्य संगीत सीख रहे हैं और मुझे कहने में प्रसन्नता होती है कि मुम्बई, दिल्ली और अन्य बड़े शहरों की कुछ संस्थायें हिन्दुस्तानी संगीत शिक्षा के साथ-साथ पाश्चात्य संगीत शिक्षा की सुविधा भी उपलब्ध करा रहे हैं। इन प्रयासों के कारण एक-दूसरे की संस्कृति के प्रति संवेदना और सम्मान का माहौल बनने में मदद मिलती है।

संगीत शिक्षा केन्द्रों द्वारा निर्मित यह संगीत सम्बन्धी जिज्ञासु वृत्ति युद्धोत्तर दौर की एक और विशेषता बतायी जा सकती है। माना कि इससे संगीत की गुणवत्ता में अंशत: गिरावट आयी है, मगर इस बात से भी इनकार नहीं किया जा सकता कि इसके कारण श्रोता के मन में संगीत के प्रति जिज्ञासा

उत्पन्न हुई है। एक दौर ऐसा भी था कि कोई गवैया अपनी दो-चार बन्दिशें पेश करता था। उस समय उसे उस जानेवाले राग का नाम पता न भी हो, तो भी चल जाता था। मगर आज के बदले हुए ज़माने में इस तरह के संगीत से रसिक श्रोता सन्तुष्ट नहीं होगा। राग की प्रस्तुति में तनिक भी इधर-उधर हुआ नहीं कि श्रोता तुरन्त यह परिवर्तन भाँप जायेगा और दूसरे दिन अख़बार में उसकी आलोचना छपेगी।

इसका स्वाभाविक परिणाम विज्ञान, गणित आदि शास्त्रों में पारंगत लोगों की प्रयोगशीलता में दिखायी देता है। इस मामले में संगीत की समस्याओं को वैज्ञानिक पृथक्करण और अनुसन्धान की पद्धति से प्रयोगशाला में हल करने में प्रयासरत वैज्ञानिक पण्डित का उदाहरण दिया जा सकता है। आज का प्रचलित Tempered scale हारमोनियम, जिसके बारे में अनेक शिकायतें हैं, की तुलना में सूक्ष्म लहरियों पर चलनेवाले Just scale हारमोनियम बनाने या स्वयंचलित सुर लगानेवाला तानपूरा अथवा ठेके का मशीनी तबला ढूँढ़ निकालने के अनेक प्रयास जारी हैं। विशेषज्ञों के मन में अब यह अहसास वृद्धिगत हो रहा है कि 'श्रुति', उनकी निश्चित संख्या, हारमोनियम में उनका स्थान अथवा तानपूरे की या 'गमक' या 'मीड' आदि की स्वर सम्बन्धी रचना वग़ैरह कूट प्रश्न वैज्ञानिक और संगीतज्ञों के परस्पर सहयोग से ही हल हो सकते हैं। और ऐसी ही बातों के सन्दर्भ में विख्यात वैज्ञानिक प्रो. बी. बी. देशपाण्डे मुम्बई के रूपारेल कॉलेज की प्रयोगशाला में प्रयोग कर रहे हैं। मगर संगीतकारों की उदासीनता, प्रयोगशाला की आर्थिक सीमायें, सरकार की संवेदनहीन प्रवृत्ति आदि के कारण उनकी झोली में निराशा ही आयी है। ऐसा लगता है, संगीत की समस्याओं की दृष्टि से प्रयोगशाला का महत्त्व समझने में अभी काफ़ी वक़्त लगेगा। इस दिशा में पहल के रूप में वैज्ञानिक और संगीत विशेषज्ञों में यह अहसास जगाना ज़रूरी है कि संगीत में अभी भी बहुत सारी समस्यायें हैं। मगर इनमें से कुछ गम्भीर समस्याओं का हल इन दोनों के परस्पर सहयोग से प्रयोगशाला में निकाला जा सकता है।

इस कला क्षेत्र में नये-नये राग रचने और उनमें अलग-अलग बन्दिशें बनाने में कुछ संगीतकारों का हुनर द्रष्टव्य है। बीते कुछ वर्षों में ऐसे अनेक सफल प्रयास हुए हैं, जिनमें विलायत ख़ाँ आगरावाले, जगन्नाथबुवा पुरोहित, पण्डित रातंजनकर आदि का समावेश होता है। बिल्कुल अभी-

अभी के गुणवत्तापूर्ण 'अनुपरागविलास' राग को विख्यात करनेवाले कुमार गन्धर्व का भी इसमें समावेश किया जा सकता है। कुमार गन्धर्व के प्रयोग की विशेषता यह है कि उनकी निर्मिति मात्र ऊँचे दर्ज़े की नहीं है, बल्कि उनके कई राग लोकगीतों के स्वरों से स्फूर्ति लेकर जन्मे हैं। अनुसन्धान के लिए यह क्षेत्र पूरी तरह नया है। आज तक पूरी तरह से उपेक्षित रह गये लोकगीतों का अब अध्ययन हो रहा है और इस क्षेत्र में अद्वितीय कार्य करनेवाले श्याम परमार जैसे विद्वानों का ध्यान खींचने लगे हैं।

युद्धोत्तर दौर में लोगों में संगीत और संगीत समारोह के प्रति रुचि उत्पन्न होने लगी और लगभग सभी अँग्रेज़ी और हिन्दी समाचार-पत्रों में संगीत के कार्यक्रमों के परीक्षण और ख़बरें छपने लगीं। परन्तु इसका अर्थ यह नहीं कि ये परीक्षण बड़े-बड़े विशेषज्ञों द्वारा लिखे जाते थे, मगर इस बहाने संगीत सम्बन्धी प्रयोगों की चर्चा होने लगी। यह तथ्य लोगों के पसन्द का द्योतक है और निश्चित रूप से प्रेरित करनेवाला है। इसमें एक और अच्छी बात यह हुई कि अनेक पत्रिकायें पूरी तरह से शास्त्रीय संगीत और उसकी समस्याओं के प्रति समर्पित हैं। गान्धर्व महाविद्यालय की 'संगीत कला विहार' पत्रिका लगभग तीस वर्षों से मराठी और हिन्दी में प्रकाशित हो रही है। इसी पत्रिका ने अत्यन्त उल्लेखनीय कार्य किया है। इसी के ज़रिये प्रो. बी. आर. देवधर ने मान्यवर गायकों के जीवन-चित्र लिखे और पण्डित एल. आर. पटवर्धन ने 'श्रुति' पर अधिकारपूर्वक लेखमाला लिखी। उत्तर प्रदेश के हाथरस से हिन्दी में प्रकाशित होनेवाले 'संगीत' का भी इस सन्दर्भ में निर्देश किया जा सकता है।

बीते दो दशकों में पत्रिकाओं में प्रकाशित होनेवाले लेखन के अलावा परीक्षणात्मक लेखन भी विपुल मात्रा में हुआ है। वह अधिकांशतः मराठी भाषा में है। मगर वह अन्य भारतीय भाषाओं और विशेषतः हिन्दी और बाङ्ला में भी आना चाहिए। वैसे प्रो.के. बृहस्पति और पण्डित वासुदेव शास्त्री आदि के द्वारा लिखे हुए संगीत की सैद्धान्तिकी की पुस्तकें हिन्दी भाषा में हैं। साथ ही, प्रो. गोस्वामी, सांन्याल और अन्य विद्वानों द्वारा अँग्रेज़ी में लिखी गयी अध्ययनपूर्ण पुस्तकें भी हैं। इनमें से कुछ लोगों ने तो इस विषय के ज्ञान में बहुत वृद्धि की है। इसके अलावा संगीत समीक्षा का भी विकास हो रहा है और उसकी पृष्ठभूमि के मूलतत्त्वों को आकार प्राप्त हो रहा है। इस दृष्टि से प्रस्तुत लेखक की 'घरानेदार गायकी' पुस्तक

का आरम्भिक क़दम के रूप में उल्लेख किया जा सकता है।

एक और बात के उल्लेख के बिना बीते बीस वर्षों के इस आशादायी पहलू का सोच-विचार पूरा नहीं होता। यह बात है, अन्य संगीत पद्धतियों के बुनियादी तत्त्वों से परिचय प्राप्त करने को लेकर लोगों में बढ़ती जा रही जिज्ञासा। आकाशवाणी ने लोगों की गायन सम्बन्धी अभिरुचि में क्रान्तिकारी बदलाव किया है। अब उत्तर भारत के लोग दक्षिणात्य संगीत और दक्षिणात्य लोग उत्तर भारत का संगीत सुन सकते हैं। अथवा दोनों प्रदेशों के लोग घर बैठे पाश्चात्य संगीत का आस्वादन कर सकते हैं। इस साधन के कारण जो चयन और प्रयोग की प्रवृत्ति उत्पन्न हुई है, उसके बारे में पहले ही बात कर चुके हैं। परन्तु जिन्हें विभिन्न देशों का संगीत सुनने का अवसर प्राप्त होता है, ऐसे हमेशा विदेश जानेवाले हमारे कलाकार लौटते वक़्त अपने साथ नयी कल्पनायें ले आते हैं और प्रयोगशीलता के साथ उन पर अमल करते हैं। इस सन्दर्भ में पण्डित रविशंकर के एक के बाद एक ऐसे दो वाद्यवृन्द सम्बन्धी प्रयोगों का उल्लेख करना आवश्यक है। इनमें पहला है, 'मेलोडी और हृदय' और दूसरा 'नवरसरंग'। इन दोनों का ख़ास बोलबाला नहीं हुआ, मगर हमें बेचैन होने की कोई आवश्यकता नहीं है। क्योंकि असफलता से भी सफलता के गुर प्राप्त हो सकते हैं। इससे हमें यह सबक लेना चाहिए कि वाद्यवृन्द का यह प्रकार हमारे लिए अपरिचित है। पाश्चात्य वायलिन विशेषज्ञ येहुदी मेनुहीन के शब्दों में,

> 'वाद्यवृन्द' प्रकार मात्र हास्यास्पद और भारतीय संगीत धर्म से पूरी तरह विसंगत है।

४

उपर्युक्त नये सुधार कला की अपेक्षा संगीत के बौद्धिक पक्ष से अधिक सम्बद्ध हैं। हाल के दौर में जो सुधार हुए, उनका संगीत कला पर जो असर हुआ, उस पर ग़ौर करते समय एक आशादायी चित्र दीख पड़ता है—गानों के चयन को लेकर गायकों में बढ़ती जा रही गम्भीरता। इससे पहले दूसरे विभाग में यह कहा गया है कि श्रोताओं द्वारा नानाविध प्रकार का संगीत सुने जाने के कारण संगीत पर कुछ दुष्प्रभाव हुए हैं। हर किसी को लगता है कि संक्रमणावस्था की स्थिति में ये दुष्प्रभाव अटल हैं, मगर कोई भी

इसकी गारण्टी नहीं दे सकता। मगर अभी भी लगता है कि धूसर होती जा रही घरानों की सीमारेखायें और अब तक एक तरह से पेच में फँसे संगीत की टूट रही बेड़ियों का संगीत की भविष्यकालीन उत्क्रान्ति पर थोड़ा-बहुत अच्छा असर होगा। आज संगीत क्षेत्र इतना विस्तृत हो गया है कि एक होनहार कलाकार की दृष्टि से चयन के लिए काफ़ी गुंजाइश है। घरानों की विशिष्ट लीक के बन्धन से मुक्त हो जाने के कारण आज का कलाकार अपनी कला की बुनियादी प्रस्तुति की ओर एकाग्र होकर ध्यान दे सकता है। और ऐसे भी चिह्न दिखायी दे रहे हैं कि नयी पीढ़ी के चुनिन्दा ही सही, मगर कुछ कलाकार संगीत की अभिव्यक्ति की ओर ध्यान देने लगे हैं। साथ ही कलाकारों के सान्निध्य में लगातार रहने से तुरन्त यह ध्यान में आता है कि कलाकारों के घर के अथवा आसपास के अनेक युवा छात्रों की काफ़ी तैयारी अपने आप ही हो जाती है। ऐसे दर्जनों उदाहरण दिए जा सकते हैं। इसमें कोई अतिशयोक्ति नहीं है। नयी स्थितियों में जन्मे ऐसे अनेक युवा कलाकारों के लिए उनके बचपन से ही कल्पनाओं के अनेक द्वार खुल गये हैं। क्या पता, शायद इसी से कला का भविष्य उज्ज्वल बने ? अर्थात्, आज यह कहना कठिन है कि ये लोग हमारे पूर्ववर्ती श्रेष्ठ कलाकारों का स्थान ले पायेंगे या आज के अनुशासनहीन माहौल में प्रवाह पतित होकर अपनी कला का सत्यानाश कर लेंगे। मगर फिर भी आज की निराशादायी स्थिति में कल के लिए आशा बँधानेवाले इन कलाकारों पर ध्यान केन्द्रित करने और यथासम्भव परिस्थिति को उचित मोड़ देने की आवश्यकता है। आगे समापन विभाग में इसके सन्दर्भ में थोड़ा-बहुत सोच-विचार करेंगे।

५

मेरा अनुमान है कि श्रोता समूह, चाहे वह समूह कितना भी विशाल हो, उसमें कला के उच्च मूल्यों के प्रति उचित अहसास जगाना ही इसका उपाय है। यह अहसास नहीं जगाया गया तो भविष्य में संगीत समारोह लोगों की रुचि के अनुसार पेश किये जाने की सम्भावना है, जिससे इससे संगीत के दर्जे में और गिरावट आ सकती है। समय पर सावधानी न बरती जाये तो इसके अति गम्भीर परिणाम हो सकते हैं। श्रोतावर्ग कभी भी एक

ढर्रे का नहीं होता। परन्तु उच्च कला-मूल्यों के प्रति उसके मन को संवेदनाक्षम बनाने की प्रक्रिया जारी रखें, तो उसमें कलानन्द का उपभोग करने की क्षमता निस्सन्देह विकसित होगी। और यह बात चाहे जितने विशाल श्रोता वर्ग पर लागू होती है। माना कि यह प्रक्रिया धीमी होती है, मगर दीर्घ प्रयासों से इसमें सफलता अवश्य मिलेगी। अनुभव भी यही कहता है कि कोई कलाकार जब अपनी हद में रहकर सामान्य कार्यक्रम करता है और कला से बेईमानी करने से मना करता है, तब श्रोतावर्ग भी उसका कलाविष्कार शान्ति से सुनता है और उसका साथ देता है। कलाकार को अपनी कला के पायदान से नीचे आने की कोई आवश्यकता नहीं है। मगर हमारे कुछ कर्मठ कलाकार इस तरह के अविचार से सस्ती लोकप्रियता के जाल में फँसते हैं, उन्हें न केवल सँभलना होगा बल्कि दूसरों के सामने आदर्श भी उपस्थित करना होगा। साथ ही निर्भय और आज़ाद प्रवृत्ति के आलोचकों को संगीत सम्बन्धी तथा अन्य पत्रिकाओं के ज़रिये अपने स्पष्टवादी विचार प्रकट कर अपना दायित्व निभाना होगा।

इससे अगली सीढ़ी यानी संगीत शिक्षा पद्धति में आमूलाग्र परिवर्तन कर उसे नया मोड़ दिया जाना चाहिए। संस्थाओं द्वारा शिक्षा प्रदान करने की प्रचलित पद्धति की नब्बे वर्षों की परम्परा है। इसके बावजूद यह खेद से कहना पड़ता है कि ये संस्थायें प्रथम दर्जे के कलाकार या प्रज्ञाशील संगीत विशेषज्ञ निर्मित नहीं कर पायी हैं। अगर समय रहते सूझ-बूझ के साथ आगे बढ़कर आधुनिक संस्थाओं की शिक्षा पद्धति से पुरानी गुरु-शिष्य परम्परा पद्धति का उचित मेल करायेंगे और आधुनिक उपकरणों का प्रयोग शुरू करेंगे तो इसका अच्छा असर ज़रूर होगा। इसकी शुरुआत निचली सीढ़ी से करनी होगी। शुरू से ही संगीत-व्याकरण और संगीत-सैद्धान्तिकी पर ध्यान केन्द्रित करने की बजाय प्राथमिक और माध्यमिक स्कूलों से लड़के-लड़कियों को अव्वल दर्ज़े के कलाकारों के निर्मित और मधुर सुरों में गाये गये साधारण-से गाने सुनाने की सुविधा उपलब्ध करायी जाये, तो उनकी कला का पर्यवसान अपने आप गुणवत्तापूर्ण कला में होगा। साथ ही रेडियो, ग्रामोफ़ोन, टेपरिकॉर्डर जैसे आधुनिक साधनों का उपयोग कर अच्छा संगीत सुनाया जाये तो ये छात्र धीरे-धीरे गाने के आशय के प्रति भी अधिक समझदार बनेंगे। उनके भीतर की सुप्त कलाओं को विकसित करने का यही सर्वोत्तम उपाय है। बाद में ऐसे छात्रों का

विशेष शिक्षा के लिए चयन किया जा सकेगा। कॉमर्स, इंजीनियरिंग जैसी विशेष शिक्षा देनेवाली संस्थाओं की तरह संगीत अथवा संगीत सम्बन्धी उच्च शिक्षा देनेवाली संस्थायें स्थापित होनी चाहिए और इन संस्थाओं से विज्ञान, मनोविज्ञान, दर्शन, सौन्दर्यशास्त्र आदि के साथ-साथ संगीत से सम्बद्ध अन्य विषयों की भी शिक्षा दी जानी चाहिए। मगर केवल इतने से काम नहीं बनेगा, बल्कि पाश्चात्य, कर्नाटक अथवा दक्षिणी संगीत जैसी अन्य संगीत पद्धतियों की भी शिक्षा की सुविधा भी उपलब्ध करानी होगी।

इसके लिए विश्वविद्यालयीन स्तर पर पुरानी गुरु-शिष्य पद्धति का भी पुनरुज्जीवन करना होगा। साथ ही, जिस तरह स्वतन्त्रतापूर्व काल में रियासतदारों के दरबार में राजगायक हुआ करते थे, उसी तरह आधुनिक काल में राज्यपाल के आश्रय में और अन्यत्र भी सरकारी सहायता से गायक रखे जायें। ऐसे गायक सरकारी नौकरी में हों और उन पर सरकारी आश्रय प्राप्त विशिष्ट छात्र तैयार करने का दायित्व हो। इस तरह छात्र तैयार करने की पद्धति का उपर्युक्त मात्र संगीत शिक्षा देनेवाले विद्यालयों के साथ मेल कराया जाये।

तेज़ी से विनाश की तरफ़ बढ़ रही हमारी संगीत परम्पराओं को किस तरह सुरक्षित रखें, यही इस विवेचन का मूल उद्देश्य है। महान् संगीतकारों ने सदियों से परिश्रमपूर्वक इस संगीत की धरोहर को बनाया है। उसे यूँ ही गँवा देना ठीक नहीं है। आधुनिकीकरण और संस्थात्मक शिक्षा पद्धति के दबाव में आकर यदि हमने अपनी विरासत या कला की तकनीक को गँवा दिया तो वही होगा जो ॲलन डॅनिल्यू ने कहा था। उसने कहा था, हमारी कुछ समझ में आने से पहले ही हम उखाड़ दिये जायेंगे। और यदि ऐसा हुआ तो हमारे देश, संस्कृति और राष्ट्र का भी स्वत्व ही नष्ट हो जायेगा। और संसार के रंगमंच पर सांस्कृतिक केन्द्र के रूप में जो हमारा स्थान है, उसे हम खो देंगे।

कार्ल सी शोअर, बानी और घराने

क्या घराने हमारे संगीत की अभिन्न विशेषता है? इस प्रश्न का उत्तर देने से पूर्व 'घराना क्या है?' इस प्रश्न का उत्तर प्राप्त करना चाहिए। यह उत्तर प्राप्त होने पर हमारे मूल प्रश्न का उत्तर भी अपने आप मिल जायेगा।

लेख का प्रारम्भ इस कथन से करना उचित होगा कि अलग-अलग घराने इस हिन्दुस्तानी संगीत की सौन्दर्य सम्बन्धी स्वतन्त्र सिद्धान्त प्रणालियाँ हैं। संगीत पर कई पुस्तकें, व्याख्यान और लेख प्रकाशित होते रहते हैं, मगर सामान्यत: उनमें वह चर्चा नहीं होती है, जो आज हम करने जा रहे हैं। अत: एक नयी और उपयुक्त परिपाटी का आरम्भ करने का श्रेय महाराष्ट्र सरकार को देना न्यायसम्मत होगा।

संगीत के घराने कुछ और नहीं, बल्कि अलग-अलग सौन्दर्य प्रणालियाँ हैं—इस कथन के बाद स्वाभाविक रूप से यह प्रश्न उत्पन्न होगा कि वे कौन-सी हैं? और इस प्रश्न का उत्तर देते समय बुनियादी प्रश्न उपस्थित होता है कि संगीत की मुख्य इकाइयाँ कौन-सी हैं? हम तो 'स्वर' और 'लय' को ही संगीत की इकाइयाँ मानते हैं। मगर इस सन्दर्भ में पाश्चात्य अनुसन्धाता कार्ल सी शोअर का अनुसन्धान हमारे लिए अत्यन्त मार्गदर्शक होगा। लगातार चालीस साल तक इस अनुसन्धाता ने अपनी फ़िज़िक्स लेबोरेटरी में अनेक सुयोग्य प्राध्यापकों और छात्रों की सहायता से संगीत पर अनुसन्धान किया और उसकी परिणति के रूप में एक अनमोल ग्रन्थ *Psychology of Music* प्रकाशित किया। कोई भी व्यक्ति श्रद्धावनत हो

---

१. महाराष्ट्र राज्य संगीत महोत्सव : १९६२ को शोलापुर में सम्पन्न हुई संगोष्ठी में प्रस्तुत किया गया आलेख।

अपने दोनों कानों को छूकर ही उसका नाम ले, ऐसी योग्यता के इस सज्जन का एक-दो साल पहले निधन हुआ। उनकी विशेषता यह थी कि उनमें सांगीतिक प्रज्ञा और विज्ञानशास्त्र का गहरा अनुसन्धान जैसे दो गुणों का अपूर्व समन्वय था। उनके ग्रन्थ के पृष्ठ ३ तथा ४ का उद्धरण नीचे दिया जा रहा है, जिससे उनके मुख्य सिद्धान्त का हमें सही-सही अनुमान हो जायेगा। उद्धरण इस प्रकार है :

> There seem to be for large trunks in the family tree of musicality, each of which may develop and ramify to a large extent independently of, or out of proportion to, the others. These four are the tonal, the dynamic, the temporal, and the qualitative. Those of the tonal type are peculiarly sensitive to pitch and timbre and dwell upon music in all its tonal forms-melody, harmony and all forms of pitch variants and compounds; the dynamic have a fine acuity of hearing and sense of loudness and dwell by preference upon stress or the dynamic aspect of music in all forms and modifications of loudness; the temporal are peculiarly sensitive to time, tempo, and rhythm and by preference dwell upon the rhythmic patterns and other media for the temporal aspect of music; the qualitative are peculiarly sensitive to timbre and are capable of its control dwelling preferentially upon the Harmonic constitution of the tone.
>
> Of course, a great musician, or a balanced musician of any degree of greatness, tends to have these four trunks of capacity branching out in balanced and symmetrical form but such cases are comparatively rare. Many distinguished musicians are dominantly of one of these types; their performance and appreciation and their musical creations all give evidence favouring dominance of one of the trunk lines, although within these trunk lines large and distinctive sub-branchings may be recognized. Furthermore, great capacity in each of these types is not essential to marked distinction in musical achievement; very extreme sensitivity in one or more of

them may even be a drawback to balanced musical development.

सी शोअर के कथन का आशय यह है कि कुल संगीत-वंशवृक्ष की चार प्रमुख शाखायें होती हैं, जो इस प्रकार हैं : (१) Tonal अर्थात् 'स्वर' प्रधान, (२) Dynamic अर्थात् आवाज़ धीमी-बुलन्द पर आधारित अथवा 'गाज' प्रधान, (३) Temporal अर्थात् काल अथवा ताल पर आधारित यानी हमारी भाषा में 'लयकारी' प्रधान, (४) Qualitative अर्थात् 'गुणवाचक'। मगर यहाँ सी शोअर ने पाश्चात्यों के हार्मनी यानी एक ही समय अनेक स्वरों के मेल को सम्बोधित करने के लिए क्वालिटेटिव शब्द का प्रयोग किया है। अतः यह इकाई हमारे संगीत में न होने के कारण हम उसे अनदेखा कर सकते हैं। इनमें से 'स्वर' शाखा अन्य इकाइयों की तुलना में स्वर इकाई पर ही अति बल देती हैं। अर्थात् स्वर, उसकी विभिन्न और नाज़ुक छटायें, यही उसकी संगीत कृति की विशेषता हो जाती है। इसमें गाज तथा लयकारी आदि बातों की ओर उसकी तनिक अनदेखी ही होती है। दूसरी 'गाज' शाखा केवल गाज इकाई पर ही अति बल देती है। तुलना में स्वर और लयकारी आदि इकाइयों की अनदेखी करती है। तीसरी 'लयकारी' शाखा अपना ध्यान केवल लयकारी पर ही केन्द्रित कर अन्य दो इकाइयाँ स्वर और गाज की अनदेखी करती हैं। चौथी यानी 'गुणवाचक' शाखा के सन्दर्भ में, जैसा कि अभी-अभी बताया गया है, अनदेखी करना श्रेयस्कर है। मतलब, हमें हमारे संगीत की दृष्टि से केवल इन्हीं तीन शाखाओं पर ग़ौर करना होगा। मगर सी शोअर के उपर्युक्त उद्धरण के दूसरे परिच्छेद में वर्णित एक और शाखा है। उसके अनुसार इस शाखा में प्रारम्भिक तीनों इकाइयों में सानुपातिक मेल कराने की प्रवृत्ति होती है।

सी शोअर आगे कहता है कि इसमें चौथी यानी सभी इकाइयों में सानुपातिक मेल करानेवाली शाखा में महारत हासिल करनेवाला कलाकार अत्यन्त बिरला होता है। अधिकांश नामचीन गायक इन तीनों में से किसी एक और अधिक से अधिक दो इकाइयों में प्रवीण होते हैं। और उनमें इन मुख्य इकाइयों के अन्तर्गत आनेवाली उपशाखाओं का भी थोड़ा-बहुत विस्तार होता है। आगे वह कहता है कि नामचीन गायक के रूप में ख्याति प्राप्त करने के लिए सभी इकाइयों में इतनी अतिरिक्त (Extreme) महारत हासिल करने की आवश्यकता नहीं होती। यही नहीं, बल्कि एक या

अधिक इकाइयों में ज़रूरत से ज़्यादा महारत होना सभी इकाइयों में समन्वय स्थापित करने की संस्कृति की दृष्टि से हानिकारक होता है।

सी शोअर के सिद्धान्त के इस विवेचन के बाद हम हमारे संगीत के घरानों की ओर मुड़ेंगे। इन घरानों का इतिहास लगभग दो-सवा दो सौ वर्षों, यानी दिल्ली के बादशाह मुहम्मदशाह (सन् १७१९ से १७४८) के कार्यकाल से शुरू होता है। घराना शब्द ख़याल घरानों के सम्बोधन में रूढ़ हो गया है। ख़याल से पहले भी घराने हुआ करते थे। मगर वे ध्रुपदिया घराने थे। इनका भी संज्ञान हम ख़याल घरानों के साथ ही लेंगे। ध्रुपदिया घरानों के नाम भी हमें पता हैं। वे नाम इस प्रकार हैं : 'नौहारी', 'डागुरी', 'गौड़ारी' और 'खण्डारी'। इतिहास के आधार पर हमें पता चलता है कि इनके निर्माता क्रमशः श्रीचन्द, ब्रिजचन्द, तानसेन और नौबतख़ान थे। उन्हें 'बानी' कहते थे। मगर ध्रुपदिया घराने के इन चार बानियों की गायकी कैसी थी, एक जैसी ही थी या प्रत्येक की अलग कुछ विशेषतायें थीं, इस बारे में कोई जानकारी नहीं है। मगर इस सन्दर्भ में वझे बुवा के 'संगीत कला प्रकाश' ग्रन्थ में पृष्ठ संख्या १८५ पर एक अत्यन्त सूचक दोहा आया है और इस दोहे का अर्थ ठीक से लगाया जाये तो बानियों की गायकी पर एक नया प्रकाश पड़ सकता है। दोहा इस प्रकार है :

ज़ोर-ज़ोर से खण्डार गावे, मधुर बोल से नौहार लेवे।
साँस बड़ी गोबरहार की, आलापचारी है डागुर की।।

मगर इस दोहे का रचयिता कौन है और यह दोहा उन्हें कहाँ से मिला इसके बारे में वझे बुवा ने कुछ नहीं कहा है। साथ ही इस दोहे में संकेतित बानियों की गायकी के बारे में भी वझे बुवा ने कोई विवेचन नहीं किया है। मगर एक अज्ञात कवि का यह दोहा इतना महत्त्वपूर्ण है कि मुझे लगता है, संगीत के सौन्दर्यशास्त्र का आरम्भ ही इससे हो सकता है।

आपके सामने मैंने दो बातें रखी हैं—एक, सी शोअर का सिद्धान्त और दूसरा ध्रुपद की बानी के सन्दर्भ में वझे बुवा की पुस्तक का यह दोहा। साथ ही ख़यालियों के आज प्रचलित अलग-अलग घराने भी थोड़ी-बहुत मात्रा में ही सही, मगर हमारे सामने प्रत्यक्ष हैं। अतः अभी मेरा प्रयास यही देखना है कि तीनों में समन्वय किया जा सकता है या नहीं। मैं अपना विवेचन सी शोअर के सिद्धान्त के आधार पर ही करनेवाला हूँ।

सी शोअर की पहली शाखा यानी 'टोनल' या स्वरशाखा। सी शोअर का कहना है कि इस शाखा का पूरा ध्यान 'स्वर' इकाई पर ही केन्द्रित होता है और अन्य दो इकाइयों—लयकारी और गाज की तुलना में अनदेखी होती है। इस सन्दर्भ में हमारे वर्तमान किराना घराने की याद आयेगी। किराना घराने की सारी सामर्थ्य 'स्वर' इकाई में ही केन्द्रित हो गयी है। उनकी बोली-भाषा 'ताल गया तो बाल गया, लेकिन सुर गया तो सिर गया'—यही बात दर्शाती है। इस घराने की तकनीक है—स्वर का नशा उत्पन्न करना और उसी की नाज़ुक हौली-सी अनन्त छटाओं में रम जाना। इस घराने के गायक भी यह स्वीकार करेंगे कि स्वर की ओर भी ज़रूरत से ज़्यादा ध्यान देने के कारण उनमें बोलतान और कुल लयकारी को बहुत ज़्यादा अहमियत नहीं मिलती है। स्वर रूपी इकाई पर ही ज़रूरत से ज़्यादा ज़ोर होने के कारण आलापचारी को ही इस घराने का विशेष कहना होगा। अत: यह कहना ग़लत नहीं होगा कि ध्रुपदियों के आलापचारों की डागुरबानी और आज का किराना घराना, दोनों का मुखड़ा, एक जैसा है। मगर ऐसा भी नहीं कि गाज इकाई की तरफ़ किराना घराने का बिल्कुल ध्यान नहीं है। क्योंकि इस घराने की गमक तानें भी बहुत ज़ोरदार होती हैं। मगर उनकी यह ज़ोरदार गमक की तानें उनके आलापचार के साथ विसंगत प्रतीत होती हैं। इसलिए गमक की तानों को इस घराने की एक अहम विशेषता नहीं मान सकते। आलापचारी ही उसकी विशेषता माननी पड़ेगी।

सी शोअर की दूसरी शाखा यानी डायनामिक अथवा लाउडनेस। इसी का अनुवाद मैंने 'गाज' किया है। इस सन्दर्भ में वझे बुवा और मरहूम फ़ैयाज़ ख़ाँ साहब की याद हो आती है। इन दोनों की आवाज़ें बुलन्द और वज़नदार थीं। साथ ही वझे बुवा के गुरुजी निसार हुसैन ख़ाँ साहब की आवाज़ तो इतनी बुलन्द थी कि एक बार वझे बुवा ने मुझसे कहा था कि "मेरी आवाज़ उनके सामने चूहे की आवाज़ जैसी लगती थी।" अत: उनका भी समावेश इस शाखा में करना होगा। इसमें एक समस्या यह है कि 'गाज' को स्वतन्त्र विशेषता घोषित करनेवाले ख़याालियों का स्वतन्त्र घराना आज मौजूद नहीं है। पहले था या नहीं, पता नहीं, मगर ग्वालियर घराने के वझे बुवा, उनके सुपुत्र शिवराम बोवा और शिष्य हरिभाऊ घांगरेकर अथवा भास्करराव जोशी का इसमें अन्तर्भाव किया जा सकता है। साथ ही, आगरा घराने के फ़ैयाज़ ख़ाँ साहब और उनके अनेक शिष्यों

का भी इसमें अन्तर्भाव किया जा सकता है। यानी दो विसदृश्य नहीं, मगर कुछ असदृश्य ढर्रे के गायकों का इस शाखा में समावेश किया जा सकता है। कहा जा सकता है कि वझे बुवा की मैटेलिक बुलन्द आवाज़ और फ़ैयाज़ साहब की चौड़ी और झारदार आवाज़ 'गाज' शाखा के आविष्कार के लिए अनुकूल होती है। किराना घराने की तरह स्वरों की सूक्ष्म कामगति की ओर इनका अतिरिक्त ध्यान नहीं है। मगर आश्चर्य की बात है कि उपर्युक्त दोहा यही कहता है कि 'ज़ोर-ज़ोर' से गानेवाले खण्डारी बानी की यही विशेषता थी और इससे हम यह अनुमान लगा सकते हैं कि ध्रुपदियों की यह बानी 'गाज' संज्ञा के लिए पात्र थी। और सी शोअर की गाज शाखा इस समस्या से भी किसी न किसी तरह रास्ता ढूँढ़ ही सकती है।

सी शोअर की तीसरी टेम्पोरल अथवा लयकारी शाखा अपने ही अनन्त प्रकार आदि से समृद्ध हुई नज़र आती है। मगर उसके स्वर, उनकी साफ़गोई, सुरीलेपन तथा स्वरों के कण और उसी की नाज़ुक और हौली-सी छटाओं की इसमें अनदेखी होती है। सी शोअर का यह वर्णन सुनते ही हमें आज के आगरा घराने की याद हो आती है। आगरा घराने के विख्यात गायक मरहूम विलायत ख़ाँ साहब की गायकी की ओर देखें तो सी शोअर की इस शाखा की सच्चाई हमें प्रतीत होती है। हम मानते हैं कि विलायत ख़ाँ साहब की गायकी युयुत्सु, विजिगीषु और आक्रामक है। इन सभी गुणों का श्रेय हम उनकी अतिरिक्त लयकारी को ही देते हैं। राग की विशुद्धता, उसका विश्लेषण आदि सारी बातें भी उनके खाते में जमा होती हैं। मगर आगरा घराने का नाम लेने पर हमारे मन में अगर सबसे पहले कोई बात उभरती है तो वह है उनका लयकारी पर प्रभुत्व।

अब ध्रुपदियों की किस बानी से इस घराने का समन्वय करेंगे, यही सवाल है। इस दृष्टि से इस दोहे का आधा चरण 'मधुर बोल से नौहार लेवे' सूचक प्रतीत होता है। इस दोहे में 'मधुर बोल' ही नौहार बानी की विशेषता बतायी गयी है। मगर शब्दों के मात्र मधुर उच्चारण का लयकारी की दृष्टि से विशेष अर्थ नहीं है। अतः उसके मधुर बोलों का अर्थ लयकारी की दृष्टि से भी लगाना होगा। इसके बिना मधुर बोलों की विशेषता प्रतीत नहीं होती। अतः मेरा मानना है कि आज का यानी विलायत ख़ाँ साहब का आगरा घराना और ध्रुपदियों की नौहारी बानी में समन्वय करने में हर्ज़ नहीं।

इसमें एक समस्या है। बिल्कुल अभी–अभी कल परसों तक फ़ैयाज़ ख़ाँ साहब ही आगरा घराने के अगुवा माने जाते थे। मगर उनकी गायकी में 'गाज' इकाई का अन्तर्भाव हो गया था और स्वरों के सच्चेपन का भी उन्हें यथार्थ अहसास था। मगर यह प्रश्न उपस्थित होगा कि इन गुणों का श्रेय उनके आगरा घराने को दें या उनके मूल मातुल 'रँगीले' घराने को? शायद हमारा मत भी उनकी देह में बसे 'रँगीले' घराने के ख़ून के पक्ष में जा सकता है। अतः फ़ैयाज़ साहब आज के आगरा घराने से ज़रा अलग ही पड़ जाते हैं और शायद हमें यह निर्णय देना पड़ सकता है कि सी शोअर के स्वतन्त्र यानी सभी तीनों इकाइयों में समन्वय करानेवाली शाखा के वे नज़दीक जाते हैं।

अब रही बात सी शोअर द्वारा अभी–अभी वर्णित सभी इकाइयों में सानुपातिक समन्वय करानेवाली स्वतन्त्र शाखा की। सी शोअर ने वर्णन किया है कि इसमें स्वर, गाज और लयकारी आदि तीनों इकाइयों में सानुपातिक मेल कराने की प्रवृत्ति होती है। इस दृष्टि से आज के जयपुर घराने की याद आ सकती है। जयपुर घराने में स्वर इकाई की ओर आज के आगरा घराने जितनी अनदेखी नहीं होती है और किराना घराने की तरह स्वर को ही सब कुछ मानने की प्रवृत्ति भी नहीं है। इसी तरह किराना घराने की तरह वह लयकारी की अनदेखी नहीं करता या आगरा घराने की तरह उसका दर्शन भी नहीं बनाता। इसके अलावा किराना घराने की नाज़ुक और गले पर ज़ोर देकर आवाज़ लगाने की तकनीक भी वह टालता है और आगरा घराने की रेंककर, गले को खुरचकर आवाज़ लगाने की पद्धति भी वह स्वीकार नहीं करता। अर्थात् गाज का भी वह अपनी गायकी में आनुपातिक अन्तर्भाव करता है। इस तरह सभी इकाइयों का अनुपातबद्ध प्रयोग करने के कारण उसकी गायकी में डिज़ाइन का ही अहसास अधिक होता है। क्योंकि स्वर, ताल और गाज आदि सभी इकाइयों में समन्वय उसे अपने स्वरचित्र की दृष्टि से करना होता है। और यह चित्र अधिक रोबीला, अधिक कलात्मक, अधिक गठीला कैसे बनेगा, इसी एक उद्देश्य से उसके स्वर, ताल और गाज आदि इकाइयों के प्रयोग और रचना होती है। मेरी तो धारणा है कि पहले के ग्वालियर घराने पर भी थोड़े–बहुत अन्तर से यही वर्णन शायद लागू पड़ेगा। इसलिए ग्वालियर घराने के स्वतन्त्र वर्णन की आवश्यकता नहीं है।

अब प्रश्न यह उपस्थित होता है कि ध्रुपदियों की किस बानी से इनका गोत्र

मेल खाता है? इस दृष्टि से उपर्युक्त दोहे का 'साँस बड़ी गोबरहार की' अर्धचरण मुझे सूचक प्रतीत होता है। अभी-अभी हमने जयपुर घराने का विवेचन किया है। उस पर ग़ौर किया जाये तो डिज़ाइन का अहसास यही उसका विशेष ध्यान में आता है। मगर यह डिज़ाइन बड़ा, भव्य हो, उसका कैनवस भी विशाल हो। इसके लिए आप भी मानेंगे कि साँस केवल दीर्घ ही नहीं, बल्कि प्रदीर्घ होने की आवश्यकता है। इस बारे में मतभेद का कोई कारण नहीं है कि अन्य घरानों की तुलना में इस घराने में साँस को अच्छा-ख़ासा लम्बा और विशाल बनाने का प्रयास होता है और यह भी हमारे ध्यान में आता है कि यह प्रयास डिज़ाइन को सम्पूर्ण बनाने के उद्देश्य से होता था। अत: यह कहने में हर्ज़ नहीं कि 'साँस बड़ी' वाली गोबरहारी बानी का जयपुर घराने से मेल इस तरह बैठता है। इससे पूर्व ग्वालियर घराने में दीर्घ साँस थी या नहीं, इसके बारे में कोई जानकारी उपलब्ध नहीं है।

समय की कमी को ध्यान में रखते हुए अत्यन्त संक्षेप में मैंने यह विवेचन किया है। मगर इस संक्षिप्त विवेचन से भी मेरा मुद्दा आपकी समझ में आ जायेगा। मुद्दा यह है कि आज के घराने हों या पहले की ध्रुपदिया बानियाँ हों, ये सभी संगीत-सौन्दर्य की सैद्धान्तिक प्रणालियाँ हैं। और लगभग चार सौ वर्षों से ये इस रूप में डटी हुई हैं। साथ ही सी शोअर के सिद्धान्त के कारण ये सभी अब शास्त्रसम्मत भी साबित हो रही हैं। प्रत्येक घराने का अपना दर्शन है। चाहे यह दर्शन अलग-अलग हो, मगर प्रत्येक का अपना दर्शन होना अहम है। अत: "क्या घराने हमारे संगीत की अभिन्न विशेषता हैं"—प्रश्न का उत्तर नि:सन्दिग्ध रूप से 'हाँ' ही देना होगा। भविष्य में ये घराने आज के रूप में रहेंगे या नहीं, इस प्रश्न पर विवाद हो सकता है। चाहे उनका रूप बदल जाये, या नष्ट हो जाये, फिर भी हम यह कह सकते हैं कि इनमें उपर्युक्त इकाइयों का आविष्कार थोड़ी-बहुत मात्रा में ही सही, मगर होता ही रहेगा।

सी शोअर का जो सिद्धान्त मैंने उद्धृत किया है, उसको स्वीकार करने से पहले एक बात का संज्ञान लेना ज़रूरी है। उसके इस अनुसन्धान के दौरान या अपना अनमोल ग्रन्थ Psychology of Music लिखते समय उसकी आँखों के सामने हमारा हिन्दुस्तानी संगीत होगा, ऐसी सम्भावना बिल्कुल भी नहीं है। उसका सारा अनुसन्धान पाश्चात्य संगीत को केन्द्र में रखकर

हुआ होगा। इसलिए हिन्दुस्तानी संगीत के लिए उसके सिद्धान्त का प्रयोग ज़रा सँभलकर ही करना होगा। 'गुणवाचक' इकाई पर विचार करते समय यह सावधानी बरतने की आवश्यकता है। सी शोअर का मूल शब्द 'क्वालिटेटिव' है और मैंने उसी का हिन्दी अनुवाद 'गुणवाचक' किया है। फिर भी कहा नहीं जा सकता कि उसमें उस शब्द का पूरा अर्थ आ पाया है। मेरी धारणा है कि इस क्वालिटेटिव शब्द का सम्बन्ध पाश्चात्यों के हार्मनी संगीत से जोड़ना चाहिए। ऐसे अनेक प्रकार के वाद्य और उन सभी वाद्यों का सामूहिक वादन यानी ऑर्केस्ट्रेशन और उससे उत्पन्न होनेवाली महान् अथवा विस्फोटक आवाज़ और साथ ही उसे अलग-अलग वाद्यों से प्राप्त होनेवाले अलग-अलग रंग आदि सबको सम्बोधित करते हुए उसने क्वालिटेटिव शब्द का प्रयोग किया है। एक बात और, हिन्दुस्तानी संगीत में 'गाज' का थोड़ा-बहुत महत्त्व है, मगर इतना भी नहीं कि वह संगीत की मुख्य इकाई मानी जाये। पहली बात, गाज शाखा का स्वतन्त्र घराना आज मौजूद नहीं है। आज उसका समन्वय करना हो तो कुछ गायक आगरा घराने के और कुछ ग्वालियर घराने के लेने होंगे। इसमें और भी समस्यायें हैं। इसलिए यदि हम गाज को एक इकाई मानें भी तो उसे सीमित अर्थ में लेना होगा। अर्थात् उसे प्रमुख इकाई का स्थान न देकर गौण स्थान ही देना होगा। सी शोअर के सिद्धान्त में इतनी बात जोड़ देने से हमारा काम हो जायेगा।

सी शोअर के सिद्धान्त से एक और विचार ज़हन में आता है। प्रस्तुत विषय के साथ उसका अधिक सम्बन्ध नहीं है, फिर भी चलते-चलते उसका उल्लेख करने का मोह होता है। संगीत चाहे पौर्वात्य हो या कोई और, उसकी बुनियादी प्रवृत्तियाँ और यात्रा कुछ विशिष्ट इकाइयों को लक्ष्य कर यानी कुछ निश्चित इकाइयों से ही होती हैं या होनी चाहिए। सी शोअर ने यह पाश्चात्य संगीत को लक्ष्य करते हुए कहा और यदि इस निबन्ध का कुछ महत्त्व है तो इससे हम यह बात मान जायेंगे कि हमारे हिन्दुस्तानी संगीत में भी ऐसी ही प्रवृत्तियाँ और इकाइयाँ होती हैं। ऐसा हुआ तो यह निबन्ध सार्थक होगा।

विषय समाप्त करने से पहले और एक-दो बातों की ओर आपका ध्यान खींचना चाहूँगा। पहली बात, मुझे अहसास है कि वझे बुवा के दोहे का मैंने जो अर्थ लगाया है, उस पर विवाद हो सकता है। विशेषतः 'मधुर बोल' शब्द

का मेरे द्वारा लगाया गया अर्थ कदाचित् किसी को पसन्द नहीं आयेगा। मगर फिर प्रश्न उपस्थित होता है कि दूसरा कौन-सा अर्थ लगाया जा सकता है, जिससे नौहारी बानी की स्वतन्त्र विशेषता प्रकट होगी। यही बात 'साँस बड़ी' शब्द के बारे में। यहाँ भी यही प्रश्न उपस्थित होता है कि मैंने जो अर्थ लगाया है, उसके अलावा और कौन-सा अर्थ लगाया जा सकता है।

इसी तरह एक और प्रश्न उपस्थित होता है। तानसेन की गौड़ारी बानी का उल्लेख भी इस दोहे में नहीं है। उसमें 'गोबरहारी' बानी का वर्णन आया है। कहीं गोबरहारी बानी और गौड़ारी बानी एक ही तो नहीं? मगर इसके बारे में कोई विद्वान् स्पष्टीकरण दे तो अच्छा होगा।

ये सभी प्रश्न आज उपस्थित विद्वान् चिन्तकों के सामने मैं जान बूझकर रख रहा हूँ। उद्देश्य यह है कि इस पर भी कुछ पक्ष-विपक्ष में चर्चा हो। परन्तु एक सूचना करने की इच्छा होती है। यह दोहा किसी विद्वान टीकाशास्त्र की मीमांसा नहीं है। वह एक गायक वर्ग की लगभग हमेशा की बोलचाल की भाषा है। उसका अर्थ कुछ स्थूल और मोटे तौर पर लगाना होगा। बिल्कुल शब्दश: उसका अर्थ नहीं लगा सकते।

---

१. प्रो. जी. एच. तारलेकर जी ने इस आलेख को पढ़ने के उपरान्त निम्नलिखित परिच्छेद लिखकर भेजा है, जिससे यह पता चलता है कि पुराने ज़माने में संस्कृत शास्त्र में उस दौर के आविष्कार की सभी इकाइयों में इस तरह समन्वय का सिद्धान्त स्वीकार था। 'बहुद्देशी' ग्रन्थ में मतंग के राग वर्गीकरण में आधारभूत गीति का स्वरूप कथन किया है। ये गीतियाँ स्वर योजना के विशिष्ट स्वरूप के चलते उत्पन्न होनेवाले गायन आविष्कार पर निर्भर थीं। स्वर को सीधा लेना, वक्र लेना, गमकयुक्त लेना, द्रुत रूप से लेना—इन चार भिन्न-भिन्न योजनाओं के कारण शुद्धा, भिन्ना, गौड़ी और वेसरा आदि चार गीतियाँ कथन बनती हैं। इसके बाद इन चारों गीति की विशेषताओं का जिस गीति में अन्तर्भाव होता था, उसे मतंग ने साधारणी कहा है। इससे निश्चित रूप से कहा जा सकता है कि रागगायन में भिन्न-भिन्न विशेषों से एकत्रित प्रकार का रागगायन ईसवी सातवीं-आठवीं शती से प्रचार में था। साधारणी गीति की यह अवधारणा आगे चलकर शाङ्देव (ईसवी तेरहवीं शती) ने भी स्वीकार की है। सी शोअर को अभिप्रेत गायकी के सर्वोत्कृष्ट आदर्श की दृष्टि से भी यदि इस साधारणी गीति के सिद्धान्त को नहीं मान पाये, तो भी यह तो निश्चित रूप से कहा जा सकता है कि गायकी के अलग-अलग आविष्कार गुणों का समुच्चय एकत्रित दीख पड़ने का सिद्धान्त स्वीकार था।

बीते पचास वर्षों की संगीत यात्रा

प्रारम्भ में ही स्पष्ट कर दूँ कि प्रस्तुत लेख हिन्दुस्तानी आभिजात्य अथवा शास्त्रीय संगीत तक ही सीमित है।

१.

हिन्दुस्तानी संगीत की बीते पचास वर्षों की यात्रा को देखते हुए उसमें हुए अनेक परिवर्तनों को संज्ञान में लेना पड़ता है। सन् १९३१ में पण्डित विष्णु दिगम्बर पलुस्कर का निधन हुआ और सन् १९३३ में पण्डित विष्णु नारायण भातखण्डे लकवे से असहाय हो गये और सन् १९३६ में इसी अवस्था में उनका निधन हुआ। कुल मिलाकर बीते पचास वर्षों के दौर को विष्णुद्वयोत्तर काल ही समझना होगा। क्योंकि संगीत के इतिहास में उनका कार्य बेजोड़ है।

इन पचास वर्षों में अनेक महान् संगीतकारों का निधन हुआ, जिनकी स्मृतियाँ आज भी वन्दनीय हैं। सन् सैंतीस में मंजी ख़ाँ और अब्दुल करीम ख़ाँ, तैंतालिस में वझे बुवा, छियालीस में अल्लादिया ख़ाँ, पचास में फ़ैयाज़ ख़ाँ, बावन में सवाई गन्धर्व, पचपन में गोविन्दराव टेम्बे, छप्पन में राजाभैया पूछवाले, सड़सठ में पण्डित अनन्त मनोहर, बाद में विलायत ख़ाँ, बड़े ग़ुलाम अली ख़ाँ, अंजनीबाई मालपेकर, मास्टर कृष्णराव, अल्लाउद्दीन ख़ाँ मैहरवाले और बिल्कुल अभी-अभी के अमीर ख़ाँ और उनके बाद केसरबाई। इनमें किराना, जयपुर, आगरा, ग्वालियर, पटियाला, इन्दौर, भिण्डी बाज़ार आदि सभी घरानों के महान् संस्थापक, उद्‌गाता अथवा प्रमुख प्रतिनिधि संगीतकार आते हैं। इस कारण संगीत के अलग-अलग घरानों की अलग-अलग ख़ासियतवाली गायकी के आदर्श ही

सामने से लुप्त हो गये। यही नहीं, मेरी पीढ़ी के लोगों को तो अब ऐसा लगता है, मानो प्रतिष्ठित, अनुशासनप्रिय और घरानेदार गायकी ही नष्ट हो गयी है और विषाद से ये लोग कह उठते हैं, 'अब सुनने लायक़ क्या रह गया है?' एक तरह से इनकी बात ठीक भी है। क्योंकि इस दौर का संगीताविष्कार ही बदल गया है। संगीत परिवर्तनशील होता है—एक कारण यह है, मगर बीते पचास वर्षों में यह परिवर्तन बहुत बड़े पैमाने पर हुआ है और वह भी बहुत तेज़ी के साथ। साथ ही, यह परिवर्तन बहुआयामी भी हुआ है। इसमें कुछ सस्ती लोकप्रियता प्राप्त करनेवाले तत्त्व भी उत्पन्न हुए, जिसे मैं संगीत का 'ताली वाङ्मय' कहता हूँ। सच कहें तो यह परिवर्तन पुरानी पीढ़ी को हज़म नहीं होता है। अगर यही परिवर्तन पचास साल पहले की तरह धीमी गति से होता तो शायद इतना नहीं अखरता। मगर इस दौर में संगीत के बाहरी जगत् में भी इतनी तेज़ी से उलटफेर हुए हैं कि उसका असर संगीत पर भी उतनी ही तेज़ी से पड़ गया है। पूरे देश में ही जब उथल-पुथल मची हुई थी, तो फिर संगीत उससे कैसे अछूता रहता?

इन पचास सालों में अनेक संगीतबाह्य घटनायें घटित हुईं, जो सभी को पता हैं। मगर संगीत के सन्दर्भ में इनमें से कुछ महत्त्वपूर्ण घटनायें इस प्रकार हैं :

१. जैसा कि अभी-अभी कहा गया है, उपरोल्लिखित सभी गायकों का निधन हो जाने से नयी पीढ़ी के सामने अलग-अलग घरानों के आदर्श ही नहीं बचे। क्योंकि उनके उत्तराधिकारी गुणवत्ता की दृष्टि से उनकी विशिष्टता को आगे बढ़ानेवाले नहीं बन पाये। सम्भवतः उनका दृष्टिकोण ही अलग था।

२. सन् १९३९ में दूसरा विश्वयुद्ध हुआ और तब से समग्र जीवन में ही आमूलाग्र परिवर्तन हुआ।

३. सन् १९४७ में स्वतन्त्रता मिली और विदेशी दासता से मुक्त हो जाने के कारण हमारी अस्मिता जागृत हुई।

४. स्वतन्त्रता के परिणामस्वरूप सभी देशी रियासतें सार्वभौम सत्ता में विलीन हो गयीं और संगीतकारों का बचा-खुचा राजाश्रय भी समाप्त हो गया। इस कारण उसे पूरी तरह से लोकाश्रयी बनना पड़ा।

५. इसी दौर में विज्ञान में अपरिमित वृद्धि हुई और माइक्रोफ़ोन, लाऊडस्पीकर, रेडियो, सिनेमा, टेपरेकॉर्डर, टीवी और अब कैसेट जैसी बिजली से संचालित मशीनी सामग्री का संगीत पर बहुत गहरा असर हुआ। इसी कारण संगीत की कथित 'कॉन्फ्रेन्स' में विशाल पैमाने पर श्रोतावर्ग उपस्थित रहने लगा और इसी कारण संगीत के मूल्य भी थोड़े-बहुत बदलने पड़े।

उपर्युक्त सभी कारणों और उनके परिणामों पर अलग-अलग दृष्टि से ग़ौर करने से पूर्व यह देखना अधिक उचित होगा कि कुल मिलाकर क्या बदलाव हुआ है। मगर इस बदलाव को समझने के लिए यह जानना ज़रूरी होगा कि इन पचास वर्षों से पूर्व की स्थिति क्या थी?

पचास वर्ष पूर्व उत्तर में ग्वालियर, रामपुर, जयपुर, टोंक, लखनऊ, इन्दौर आदि और महाराष्ट्र में कोल्हापुर, मिरज, सांगली, कुरुन्दवाड़, इचलकरंजी, औंध आदि रियासतें और शहर संगीत के बचे-खुचे आश्रयस्थान थे। इन सभी रियासतों में अनेक कलाकारों को राजाश्रय प्राप्त था और इसी कारण उन्हें कभी अपनी गृहस्थी या जीविका की चिन्ता नहीं करनी पड़ी। क्योंकि आज की तुलना में उस दौर में महँगाई बहुत कम थी। यद्यपि उन्हें अच्छी-ख़ासी तनख़्वाह नहीं मिलती थी, फिर भी रहने के लिए घर हुआ करता था और जब राजा की मर्ज़ी होगी, तभी दरबार में गायन। बाक़ी सारा समय अपने रियाज़ और शिष्यों की तालीम में ही ख़र्च होता था। साथ ही रहन-सहन भी सादा था और शिष्य भी गुरु के ही घर पर रहते थे और घरेलू काम कर और अधिकांशतः मधुकरी माँगकर ही ज्ञान प्राप्त करते थे। कम से कम उस दौर में तो संगीत कला वह वस्तु नहीं मानी जाती थी, जिसे स्कूल-कॉलेज में सीखा जा सके। अधिकांशतः गुरु मुसलमान होते थे और शिष्य हिन्दू। गुरु के पास एक समय अधिकांशतः एक ही शिष्य हुआ करता था। इस कारण निरन्तर गुरु का सान्निध्य और तालीम के साथ रियाज़ भी गुरु की देखरेख में सम्पन्न होता था। इसी के परिणामस्वरूप गुरु के स्वतन्त्र घराने की विशेषताओं के अधिकांश लक्षण और शैली शिष्य के कण्ठ में, अपनी-अपनी क्षमता के अनुरूप उतरती जाती थी। इसी कारण गुरु-शिष्य परम्परा ही संगीत विद्या सीखने का साधन बन बैठी थी। मगर दरअसल इस गणित की ओर उलटे ढंग से देखना चाहिए। गुरु-शिष्य परम्परा से ही महान् कलाकार का निर्माण सम्भव था, इसीलिए इस

परम्परा का आविर्भाव हुआ और आजकल के महान् कलाकार भी इसी परम्परा से अर्थात् समय के अनुरूप थोड़े-बहुत परिवर्तनों से सीखकर ही उच्च पदों पर पहुँचे हैं। आज भी यह अहसास दिनोंदिन बढ़ रहा है कि कलाकारों के निर्माण के लिए कालानुरूप परिवर्तित मगर इसी गुरु-शिष्य परम्परा को स्वीकार करना चाहिए। इस सन्दर्भ में हो रहे प्रयासों का जायज़ा लेख के अन्त में लेंगे।

२

उन्नीसवीं शती के अन्तिम दौर से ही अँग्रेज़ी शासन, उन लोगों के रीति-रिवाज़, उनकी नयी विचारधारा, उनकी शिक्षा पद्धति आदि का अधिकाधिक प्रभाव संगीत पर भी पड़ने लगा और संगीत को भी उनकी स्कूली शिक्षा पद्धति के ढाँचे में ढालने का प्रयास शुरू हुआ। अलग-अलग संगीत संस्थायें स्कूलों के रूप में स्थापित हुईं और स्कूली पद्धति से एक ही समय, एक ही अध्यापक से अनेक छात्र एक-साथ शिक्षा ग्रहण करने लगे। मेरे हिसाब से इसका पहला प्रयास पण्डित मौलाबख़्श घिस्सेख़ान ने सन् १८८० के आसपास बड़ौदा में राजाश्रय में शुरू किया। इसके बाद पण्डित विष्णु दिगम्बर पलुस्कर ने सन् १९०१ में महाराष्ट्र से लाहौर जाकर 'गान्धर्व महाविद्यालय' की स्थापना की। इसके बाद पण्डित विष्णु नारायण भातखण्डे ने पहले बड़ौदा के पण्डित मौलाबख़्श का स्कूल दुबारा शुरू कराया, फिर ग्वालियर में माधव संगीत विद्यालय की स्थापना की और इसके बाद लखनऊ में 'मैरिस कॉलेज ऑफ़ म्यूज़िक' शुरू किया। शुरू-शुरू में इन संस्थाओं को काफ़ी आला दर्ज़े के कलाकार बतौर अध्यापक मिले। पण्डित विष्णु दिगम्बर तो स्वयं ही आला दर्जे के खानदानी गायक थे और शुरू में वे ही पढ़ाते थे। उस समय उनसे तालीम पाये छात्रों ने यानी पण्डित नारायणराव व्यास, पण्डित विनायकबुवा पटवर्धन, पाध्येबुवा, पण्डित ओंकारनाथ ठाकुर आदि ने अच्छी ख्याति अर्जित की। आगे चलकर ये विद्यालय और उनके छात्र संख्यात्मक दृष्टि से अत्यधिक बढ़ गये और कम से कम इन स्कूलों तक तो गुरु-शिष्य परम्परा थम गयी।

सन १९३१ में पण्डित विष्णु दिगम्बर का निधन हुआ और उन्हीं के एक सच्छिष्य श्री नारायणराव खरे की प्रेरणा से पण्डित जी के स्मारक के रूप

में 'गान्धर्व महाविद्यालय मण्डल' की स्थापना हुई। इससे पूर्व ऊपरिलिखित ग्वालियर का माधव संगीत विद्यालय और लखनऊ का मैरिस कॉलेज शुरू हो चुके थे। इसके बाद के दौर में उत्तर और दक्षिण के अधिकांश विश्वविद्यालयों ने संगीत को स्वीकृति दी और अपनी-अपनी शिक्षा पद्धति बनायी। इन सभी विद्यालयों से स्कूली शिक्षा पद्धति की तरह निर्धारित पाठ्यक्रम, इसके लिए विशेष तौर पर बनायी गयीं नोटेशन के साथ छपी बन्दिशों की पुस्तकें, उनके अनुसार पढ़ानेवाले अध्यापक, उनकी 'प्रथमा', 'मध्यमा', 'विशारद', 'अलंकार' आदि की तरह अथवा बी. म्यूज़., एम. म्यूज़., पीएच.डी. जैसी परीक्षायें और उपाधियाँ पाकर बाहर निकले सैकड़ों छात्र हिन्दुस्तान के कोने-कोने में अपने-अपने स्वतन्त्र स्कूल चलाने लगे और संगीत का प्रचार करने लगे। बीते पचास वर्षों में संगीत स्नातकों की संख्या हज़ारों में है। मगर इससे 'संगीत अध्यापक' एक नया 'व्यवसाय' बन गया। साथ ही इसी कारण सामान्य मैट्रिक तक के प्राथमिक-माध्यमिक आदि स्कूलों में अथवा कॉलेजों में संगीत सिखाने के लिए अध्यापक आसानी से मिलने लगे। इसके अलावा निजी 'ट्यूशन' के रूप में नया रोज़गार भी उपलब्ध हो गया। मगर इस सारे प्रपंच के बावजूद कलाकार की निर्मिति नहीं हुई। और ऐसे-ऐसे स्नातक संगीत अध्यापन करने लगे, जिन्हें तानपूरा भी ठीक से लगाना नहीं आता था। मगर संगीत की राग-समीक्षा, वर्ज्यावर्ज, वादी-संवादी वग़ैरह सारी 'थ्योरी' उन्हें याद होती। इससे संगीत की नीरस चर्चा ख़ूब होने लगी। मगर कला के रूप में उनकी झोली ख़ाली थी। झोली का भरा हुआ होना सम्भव भी नहीं था। शायद इसका एक कारण यह भी हो सकता है कि कलाकार का निर्माण इन संस्थाओं की प्राथमिकता ही न हो। एक बार पण्डित पलुस्कर से प्रश्न पूछा गया कि 'गन्धर्व महाविद्यालय स्थापित होने से कितने तानसेन पैदा हो गये?' इस पर उनका जवाब भी हृदयस्पर्शी था। उन्होंने कहा, 'मैंने तानसेन नहीं बनाये हैं, मगर कानसेन अवश्य बनाये हैं।' यह वाक्य संगीत क्षेत्र में आज भी विख्यात है। यह उत्तर कुछ मात्रा में सही भी है। क्योंकि यह तथ्य तो स्वीकार करना ही होगा कि बीते पचास वर्षों में संगीत के प्रति जिज्ञासा बढ़ गयी, मंथन बढ़ गया, और कुल समाज संगीत को गम्भीरता से सुनने लगा है। इसके अलावा एक और महत्त्वपूर्ण लाभ हुआ। इन स्कूल-कॉलेजों में संगीत विषय का अध्यापन शुरू होने के कारण उसके आनुषंगिक अनेक विषय, उदाहरणार्थ—संगीत का मनोविज्ञान, सौन्दर्यशास्त्र,

आवाज़ साधना शास्त्र, संगीत के लिए उपयोगी विज्ञान यानी फ़िज़िक्स, दाक्षिणात्य और पाश्चात्य संगीत पद्धति आदि विषयों की तकनीकी जानकारी छात्रों को सिखायी जाने लगी। इसलिए आज का यह वर्ग चाहे कलाकार न हो, मगर स्कूली ढंग से ही सही संगीत की काफ़ी जानकारी और अनेक रागों से परिचित है और यह भी कोई कम अहम बात नहीं है। इसके बाद इन अनेक शास्त्रों की उन्नति होगी और होना ज़रूरी भी है। कम से कम आज के नवोदित और भविष्य के कलाकारों को इससे अवश्य लाभ होगा। यही नहीं, बल्कि इन सभी विषयों के ज्ञान की इन्हें इसके बाद भी अधिकाधिक ज़रूरत होगी।

३

यह तो हुई संगीत के स्कूली वाङ्मय की बात। इस सन्दर्भ में एक और महत्त्वपूर्ण अंग की जानकारी सारांश रूप में देनी होगी। संगीत के स्कूली वाङ्मय के अलावा शास्त्रीय, विश्लेषणात्मक अथवा आस्वादक वाङ्मय की निर्मिति भी इसी दौर में होने लगी थी। पण्डित विष्णु नारायण भातखण्डे के संगीतशास्त्र पद्धति के मानक ग्रन्थों में से अन्तिम और चौथा भाग इसी दौर के आरम्भ में यानी सन् १९३२ में प्रकाशित हुआ था। (आरम्भिक तीन भाग काफ़ी पहले प्रकाशित हो चुके थे।) इससे पूर्व गोविन्दराव टेम्बे ने 'महाराष्ट्रीय संगीत की वर्तमान स्थिति' लेख लिखकर उस समय की मराठी पत्रिका 'रत्नाकर' के ज़रिये अपने लेखन का प्रारम्भ किया था। उनके लेखन की प्रौढ़ता का काल सामान्यतः सन् १९३० से १९५५ तक यानी उनकी मृत्यु तक समझना होगा। इससे पूर्व उन्होंने कई संगीत नाटक लिखे थे। मगर संगीत सम्बन्धी वाङ्मय उसके बाद ही लिखा। सन् १९३९ में पुस्तक रूप में प्रकाशित उनकी 'मेरा संगीत व्यासंग' आत्मकथनात्मक पुस्तक सांगीतिक और साहित्यिक दृष्टि से भी अमर कलाकृति है, जो पहले ही 'मनोहर' पत्रिका में छपे उनके लेखों पर आधारित है। इसके अलावा सन् १९५३ के आसपास ख़ाँ साहब अल्लादिया ख़ाँ का चरित्र और उसी दरमियान प्रकाशित 'कल्पना संगीत', दोनों उल्लेखनीय पुस्तकें हैं। इसके बाद उनका 'मेरा जीवन विहार' आत्मचरित्र और उनकी मृत्यु के उपरान्त उनकी प्रथम पुण्यतिथि के अवसर पर उनका 'मेरा जीवन

व्यासंग' ग्रन्थ प्रकाशित हुआ। इस ग्रन्थ की विशेषता यह है कि इसमें उन्होंने समय-समय पर लिखे 'भास्करबुवा बखले', 'गायिका ग़ौहरजान', 'भाऊराव कोल्हटकर', 'दत्तोपन्त हल्यालकर', 'सुरेश बाबू माने' आदि कलाकारों तथा संगीत सम्बन्धी अन्य विषयों पर आधारित लेख संकलित किये हैं। यह पुस्तक न केवल महत्त्वपूर्ण है, बल्कि आज भी अध्ययन के योग्य है।

इस दौर में अन्य अनेक महत्त्वपूर्ण ग्रन्थ प्रकाशित हुए हैं। इनमें स्वर्गीय केशवराव भोले के 'आजकल के गायक' (संगीत के सम्मानित), 'आवाज़ की दुनिया', 'अस्ताई', 'अन्तरा', 'मेरा संगीत' आदि आलोचनात्मक पुस्तकें और अन्य प्रकाशित लेखन का समावेश होता है। केशवराव की सूक्ष्म, चौकन्नी और आलोचनात्मक दृष्टि की झलक इसमें हर पन्ने पर नज़र आती है। प्रो. जी. एच. रानडे की 'संगीत का आत्मचरित्र' और 'इण्डियन म्यूज़िक' (अँग्रेज़ी) आदि पुस्तकें तथा 'संगीत कला विहार' पत्रिका में छपे अभ्यासपूर्ण लेख भी महत्त्वपूर्ण हैं। स्वर्गीय जी. बी. आचरेकर का 'मत्सरीकृता मूर्छना' और उन्हीं के सुपुत्र स्वर्गीय बालासाहब आचरेकर की 'भारतीय संगीत और संगीतशास्त्र का इतिहास' आदि पुस्तकों ने संगीत शास्त्र सम्बन्धी साहित्य में अहम वृद्धि की है। साथ ही आयुर्वेदाचार्य पाण्डुरंग शास्त्री देशपाण्डे ने सन् १९४० में गोविन्दराव टेम्बे और सन् १९४६ में रामभाऊ सवाई गन्धर्व की साठवीं वर्षगाँठ के अवसर पर क्रमशः 'गोविन्द गुणगौरव' और 'सवाई गन्धर्व' पुस्तकें सम्पादित कीं। प्रो. अरविन्द मंगरूलकर ने स्वर्गीय गोविन्दराव टेम्बे से प्रेरणा लेते हुए केसरबाई केरकर, मोगूबाई कुर्डीकर, सवाई गन्धर्व, हीराबाई बड़ौदेकर, पण्डित रविशंकर और अन्य कई कलाकारों पर न केवल अप्रतिम लेख लिखे, बल्कि संगीत के अनेक आयामों पर विश्लेषणात्मक लेखन भी किया। दरअसल, उनकी साहित्य की समझ आला दर्ज़े की थी। इस कारण उनकी लेखन शैली ललित एवं मधुर थी। परन्तु इसके बावजूद वह सैद्धान्तिक दृष्टि से महत्त्वपूर्ण साबित हुआ है। सन् १९६१ में इन पंक्तियों के लेखक की 'घरंदाज़ गायकी' पुस्तक प्रकाशित हुई और इसी ग्रन्थ से संगीत के सौन्दर्यशास्त्र सम्बन्धी लेखन का प्रारम्भ हुआ। इसका हिन्दी अनुवाद 'घरानेदार गायकी' और अँग्रेज़ी अनुवाद 'इण्डियन म्यूज़िकल ट्रेडिशन्स' शीर्षक से प्रकाशित हुआ। साथ ही इसी लेखक की अँग्रेज़ी

पुस्तक 'महाराष्ट्राज़ कॉन्ट्रीब्यूशन टू म्यूज़िक' और उसी का संशोधित मराठी अनुवाद 'महाराष्ट्राचे संगीतातील कार्य' (संगीत में महाराष्ट्र का योगदान) अभी-अभी प्रकाशित हुआ है। सन् १९७९ में प्रकाशित 'आलापिनी' उनका एक और ग्रन्थ है। इसमें लेखक ने अपने गुरुजनों और अपने घनिष्ठ मित्र कलाकारों के विषय में लेख लिखे हैं। इनमें से कुछ लेखों का अँग्रेज़ी अनुवाद 'इकोनॉमिक टाइम्स' में क्रमशः छपा है। कोल्हापुर के बाबूराव जोशी वकील ने 'संगीत का रसग्रहण', 'बाल संगीत', 'संगीत से गूँजता रंगमंच' आदि ग्रन्थों का लेखन किया। साथ ही पाश्चात्य लोगों को हमारा संगीत समझ में आये, इसलिए प्रो. एन्टशर लोबो के सहयोग से 'अण्डरस्टैण्डिंग इण्डियन म्यूज़िक' पुस्तक लिखी। इस अँग्रेज़ी पुस्तक में स्टाफ पद्धति से नोटेशन देकर अलग-अलग अच्छी आवाज़ों में प्रत्यक्ष गाने के उदाहरण दिये गये हैं। साथ ही उनके 'छन्दशास्त्र और संगीत' ग्रन्थ ने भी संगीत सम्बन्धी साहित्य में अमूल्य वृद्धि की है। सन् १९७१ में प्रो. अशोक रानडे ने 'संगीत का सौन्दर्यशास्त्र' शीर्षक से अत्यन्त अध्ययनपूर्ण ग्रन्थ लिखा और बीच-बीच में 'आवाज़-संवर्धन-शास्त्र', 'हिन्दुस्तानी रागों का मनोवैज्ञानिक विश्लेषण' आदि कई गहन और नूतन विषयों पर भी लेख प्रकाशित किये। ललित शैली की एक और उल्लेखनीय पुस्तक यानी के. डी. दीक्षित द्वारा लिखित 'षड्जगान्धार'। रेडियो पर बतौर स्टेशन डाइरेक्टर और अन्य स्थानों पर काम करते समय वे अनेक महान् कलाकारों के सान्निध्य में आये। उनके व्यक्तित्त्व और कला के हृद्य दर्शन के कारण यह पुस्तक अत्यन्त अमूल्य बन गयी है। डॉ. एन. आर. मारूलकर की 'संगीत के घराने' पुस्तक प्रत्येक घराने की सविस्तार जानकारी देती है। साथ ही उनकी 'गोमान्तकीय कलाकार' पुस्तक भी काफ़ी चर्चित रही है। एक और महत्त्वपूर्ण पुस्तक यानी प्रो. एन. सी. फड़के की 'नादलुब्ध की यादें' और अनन्तराव शिरगाँवकर द्वारा सन् १९६९ को प्रकाशित 'नादब्रह्म' पुस्तक। आदरणीय अनन्तराव ने अभी-अभी पंचानवे वर्ष में पदार्पण किया है। उन्होंने अपने प्रदीर्घ जीवनकाल में जिन-जिन कलाकारों की कलाओं का आस्वादन किया है, और जिनमें से अधिकांश नाम आज विस्मृति की गर्त में खो गये हैं, ऐसे कलाकारों की हृदयंगम स्मृतियाँ इसमें अंकित की हैं। इस कारण इस पुस्तक को संगीत इतिहास का एक अंश माना जा सकता है। ऐसा ही अत्यन्त महत्त्वपूर्ण कार्य मेरे मित्र प्रो. बी. आर. देवधर ने 'संगीत कलाविहार' पत्रिका के

ज़रिये किया है। इसमें उन्होंने अनेक कलाकारों से मिलकर, उनसे साक्षात्कार कर उनकी गायकी पर अनेक लेख लिखे हैं। इनका संकलन 'महान् संगीतकार' शीर्षक ग्रन्थ के रूप में प्रकाशित हुआ है। इसका दूसरा भाग भी प्रकाशन की राह पर है। साथ ही, उनका 'गायनाचार्य विष्णु दिगम्बर चरित्र' प्रकाशित हो चुका है और उसका हिन्दी संस्करण भी छप चुका है। उनका 'आवाज़ साधनाशास्त्र' ग्रन्थ भी अभी-अभी पिछले वर्ष प्रकाशित हुआ है। इसके लिए वे न्यूयॉर्क से इस शास्त्र की शिक्षा लेकर आये थे और इसके बाद लगभग बीस साल तक स्वयं पर और अन्य अनेक छात्रों पर प्रयोग कर उन्होंने यह पुस्तक लिखी है। इसके उपरान्त एक और उल्लेखनीय पुस्तक यानी जी. एन. जोशी की 'स्वरगंगा के तट पर' पुस्तक। इस पुस्तक के ज़रिये उन्होंने अपने उन अनुभवों को सार्थक किया है, जो उन्होंने 'हिज मास्टर्स व्हाइस' में नौकरी करते समय अनेक महान् कलाकारों के सान्निध्य में पाये थे। उनकी एक और अँग्रेज़ी पुस्तक 'अण्डरस्टैण्डिंग इण्डियन म्यूज़िक' अभी-अभी दो साल पहले प्रकाशित हुई है, जिसे उन्होंने मुख्यतः पाश्चात्य पाठकों के लिए लिखा है।

इसके अलावा इन पंक्तियों के लेखक की सूचना के अनुसार महाराष्ट्र राज्य साहित्य संस्कृति मण्डल ने अनेक ग्रन्थ प्रकाशित किये हैं या अनुदान देकर प्रकाशित करवाये हैं। यह अत्यन्त महत्त्वपूर्ण कार्य है और अन्य राज्यों के संगीतज्ञ बताते हैं कि अन्य किसी भी राज्य सरकार ने संगीत सम्बन्धी ऐसा कार्य नहीं किया है। मैं तो यह आग्रहपूर्वक प्रतिपादित करूँगा कि उपरिलिखित अनेक लेखकों के कुछ महत्त्वपूर्ण ग्रन्थ मण्डल के अनुदान के कारण ही प्रकाशित हो पाये हैं। इनके अलावा और भी ग्रन्थ हैं, जिनका उल्लेख करना रह गया है। इन ग्रन्थों में पण्डित रातंजनकर कृत 'पण्डित भातखण्डे का चरित्र', प्रो. जी. एच. तारलेकर कृत 'संगीत रत्नाकर' ग्रन्थ का सटीक अनुवाद (प्रथम चार अध्याय), अरॉन कॉपलण्ड कृत 'म्यूज़िक एण्ड इमैजिनेशन' का श्रीधर एच. देशपाण्डे द्वारा किया गया मराठी अनुवाद, स्ट्रैव्हिन्स्की के 'पोएटिक्स ऑफ़ म्यूज़िक' के अनुवाद के साथ-साथ प्रो. अशोक रानडे द्वारा उसके समग्र संगीत विचार का लिया गया स्थूल जायज़ा, साथ ही डॉ. बी. सी. देव कृत 'संगीत के वाद्य', एच. वी. दात्ये द्वारा लिखा गया प्रांगणीय संगीत पर आधारित एकमात्र ग्रन्थ 'गायनी कला', डॉ. श्रीमती श्यामला वनारसे कृत 'संगीत का मनोविज्ञान'

और डॉ. एस. वी. गोखले कृत 'लयताविचार' जैसे अनेक ग्रन्थ इसके अन्तर्गत आते हैं। साथ ही रूपारेल कॉलेज मुम्बई में इलेक्ट्रिक श्रुति हारमोनियम पर किया गया अनुसन्धान और वाडिया कॉलेज पुणे की वैज्ञानिक टीम द्वारा किया गया तमिलनाडु के तिरुनेलव्हेली मन्दिर के संगीत स्तम्भ का अनुसन्धान इसी महाराष्ट्र राज्य साहित्य संस्कृति मण्डल के अनुदान से हुआ है। इसके अलावा अनेक महत्त्वपूर्ण ग्रन्थ आज भी मण्डल के सामने प्रकाशन के लिए प्रतीक्षारत खड़े हैं। इनमें गोविन्दराव टेम्बे का 'मेरा संगीत व्यासंग' और 'अल्लादिया ख़ाँ का चरित्र', पण्डित भातखण्डे की 'संगीत पद्धति भाग १ से ४' और कृष्णराव मुले का 'भारतीय संगीत' वग़ैरह के पुनर्मुद्रणों का समावेश है।

मेरा संगीत साहित्य सम्बन्धी यह जायज़ा केवल मराठी भाषा तक सीमित है। अन्य यानी हिन्दी, बाङ्ला, गुजराती वग़ैरह भाषायें मुझे अवगत नहीं है। इसलिए इन भाषाओं में संगीत सम्बन्धी क्या ग्रन्थ निर्मिति हुई है, यह जानकारी मैं नहीं दे सकता। मगर मेरे मित्र पण्डित मदनलाल व्यास बताते हैं कि बाङ्ला भाषा में अनेक उत्तमोत्तम ग्रन्थ लिखे गये हैं। हिन्दी में भी इसी तरह विपुल साहित्य मौजूद होने की सम्भावना है।

इसी के साथ आज एक नया और विलोभनीय दृश्य दिखायी देता है। एक दौर में वही लोग संगीत पर लिखा करते थे, जिनका संगीत पर बिल्कुल भी अधिकार नहीं था। इसलिए उनके लेखन की आलोचना भी होती रही हैं। इससे अगली सीढ़ी यानी ऐसे लेखक, जिन्होंने संगीत को व्यवसाय रूप में नहीं अपनाया, मगर उसका व्यासंग करते रहे और जिन्होंने विख्यात संगीत प्रशिक्षक के रूप में नाम कमाया। मगर सन्तोष की बात है कि आजकल ऐसे कलाकार संगीत पर बोलने-लिखने लगे हैं, जिन्होंने संगीत का मैदान मारा है और जो महफ़िलें करते हैं। इनमें प्रमुख रूप से डॉ. कुमार गन्धर्व, डॉ. वसन्तराव देशपाण्डे, श्रीमती प्रभा अत्रे, श्रीमती किशोरी अमोणकर, श्री भास्कर चन्दावरकर आदि आते हैं। दरअसल, संगीतकारों को ही यह लेखन करना चाहिए और इस दृष्टि से यह पहल अत्यन्त अभिनन्दनीय है।

इस दौर में संगीत के लिए समर्पित कुछ पत्रिकायें भी निकली हैं। पुणे के भारत गायन समाज ने कुछ समय के लिए 'भारतीय संगीत' पत्रिका निकाली, मगर आगे चलकर वह बन्द हो गयी। सन् १९४७ में शुरू हुई

'संगीत कलाविहार' पत्रिका को गन्धर्व महाविद्यालय मण्डल बीते तैंतीस वर्षों से निरन्तरता से चला रहा है। इन पंक्तियों का लेखक इस पत्रिका से लगभग शुरू से ही घनिष्ठता से जुड़ा हुआ है। इस मासिक पत्रिका से अब तक काफ़ी मौलिक साहित्य प्रकाशित हुआ है। ख़ास बात, यह पत्रिका शुरू से ही मराठी और हिन्दी—दोनों भाषाओं में प्रकाशित होती थी। बीते कई वर्षों से उत्तर प्रदेश के हाथरस से हिन्दी पत्रिका 'संगीत' निकलती है और इस संस्था ने हिन्दी में काफ़ी बड़ी ग्रन्थ सम्पदा प्रकाशित की है। मगर इसका स्वरूप प्रायः स्कूली पत्रिका तक ही सीमित रहा। संगीत नाटक अकादेमी, दिल्ली भी बीते कई वर्षों से संगीत और नाटक के लिए समर्पित अँग्रेज़ी पत्रिकायें चला रही है। नेशनल सेंटर फॉर दी परफॉर्मिंग आर्ट्स संस्था ने संगीत, नाट्य, नृत्य को समर्पित 'जर्नल' को त्रैमासिक पत्रिका के रूप में बढ़िया चलाया है। इसी दौर में अनेक विख्यात कलाकारों ने अलग-अलग रागों में अनेक बन्दिशें रचीं और अपने-अपने शिष्यों में उनका प्रचार कराया। वे प्रकाशित नहीं हुईं, मगर सर्जनात्मक ग्रन्थ के रूप में जिसका उल्लेख किया जा सकता है, वह ग्रन्थ है, डॉ. कुमार गन्धर्व का 'अनूपरागविलास'। इसमें उन्होंने उनकी अपनी रची सौ-डेढ़ सौ बन्दिशें कुछ नये रागों में, कुछ नये जोड़-रागों में और कुछ पुराने ही रागों में नोटेशन के साथ छपवायी हैं। इसमें लेखक की चिन्तनपरक प्रदीर्घ प्रस्तावना भी है। साथ ही, स्वर्गीय पण्डित जगन्नाथबुवा पुरोहित का 'स्वानन्दी' और पुणे के मुहम्मद हुसेन ख़ाँ के 'उपज' और 'बन्दिश' ग्रन्थ भी प्रकाशित हुए हैं। एक और बात कहने लायक़ है कि आजकल अधिकांश समाचार-पत्र संगीत सम्बन्धी कार्यक्रमों के समाचार छापते हैं और अब यह सभी समाचार-पत्रों का स्थायी भाव बन गया है।

इस सम्पूर्ण वाङ्‌मयात्मक अंश को मैंने अपनी स्मृतियों के आधार पर लिखा है। सम्भव है, इसमें कुछ महत्त्वपूर्ण ग्रन्थों का उल्लेख छूट गया हो।

४

पचास वर्ष पूर्व महफ़िलों में आनेवाला समाज सामान्यतः सौ-सवा सौ श्रोताओं तक ही सीमित होता था। मगर अब वह कई गुना यानी हज़ारों की संख्या में उपस्थित रहने लगा है। पहले का श्रोता समाज यानी राजा-

महाराजा, रियासतदार, जागीरदार और पीढ़ियों से सम्पन्न वर्ग, उन्हीं के सम्मानित निमन्त्रित, स्वयं कलाकार, संगीत के अध्येता, संगीत के साधक और छात्र यहीं तक सीमित होता था। मतलब संगीत उस दौर में अधिकांशत: राजा-महाराजाओं के महल में ही विचरता था। अब वह पूरी तरह से लोकाश्रयी बन गया और आम समाज के आश्रय में आ गया है।

इस परिवर्तन के अनेक कारण हैं। स्वातन्त्र्योत्तर दौर में सारी रियासतें हिन्दुस्तान की सार्वभौम सत्ता में विलीन हुईं और संगीत का राजाश्रय पूरी तरह से नष्ट हो गया। इसके साथ इस दौर में वैज्ञानिक अनुसन्धान में भी वृद्धि हुई। घर-घर रेडियो, ट्रांजिस्टर, टी.वी. शुरू हुए और सभी लोगों के लिए घर बैठे गायन सुनने की सुविधा उपलब्ध हो गयी। इस कारण पहले गाना सुनने न जानेवाले समाज में भी गाने के प्रति दिलचस्पी उत्पन्न हुई और वह भी सार्वजनिक जलसों में सम्मिलित होने लगा।

अभी-अभी कहा है कि पहले महफ़िलों में सौ-सवा सौ तक श्रोता हुआ करते थे। उस समय श्रोताओं की संख्या इतनी ही होना सम्भव था। क्योंकि महफ़िल में इससे बड़े समाज को गाना सुनायी देना सम्भव नहीं था। मनुष्य की आवाज़ कितनी दूर तक पहुँच सकती है, इसकी स्वाभाविक रूप से एक परिसीमा थी। इसी दौरान यानी सन् १९३०-३५ के आसपास मुम्बई में अनेक जगहों पर और अन्यत्र भी इक्का-दुक्का म्यूज़िक सर्कल निकले थे, जो पाँच-दस साल चले। मगर उनकी सदस्य संख्या भी ऐसी ही सीमित होती थी। उस समय के बॉम्बे म्यूज़िक सर्कल में मैं सेक्रेटरी था। उस समय सदस्य संख्या को सौ से बढ़ाकर डेढ़ सौ करने के सन्दर्भ में सर्कल में कितना विवाद हुआ था, मुझे अच्छी तरह से याद है। इन सभी म्यूज़िक सर्कलों की विशेषता यह थी कि इसके अधिकांश सदस्य स्वयं मझले दर्ज़े के कलाकार, कुछ समाज के सम्पन्न वर्ग के लोग और अन्य लोग भी उच्च अभिरुचि सम्पन्न होते थे। साथ ही इन महफ़िलों में कोई विख्यात कलाकार आता तो उसका भी गर्मजोशी के साथ स्वागत होता और इसे सर्कल का सम्मान समझा जाता। इस कारण गाँव के अधिकांश विख्यात कलाकार ऐसी महफ़िलों में ख़ुद ही चले आते थे। अर्थात् उस दौर का श्रोता समाज स्वयं गानेवाला, अन्य विख्यात कलाकारों के साथ उठने-बैठनेवाला और कुल मिलाकर उच्च अभिरुचि सम्पन्न जानकार लोगों का था। इस कारण जो भी कलाकार गाने के लिए आता, उसे

अत्यन्त ज़िम्मेदारी से अपनी कला पेश करनी पड़ती। वहाँ सस्ती और हीन अभिरुचि की प्रस्तुति के लिए कोई जगह नहीं होती थी।

मगर विज्ञान ने इस परिस्थिति में भी आमूलाग्र क्रान्ति की और माइक्रोफ़ोन, लाऊडस्पीकर जैसे उपकरण आ गये। कुछ सालों बाद और नये म्यूज़िक सर्कल निकले और मुम्बई, पुणे जैसी जगहों पर आज भी वे बहुत अच्छी तरह से चल रहे हैं। उनमें श्रोताओं की उपस्थिति सौ-डेढ़ सौ तो नहीं, मगर चार-पाँच सौ के अनुपात में अवश्य होती है और श्रोतावर्ग भी अच्छा-ख़ासा जानकार होता है। आज थोड़ा-बहुत विशुद्ध गाना ऐसे ही सर्कलों में सुनायी देता है। आगे चलकर इसी दौर में विशाल मात्रा में संगीत के जलसे 'कॉन्फ्रेन्स' के ग़लत नाम से जगह-जगह सम्पन्न होने लगे और वहाँ श्रोता समाज भी अब सैकड़ों नहीं बल्कि हज़ारों की संख्या में उपस्थित रहने लगा। माइक्रोफ़ोन तथा लाऊड स्पीकर के कारण इस विशाल श्रोतावर्ग को भी गाना सुनाना सम्भव हो गया। मगर यह श्रोता समाज पहले जैसा जानकार नहीं था। पुराने जानकार श्रोताओं के स्थान पर अधिकांश नवधनाढ्य लोग फ़ैशन के रूप में अथवा नये संगीत विद्यालय से निकले आधे-अधूरे जानकार और रेडियो वग़ैरह के कारण गाने के प्रति नयी-नयी दिलचस्पी से लैस नया श्रोतावर्ग आ गया। मगर इस अति विशाल जनसमुदाय की संगीत सम्बन्धी अभिरुचि अत्यन्त निचले दर्ज़े की थी। कलाकार और तबलची की होड़, दो कलाकारों के बीच नयी-नयी जन्मी जुगलबन्दी, निरर्थक तानेबाज़ी आदि श्रोताओं पर इम्प्रेशन मारने के विदूषकी करतब इस समाज की पसन्द बनने लगे और इन्हीं को वे दाद देने लगे। मगर गाने की भाषा में यह दाद नहीं थी, बल्कि ताली थी। दुर्भाग्य से हमारे अधिकांश उच्च कलाकार भी इस मायाजाल के शिकार बनने लगे। इसी को मैं 'संगीत का ताली वाङ्मय' कहता हूँ।

युद्धोत्तर और स्वातन्त्र्योत्तर दौर में एक नया चमत्कार हुआ। विशेषतः युद्ध के कारण एक नवधनाढ्य वर्ग ही उत्पन्न हुआ। इस दौर में काला और सफ़ेद धन इतना बढ़ गया कि इन अमीरों के सामने सवाल पैदा हो गया कि इस धन का क्या करें? पहले के अमीरों ने पीढ़ियों से अमीरी का उपभोग किया था। इस कारण इस वर्ग में एक तरह से ख़ानदानीपन, आचरण में संयम, सामाजिक नैतिकता की भावना और साथ ही संगीत के सन्दर्भ में उच्च अभिरुचि दिखायी देती थी। और उनकी यह उच्च अभिरुचि

संगीत के लिए अत्यन्त उपकारक भी थी। उच्च प्रकार के गायक-गायिकाओं को इसी ख़ानदानी अमीर वर्ग से आश्रय प्राप्त हुआ था। इस कारण अधिकांश गायिकायें मनचाहे गुरु से तालीम प्राप्त कर सकीं और गृहस्थी चलाकर भी दिन-रात संगीत का रियाज़ कर पायीं। मगर इस नवधनाढ्य वर्ग की कोई अभिरुचि नहीं थी। फिर भी संगीत महफ़िल या जलसे में जाना उसकी दृष्टि से एक प्रतिष्ठा का सबब, एक फ़ैशन हो गया। हमें उच्च संगीत में भी दिलचस्पी है, यह दिखावा करने के लिए जलसा या महफ़िलों में सम्मिलित होना, उनकी दृष्टि से एक स्टेटस सिंबल बन गया।

५

इसी दरमियान और विशेषतः स्वतन्त्रता के बाद पाश्चात्य लोग हमारे संगीत में अधिक गम्भीरता से दिलचस्पी लेने लगे। सन् १७८२ में सर विलियम जोन्स से लेकर अनेक पाश्चात्य विद्वानों ने भारतीय संगीत पर अध्ययनपूर्ण लेख और किताबें लिखीं। इनमें कैप्टन विलार्ड, कैप्टन डे, फॉक्स स्ट्रैंग्वेज, पोपले, एलन डैनिल्यू आदि के ग्रन्थ महत्त्वपूर्ण हैं। फिर भी सामान्य पाश्चात्य लोगों की दृष्टि से हमारा संगीत यानी 'आदिम स्थिति का', 'जंगली', 'अनगढ़', 'गँवार' और अत्यन्त सौम्य शब्दों में कहना हो तो 'अविकसित' समझा जाता था। बिल्कुल अभी-अभी यानी स्वतन्त्रता से तीन वर्ष पहले सन् १९४४ में बिव्हरले निकस नामक एक बदतमीज़ पत्रकार अपने 'व्हर्डिक्ट ऑन इण्डिया' पुस्तक में बर्राया कि 'इण्डियन म्यूज़िक हैज यट टू सफ़र दी पैंग्ज ऑफ़ बर्थ'। इससे भी भयानक बात यह कि इसी पत्रकार ने भारतीय संगीत का वर्णन इन शब्दों में किया है : भारतीय संगीत सूअर काटते समय बूचड़खाने में सुनायी देनेवाली चीख़ों या घोड़ों की हिनहिनाहट जैसा होता है। परन्तु स्वतन्त्रता के बाद और स्वतन्त्रता के कारण हमारे देश की राजनीतिक प्रतिष्ठा अचानक बढ़ गयी और पाश्चात्य लोग हमारे धर्म का, हमारी संस्कृति का, हमारे दर्शन का, हमारे योगशास्त्र का और साथ ही हमारे संगीत का अधिक आदरपूर्वक और आत्मीयता से अध्ययन करने लगे। और समग्र यूरोपीय देशों में किसी जादू की तरह हमारा स्थान अचानक प्रतिष्ठित हो गया।

इसी दौर में सितारवादक पण्डित रविशंकर, सरोदवादक अली अकबर

ख़ाँ, तबलावादक पण्डित चतुरलाल और अल्लारक्खा ख़ाँ और शहनाईवादक बिस्मिल्ला ख़ाँ जैसे कलाकारों ने यूरोप-अमेरिका में न केवल ख्याति अर्जित की, बल्कि हमारे समग्र हिन्दुस्तानी संगीत के प्रति विलक्षण अभिरुचि भी उत्पन्न की है। यही नहीं, पण्डित रविशंकर के श्रेष्ठ सितारवादन से कुल पश्चिमी देशों में सितारवादन की लहर-सी उठी। जिसे देखो, वो काँख में सितार लिये घूमने लगा। जॉर्ज हैरिसन वग़ैरह 'बीटल/पॉप/जॅझ' संगीत के अग्रणी कलाकारों ने पण्डित जी का शिष्यत्व ग्रहण किया। इस विशाल लहर का श्रेय पण्डित रविशंकर की तरह पाश्चात्य वायलिन वादक येहुदी मेनुहिन को भी देना होगा। लगता नहीं, उनके जैसी अन्तरराष्ट्रीय ख्याति किसी अन्य पाश्चात्य कलाकार ने पायी होगी। आज पाश्चात्य संगीत में उनका नाम यूरोप और अमेरिका-कैनडा वग़ैरह देशों में घर-घर में लिया जाता है। अलग-अलग संस्कृति, भिन्न-भिन्न संगीत पद्धतियों वाले दो महान् कलाकारों का अलौकिक गठजोड़ हुआ और इसी कारण यहुदी मेनुहिन ने पण्डित जी और अन्य उपरोल्लिखित कलाकारों का पाश्चात्य जगत् को परिचय कराया और उनकी श्रेष्ठ गुणवत्ता को संसार के सामने लाने का श्रेय प्राप्त किया। इसका प्रमुख कारण यह है कि येहुदी मेनुहिन को सही मायने में हिन्दुस्तानी संगीत का मर्म समझ आया था और उनकी धारणा थी कि पाश्चात्य संगीत पद्धति का मूल स्रोत भी हिन्दुस्तानी संगीत में ही है। अब यह लहर शान्त हो गयी है, फिर भी पश्चिमी जगत् में हिन्दुस्तानी संगीत की यह प्रतिष्ठा कायम है कि यह संगीत भी पाश्चात्य संगीत की तरह विकसित, समृद्ध और हृदय को आन्दोलित करनेवाला है। आज इंग्लैण्ड, अमेरिका आदि अनेक देशों में हिन्दुस्तानी संगीत सीखने-सिखाने की सुविधायें उपलब्ध हैं। इनमें ॲम्स्टरडम में पं. रविशंकर के शिष्य जमालुद्दीन भारतीय, पं. रविशंकर के शालक यानी गुरुजी अलाउद्दीन ख़ाँ मैहरवाले के सुपुत्र ख़ाँसाहब अकबर अली ख़ाँ और अल्लारखा ख़ाँ के सुपुत्र जाकिर हुसैन सैन्फ्रान्सिस्को में संगीत विद्यालय चलाते हैं। और ख़बर है कि वे बहुत अच्छी तरह से चल रहे हैं। विशेषत: ॲम्स्टरडम को जमालुद्दीन भारतीय ने हिन्दुस्तानी संगीत का घर ही बना दिया है। वहाँ श्रोता तैयार हुए हैं, जो विख्यात कलाकार को हमारे मुम्बई-पुणे के म्यूज़िक सर्कल की तरह दाद देते हैं। यहाँ अनेक शिष्यों को लगभग गुरु-परम्परा के अनुसार ही सितार, सरोद, तबला, गायन की तालीम दी जाती है। इसके अलावा कनाडा में कॅलगरी-एडमिण्टन-टोरन्टो, जर्मनी में वेस्ट बर्लिन,

इंग्लैण्ड में लन्दन और डार्टिंग्टन हॉल आदि जगहों पर संगीत सीखने की सुविधायें उपलब्ध हैं। न्यूयॉर्क यूनिवर्सिटी में एशियन स्टडीज़ की शाखा में संगीत का समावेश है और प्रो. जयराजभाई इसके प्रमुख हैं। इस सन्दर्भ में एक और उल्लेखनीय बात यह है कि यूरोप–अमेरिका से अनेक छात्र पिछले दस–बीस सालों में इधर आने लगे हैं और इनमें कोई सितार, कोई सरोद, कोई तबला तो कोई गायन का अभ्यास कर रहे हैं। ऐसे कई छात्र मुम्बई, दिल्ली, चेन्नयी, कोलकाता, पुणे आदि शहरों में दिखायी देते हैं। मगर जिस प्रकार हमारे झुबीन मेहता, वनराज भाटिया अथवा व्हिक्टर परंज्योति आदि ने पाश्चात्य संगीत में भी प्रवीणता प्राप्त की है, भारतीय संगीत में प्रवीणता प्राप्त करनेवाला उनकी बराबरी का पाश्चात्य कलाकार कम से कम मेरे देखने–सुनने में नहीं आया है। दाक्षिणात्य संगीत में ख्यातिप्राप्त मिस्टर हिगिन्स आज अमेरिका में इस संगीत की शिक्षा दे रहे हैं। हिन्दुस्तानी संगीत में इसी योग्यता के मि. रॉजर एश्टन का नाम भी कुछ सालों पहले सुनायी देता था। मगर अब वह लुप्त हो गया है। शायद एश्टन ने अपना व्यासंग त्याग दिया है। परन्तु वे जब हिन्दुस्तान में थे, तब किसी ध्रुपदिया की तरह ध्रुपद गाकर उसमें हमारी तरह दोगुन–चौगुन भी करते थे। (यहाँ मुझे यह प्रतिपादित करना चाहिए कि ये मुझे एकमात्र ऐसे सज्जन मिले थे, जिन्होंने विश्व संगीत के सन्दर्भ में हिन्दुस्तानी संगीत का बतौर शास्त्र गहरा अध्ययन किया था। वह भी सौन्दर्यात्मक दृष्टि से और उसकी बुनियाद में स्थित हिन्दू वेदान्त–दर्शन समेत।) चाहे जो हो, मगर ज़ुबीन मेहता, वनराज भाटिया अथवा व्हिक्टर परंज्योति जैसी बात उनमें नहीं आ पायी। 'साहब' हमारा गाना गाता है, बस यही उसमें नवीनता थी। क्या पता, भविष्य में कोई साहब दो तानपूरों के बीच बैठकर कोई ख़याल बिल्कुल आज के भीमसेन जोशी, कुमार गन्धर्व, किशोरी आमोणकर अथवा जितेन्द्र अभिषेकी जैसे कलात्मक अन्दाज़ और तैयारी से गा भी दे। मगर कम से कम आज तो ऐसे चिह्न नज़र नहीं आते। फिर भी आज दर्जनों कलाकार विदेश दौरों का आयोजन करते हैं। माना कि उनके श्रोताओं में आधे से ज़्यादा श्रोता यहीं से यूरोप–अमेरिका के विभिन्न शहरों में बसे भारतीय होते हैं, मगर ऐसे दौरों से लौटे कलाकार बताते हैं कि अधिकांश शहरों में बचा हुआ आधा श्रोतावर्ग तो वहाँ का स्थानीय निवासी ही होता है। इसके अलावा, जैसा कि ऊपर कहा गया है, यूरोप–अमेरिका में जगह–जगह पर हमारे कलाकार बतौर विजिटिंग प्रोफ़ेसर

जाते हैं। इस दृष्टि से यह कहा जा सकता है कि हिन्दुस्तानी संगीत के लिए 'एक्सपोर्ट मार्केट वैल्यू' थोड़ी-बहुत मात्रा में उपलब्ध हुई है।

पाश्चात्य देशों में हमारे संगीत की प्रतिष्ठा वृद्धिगत होने की दृष्टि से एक अत्यन्त महत्त्वपूर्ण घटना सन् १९६४ के फ़रवरी में 'ईस्ट एण्ड वेस्ट म्यूज़िक कॉन्फ्रेन्स' के रूप में सम्पन्न हुई। यह कॉन्फ्रेन्स दिल्ली में आयोजित की गयी थी और इसकी मुख्य विशेषता यह थी कि उसमें हमारे देश के बड़े-बड़े कलाकारों के साथ-साथ यूरोप, अमेरिका, रूस आदि देशों के अनेक विद्वान, अनेक पश्चिमी संगीत विशेषज्ञ (Musicologists) प्रतिनिधियों को भी आमन्त्रित किया गया था। लन्दन से इंग्लैण्ड के राजघराने के लॉर्ड हेयरवुड, विश्वविख्यात येहुदी मेनुहिन, फ्रान्स से निकोलस नबोकाव्ह, वेस्ट जर्मनी से प्रो. स्टकेनस्किमिट और पिटर क्रॉसले, हॉलैण्ड से एच. जे. कोएलरूटर, अनेक वर्षों तक हमारे यहाँ रहकर भारतीय संगीत का अध्ययन करनेवाले और वेस्ट बर्लिन में बसे ॲलन डॅनिल्यू आदि कलाकार उपस्थित थे। साथ ही युगोस्लोवाकिया, चेकोस्लोवाकिया, कनाडा, वाशिंगटन, न्यूयॉर्क, हंगेरी, कैलिफोर्निया, पूर्वी जर्मनी आदि जगहों से भी अनेक संगीतज्ञ आये थे। इनमें वियतनाम के प्रो. त्रान व्हान खे के साथ-साथ पौर्वात्य और मध्य एशिया की अनेक संगीत पद्धतियों के अध्येता उपरोल्लिखित रॉजर एश्टन भी थे। इन सभी विद्वानों ने पाश्चात्य और भारतीय संगीत की अत्यन्त गम्भीर तुलना कर गम्भीरता से भरे, विद्वत्ताप्रचुर और विचार प्रवर्तक प्रबन्ध लिखे हैं। स्थान के अभाव में उनका जायज़ा लेना सम्भव नहीं है। इन सबके प्रतिपादन का सारांश यह है कि भारतीय संगीत अन्तर्मुख करता (इन्ट्रोवर्ट) है और पाश्चात्य संगीत बहिर्मुखी (एक्स्ट्रोवर्ट) है। साथ ही भारतीय संगीत चिन्तन, मनन अथवा ध्यानात्मक (मेडिटेटिव, कन्टेम्प्लेटिव) है और पाश्चात्य संगीत प्रवृत्तिपरक है। विद्वानों के उद्गार हैं, "यूरोपियन ॲक्ट्स, इण्डियन मेडिटेट्स।" भारतीय संगीत मनुष्य के अन्तर्मन की रहस्यमयी गतिविधियों का आविष्कार करता है, उसकी सतह तक पहुँचता है। इसके विपरीत पाश्चात्य संगीत अधिकाधिक बाह्य परिस्थिति (एन्वायरनमेंट) का दर्शन कराता है। वह मनुष्य और अलग-अलग वाद्यों की जातियों में मेल कराने में ही व्यस्त है। पाश्चात्य संगीत पाश्चात्य (ईसाई) दर्शन से सुसंगत है। पाश्चात्य सिद्धान्त यह कहता है कि संसार की उत्पत्ति एक बार ही होती है और

कभी न कभी एक ही बार विनाश को प्राप्त होती है। इसका अर्थ यह हुआ कि संसार एक ही बार निर्मित होता है और बाद में उसमें किसी प्रकार का प्राकृतिक परिवर्तन नहीं होता। इसी न्याय से जब कोई रचनाकार (कम्पोज़र) कोई रचना करता है, बाद में उसमें कुछ भी प्राकृतिक परिवर्तन नहीं किया जा सकता। इसके विपरीत भारतीय संगीत ब्रह्मा के 'अनादि' और 'अनन्त' दर्शन से सम्बद्ध है। अत: भारतीय लोगों की धारणा के अनुसार संसार बार-बार निर्मित होता है और बार-बार विनाश को प्राप्त होता है और यह क्रम लगातार जारी रहता है। अर्थात् उस 'परम तत्त्व' का बार-बार अलग-अलग रूपों में—संगीत में भी आविष्कार होता रहता है। साथ ही पाश्चात्य संगीत मनुष्य, स्थल और काल का संज्ञान लेता है और भारतीय संगीत मनुष्य की अन्तर्संवेदना (Consciousness) की सतह तक पहुँचता है। भारतीय संगीत का कोई राग, उदाहरणार्थ यमन को आज तक सैकड़ों कलाकार सैकड़ों वर्षों से गाते आये हैं और आगे भी गाते रहेंगे। इनमें से हर कलाकार इसी राग यमन का हर बार अपनी उस समय की मनोदशा के अनुसार अलग-अलग आविष्कार करता रहेगा। और इतना करने के बाद भी राग यमन का यमनत्व उस 'ब्रह्मा' की तरह स्वतन्त्र और तटस्थ ही रहेगा। साथ ही भारतीय संगीत की ताल पद्धति भी किसी सीधी रेखा की तरह आगे-आगे जानेवाली नहीं है, बल्कि 'सायक्लिक' यानी आवर्तनात्मक है। वह भी उनके वेदों की 'ब्रह्म' दर्शन प्रणाली से सुसंगत है। कुल मिलाकर, भारतीय संगीत एक विशिष्ट अर्थ में कलाकारों की 'आध्यात्मिक', 'रहस्यमयी' और 'मनोवैज्ञानिक' शक्ति की सतह तक पहुँचता है। इसके विपरीत पाश्चात्य संगीत सामूहिक और प्रकृति के विभिन्न दृश्य साकार करता है। उदाहरणार्थ, पाश्चात्य संगीतकार पहाड़-पर्वतों की निबिड़ता, समुद्र की अथाहता, बहते निर्झरों की कलकल अथवा 'लन्दन की बरसात' जैसी घटनाओं का दर्शन कराने का प्रयोजन भी स्वीकार करता है।

सामान्य यूरोपीय मनुष्य जो पहले भारतीय संगीत को 'आदिम' अवस्था का, 'जंगली', 'अनगढ़' अथवा अविकसित समझता था, इस कॉन्फ्रेन्स के फलस्वरूप वह उसे पूर्ण विकसित शास्त्र और कला के रूप में स्वीकार करने लगा है। यही नहीं, उपरोल्लिखित रॉजर अॅश्टन ने तो यहाँ तक कहा है कि सम्पूर्ण संसार में दो ही पूर्ण और विकसित कला पद्धतियाँ हैं : एक

पाश्चात्य और दूसरी भारतीय। आगे वह यह भी कहता है कि भारतीय संगीत पद्धति 'परफेक्ट' और 'परफेक्टेड' यानी प्रौढ़ और परिपूर्ण है। उसमें अब सुधार के लिए कोई गुंजाइश या जगह नहीं है। मगर साथ ही वह यह भी कहता है कि केवल पद्धति परफेक्ट होने से कोई कलाकार परफेक्ट नहीं होता। कला पूरी तरह से प्रौढ़ हो सकती है, मगर कलाकार दोषपूर्ण हो सकता है। कलाकार कभी भी पूरी तरह से दोषरहित नहीं होता। साथ ही, वह यह भी कहता है कि संसार की अन्य अलग-अलग संगीत पद्धतियाँ अभी विकास के अलग-अलग पड़ावों पर ही रुकी हुई हैं। कुल मिलाकर यह मानना होगा कि इस कॉन्फ्रेन्स के कारण भारतीय आभिजात्य संगीत का स्थान संगीत के सन्दर्भ में सुप्रतिष्ठित हुआ है। यह इसी का फल है कि प्रतिवर्ष एडिनबरो, जिनेवा आदि अनेक यूरोपीय देशों में सम्पन्न होनेवाले संगीत महोत्सवों में भारतीय कलाकारों को सम्मानजनक स्थान प्राप्त हो रहा है।

उपर्युक्त विवेचन में पाश्चात्य संगीत के सन्दर्भ में उल्लेख आया है कि भारतीय संगीत 'आध्यात्मिक' और हिन्दू वेदान्त दर्शन से सुसंगत है। मगर इससे किसी भारतीय कलाकार को यह समझकर ख़ुश होने की ज़रूरत नहीं है कि वह भी कोई आध्यात्मिक सन्त या सत्पुरुष है। पाश्चात्य मत बस यही दर्शाता है कि भारतीय संगीत पद्धति का जन्म किस संस्कृति से हुआ है। मगर इसका मतलब यह नहीं कि भारतीय गायक स्वयं को कोई मुक्तात्मा समझने लगे।

एक और महत्त्वपूर्ण बात। प्रो. नेल सोरेल और पं. रामनारायण, दोनों ने मिलकर 'इण्डियन म्यूज़िक इन परफ़ॉरमेन्स' ग्रन्थ लिखा है। पं. रामनारायण अन्तरराष्ट्रीय ख्याति के सारंगीवादक हैं। उन्होंने अपने कुछ प्रयोगों की रेकॉर्डिंग कर उनका स्वतन्त्र रूप से स्पष्टीकरण भी तैयार किया है। दूसरे लेखक नेल सोरेल यार्क विश्वविद्यालय में पाश्चात्य संगीत के प्रोफ़ेसर हैं और उन्होंने पं. रामनारायण से अनेक वर्षों तक सारंगी की शिक्षा ग्रहण की है। अर्थात् पाश्चात्य और भारतीय—दो विख्यात संगीतकारों के सहयोग से यह महत्त्वपूर्ण ग्रन्थ तैयार हुआ है। इस ग्रन्थ की एक और ख़ासियत यह है कि प्रत्यक्ष महफ़िल में सारंगी वादन का बर्ताव कैसे होता है, इसका सविस्तार विवेचन इसमें किया गया है। अपने वादन के प्रति हिन्दुस्तानी संगीतकार की क्या भूमिका होती है, वह अपना रियाज़ कैसे करता है,

महफ़िल की तैयारी क्या है, कला के आविष्कार में उत्स्फूर्त सहभाग कितना होता है, राग के निषिद्ध-अनिषिद्ध स्वर से एक-एक आयाम कैसे आकार ग्रहण करता है और उनका उपयोग महफ़िल के बर्ताव में कैसे करना है आदि प्रश्नों की सविस्तार चर्चा इस ग्रन्थ में नेल सोरेल ने अनेक प्रकरणों में की है। साथ ही, कैसेट पर 'श्री' राग की सम्पूर्ण प्रस्तुति कर उन्होंने पाश्चात्य स्टाफ नोटेशन में उसकी सम्पूर्ण 'सरगम' भी बनाकर रखी है। यह साढ़े चौदह पौण्ड की पुस्तक मैनचेस्टर यूनिवर्सिटी ने प्रकाशित की है, जिसे उपरोक्त येहुदी मेनुहिन का पुरस्कार भी प्राप्त हुआ है।

इस ग्रन्थ ने हिन्दुस्तानी संगीत में पाश्चात्यों के सफ़र का एक चरण पूरा किया है। इसी तरह का एक प्रयास मेरे मित्रद्वय श्री बाबूराव जोशी, कोल्हापुर और प्रोफ़ेसर अँटशर लोबो, मुम्बई ने कुछ साल पहले अँग्रेज़ी माध्यम से किया था। मगर इसका उद्देश्य पहल के रूप में था। इस दृष्टि से उपर्युक्त ग्रन्थ को पाश्चात्यों के हिन्दुस्तानी संगीत की रसज्ञता का प्रतीक ही समझना होगा। इस तरह के अपने प्रयास के कारण भी यह ग्रन्थ महत्त्वपूर्ण प्रतीत होता है।

६

पिछले पचास वर्षों की एक और महत्त्वपूर्ण घटना यानी पुराने ज़माने का संगीत नाटक बीच के दौर में लगभग अन्तर्धान हो गया था। मगर कुछ समय बाद वह नये विकृत रूप में दुबारा उठ खड़ा हुआ और आज भी बरकरार है। दूसरे शब्दों में, सन् १९१० से १९३० तक घेरेदार जरी की नौ गज़ी ख़ानदानी साड़ी में विचरनेवाला यह संगोत अब पाँच गज़ी साड़ी अथवा स्कर्ट में घूमने लगा है। यहाँ मैं नाटक की ओर नाटक या नाट्य की दृष्टि से नहीं बल्कि केवल संगीत की दृष्टि से देख रहा हूँ। इसी के साथ इस दौर में रेडियो का काफ़ी प्रचार हुआ। इस कारण कलाकार की विस्तृत, लम्बे-चौड़े, स्वैर और घण्टों तक गाने-बजाने की आदत पर लगाम लग गयी और पन्द्रह-बीस मिनट या अधिक से अधिक आधे घण्टे में कार्यक्रम प्रस्तुत करने की उस पर पाबन्दी आ गयी। कोई बहुत बड़ा कलाकार होगा और उसका प्रोग्राम यदि नेशनल प्रोग्राम होगा तो भी उसे पूरी महफ़िल डेढ़ घण्टे में गा-बजाकर समाप्त करने की विधि अपनानी

पड़ी। साथ ही बड़े-बड़े शहरों में दूर-दराज़ से आनेवाले लोगों की सुविधा के लिए संगीत की महफ़िलें भी उसी अनुपात में छोटी करनी पड़ीं। पहले की रात-रात भर चलनेवाली शाही महफ़िलें आज के नये गतिमान युग में तीन-साढ़े तीन घण्टों में समेटनी पड़ रही हैं। आगामी समय में तो मुम्बई, कोलकाता जैसे बड़े शहरों में वे दो-दो घण्टों की ही होने के आसार अभी से नज़र आ रहे हैं। पहले संगीत बैठक में जाना यानी यह मानकर ही चलना पड़ता था कि सुबह तड़के तीन-चार बजे से पहले घर लौटना नहीं होगा। मगर अब स्थिति बिल्कुल भिन्न है। मान लीजिये कि रात की महफ़िल साढ़े नौ बजे शुरू हुई। उसमें पहले डेढ़ घण्टे में एक बड़ा ख़याल, फिर उसी की द्रुत, फिर ठुमरी, फिर एकाध नाट्यगीत होगा। बीच में आधे घण्टे का मध्यान्तर और उत्तरार्द्ध में फिर एक-डेढ़ घण्टे में ख़याल, एकाध भजन या भावगीत और अन्त में भैरवी। इस तरह तीन-साढ़े तीन घण्टों में यह कार्यक्रम समाप्त होगा। मेरे हिसाब से इस परिवर्तन का परिणाम अच्छा ही हुआ। जो गाना पहले घण्टों चलता था, अब वह समय के हिसाब से सुविधाजनक हो गया। पहले एक कार्यक्रम के तौर पर महफ़िल में पूर्वविचार, पूर्वचिन्तन अथवा नियोजन अधिकांशतः होता ही नहीं था। अब कलाकार इसकी योजना बनाने लगा है कि विशिष्ट समय में गाने में कैसे रंग भरेगा। अब यह उसकी अनिवार्यता बन गयी है। नियत समय में कोई ख़याल प्रस्तुत करना हो तो शुरू की आलापी कितनी देर करनी है, बन्दिश कैसे पेश करनी है, बढ़त कितनी देर करनी है, इसके बाद बोलतान और आख़िरकार तान को कितना और कैसे घुमाना है और आख़िरकार बन्दिश को कहाँ और किस फ़िकरे पर लाकर समाप्त करना है—कलाकार को सारा नियोजन करना ही पड़ता है। इस कारण गायन अथवा वादन विशिष्ट समय में अधिकाधिक आकर्षक कैसे करें, यह हिसाब अब मन में ही सही, मगर पहले ही उसे लगाना पड़ता है। इससे आगे भी किस गाँव में, किस श्रोता समाज के सामने गाना या बजाना है, उसकी रुचि-दिलचस्पी क्या है, इस पर भी पहले से ही सोचना पड़ता है ताकि क्या-क्या गायें-बजायें, किस क्रम से गायें-बजायें, मध्यान्तर कहाँ करें आदि का पहले से ही अनुमान लगाया जा सके और उसी के अनुसार सम्पूर्ण महफ़िल की योजना बनाना सम्भव हो सके।

मगर इस बात का भी संज्ञान लेना होगा कि अब संगीत के बर्ताव में भी

काफ़ी कुछ प्राकृतिक परिवर्तन आ गया है। पहले ज़माने में ख़याल गायक ख़याल गायकी में ही प्रतिष्ठा पाते थे, ध्रुपदिये ध्रुपद में ही अपना हुनर दिखाते थे, स्त्रियाँ ठुमरी में ही प्रवीणता पाती थीं। मगर अब विशिष्ट क्षेत्र में ही अपनी महारत दिखाने का ज़माना ख़त्म हो चुका है। (उस दौर की अवशेष के रूप में केवल गुरु मोगूबाई कुर्डीकर ही बची हैं, जिन्होंने ख़याल की महफ़िलों में रंग भरकर इसी गायकी में अखिल भारतीय स्तर पर ख्याति प्राप्त की है।) यह परिवर्तन इसी शती के अब्दुल करीम ख़ाँ, भास्करबुवा बखले आदि से आरम्भ हो चुका था। मगर सन् १९३०-३२ के बाद का यह वर्तमान दौर उपरिलिखित मिश्रित पद्धति का है। अब एक कलाकार को ख़याल गाना तो आना ही चाहिए, साथ ही उसमें ठुमरी, नाट्यगीत, भजन, होरी आदि में प्रवीणता होनी चाहिए। इस परिवर्तन के अलावा और भी कुछ महत्त्वपूर्ण प्राकृतिक परिवर्तन हुए हैं। आजकल सर्वश्रेष्ठ माना जानेवाला गायन यानी ख़याल। मगर उसके बर्ताव में भी काफ़ी अन्तर आया है। उदाहरणार्थ, पहले ज़माने में गायन में 'सरगम' गाना लगभग निषिद्ध था। केवल पं. भातखण्डे और पं. पलुस्कर के शिष्य ही 'सरगम' गाते थे और वह भी अपना पाण्डित्य दिखाने के लिए कि हमें सरगम (नोटेशन) भी आता है। उसमें कलात्मकता बिल्कुल भी नहीं होती थी। वह इतना नीरस हुआ करता था कि महाराष्ट्र में वह सार्वजनिक मज़ाक़ का विषय बन गया था। (इसमें अब्दुल करीम ख़ाँ जैसे कुछ अपवाद थे, मगर अपवाद अपवाद ही होते हैं।) गोविन्दराव टेम्बे जैसे रसिक और आला दर्जे के कलाकार ने अपने साहित्य में नोटेशन करने की प्रवृत्ति पर जगह-जगह पर कड़ी टिप्पणी की है। मगर आजकल के ख़याल बर्ताव में 'सरगम' को काफ़ी महत्त्वपूर्ण स्थान प्राप्त हुआ है। आज पं. जसराज, पं. वसन्तराव देशपाण्डे और श्रीमती प्रभा अत्रे आदि कलाकार भी सरगम करते हैं। मगर अब वह पहले जैसा नीरस नहीं रह गया है, बल्कि इसमें उन्होंने विलक्षण ढंग से लयकारी की रसवत्ता लाकर रख दी है।

आज की ख़याल गायकी में ऐसे प्राकृतिक परिवर्तन और भी हुए हैं। नयी पीढ़ी पर सिनेमा संगीत का काफ़ी असर हुआ है। इसी के प्रभाव के कारण कण्ठ के सुरीलेपन को अधिक महत्त्व दिया जाने लगा है। मगर साथ ही उसमें दिखावा, आलंकारिकता अधिक होने के कारण पहले की भव्यता काफ़ी कम हो गयी है। बन्दिश पर भी पहले जैसा ठीक-ठीक ध्यान नहीं

रह गया है। बल्कि यह विचार रूढ़ हो रहा है कि बन्दिश पर ध्यान देने की ज़रूरत ही नहीं है। साथ ही यह भी एक विचार कानों पर आता है कि बन्दिश का अन्तरा गाने की भी क्या ज़रूरत है? क्या उसे अन्य तरह से मुहैया नहीं कर सकते? ख़याल के शब्दार्थ की तरफ़ बिना भूले ध्यान देने का आग्रह बढ़ता जा रहा है। इस कारण गायकी पर कम ध्यान केन्द्रित होने का ख़तरा भी उत्पन्न हो सकता है। और मुख्य बात, परम्परागत ख़ानदानी गायकी का ढाँचा उखड़ रहा है, जिसका तीव्रता से अहसास होता जा रहा है। इसका कथित कारण यह बताया जा रहा है कि पहले के संगीत का बर्ताव अपने व्याकरण में ही फँसकर रह गया था। उसमें रसवत्ता को अधिकांशत: स्थान नहीं था। अब हम उसमें 'भाव' लाकर नया सुधार कर रहे हैं। वस्तुत: साफ़-साफ़ दिखायी दे रहा है कि आज भी समाज में परम्परागत गानेवालों को ही प्रतिष्ठा प्राप्त हो रही है। पहले का बर्ताव व्याकरण में फँसकर रह गया था अथवा नीरस था, यह बात कुछ हद तक कुछ कलाकारों के सन्दर्भ में ठीक थी। मगर इसका दोष सभी गायकों अथवा गायकी के सिर पर मढ़ देना ठीक नहीं है। परम्परागत गायकी का ढाँचा किसी एक ही उर्वर दिमाग़ से नहीं निकला था। सैकड़ों कलाकारों का सैकड़ों वर्षों का अनुभाव इसका ठोस आधार है। अगर गायकी में रसवत्ता या 'भाव' नहीं होता, तो वह इतने सालों तक ज़िन्दा भी नहीं रहती। दरअसल, रसात्मकता और पहले की परम्परागत आभिजात्यता के बीच द्वन्द्व का कोई कारण नहीं है। असल बात यह है कि पहले की महफ़िलें सौ-डेढ़ सौ जानकार श्रोताओं की उपस्थिति में होती थीं और आज की महफ़िलें इससे कई गुना अधिक श्रोताओं के सामने पेश करनी पड़ती हैं। जानकार समाज के सामने अध्ययनपूर्ण व्याख्यान देना और सामान्य लोगों की भीड़ के सामने भाषण देना—दोनों में जो अन्तर होता है, वही पहले के सीमित और आज के अपार जनसमुदाय के सामने होनेवाले संगीत के बर्ताव में होता है। विशाल जनसमुदाय के सामनेवाला बर्ताव अधिक भावुक होना स्वाभाविक ही है। संख्या में वृद्धि के अनुपात में श्रोता समाज के अन्तर्गत गुणवत्ता भी नीचे लानी पड़ती है। यह काल और विज्ञान की महिमा है और भविष्य में यह अन्तर अधिकाधिक बढ़ता ही जायेगा। इसे समझकर इसको स्वीकार करने में ही समझदारी है। फिर भी इसी समाज के परम्परागत आभिजात्यता ढाँचे में रहकर उसका अनुपालन करनेवाले कलाकारों को विशेष प्रतिष्ठा, धन और सफलता की प्राप्ति

होती दिखती है। बदलते काल प्रवाह के साथ समन्वय करते हुए थोड़े-बहुत परिवर्तन को अनिवार्य मानकर हमें ख़ुशी से यह स्वीकार करना होगा। ख़ैर, पहले की परम्परागत रसवत्ता को मैंने 'आभिजात्यवाद' (क्लासिसिज़्म) और आज के भाववादी बर्ताव को 'रोमैंटिसिज़्म' अथवा भाववाद नाम दिये हैं। मैं यह मानता हूँ कि आगामी रोमैंटिसिज़्म युग के ये पूर्वचिह्न हैं। मगर लगता है, वह दौर आने में अभी काफ़ी समय है। इनमें महत्त्वपूर्ण बात यही है कि गाने की रसवत्ता और भाव को चाहे जितना 'शास्त्रोक्त' गाया जाये, फिर भी प्रत्येक कलाकार को आज और कल इसका अनुपालन करना ही होगा।

७

पिछले कुछ वर्षों की एक नयी और अभिनन्दनीय घटना यानी संगीत सम्बन्धी अनेक संस्थाओं की स्थापना और अन्य उपक्रमों का प्रारम्भ। पीछे एक स्थान पर इसका उल्लेख हुआ है। यह अहसास बढ़ता जा रहा है कि कलाकार-निर्माण के लिए पुरानी गुरु-शिष्य परम्परा के अलावा और कोई विकल्प नहीं है। इसका प्रतीक है मुम्बई विश्वविद्यालय द्वारा स्थापित यूनिवर्सिटी म्यूज़िक सेंटर। आधुनिक काल के अनुरूप अनिवार्य परिवर्तन कर तथा आजकल के वैज्ञानिक युग में उपलब्ध स्टूडियो, रिकॉर्डिंग, टेप्स वग़ैरह का उपयोग करते हुए सम्भवत: एक गुरु के पास एक या अधिक से अधिक तीन से चार शिष्य (उनकी क्षमता की परीक्षा लेकर)—इसी अनुपात से यह सेंटर चलाया जाता है। बीते दस-ग्यारह वर्षों से यह सेंटर अत्यन्त सुचारु ढंग से काम कर रहा है और मुख्य बात, उसमें से दो साल का डिप्लोमा पूरा कर बाहर निकले शिष्य काफ़ी 'गायकी' गा सकते हैं। इसके अलावा वहाँ संगीत को आनुषंगिक अनेक विषयों—संगीत का मनोविज्ञान, विज्ञान (फ़िज़िक्स), सौन्दर्यशास्त्र, पाश्चात्य और दाक्षिणात्य शिक्षा पद्धतियों की तकनीकी जानकारी, संगीतशास्त्र (म्यूज़िकोलॉजी) आदि विषयों का प्राथमिक ही सही, मगर परिचयात्मक अध्ययन कराया जाता है। मेरे मित्र प्रो. बी. आर. देवधर ने ज़िन्दगी भर यह सपना सँजोया था कि यूनिवर्सिटी के स्तर पर गुरु-शिष्य परम्परा से 'गायकी' की शिक्षा दी जानी चाहिए। इस सेंटर के रूप में यह सपना फलदायी हुआ है। इसका

गवाह बनने के लिए हम कृतार्थता अनुभव कर रहे हैं। (मगर दुःख से कहना पड़ता है कि यह परिस्थिति आज यानी सन् १९८४ में नहीं रही।)

इसके अलावा संज्ञान देने लायक़ अन्य उपक्रम यानी केन्द्र और राज्य सरकारों द्वारा होनहार छात्रों को प्रदान की जानेवाली छात्रवृत्तियाँ। ये छात्रवृत्तियाँ छात्रों की योग्यता की परीक्षा लेकर प्रदान की जाती हैं। इस पद्धति के अनुसार ऊपर सुझाये गये विषय सिखाने की सुविधा न हो तो गुरु-शिष्य पद्धति के अनुसार ही उचित गुरु के पास पढ़ाने की सुविधा छात्रों को उपलब्ध कराई जाती है। केन्द्र सरकार की ये छात्रवृत्तियाँ अत्यन्त अल्प मात्रा में दी जाती हैं और इनमें से महाराष्ट्र के हिस्से में बहुत कम यानी इक्का-दुक्का ही आती हैं। महाराष्ट्र में अकेली श्रीमती प्रभा अत्रे ने ही इस छात्रवृत्ति को सार्थकता प्रदान की है। इस छात्रवृत्ति के लिए आवेदन करनेवाले छात्र की आयु सीमा अठारह से पच्चीस की है। केन्द्र सरकार का एक और उपक्रम है, जिसके अनुसार आठ से बारह वर्ष की आयुवर्ग के लड़के-लड़कियों को लगभग पचास रुपये प्रतिमाह छात्रवृत्ति प्रदान की जाती है। ये छात्रवृत्ति भी महाराष्ट्र के हिस्से में बहुत कम आती है।

मगर सन् १९८० से महाराष्ट्र शासन ने भी राज्य स्तर पर ऐसी छात्रवृत्तियाँ शुरू की हैं और वे प्रतिमाह ढाई सौ रुपयों की हैं। केन्द्र सरकार की छात्रवृत्ति की संख्या की तुलना में इसका अनुपात काफ़ी अधिक है। क्योंकि केन्द्र सरकार की इक्का-दुक्का छात्रवृत्ति के स्थान पर कम से कम पिछले साल तो बारह छात्रों को छात्रवृत्तियाँ प्रदान की गयीं और वह भी उचित परीक्षा लेकर। इसमें गायन के साथ-साथ वाद्य-वादन का भी समावेश होने के कारण वे गायन, तबला, सितार, सरोद आदि में विभाजित हो जाती हैं। इस छात्रवृत्ति के लिए आयु सीमा अठारह से तीस साल है। इसका लाभ पुरुष छात्र भी उठाते हैं, जो कि अच्छी बात है।

इन छात्रवृत्तियों के बारे में एक महत्त्वपूर्ण सूचना यहाँ प्रस्तुत करना चाहता हूँ। अधिकांश छात्रवृत्तियाँ अन्य विषयों की पढ़ाई या नौकरी करनेवाले लड़के-लड़कियों को दी जाती हैं। अधिकांश लड़कियाँ विवाह के बाद गृहस्थी के चलते संगीत से दूर हो जाती हैं और सरकार द्वारा उन पर कम से कम दो साल किया गया ख़र्च ज़ाया हो जाता है। इसके लिए केन्द्र सरकार और राज्य सरकार को एक अच्छा, उपयुक्त और अधिक फलदायी मार्ग चुनना चाहिए। इन छात्रवृत्तियों के लिए ऐसे ही लड़के-लड़कियों को

चुना जाये, जिन्होंने पहले ही कम से कम दो–तीन वर्ष किसी योग्य गुरु के पास पर्याप्त तालीम हासिल की है और जिन्होंने जीविका के लिए 'संगीत' का स्वीकार कर, सोच–समझकर संगीत के अनिश्चित जीवन का स्वीकार किया है। मेरी जानकारी के अनुसार महाराष्ट्र में अन्य अनेक किफ़ायती व्यवसाय उपलब्ध होने हैं। मगर इसके बावजूद हमें दस–बीस ऐसे लड़के मिल ही जायेंगे जो इस जिजीविषा के साथ स्वयं को संगीत में झोंक देने को तैयार होंगे कि हमें भीख माँगनी पड़ेगी, तो भीख भी हम संगीत में माँगेंगे, मगर अन्य व्यवसाय नहीं करेंगे। उपरोल्लिखित छात्रवृत्तियों पर किया गया सत्तर–अस्सी प्रतिशत ख़र्च यदि ज़ाया होता होगा तो इस पद्धति से सत्तर–अस्सी प्रतिशत ख़र्च काम आयेगा और इससे सफल कलाकार निश्चित ही उभरेंगे।

अन्य राज्य सरकारों ने ऐसी छात्रवृत्तियाँ देने की पहल की या नहीं, लेखक को नहीं पता, मगर अभी–अभी दो महीने पहले मध्य प्रदेश सरकार ने बहुत बड़े पैमाने पर 'मध्य प्रदेश कला अकादेमी' की स्थापना कर कुछ उच्चाकांक्षी योजनाओं का संकल्प किया है। इसमें संगीत, नाट्य, शिल्प, चित्र वग़ैरह अनेक कलाओं का समावेश है और पता चला है कि प्रतिवर्ष अलग–अलग कलाओं में अत्युच्च स्थान के लिए एक लाख रुपये का पुरस्कार प्रदान करना तय हुआ है। साथ ही राज्य के नवोदित और युवा कलाकार को प्रतिमाह एक हज़ार रुपयों की छात्रवृत्ति देने का भी संकल्प किया है। इसके अलावा अन्य राज्यों के विख्यात कलाकारों का सम्मान कर उन्हें भी पुरस्कृत करने की उनकी मनीषा है। अभी तो इस योजना का प्रारम्भ हुआ है। अत: इस योजना की सफलता–असफलता का जायज़ा लेने के लिए अभी कुछ समय प्रतीक्षा करनी होगी।

ये तो हुईं सरकारी और अर्द्धसरकारी योजनायें। इस सन्दर्भ में बीते कुछ वर्षों से विख्यात उद्योजक टाटा समूह की अगुवाई में मुम्बई में 'नेशनल सेंटर फॉर दी परफ़ार्मिंग आर्ट्स' संस्था चलायी जा रही है। इसमें अन्य कलाओं का भी समावेश है और अन्यदेशीय, पाश्चात्य, दक्षिणात्य, साथ ही हिन्दुस्तानी संगीत के छोटे–छोटे जलसे सौ के आसपास श्रोताओं की उपस्थिति में होते रहते हैं। इसके अलावा थिरकवा ख़ाँ साहब वहाँ अपने निधन तक तबला सिखाते रहे हैं और आजकल श्रीमती अन्नपूर्णा देवी रविशंकर तथा पं. रामनारायण सारंगी सिखाते हैं। हाल ही में पूरे एशिया

का एकमात्र हज़ार आसन क्षमता का एक शानदार थियेटर यहाँ बनाया गया है, जिसमें माइक्रोफ़ोन और लाउडस्पीकर के बिना कलाकार की विशुद्ध आवाज़ सुनने का भी प्रबन्ध किया गया है। यहाँ बड़े-बड़े जलसे भी हो सकते हैं।

इसी तरह बीते दो-तीन सालों से कोलकाता में 'नेशनल रिसर्च अकादमी' नामक एक संस्था कार्यरत है, जो इण्डियन टोबैको कम्पनी द्वारा चलायी जा रही है। इसमें अखिल भारतीय स्तर के गायक-वादक तालीम के लिए रखे गये हैं। ये गायक-वादक गुरु-शिष्य परम्परा के अनुसार छात्रों को सिखाते हैं, जिसके लिए ख़ूब मानदेय देकर उनके निवास का प्रबन्ध किया गया है। साथ ही उन्हें सौंपे जानेवाले शिष्य भी विशेषज्ञ समिति के द्वारा चुने गये होते हैं। ख़ास बात, प्रत्येक शिष्य को पाँच सौ से पन्द्रह सौ रुपये छात्रवृत्ति का भी इसमें प्रावधान है। शिष्य के निवास का प्रबन्ध गुरु के घर अथवा उसके आसपास ही किया जाता है। इस योजना के तहत हीराबाई बड़ोदकर बीते दो वर्ष यहाँ बतौर गुरु थीं। आजकल वहाँ निसार हुसेन ख़ाँ (सहसवान घराना), श्रीमती गिरिजा देवी (बनारस घराना), लताफत हुसेन ख़ाँ (आगरा घराना) और निवृत्तिबुवा सरनाईक (जयपुर घराना) आदि गुरु अपने-अपने शिष्यों को तालीम दे रहे हैं।

इसके अलावा इसी संस्था के द्वारा देश में अनेक जगहों पर संगीत सम्मेलनों का आयोजन कर बड़े-बड़े गायक और उनकी गायकी को दूर-दूर तक पहुँचाया जाता है। साथ ही प्रति वर्ष देश के किसी विख्यात कलाकार को १०,००० रुपये राशि के पुरस्कार से सम्मानित करने की भी उनकी योजना है। दो साल पहले इस पुरस्कार से पद्मभूषण श्रीमती मोगूबाई कुर्ड़ीकर को सम्मानित किया गया। पिछले वर्ष इस पुरस्कार से आगरा घराने के खादिम हुसेन ख़ाँ को नवाज़ा गया। मैंने सुना है कि इस वर्ष यानी सन् १९८१ में यह पुरस्कार संगीत विशेषज्ञ प्रो. बी. आर. देवधर और गायक पं. भास्करबुवा जोशी को प्रदान किया जा रहा है।

साथ ही अकादेमी की योजना है कि ख़ास संगीत अनुसन्धान के लिए वैज्ञानिक प्रयोगशाला शुरू कर उसमें अलग-अलग वाद्यों और गायकी पर वैज्ञानिक अनुसन्धान किया जाये। इसका आगाज़ हो भी चुका है। प्रयोगशाला, उसके लिए आवश्यक उपकरण, उनका अनुरक्षण, उसमें काम करनेवाले वैज्ञानिक और उनके सहायक, साथ ही संगीतज्ञ और

उनके सहायक आदि पर मार्च १९८१ के अन्त तक लगभग साढ़े पन्द्रह लाख रुपये खर्च किये गये हैं। अनेक प्रयोग अभी प्रक्रिया में हैं। मगर इनमें सफल कहलाया जाने लायक़ प्रयोग यानी यहाँ बनाया गया इलेक्ट्रॉनिक हारमोनियम। इसकी मुख्य विशेषता यह है कि इसमें 'विशुद्ध' प्राकृतिक बाईस श्रुतियों की 'जस्ट' स्केल की व्यवस्था है और किसी भी न्यूनाधिक ऊँचाई के स्वर (पिच) के साथ उसका तालमेल हो जाता है। अर्थात् सप्तक के एक समान बारह हिस्से की प्रचलित पाश्चात्य अशुद्ध (टेम्पर्ड) स्केलवाला नहीं। इस तरह की नयी तकनीक के हारमोनियम अब तक महाराष्ट्र राज्य साहित्य संस्कृति मण्डल के तत्त्वावधान में मुम्बई के रूपारेल कॉलेज और पुणे के वाडिया कॉलेज में बनाये गये थे। मगर वे साथ संगत या स्वतन्त्र रूप से वादन के लिए उपयोगी नहीं थे। मगर अकादेमी की इस प्रयोगशाला में बनाया गया यह नया हारमोनियम शायद वादन के लिए भी उपयोगी हो। अर्थात् हारमोनियम को प्रत्यक्ष देखे बिना वास्तविक स्थिति समझ में नहीं आयेगी। फिर भी वह ऐसे व्यापारीय सिद्धान्त से नहीं बना है कि अभी बाज़ार में उपलब्ध हो सके। उसका बस मानक यानी 'रिफरेन्स इन्स्ट्रूमेन्ट' के रूप में ही उपयोग किया जा सकता है। आज उसका सीमित है। वाद्य अथवा गायक द्वारा लगाया गया अथवा लगा हुआ स्वर सौ फ़ीसदी सही है या नहीं, इसकी पड़ताल तक ही वह उपयोगी है।

किसी औद्योगिक कम्पनी द्वारा इतने बड़े पैमाने पर ऐसा कार्यक्रम कार्यक्षम ढंग से चलाया जाना, संगीत दुनिया में अपूर्व ही समझना चाहिए। इस तरह ख़ास संगीत के अनुसन्धान के लिए, संगीतकार और वैज्ञानिकों से लैस प्रयोगशाला के निर्माण का सपना इन पंक्तियों का लेखक बीते पच्चीस सालों से देख रहा था जो अब साकार हो गया है। इस अकादेमी का छोटा-सा केन्द्र अभी-अभी मुम्बई में भी शुरू हुआ है, जिसके परामर्शदाता मण्डल में इस लेखक का भी समावेश है। इस अकादेमी और उसके मुम्बई केन्द्र के उत्तरोत्तर उत्कर्ष के लिए हमारी शुभकामनायें।

पिछले पचास वर्षों के आभिजात्य संगीत की यात्रा का यह चित्र है। इस यात्रा पर अनेक घटनाओं का असर हुआ है। मगर विस्तारभय के कारण उन्हें टालते हुए यह लेखन प्रपंच यहीं समेट रहा हूँ।

'घरानेदार गायकी' ग्रन्थ का संगीत अध्ययन व आलोचना क्षेत्र में महत्त्व

वामानराव देशपाण्डे का घरानेदार गायकी ग्रन्थ पहली बार मराठी में सन् १९६१ में प्रकाशित हुआ था। साथ ही सन् १९७३ में इसके अँग्रेज़ी और हिन्दी अनुवाद भी प्रकाशित हुए और सन् १९८५ में पाँच अतिरिक्त अध्यायों सहित इसका नया मराठी संस्करण (१९८७ में अँग्रेज़ी) भी प्रकाशित हुआ। 'घरानेदार गायकी' आज तक के भारतीय संगीतशास्त्र के सौन्दर्यशास्त्रीय अध्ययन के सन्दर्भ में लिखे गये बुनियादी ग्रन्थों में से एक है।

हिन्दुस्तानी संगीत समीक्षा के परिवेश में ख़याल गायकी को एक विशिष्ट आकारबन्ध के रूप में प्रस्थापित करना 'घरानेदार गायकी' का प्रमुख कार्य है। इस ग्रन्थ ने अपने समय के अधिकांश ग्रन्थों की तरह हिन्दुस्तानी घरानों की वंशावलियाँ नहीं रची, न उसे संगीतकारों और उनके प्रदर्शनों के शानदार, स्तुतिपरक विवरणों से सरोकार रहा। बल्कि इस ग्रन्थ ने यह स्थापित किया कि विभिन्न घराने विविध सांस्कृतिक व सामाजिक स्थितियों के परिणामस्वरूप विकसित हुए सौन्दर्यविचार होते हैं और यह करते हुए इस ग्रन्थ ने ख़याल संगीत के अपने स्वतन्त्र सौन्दर्यशास्त्र की नींव डाली। यह करने हेतु, देशपाण्डेजी ने संगीतकारों की पारिभाषिक शब्दावली तो अपनाई ही, लेकिन साथ ही साथ उसे प्रमाण देने के लिए व पुख्ता करने के लिए सूसैन लैंगर से लेकर बा. सी. मर्टेकर तक के कई सौन्दर्यविचारकों

का परामर्श लेकर ख़याल गायकी की एक स्वतन्त्र आलोचना की भाषा विकसित करने का प्रयास किया। ख्याल गायकी के सन्दर्भ में देशपाण्डे जी के स्वानुभव ने, तथा कई महान् संगीतकारों से बने हुए उनके सम्बन्धों ने उन्हें अपने काम में स्वतन्त्र दृष्टि प्रदान की।

'घरानेदार गायकी' ग्रन्थ की प्रस्तावना में देशपाण्डेजी के मित्र और प्रख्यात संगीतज्ञ प्रा. बा. र. देवधरजी, उस समय की संगीत आलोचना की स्थिति का वर्णन करते हुए लिखते हैं कि यह आलोचना 'कैसे की जाय, क्या लिखा जाय इस बारे में कोई सुसम्बद्धता दिखायी नहीं देती। समाचार पत्रों अथवा नियतकालिकों में लिखने वाले कई आलोचकों या समीक्षकों की आलोचनाओं से प्रकट नहीं होता कि उन्हें विभिन्न घरानों की पद्धतियाँ, प्रणाली, गायकी तथा उसकी भूमिका की जानकारी है। यह कमी इस पुस्तक से पूरी होगी ही, पर मुझे विश्वास है कि संगीत के समीक्षा-शास्त्र का भी प्रारम्भ इस पुस्तक से होगा!' देवधरजी की यह भविष्यवाणी सच साबित हुई। इस ग्रन्थ के कारण संगीत-समाज में निर्माण हुए विचार-विमर्श ने अपने उत्साह व तीव्रता से खुद लेखक को भी आश्चर्यचकित कर दिया।

'घरानेदार गायकी' के प्रकाशन के बाद, भारत में तथा अन्तरराष्ट्रीय स्तर पर भी, ख़याल गायकी के विषय पर प्रकाशित होने वाले बहुतांश शोधप्रबन्ध इस ग्रन्थ का आधार लेकर ही लिखे गये हैं, लिखे जा रहे हैं। कृष्णचन्द्र ज्ञाते की मराठी पुस्तक *भारतीय संगीत : स्वरूप और प्रयोजन* पूरी तरह से *घरानेदार गायकी* के विवेचन को समर्पित है, जबकि अमेरिकन एथ्नोम्यूज़िकोलोजिस्ट बोनी वेड का मील का पत्थर समझे जाने वाले ग्रन्थ 'Khyal: Creativity Within North India's Classical Music Tradition' में, 'घरानेदार गायकी' में प्रतिपादित तथ्यों को उद्धृत कर, उसमें अभिव्यक्त विचारों के साथ अपनी सहमति दर्शायी है। ख़याल शैली के अलावा, ध्रुपद, ठुमरी और वाय संगीत के अध्ययन भी घरानेदार गायकी में प्रतिपादित परिभाषाओं, शब्दावली, सौन्दर्य सिद्धान्तों और ऐतिहासिक तथ्यों पर निर्भर करते आ रहे हैं। यहाँ तक कि हाल ही में लिखे गये ठुमरी कविता से लेकर थियेटर अध्ययन व दक्षिण एशियाई इतिहास तक के विविध विषयों पर लिखे गये ग्रन्थों के अनुसन्धानात्मक ग्रन्थ सूची में यह ग्रन्थ स्थान पाता है।

ऐसा भी नहीं कि घरानेदार गायकी में प्रस्तुत किये गये दृष्टिकोणों पर बहस नहीं हो सकती। बल्कि प्रख्यात संगीतज्ञ डॉ. अशोक रानडे का कहना है कि इस पुस्तक से सहमत होने या असहमत होने के बावजूद, हिन्दुस्तानी संगीत के घरानों का कोई भी अध्ययन बिना इसका परामर्श लिये आगे नहीं बढ़ सकता।

'घरानेदार गायकी' और संवाद फ़ाउण्डेशन

'घरानेदार गायकी' और संवाद फ़ाउण्डेशन

'घराना' का अर्थ है अलग-अलग सौन्दर्यशास्त्रीय दृष्टिकोणों की निरन्तरता। उसके कुछ अपने नियम होते हैं। सर्वप्रथम इस बात का उल्लेख मेरे पिताजी स्व. वामनराव देशपाण्डे द्वारा लिखित 'घरानेदार गायकी' नामक ग्रन्थ में किया गया है। इसके अलावा इस ग्रन्थ में और भी बहुत कुछ समाहित किया गया है। जिस समय इस ग्रन्थ का काम चल रहा था, उस समय 'मौज' (महाराष्ट्र की एक सुप्रसिद्ध प्रकाशन संस्था) के सम्पर्क में रहनेवाले अधिकांश कवि-साहित्यकारों के लिए और अलग-अलग घरानों के गायकों के लिए वामनराव इस ग्रन्थ के एक-एक प्रकरण के वाचनसत्रों का आयोजन करते थे। उस पर अपनी प्रतिक्रियाएँ, विशेष रूप से गायक एक-दूसरे को गाना सुनाकर ही व्यक्त करते थे। इन क्रिया-प्रतिक्रियाओं का सिलसिला आगे कई वर्षों तक जारी रहा। मैं हमारे छोटे टेपरिकॉर्डर पर उसका ध्वनिमुद्रण किया करता था और ऐसे विभिन्न दृष्टिकोणों को संग्रहित करने का काम आज भी करता रहता हूँ।

मेरे इस कार्य से प्रभावित होकर सन् १९८९ में Ford Foundation ने अपने कार्यक्रम 'Preservation and Education' के अन्तर्गत 'To preserve the rare and dying traditions of North Indian Classical Vocal Music' के लिए अनुदान प्रदान किया। इस अनुदान से 'संवाद फ़ाउण्डेशन' नामक संस्था की स्थापना हुई और उसमें संग्रहित ध्वनिसंग्रह साकार हुए, अभी भी हो रहे हैं। 'घरंदाज गायकी' नामक ग्रन्थ में जिन-जिन गायकों और घरानों पर विचार किया गया है, संवाद फ़ाउण्डेशन के आर्काइव्ज (अभिलेखागार) में उस-उस गायकी के ध्वनिमुद्रण उपलब्ध

हैं। इन आरकाइव्ज में उपलब्ध ध्वनिमुद्रण में निम्न बातों का समावेश है—

१. लगभग सन् १९५० से ध्वनिमुद्रित Heritage Recordings

२. 78 rpm LP Recordings, cassettes और CDs

३. जो बुजुर्ग गायक मंच से गायन प्रस्तुत नहीं करते थे, परन्तु जिनके पास विद्या का ख़ज़ाना था, उन गायकों को मानधन देते हुए संवाद फ़ाउण्डेशन में उनके साथ प्रत्यक्ष चर्चा-सत्रों का आयोजन किया गया। उसका ध्वनिमुद्रण संवाद फ़ाउण्डेशन की वास्तविक उपलब्धि है।

४. संगीत की निर्मिति का तालक्रिया से अटूट नाता होने के कारण एकल तबला वादन का ध्वनिमुद्रण।

५. ठुमरी और उसके उप-प्रकारों का ध्वनिमुद्रण।

६. आज तक प्रकाशित बंदिशों के सभी ग्रन्थ नोटेशन सहित।

७. अनेक बुजुर्ग गायकों से प्राप्त की गयी ऐसी बंदिशों के नोटेशन, जो कहीं भी प्रकाशित नहीं हुए हैं।

८. 'घरंदाज गायकी' में उल्लिखित कुछ गायकों के ध्वनिमुद्रण कहीं भी उपलब्ध नहीं हैं। परन्तु इन गायकों के घरानों की अगली पीढ़ी के गायकों के ध्वनिमुद्रण उपलब्ध हैं। ये गायक हैं—उस्ताद अल्लादियाख़ाँ, उस्ताद हैदरख़ाँ, उस्ताद मंजीख़ाँ, उस्ताद भुर्जी खाँ, उस्ताद नत्थन ख़ाँ (जयपुर), उस्ताद निसार हुसैन ख़ाँ, बालकृष्णबुवा इचलकरंजीकर, पं. शंकर पण्डित, पं. राजाभैय्या पूछवाले, उस्ताद करामतअली ख़ाँ, पं. गणपतबुवा बेहेरे, उस्ताद नत्थन ख़ाँ (आगरा), उस्ताद अब्दुल्ला ख़ाँ, उस्ताद नजीरख़ाँ, और पं. भास्करबुवा बखले।

ये सारे ध्वनिमुद्रण कुल मिलाकर लगभग पाँच हज़ार घण्टों के हैं। इन ध्वनिमुद्रणों को रागानुसार, कलाकारानुसार और बढ़त की अन्य बारीकियों के अनुसार सूचीबद्ध किया गया है और संवर्धन के लिए इनके डिजिटाइजेशन का काम चल रहा है। इन में से कई ध्वनिमुद्रण www.ncaa.gov.in नामक संकेतस्थल पर उपलब्ध हैं।

ये ध्वनिमुद्रण इस बात को सिद्ध करते हैं कि रागों को देखने के विभिन्न गायकों के अलग-अलग और औचित्यपूर्ण दृष्टिकोण होते हैं। यदि इन ध्वनिमुद्रणों को सुना जाय, तो सन् १९६२ में लिखे गये इस ग्रन्थ का आकलन अधिक सुस्पष्टता के साथ हो सकेगा और उन घरानों की तथा उनके सौन्दर्य-मूल्यों की भावी प्रगति को भी आँका जा सकेगा।

कई घरानों के गायकों के साथ ही किसी भी घराने की सीमा में न बँधनेवाले अनेक कलाकारों के गाने इस प्रकार उपलब्ध कराकर 'घरंदाज गायकी' नामक ग्रन्थ के सर्वसमावेशक उदारमतवादी दृष्टिकोण के संवर्धन का प्रयास हम संवाद फ़ाउण्डेशन के आर्काइव्ज के माध्यम से कर रहे हैं। संगीत के कई अध्येता इन ध्वनि संग्रहों का उपयोग अपने स्वयं के गायन को आज़माने के लिए, अपनी परम्परा से नये रूप में परिचित होने के लिए, अपने अपरिचित सांगीतिक दृष्टिकोण को समझने के लिए या आज अनुपलब्ध पुराने ज़माने के संगीत के माहौल का अनुभव प्राप्त करने के लिए कर रहे हैं। आज के संगीत साधकों के लिए उपयोगी अनेक सांगीतिक विषयों पर देश के विविध विश्वविद्यालयों में और अन्यत्र भी हमारे guided listening sessions आयोजित किये जाते हैं और वे उतने ही सफल होते हैं, जितनी महफ़िलें होती हैं।

इस 'घरंदाज गायकी' नामक ग्रन्थ में चर्चित विषयों पर अधिक गहराई से विचार करने के लिए पाठकों को 'संवाद फ़ाउण्डेशन' के ध्वनि संग्रह का उपयोग अवश्य करना चाहिए। अधिक जानकारी के लिए कृपया निम्न पते पर सम्पर्क करें—

सत्यशील देशपाण्डे

२०१, सिल्वर बेबी सोसायटी
सुन्दरनगर मार्ग क्र.२, कालिना, सान्ताक्रूज़ पूर्व
मुम्बई-४०० ०९८
फोन : ९८९००१४२४६
संकेतस्थल : www.satyasheel.com